中国社会科学院创新工程学术出版资助项目

美学何为

—— 现代中国马克思主义美学研究

徐碧辉◎著

中国社会科学出版社

图书在版编目（CIP）数据

美学何为：现代中国马克思主义美学研究/徐碧辉著.—北京：
中国社会科学出版社，2014.5
ISBN 978-7-5161-4197-7

Ⅰ.①美…　Ⅱ.①徐…　Ⅲ.①马克思主义美学—研究—中国
Ⅳ.①B83

中国版本图书馆 CIP 数据核字（2014）第 078114 号

出 版 人	赵剑英
责任编辑	侯苗苗
责任校对	石春梅
责任印制	戴　宽

出　　版	中国社会科学出版社
社　　址	北京鼓楼西大街甲 158 号（邮编 100720）
网　　址	http://www.csspw.cn
	中文域名：中国社科网　　010-64070619
发 行 部	010-84083685
门 市 部	010-84029450
经　　销	新华书店及其他书店

印　　刷	北京君升印刷有限公司
装　　订	廊坊市广阳区广增装订厂
版　　次	2014 年 5 月第 1 版
印　　次	2014 年 5 月第 1 次印刷

开　　本	710×1000　1/16
印　　张	25.5
插　　页	2
字　　数	418 千字
定　　价	69.00 元

序

　　徐碧辉同志在美国进行一年学术访问，带着丰盛的收获归来，又逢她的新著《美学何为》即将问世，首先应该向她表示热烈祝贺。《美学何为》一书是 2004 年国家社会科学基金项目"中国马克思主义美学研究"的最终成果，碧辉同志为本书灌注了大量心血，付出了辛勤劳动，可谓"十年磨一剑"，现在终于出版与广大读者见面，也可以说是功德圆满了。

　　"美学何为"是一个大题目，也是一个人们不断探索而又最难回答的问题。像"哲学何为"、"文学何为"、"物理学何为"之类的问题一样，在不同的时代，不同的思想家依据不同的世界观和方法论总会提出不同的答案。从美学作为一门独立学科的历史发展来看，自鲍姆迦登、康德、黑格尔、尼采到海德格尔、维特根斯坦、杜威以至当代西方美学的各个流派，对"美学何为"都有迥然相异的看法。如何以马克思主义的立场、观点和方法去回答这个问题，仍然是有待于我们去研究和探讨，恐怕一时很难在我国美学界达成共识。这也是很自然的。新中国成立以来，当代中国美学蓬勃发展，取得了令人瞩目的成就。回顾这些年来美学研究的整体发展过程，虽然也有曲折起伏，但相比较而言，美学作为哲学社会科学的学科之一，在学科建设方面的发展还算是较为顺利的。其重要原因之一，就是较好地贯彻了党的"双百"方针，开展了自由的学术讨论和争论，并在此基础上形成了不同的观点和学派。这对于当代中国美学的发展来说是一件好事。但正因为如此，从不同学派的观点去看，对 21 世纪"美学何为"的问题也必然会有不同的看法。仁者见仁，智者见智，恐在所难免。徐碧辉同志的新著对当代中国美学的几个学派的观点作了一番梳理并进行评价，然后结合当前社会实际状况，从她自己的观点回答了"美学何为"的问题，自成一家之言。她的这种探索精神和理论勇气是应予充分肯定的。读者们无论是否同意她的观点，这一著作都可以对我们的思考有所裨益。

　　是为序。

汝　信

2014 年 1 月

目　录

第 一 章

20 世纪中国马克思主义美学的
发展历程与反思

一　20 世纪中国马克思主义
美学的发展历程①

"中国马克思主义美学"并不是一个既成的模式或框架，而是中国的马克思主义者们在运用马克思主义哲学的基本原理来分析和解决中国的文艺理论和实践问题时所提出来的对艺术和美学的一种理解、解释。这与马克思主义作为一种学说创立的宗旨和过程在逻辑上是一致的。马克思主义从来不是书斋里的学问，其目的不是系统化、体系化的某种知识或学问，而是为了解决实践问题而创立的，正如马克思所言："哲学家们只是用不同方式解释世界，而问题在于改变世界。"② 因此，作为一种学说，在系统化、体系化方面，马克思主义学说一开始就区别于其他学说。这一点，在中国马克思主义美学理论中也体现得十分鲜明。当然，反过来说，马克思主义的创始人虽然没有建立一个完整的美学学科体系，但是，他们的著作却大量涉及美与艺术问题。根据这些论述和他们的哲学学说的精神，运用马克思主义的基本原理来解释美和艺术问题是完全可能的。中国的马克

---

① 由于拙著《实践中的美学——中国现代性启蒙与新世纪美学建构》（学苑出版社 2005 年）已经较为详细地探讨过中国马克思主义美学发展历史以及对此的理论反思，因此，本书在这里只是简略地描述一下这个过程。此外，关于这个问题，可参见聂振斌《中国近代美学思想史》，中国社会科学出版社 1991 年版，《中国马克思主义美学的诞生》，《文艺研究》2002 年第 1 期。

② ［德］马克思：《关于费尔巴哈的提纲》，《马克思恩格斯选集》第 1 卷，人民出版社 1972 年版，第 19 页。

思主义者们正是这样做的。中国的马克思主义美学有一个初创、发展、推进和不断完善的过程。

　　根据中国的学者们对于马克思主义学说的运用和对美和艺术问题的理解，大体上可以把 20 世纪的中国马克思主义美学划分为三个时期：20 年代到 40 年代为第一个时期，是中国马克思主义美学的酝酿和初创时期，其理论化形态集中表现为毛泽东《在延安文艺座谈会上的讲话》和蔡仪的《新美学》；从 20 世纪 50 年代中期到 60 年代前期为第二个阶段，是中国马克思主义美学展开时期，以 20 世纪 50—60 年代的美学大讨论为契机，产生了中国现代美学的四大派别，也可以说是中国学者对马克思主义美学的四种不同理解；第三个阶段是 20 世纪 80—90 年代，是中国马克思主义美学研究的深化时期。在这一时期，产生了 20 世纪中国马克思主义美学最重要的成果"实践美学"，以及对实践美学的反思与批评。

（一）20—40 年代：中国马克思主义美学的酝酿和初创①

　　"五四"新文化运动以后，一些激进的知识分子接触到从苏联传入的马克思主义学说，便开始运用马克思主义的观点去进行文艺批评，并尝试运用唯物主义的立场观点和方法去分析批判文艺作品，提出一些新的文艺主张和观点。正是这些新思想、新观点和新方法的运用，孕育了马克思主义美学在中国的诞生。这些新的思想，大致可以归纳为如下几个方面：第一，在文艺和社会生活的关系方面，提出社会生活是文艺的源泉，文艺是生活的反映。第二，提出"革命的文学"的口号，强调文学家应该做一个革命者，具有革命的感情。第三，提出文学的阶级性和无产阶级文学的问题。"文学的阶级性"，这是这一时期激进的文艺家们所接受的最具有战斗性的观点，从而也成为他们批判资产阶级文艺观最有力量的武器。到 1928 年，论述文学的阶级性，要求文学成为无产阶级的文学，在激进文艺家中成为被普遍接受的观点。第四，要求作家深入实际，到群众中去，写出反映劳动大众疾苦、反映普通百姓呼声的优秀作品。

　　马克思主义美学奠基之初，一些有识之士就意识到翻译介绍马克思主义经典文本的重要性。20 年代初，瞿秋白在苏联考察、学习了两年多，

---

　　①　参见徐碧辉《实践中的美学——中国现代性启蒙与新世纪美学建构》，学苑出版社 2005 年版。

撰写了长文《俄乡记程》，对世界上第一个社会主义国家的各个方面，大到政治、经济、文化制度建设、哲学思维，小到生活习惯、人生态度、审美趣味等，进行了生动具体的介绍，使中国人第一次对这个新兴的社会主义国家有了较为系统而直观的了解。从20年代后期开始，对苏俄的文学和文艺理论的翻译介绍开始增多，许多共产党人和进步人士都参与了这一伟大的事业，如瞿秋白、鲁迅、冯雪峰、蒋光赤、周扬等人。这些被翻译过来的文本，包括19世纪俄罗斯文学的一些代表作品，如契诃夫、屠格涅夫、果戈理、托尔斯泰等人的作品，理论论著包括列宁论述文学的两篇重要论文《党的组织和党的文学》、《列夫·托尔斯泰是俄国革命的镜子》。在20世纪20年代到30年代，中国马克思主义美学初创时期，被翻译、介绍得更多的还是卢那察尔斯基、普列汉诺夫和车尔尼雪夫斯基。卢氏的"真善美合一"说，普氏的艺术起源于劳动说及审美的功利说，车氏的"美是生活"说，成为中国马克思主义美学早期理论建构的三大支柱理论。

从30年代开始，一些马恩的经典原著也被陆续翻译过来，如冯雪峰、剑青于1930年先后摘译了马克思《〈政治经济学批判〉导言》，程始仁、郭沫若分别于1930年和1936年译出《神圣家族》第5章（郭还译了第8章），陆侃如于1933年译出恩格斯的《致哈克奈斯女士信》，胡风于1934年译出恩格斯的《与敏那·考茨基论倾向文学》（即《致敏·考茨基》），柳若水于1935年摘译了《1844年经济学—哲学手稿》，邵荃麟于1937年摘译了马克思的《德意志意识形态》等。这些译文或出版单行本，或发表在刊物上，或编辑成文艺论集出版，对马克思主义文艺思想、美学思想的传播，促进中国马克思主义美学的形成，起到了巨大的推动作用。

1942年，在当时作为中共中央的抗日根据地的延安召开了一系列有关文艺问题的座谈会，毛泽东多次在这些会上发表了讲话，后来这些讲话经过整理后以《在延安文艺座谈会上的讲话》（以下简称《讲话》）为题发表。这是中国马克思主义文艺学的第一次较为系统的阐发。它的发表，澄清了当时有关文艺的一些争论不休的问题，统一了思想，为延安边区及各抗日根据地的文艺发展指明了健康发展的方向。特别是它强调文艺为工农兵服务、要走与工农相结合的道路，以及要从生活中来、到生活中去等一系列与中国传统和西方资产阶级文艺传统都不相同、却切合了时代和历史要求的新鲜提法，给当时整个解放区的创作带来了新气象。但是，也必须看到的是，由于历史和时代条件的局限，《讲话》中也存在着一定的历史局限性，它过分强调文艺对政治的依附和服务，而对文艺作为一种社会意识形式的独立性没有充分重视。①

在20世纪40年代以前，真正自觉地用马克思主义观点系统地从事美学研究并建立自己的较为完整系统的学说者是蔡仪。因此，可以说，中国马克思主义美学诞生于20世纪40年代，以蔡仪的《新美学》出版为标志。

《新美学》对当时世界上存在的各种资产阶级美学学说如超功利说、距离说、无意识说等以及资产阶级美学研究方法论进行了系统批判，用唯物主义反映论去研究和解释美的本质问题，认为美的存在是客观的现实，现实事物的美是美感的根源，正确的美学研究途径是由现实事物去考察美并把握美的本质。由此出发，作者提出了"美是典型"的学说。"我们认为美的东西就是典型的东西；美的本质就是事物的典型性，就是个别之中显现着种类的一般。"②"总之美的事物就是典型的事物，就是种类的普遍性必然性的显现者，在典型的事物中更显著地表现着客观现象的本质，真理，因此我说美是客观事物的本质，真理的一种形态。"③《新美学》在当时整个中国社会还不了解马克思主义美学的状况下，用唯物主义反映论去分析美学和艺术问题，对建立中国马克思主义美学具有开拓性意义，因而，《新美学》的出版，标志着中国马克思主义美学正式诞生。在这个意义上，它是一部里程碑式的著作。但是，就美学观点本身而言，由于历史条件和认识方面的局限性，《新美学》也存在着很大的问题，主要是完全从认识论出发，把美学看成一门认识论学科，按照认识论反映论的观点去分析审美现象，把美和美感的关系机械地看成反映与被反映的关系，没有看到美作为一种价值存在的复杂性，没有把美作为价值创造跟人类的活动联系起来考察，从而显示出机械唯物论倾向。这种观点无法解释美感的差异性，无法解释不同民族和地域之间审美趣味的区别，更无法说明美作为一种价值对于人类的范导性和理想性作用。正是由于这些缺陷，在50年代的美学讨论中，蔡仪的美学观点受到其他学者的批评。80年代以后，

---

① 关于《讲话》的主要观点及其评价可参见徐碧辉著《实践中的美学》第三章，学苑出版社2005年版。

② 蔡仪《新美学》，《美学论著初编》（上），上海文艺出版社1981年版，第238页。

③ 同上书，第247页。

这种观点影响逐渐减小。①

（二）50—60 年代前期：美的本质大讨论与中国马克思主义美学的展开

从 50 年代开始，由于确立了马克思主义作为指导思想，马克思主义美学理所当然地成为中国当代美学的主流学派。或者几乎可以说，在很长一段时间里是唯一的美学流派。但由于对马克思主义经典作家著作的理解有所不同，中国美学界在马克思主义美学的同一旗帜下依然产生了不同的美学主张。由此，50 年代后期到 60 年代前期，中国美学界发生了一场大规模的关于美的本质问题的讨论。

讨论由朱光潜的长文《我的文艺思想的反动性》②拉开序幕。朱先生在文章中对自己在新中国成立前的美学观点进行了政治上和学术上的检讨。文章发表后，引起了热烈的反响。学者们纷纷发表文章对朱先生的唯心主义观点进行批判，同时阐明自己的美学观点。讨论过程中，学者们又发现彼此之间也存在着分歧与对立，于是彼此之间又展开了讨论，相互辩驳，一时之间，形成了颇为热闹的局面。"据不完全统计，自 1956 年以来，参加讨论的将近百人，发表的论文共约三百篇以上。《文艺报》和《新建设》杂志陆续编辑了《美学问题讨论集》，共六集。这在我国美学史上是空前的。"③

讨论主要围绕着美的本质展开。具体说来主要涉及美的本质、美感的本质、美和美感的关系、自然美问题、艺术美问题。讨论中形成了四种观点：1. 客观派，以蔡仪为代表。蔡仪依然坚持他 40 年代《新美学》中的观点：美是客观的，存在于客观事物本身；美就是事物的典型。2. 主观派，以吕荧和高尔泰为代表，认为美是主观的。早在蔡仪的《新美学》出版时，吕荧已经批判过蔡仪"种类范畴"是一种唯心主义的提法，并明确提出"美是观念"。④吕荧认为，美是人主观设立的一种标准，是人

①　关于蔡仪的《新美学》中的美学理论以及本书的评论见第二章。

②　《文艺报》1956 年 6 月第 12 期，收入《朱光潜美学文集》第 3 卷，上海文艺出版社 1983 年版。

③　蒋孔阳：《新中国成立以来我国关于美学问题的讨论》，《美和美的创造》，江苏人民出版社 1981 年版，第 63—64 页。

④　参见蔡仪《美学论著初编》（下），"唯心主义美学批判集"序，上海文艺出版社 1981 年版。

对事物的一种判断和评价。"人的心灵就是美的源泉。""美只要人感受它，它就存在；不被人感受，它就不存在。"① 3. 社会实践派，以李泽厚为代表，认为（1）所谓美是一种客观社会存在，是人类在长期的社会实践过程中形成的，美具有客观社会性和具体形象性二重特性；（2）美感也具有两重性，即直觉性和社会功利性；（3）美是第一性的，美感是第二性的，美感是美的反映。他对美下的定义是："美是包含着现实生活发展的本质、规律和理想而用感官可以直接感知的具体形象（包括社会形象、自然形象和艺术形象）。"② 4. 主客观统一派，以朱光潜为代表。主要观点是：美是主观意识作用于审美对象而产生的主客统一体，美的本质就在于主客观的统一。朱光潜为了避免唯心主义的嫌疑，把外物区分为"物"和"物的形象"，即他所谓"物甲"和"物乙"，认为审美对象正是物的形象，而这个形象是主体作用于外物才产生的，因而美是主观和客观的统一。朱先生对美下的定义是："美是客观方面某些事物、性质和形状适合主观方面的意识形态，可以交融在一起而成为一个完整形象的那种特质。"③

从表面上看，在这场关于美和美感的本质问题的讨论中，各派对美的本质的理解存在着极大的差异，但是，它们却都有一个共同之点，那就是，讨论的各方都以马克思主义作为自己的理论支持，都真诚地认为对美学问题的理解必须以马克思主义基本原理为前提，必须在马克思主义哲学指导下才能真正得到解答这一问题的钥匙。因此，讨论的各方不仅都从马恩列斯毛等人的著作中去寻找理论根据，而且都宣称只有自己的解释才是马克思主义的，而别人的理解和解释是非马克思主义的。实际情况也是，讨论的参加者们也都只能是从马克思主义经典作家以及被马克思主义经典作家所认同的哲学家和文艺理论家的论述或言论中去寻求理论上的根据和支持。因而，可以说，发生在 20 世纪 50—60 年代的中国学术界的这场美学讨论及其所产生的美学派别，实际上是由于中国美学家们对马克思主义

---

① 吕荧：《论美》，《新建设》1957 年第 2 期，《论美感的绝对性》，《新建设》1957 年第 7 期。

② 李泽厚：《关于当前美学问题的争论》，《美学论集》，上海文艺出版社 1980 年版，第 98 页。

③ 朱光潜：《论美是客观与主观的统一》，《朱光潜美学文集》第 3 卷，上海文艺出版社 1983 年版，第 71—72 页。

基本原理的不同理解而产生的，因而都属于马克思主义美学范围。在这个意义上，可以把这场讨论看做中国马克思主义美学研究的一种展开和深化。当然，这场讨论由于时代的局限性，仍然存在一些先验性的被设定的理论前提，在整个思维方式上也存在着一定的误区和障碍，这对20世纪下半叶中国美学的发展产生了深刻的影响。①

（三）70年代末—80年代：实践美学的诞生和中国马克思主义美学研究的深化

如果说，在20世纪前半叶，中国马克思主义美学的最大成就是把唯物主义反映论原理引入美学理论、确立了唯物主义美学观念，即明确了"文艺是社会生活的反映，社会生活是文艺的唯一源泉"这一基本思想的话，那么，20世纪下半叶，中国马克思主义美学的最大成就则是建立了"实践美学"。实践美学正是在对反映论美学原理的机械论弊端的反思和批判中建立起来的，因而，可以说，它标志着中国马克思主义美学在20世纪所达到的新的高度。

中国实践美学的创始人和主要代表是李泽厚。此外，还有蒋孔阳、刘纲纪等。从60年代中期开始，朱光潜也逐渐向实践观点靠拢，以马克思主义的实践论哲学作为基础去解释美的本质。50年代末期，李泽厚在美学讨论中提出美是"客观性与社会性的统一"，强调必须从人类的社会实践中去寻找美和美感的本质，提出美的本质在于"人的本质力量的对象化"。60年代，李泽厚运用马克思的《1844年经济学—哲学手稿》中关于"自然的人化"的观点去解释美的本质，提出美的本质是"自然的人化"，并指出，自然的人化有直接和间接两个方面，为后来区分自然人化的狭义和广义两个方面打下了基础，成为实践美学观点的萌芽。70年代，在《批判哲学的批判》中，李泽厚用马克思的实践论去批判、解释和改造康德的先验哲学，提出建立"人类学实践本体论哲学"（又称为"主体性实践哲学"）的构想，并以"主体性"和"积淀"概念作为这一哲学的核心。《批判哲学的批判》标志着中国实践美学的正式诞生。随后，80年代，李泽厚在关于康德哲学的两篇论文和"主体性"系列提纲中系统

---

① 对这场美学大讨论的反思与评价可参见拙著《实践中的美学——20世纪中国现代性启蒙与新世纪美学建构》第三章，学苑出版社2005年版。

阐述了主体性实践哲学的思想，建立了实践美学的哲学基础与理论前提。

80 年代实践美学的关键词主要有实践、积淀、主体性、审美教育等。

1. 实践与历史唯物论

李泽厚提出，历史唯物论就是实践论，是关于人的实践活动的理论。在他所理解的历史唯物论中，人不再是传统的哲学教科书中那种历史规律中的无足轻重的沙粒或某个社会生产系统的庞大机器中一个无关紧要的齿轮，而是主体，是行动着、实践着、有意志、有目的的主体，每一个主体都是一个独特的存在，都是不可代替的。从对个体感性生存的强调中，李泽厚逻辑地推论出对历史中偶然性的重视。他批评说："从黑格尔到现代马克思主义，有一种对历史必然性的不恰当的、近乎宿命的强调，忽视了个体、自我的自由选择并随之而来的各种偶然性的巨大历史现实和后果。"①

2. 主体性

李泽厚的主体性是一种人性结构，它包括两个双重内容和含义：第一个双重是外在的工艺—社会结构面和内在的文化—心理结构面；第二个双重是人类群体的性质和个体身心的性质。在这四个层次中，第一个方面是基础，亦即人类群体的工艺—社会结构是根本的起决定作用的方面。只有在群体的双重结构中才能具体把握和了解个体身心的位置、性质、价值和意义。

3. 积淀说

"积淀"是李泽厚创造的概念，指在社会实践过程中，外在的、社会的理性因素内化、沉积到个体感性心理结构中去。"积淀说"所要解决的是主体性学说中群体与个体、历史总体的必然性与个体生命存在的偶然性之间的具体连接。群体的社会文化心理结构是如何转化为个体的生命感受的？历史的必然性如何落实为个体的偶然性？李泽厚根据康德的心灵结构知、情、意三结构说，从认识、伦理和审美三个方面进行了解释：在认识结构方面是"理性的内化"（智力结构），在伦理方面是"理性的凝聚"（意志结构），从审美方面说就是"理性的积淀"（审美结构）。所谓"理性的内化"，就是通过语言、逻辑等把本来属于

---

① 李泽厚《康德哲学与建立主体性论纲》，《李泽厚哲学美学文选》，湖南人民出版社 1985 年版，第 159—160 页。

人类群体的认识成果内化为个体的认知；"理性的凝聚"就是某种社会规范、道德律令、法则法规等通过个体的意志而转化为个体自觉的行为准则。"理性的积淀"就是通过审美活动，把社会文化因素沉积、内化为个体内在的心理诉求。

审美作为与这自由形式相对应的心理结构，是感性与理性的交融统一，是人类内在的自然的人化或人化的自然。它是人的主体性的最终成果，是人性最鲜明突出的表现。在这里，人类的积淀为个体的，理性的积淀为感性的，社会的积淀为自然的。原来是动物性的感官自然人化了，自然的心理结构和素质化成为人类性的东西。①

反过来，由于审美活动对理性的积淀，个体的感性不再是动物性的自然属性，而具有了社会性质；看起来完全是个体的心理、欲求、意志、感觉中，实际上积淀了人类社会的理性内容。吃饭不只是充饥，而成了美食，甚至成为一种文化；两性关系不再只是交配，而成了爱情，一种最能体现人的精神境界和特性的属性。如果说理性的内化和理性的凝聚中，还有某种外在的强迫成分的话，那么作为审美过程和审美内涵的理性的积淀则完全是一种自由形式，在这里，感性与理性、个体与群体完全处于和谐统一之中。②

4. "以美启真"和"以美储善"——提出中国现代性建设的审美教育策略

在李泽厚看来在理性的内化和凝聚之中，理性与感性多少还有些分离，理性对感性多少还有些强迫性，而在作为理性的积淀的审美活动中，理性完全溶解、融化到了感性之中，因而，审美活动高于认识和伦理，"美的本质是人的本质最完满的展现，美的哲学是人的哲学的最高级的峰巅。"③ 审美活动作为一种自由直观对把握事物的本真真理有着直接的启示，有时甚至是比科学认知更为直接和深刻的认识作用。伦理道德也只有当它成为人的内在自觉的心理诉求而不是外在的强迫律令，并真正带给人

---

① 李泽厚：《康德哲学与建立主体性论纲》，《李泽厚哲学美学文选》，湖南人民出版社1985年版，第161页。

② 李泽厚的人类学实践本体论美学以及他的实践、积淀、主体性、自然的人化等概念可详见本书第三章。

③ 李泽厚：《康德哲学与建立主体性论纲》、《李泽厚哲学美学文选》，湖南人民出版社1985年版，第162页。

心理上的愉悦时才能真正获得它的根基和意义。因而，审美不但高于认识和伦理，而且，作为理性积淀的审美结构对认识和伦理有着巨大的帮助和推动作用。这样，李泽厚提出了"以美启真"和"以美储善"的审美教育策略。在整个社会意识尚处于从政治层面批判"文化大革命"的专制愚昧、从情感层面揭露"文化大革命"给人带来的精神和情感伤害时，李泽厚已超越了这种政治和社会层面的思索，意识到审美教育对于塑造中国未来国民素质的重要性。他说：

> 不是经济上的贫困，而是精神上的贫乏、寂寞、孤独和无聊，将日益成为未来世界的严重课题……不是外部的生产结构，而是人类内在的心理结构问题，可能日渐成为未来时代的焦点。教育学——研究人的全面成长和发展的科学，将成为未来社会的最主要的中心学科。[①]

除了李泽厚的"人类学本体论实践美学"（"主体论实践美学"），还有一大批从实践观点去分析、研究美的本质的学者，如蒋孔阳的"美在关系"说，蒋明确地主张，美就是"人的本质力量的对象化"；周来祥的"美是和谐"说；刘纲纪的"美是自由的感性表现"说等等。50 年代到60 年代和李泽厚进行争论的一些人物，如朱光潜先生，也从美与生产劳动的关系入手，向实践观点转变，强调实践对于理解的美的本质的意义。[②]

总之，80 年代，美学上的实践论观点占据了绝对主导的地位。实践美学的产生和对它的内涵的多方面、多层面的阐释，是 20 世纪中国马克思主义美学走向成熟的一个标志，是中国美学界从马克思主义哲学原理出发，对美学理论所作出的独特贡献。当然，实践美学作为一种美学理论来看，它也存在着一些内在矛盾，这些矛盾如果不被克服，将影响马克思主义美学的进一步发展。这个问题在本书第三章将会进行详细分析。

---

① 李泽厚：《康德哲学与建立主体性论纲》、《李泽厚哲学美学文选》，湖南人民出版社1985 年版，第 162 页。

② 朱光潜、蒋孔阳、刘纲纪等人的学说详见本书第四章。

二 20世纪中国马克思主义美学的历史反思

从中国马克思主义美学发展的整个历史轨迹来看,它有一个明显的从政治到学术、从功利主义美学到认识论美学、再向实践论美学转化的过程。在酝酿和初创阶段,与当时中国社会历史背景相适应,中国马克思主义美学是一种功利主义美学,特别注重文艺的政治功能;到蔡仪的《新美学》出版时,他是把美学作为一门认识论来看待的。这种观点一直持续到50年代后期美学大讨论中,参加讨论的大多数人都主要还是从认识论来看待美学。直到70年代末,李泽厚在他的《批判哲学的批判》中,才从本体论来建构美学,提出"人类学本体论"的美学,美学的基础从哲学反映论转为马克思主义实践论和历史唯物论。下面分述之。

(一) 早期: 功利主义美学

马克思主义美学在中国产生的背景是中国的现代化追求与现代性启蒙。中国的现代化是由外国侵略者在武力撞开国门之后开始的,因而,它是一种输入型现代化。中国的现代性启蒙是沿着两条道路进行的。一是个体意识的启蒙。这条思路强调的是个体的价值,个性的解放,人格的独立和思想的自由。这条思路的主要理论思想依据是西方文艺复兴以来的人本主义传统。另一条道路便是救亡图存的呐喊。这条思路强调的是从政治上反对帝国主义侵略和封建帝王专制,主张建立独立的民主政权。"中国的现代化一开始并不是要为个体争取自由与发展,不是要为每个个体提供自由发展的空间,而是要为整个国家民族争取生存的空间,要使中华民族能够自立于世界民族之林而不被开除球籍。国家的富强,国力的强盛,经济的发展,这才是中国现代化最紧迫最重要的任务。"[①] 随着民族危机日益深重、社会政治斗争的尖锐化,这两种思路的分歧也就显现出来了,而且日益加剧。在民族危机重重、社会政治极度动荡不安、社会矛盾极其尖锐复杂的背景下,关于个体意识和精神的启蒙一开始就注定要让位于关于国家民族解放的启蒙。

---

① 见徐碧辉著《实践中的美学——中国现代性启蒙与新世纪美学建构》,学苑出版社2005年版,第56页。

中国的马克思主义美学正是适应这种救亡图存的要求而诞生的，是中国现代性启蒙在美学领域的回响。这就决定了中国马克思主义美学在一开始的时候便具有强烈的功利性：它是为了配合社会政治的宣传、为了唤醒民众而做的理论阐述。它必须是现实的、具有时效性的。这样，中国马克思主义美学在开始阶段的主要特征是功利性。它的主要关注领域是艺术，它注重艺术对政治的服务功能，强调艺术家对自己世界观的改造，突出文学艺术的阶级性、战斗性。艺术被作为教育人民、打击敌人的工具，作为宣传中国共产党的方针政策的形象生动而快捷有效的工具。这一切源自于当时严酷的社会政治环境：众所周知，那是一个风雨如晦的年代，激烈的阶级斗争、尖锐的民族矛盾交织在一起，使得中华民族处于生死存亡的历史关口。亡国灭种的威胁迫在眉睫，从而，整个社会生活被政治化，一切意识形态都必须为这个大前提服务。艺术当然更不能例外。在所有社会意识形态中，只有艺术可以以一种通俗易懂、为大众喜闻乐见的方式向大众传播、渗透某种观念，并逐渐普及这些观念。

这样，中国的马克思主义美学在萌芽和初创阶段就成为一种彻底的功利主义美学。由于国内阶级冲突和阶段矛盾激化，艺术的阶级性被提到一个前所未有的高度，几乎成为艺术的唯一特性，而艺术本身的审美特征反倒被遮蔽、被有意无意地忽略，成为一种可有可无的点缀。这种趋势随着国共两党的矛盾冲突的升级、内战的爆发，随着斗争形势更为严峻与复杂化而被加强。虽然沈雁冰、瞿秋白等人在这个问题上有所察觉，而且力图纠正这一偏向，但总的说来，20世纪前半期，中国马克思主义美学所走的是一条越来越"左"、越来越极端化、片面化地理解艺术的现实功能之路。艺术被简单地看成是为现实服务的工具，而为现实服务又被变成了为政治服务，为政策服务，甚至曾经提出"一切文学艺术都是宣传"，"文艺是政治的留声机"这种荒谬的口号。艺术的审美功能和情感功能，这一对艺术来说最重要的品格几乎被取消了。

功利主义美学有它的历史渊源。从中国的历史来看，自汉以来占统治地位的意识形态是儒家学说，美学和艺术观念上亦如此。儒家美学是一种功利主义美学，它一开始就注重艺术的现实功能，主要包括道德与政治功能。在儒家创始人孔子那里，艺术的功能尚是全面的、完整的。孔子提出诗的功能有"兴、观、群、怨"四种。四种功能中，"兴"是"引譬连类"（孔颖达）或"感发意志"（朱熹），对人的情感、想象和意志都有

激动、感发作用。"观"既有"观社会风俗之盛衰"（郑玄）之用，也有
考察个体的志向、情感、品质等意思。"群"则是通过艺术活动联结人与
人之间的关系，使之和睦、亲近，所谓"群居相切磋"（孔颖达）、"和而
不流"（朱熹），《论语》中提到的"群而不党"之谓。"怨"则是表达对
社会政治、风俗以及各种社会生活活动的批判，所谓"刺上政"（孔颖
达）。这里，艺术的情感功能与认识功能被放到了首位，然后是调节人际
关系以及批评功能。应该说，在孔子那里，对艺术功能的定位是准确的、
全面的。但是，随着儒家学说逐渐成为统治者的学说，其关于艺术功能的
定位也越来越狭窄。《乐记》一方面指出音乐是人受到外物感动而在内心
产生的冲动使然，另一方面，特别突出强调"乐通伦理"、"声音之道与
政通"，强调音乐与社会政治、伦理的密切关联，亦即强调艺术的政治和
伦理作用。《毛诗序》把《关雎》解释为"颂后妃之德"，是"乐得淑
女，以配君子；爱在进贤，不淫其色；哀窈窕，思贤才，而无伤善之心
焉"。唐代韩愈等人发起古文运动，把在汉末以来大受冲击的文艺功利主
义思想发展到一个新台阶，提出"文"与"道"的关系，强调"学所以
为道，文所以为理"①。到了宋代，周敦颐直接提出"文以载道"的命
题。② 这一提法接续了《尚书》"诗言志"的传统。从此以后，"诗言
志"、"文以载道"便成为中国诗学和文学的正统思想。艺术的政治功能
被提至首位，有时候几乎是唯一的地位。到宋明理学兴盛时期，文学、艺
术就几乎被看做妨害正事和道统、引诱人堕落的东西而被压制和批判了。
所谓"学诗妨事，作文害道"③，"道者文之根本，文者道之枝叶"④。这
种极端的例子当然只是个案，却代表着一种倾向，即把艺术的社会政治和
道德伦理功能抬到一个极端的高度，并且形成了强大的历史传统。⑤ 儒家
的功利主义美学在历史上一直受到道家和屈骚美学的批判。到了帝制社会
的后期，自明代开始，儒家的功利主义美学和道家的超功利主义美学、屈

---

①　《韩昌黎文集校注》，第四卷《送陈秀才彤序》。

②　周敦颐《通书·文辞》："文所以载道也。"

③　《二程全集·遗书》。

④　《朱子语类》卷一百三十九。

⑤　中国美学中还有另外两种传统，道家和禅宗的超功利主义美学和屈骚的情性论传统。它
们与儒家的功利主义美学一起，构成了中国美学的完整面貌。参见徐碧辉著《实践中的美学》
附录1《中国传统美学的核心——道》，学苑出版社2005年版。

骚的情性论美学都发展到了一个相当的高度，但在艺术上，儒家美学的影响力逐渐衰落，道家的超功利主义和屈骚的情性论美学则逐渐抬头。只是进入近代以来，如前所述，随着中国社会民族危机加深，功利主义美学以一种新的形式得到了发展。因此，从历史渊源上看，中国马克思主义美学隐隐承接了儒家的功利主义美学传统。

从理论根源上说，中国马克思主义美学的功利性在一定意义上也是根源于马克思主义哲学本身的广义功利主义性质。从马克思主义学说的本义来说，它从来就是一种功利化的理论形态：它的根本宗旨是要解放全人类。它把哲学这种最具理论思辨性质的学说从过去的抽象形态转变为一种实践形态，并且明确提出要使哲学成为无产阶级的头脑，而无产阶级则是这种哲学的心脏。从马克思主义学说这种广义功利主义色彩不难导出马克思主义美学的功利主义性质。这一点我们可以从马克思主义学说的创始人马克思和恩格斯的文艺批评实践中找到，也可以在他们的理论中找到。在《政治经济学批判大纲》里，马克思明确地把文学艺术看做是一种上层建筑形式。在马克思恩格斯谈到文学艺术创作时，他们常常用的不是"艺术创作"这个概念，而是"文学生产"或"艺术生产"。他们用这个概念表明，艺术活动也跟人类的其他活动一样，是一种受制于整个社会经济基础和物质生活的活动。但是，必须说明的是，在马克思和恩格斯那里，美学上的功利主义是在非常广泛的意义上说的，是由马克思恩格斯对艺术作品所采取的社会历史研究方法所决定的。并且，当他们谈到具体艺术现象时，他们并不把艺术同社会发展阶段机械地对应起来。他们敏锐地看到了艺术发展与社会生产发展的不平衡现象，看到在生产力和经济生活落后的国家里，可能出现文学艺术的繁荣现象。他们把这种现象称之为各上层建筑之间的不平衡发展。

从历史的角度说，中国的马克思主义美学在它形成之初就成为一种具有强烈功利色彩的理论形态，这是历史对中国的选择，具有历史的必然性。它在当时，的确起到了重要的社会作用，产生了强烈的社会效果。因为，从中国马克思主义美学诞生之日起，它就带着强烈的社会政治任务，那就是要为中国人民反帝反封建的斗争提供思想武器。既然是"武器"，就必然要按照持武器者的要求去打造，要适应持武器者的需要去定制，在这种情况下的美学必然是功利性的，必然带有强烈的政治色彩，就不可能完全按照美学作为一门学科的要求去建设它。

中国美学的功利性质几乎贯穿了整个20世纪，只是到80年代以后才慢慢淡化下来。80年代，中国从"文化大革命"的专制与愚昧中走出来，全面反思过去的思想理论，包括美学、文学和艺术理论，而且，实际上，美学在这场思想解放运动中担当起了先锋性质的角色。文学的主体性、艺术的内部规律、文体和形式的重要性日益受到理论家和艺术家们的重视。进入新世纪，中国的美学进入全面发展的时期，才逐渐摆脱了狭义功利主义的局限性。

（二）中期：认识论美学

20世纪40年代，蔡仪写出了《新艺术论》和《新美学》，从哲学认识论角度来解释美和美感的本质。直到50年代的美学大讨论，中国美学界对于美学的学科定位基本上是沿着这一思路走的。所以，可以说，中国马克思主义美学在20世纪的第二个特点，是把美学看成一种认识论，从认识论、反映论角度来定位美与美感的关系。

蔡仪作为中国第一个把唯物主义原理运用到美学中去并系统化论述唯物主义美学理论的美学家，把美学定位于哲学美学，而哲学在他那里主要是认识论。他说："哲学是关于存在和认识的发展的法则之学，在认识客观存在之上，并求改造客观存在。……美学是关于美的存在和美的认识的发展的法则之学，在认识的存在之上，并求改造美的存在，而创造艺术。"[1] 在蔡仪的心中，美的存在是事物的某种客观特性，美学的任务就是发现这种特性。按照他的理论，这种属性就是事物的典型性。"我们认为美的东西就是典型的东西，就是个别之中显现着一般的东西；美的本质就是事物的典型性，就是个别之中显现着种类的一般。"[2] 美是典型，美感则是美的事物在人心中的反映，是美的观念的自我充足。[3] 这样，中国马克思主义美学在它形成、建立之初，便完全是按照认识论模式建立的。

50年代的美学讨论中，各家各派虽然分歧明显，但在把美学学科作为认识论来看待这一点上，是相同的。李泽厚虽然已开始运用实践观点去

---

[1] 蔡仪：《新美学》，《美学论著初编》（上），上海文艺出版社1981年版，第211—212页。

[2] 同上书，第238页。

[3] 关于蔡仪的认识论美学观点，可参看本书第二章。

分析美的本质，但在美学的学科定位上，他和当时整个美学界一样，依然把美学定位为认识论，强调美和美感的关系是反映与被反映的关系，并认为是否承认这种反映关系是唯物论和唯心论的分歧所在："从哲学根本观点上说，不在心，就在物；不在物，就在心；美是主观的便不是客观的，是客观的便不是主观的；这里很难'折中调和'。我们强调美具有不依存于人类主观意识、情趣而独立存在的客观性质。美感和美的观念只是这一客观存在的摹写。美是第一性的，基元的，客观的；美感是第二性的，派生的，主观的。承认或否认美的不依于人类主观意识条件的客观性是唯物主义与主观唯心主义的分水岭。"①

朱光潜也把反映论原理看成美学的基本原理之一："我认为马克思主义美学必须建立在四个基本原则的基础上，这就是：一、感觉反映客观现实，二、艺术是一种意识形态，三、艺术是一种生产劳动，四、客观和主观的对立和统一。"② 朱先生认为，在美学上反映论的作用在于，它可以从一般认识论原理出发，在审美活动初期说明审美对象的物理性质。比如一棵梅花，"首先要通过感官，把它的颜色、形状、气味等等认识清楚，认识到它是一棵梅花而不是一座山或一头牛，得到它的印象，这印象就成为艺术或美感的'感觉素材'"。③ 其实，对于审美和艺术活动来说，并不一定要首先弄清楚对象的名称，也不一定要仔细辨认出对象的颜色、形状、气味等等。一个画家看见一束花，觉得它很美，便去画它，他这时并不一定知道这花叫什么名字。对于一个审美者，美感的产生并不一定是在一一分辨清楚对象的颜色、形状、气味等等之后。实际上，朱先生已经对"应不应该把美学看成只是一种认识论"提出了疑问，但在当时的时代条件下，他还是不能否定反映论原理在美学上的运用，还是要把反映论看做美学的最基本的哲学原理。

从美学作为一门独立学科被创立开始，它的定位就不是很清楚。被称为"美学之父"的鲍姆加登把美学定位为一种认识论，认为美学是研究低级认识的科学，而哲学则是研究高级认识的科学。他说："美学的对象就是

---

① 李泽厚：《论美感、美和艺术》，《美学旧作集》，天津社会科学院出版社2002年版，第20页。

② 朱光潜：《朱光潜美学文集》第三卷，上海文艺出版社1983年版，第66页。

③ 同上书，第58页。

感性认识的完善（单就它本身来看），这就是美；与此相反的就是感性认识的不完善，这就是丑。正确，指教导怎样以正确的方式去思维，是作为研究高级认识方式的科学，即作为高级认识论的逻辑学的任务；美，指教导怎样以美的方式去思维，是作为研究低级认识方式的科学，即作为低级认识论的美学的任务。美学是以美的方式去思维的艺术，是美的艺术的理论。"① 以后，康德虽然没有明确地把美学看成认识论，但从他对审美判断的分析来看，他是按照《纯粹理性批判》中分析认识结构的方法去进行美的分析的，即从质、量、关系和模态四个方面去探讨美的本质。黑格尔把审美和艺术活动看成人的精神活动的一个环节，处于宗教和哲学之下，因为，审美和艺术还带有感性的性质，没有达到思辨的高度，美只是理念的感性显现。这样，美学在它诞生的故乡，思辨之都德国，是作为认识论来看待的。直到马克思的实践论诞生，为美学提供了一种新的哲学范式，一种实践的基础，才有可能摆脱认识论的局限性，建立起实践论的美学。

把美学定位为认识论，其最大的问题是，美学无法取得真正的独立性，从而，作为一门学科的独立地位便不牢固。审美过程是一个主客合一交融的过程，审美判断是一种价值判断，而认识过程恰恰是主客分离的过程，认识判断是一种事实判断。如果把审美活动这种价值判断活动看成一种认识活动，将取消它的人文性和主体性，也无法解释美感上的差别，特别是不同民族和地区的在审美趣味方面的差异。科学认识不分民族与国界，对于所有人都是一视同仁的。而美感则有民族和文化的差异，这种差异从文化上说是根本性的，是一个民族区别于其他民族的独特性所在。同时，如果美感仅仅是一种特殊的认识，则它和科学认识只有清晰程度的不同，而无本质的区别，这样，美学便只作为科学的一个特例而存在，而无法成为一门独立的学科。

（三）成熟期：实践论美学（实践美学）②

自20世纪60年代开始，中国实践美学的创始人李泽厚便以实践观点

---

① 转引自朱光潜《西方美学史》上卷，人民文学出版社1979年版，第297页。

② 作为与认识论美学相比较和对照的美学，应该称为"实践论美学"。因已约定俗成，国内一般通称为"实践美学"，其英文翻译，经过李泽厚先生认可，为"practical aesthetics"，而不是"the theory of practical aesthetics"。所以本书一律称为"实践美学"。特殊情况，比如此处，为了与认识论美学相区别开来，称为实践论美学。引文中如果为"实践论美学"的，将原文照录。

来分析美的本质，美学的实践论开始萌芽。但是，此时，包括李泽厚在内的中国美学家们并没有明确的学科意识，没有明确地从本体论上解决美学的学科定位问题。直到 70 年代末期李泽厚出版的《批判哲学的批判》中，才明确地提出一种新的本体论哲学，即他所谓"人类学本体论哲学"或"主体性实践哲学"，并从这一角度去探讨美和美感的本质。这样，美学从认识论转向本体论，但不是物质本体论，而是实践本体论，创立了中国马克思主义美学的独特形态——实践美学。

如果说，20 世纪前半叶，中国马克思主义美学的最高成就是确立了美学的唯物论基础，那么，它在下半叶的最高成就是建立了实践美学。

40 年代和 50 年代，中国马克思主义美学的主要形态是认识论美学，它以反映论作为美学的前提与基础，强调美的某种静态的结构性性质。60 年代以降，中国马克思主义美学开始走向实践美学。实践美学强调在历史发展过程中动态地去理解美和美感的本质，把美和美感的本质看成某种在社会历史实践发展过程中生成的性质，因而，它特别注重美的人文品质。由于这种内在的人文品质，它成为中国 80 年代的思想解放运动和现代性启蒙的领头羊，成为思想解放运动的哲学表达和理论诉求。[①]

实践美学的诞生，无论从世界美学史还是从中国美学史来看，无疑都是一个巨大的进步。从世界美学史来看，它避免了把美学看成认识论从而贬低美学的地位的局限性，它合理定位审美和艺术活动在人类精神生活中的位置，从而为实现人的自由而全面的发展奠定了理论基础。由于它与社会实践的密切联系——它不但强调美和艺术产生于实践、必须在社会历史实践过程中去理解美和美感的本质，而且，它特别强调美学与生活、与人的感性存在的关联——因而，它结束了思辨美学的唯心论，使美学真正走向了生活实践，使美学能够参与在人们的社会生活中越来越占重要地位的审美文化建设，把日常生活审美化倾向向高尚的精神方向引导。从中国美学史来看，实践美学结束了中国有"美"无"学"的历史，真正建立了一个以现代哲学和科学为基础的美学学科形态，开创了这一学科在中国的真正具有发展潜力的前景。它避免了把美看成某种既定的静态结构的局限性，使美学获得了过去从未有过的厚重的历史感，使审美这种飘忽无根的精神性活动有了坚实的实践根基。因此，实践美学在中国的创立，不但是

---

① 关于这一点，第三章中将会具体论述。

中国马克思主义美学在 20 世纪所取得的最高成果，也是整个中国美学在 20 世纪取得的最高成就。

实践美学作为马克思主义的实践哲学在美学领域中的运用，彰显了马克思主义哲学的一个根本特点：历史与逻辑的统一。它把美和美感放到历史实践过程去考察，从美和美感在社会历史实践中诞生和发展的角度去解释它们的本质，使美学具有坚实的历史基础和唯物论根基，避免了把美等同于美感，从而把它看成纯粹主观产物的唯心论弊端；同时，它又避免了机械唯物论单纯把美看成事物的客观属性、失去美的价值性的局限性。

实践美学是一种哲学美学。严格说来，它只是提出了理解美和美感问题的一个哲学基础，它所用的概念，包括"实践"、"积淀"、"自然的人化"、"主体性"等等，都是哲学概念。它从哲学上说明美和美感的根源，说明了美的本质在于自然的人化，美感的本质是内在自然的人化，即文化心理结构的诞生。但是，具体说来，自然的人化如何产生美，自然人化的美学尺度何在，这些问题还有待于深入细致的研究。①

---

① 关于这个问题可参见本书第三章。

第二章

中国马克思主义美学的创立
——蔡仪的《新美学》和《新艺术论》

无论历史后来如何发展，但有一点是肯定的：中国马克思主义美学诞生于蔡仪的《新美学》和《新艺术论》。前面我们曾经提出，20世纪前半期马克思主义美学的最大成就是确立了美学的唯物主义基础，这个基础是由蔡仪在他的《新美学》和《新艺术论》中奠定的。

自20世纪30年代开始，中国美学中的超功利主义倾向逐渐抬头，特别是当朱光潜发表了《文艺心理学》、《诗论》、《谈美》、《给青年的十二封信》等等美学论著之后，其著作与观点在青年中产生了广泛的影响。西方美学中的直觉说、距离说、移情说、美的本质的主观论成为此一时期的主要学说。就美学的学科和现代转型而言，朱光潜的贡献无疑是巨大的。正是由于朱光潜的翻译和介绍，使得中国现代美学达到了一个前所未有的高度。他把西方心理学美学最重要的几种学说介绍给了中国人，并把距离说、直觉说与移情说糅合、组织成为一个系统化的美学体系，填补了中国现代美学上的一个巨大空白；同时，朱光潜的工作，使得虽处于战火与硝烟中、连生命都朝不保夕的中国人也开始接触、了解超功利之美，为后来的美学大讨论打下了美学的知识学基础。就美学的现代学科形态而言，一般认为中国现代美学诞生于王国维。但是，真正系统化地运用西方哲学和美学知识、把这些知识组织成为现代美学学科体系的，是朱光潜。朱光潜和他前期所代表的超功利美学对于中国现代美学的贡献，必须得到充分的肯定和评价。

但是，正如我们已指出过的，在风雨飘摇、民族危亡的时代，这些关于审美独立与超功利的学说不啻白日梦呓，与时代的气氛严重不合拍。因此，它们必然遭到一贯注重艺术的现实性的马克思主义者的批评。作为马克思主义者的蔡仪写了长文《论朱光潜》，系统批判朱光潜的唯心主义美学观，强调艺术与审美的现实性。蔡仪在 1943 年出版了《新艺术论》；次年，他开始写作《新美学》，该书于 1947 年由上海群益出版社出版。这两本著作的目的是要批判被他称为"旧美学"的种种美学学说，建立一种新的美学体系和艺术学体系。从今天的角度看，不管这个体系有多少缺陷，但是，作为中国马克思主义美学的开创之作，它在中国马克思主义美学的诞生过程中曾经起过重要作用，成为中国马克思主义美学诞生的标志性著作，这一点是不可否认的。

一　《新美学》

《新美学》分为六章，第一章讨论"美学方法论"，分为美学的途径、美学的领域、美学的性格三部分；第二章"美论"，讨论美的本质问题，并批判各种"旧美学"的矛盾与错误；第三章"美感论"，讨论美感的本质，坚决主张美感是美的反映。第四章"美的种类论"，论述美的类型，根据不同的分类标准，分为单象美、个体美和综合美以及自然美、社会美与艺术美。第五章"美感的种类论"，讨论美感的种类，他把一般认为美的种类的崇高（即他所谓"雄伟的美感"）和优美（即他所谓"秀婉的美感"）以及悲剧与喜剧都放到美感论里，认为它们并非美的类型，而是美感的种类。第六章"艺术的种类论"，讨论了艺术的分类。根据他对美的类型的划分，把艺术分为"单象美的艺术"、"个体美的艺术"、"综合美的艺术"三种类型。

（一）批判"旧美学"的错误

《新美学》的宗旨之一是批判从前各种流行的美学理论。在"序言"中，蔡仪一开始就写道："旧美学已完全暴露了它的矛盾。然而美学并不是不能成立的。"这一方面表明他与旧美学决裂的鲜明态度，另一方面也指出美学作为学科是能够成立的。

该书开篇讲美学研究的方法论。蔡仪批评道：

照这一般的说法，美学的成立也已两百年了，而我们却不得不说，主要的美学思想还在彷徨歧路，误入迷途，美学的最主要的对象不但没有认清，而且为多数哲学家及美学家所疏忽；美学的最根本的问题不但没有解决，而且为多数哲学家及美学家所混淆。这种情况发生的原因，不用说是非常复杂的，但是总括起来，我们可以说是方法的错误。①

他归纳了历史上研究美学的几种方法论。一曰形而上学的美学。这一派有从感觉出发和从观念出发两种。二曰心理学美学，如移情说，费希纳的实验心理学美学。三曰客观的美学，从艺术来考察美。在客观的美学中，有社会学美学，如丹纳的艺术哲学；人类学美学，如格罗塞的艺术的起源；进化论美学，等等。这些旧的美学理论，要么把美看做某种客观的观念显现，要么把美和美感混淆起来，把美说成是人的主观情感移入客观事物的结果。当然，在蔡仪看来，它们各自都是片面的。

在考察了这几种美学方法论之后，蔡仪提出："美在于客观的现实事物，现实事物的美是美感的根源，也是艺术美的根源。因此正确的美学的途径是由现实事物去考察美，去把握美的本质。""美既在于客观事物，那么由客观事物入手便是美学的唯一正确的途径。"②

第二章"美论"，也是开宗明义批判"旧美学'主观的美'论矛盾"，认为旧美学认定美是主观的，其原因主要是因为它们脱离实践而专事于认识的反省；对于美感亦如此，只由主观的美感去考察美，而不能超越美感去考察美，并把所考察的美感当成美。"总之旧美学的认为美是主观的，完全是因为它所根源的哲学思想是观念论。"③

他考察了费希纳和里普斯、康德和克罗齐学说的矛盾，着重批判了朱光潜的"主观论的美论"。朱光潜认为美是"心借物以表现情趣"，是"意象的情趣化或情趣的意象化"。举例说，"花是红的"与"花是美的"是不同的。"花是红的"是一种客观判断，而"花是美的"则主要是一种主观判断。蔡仪批判道，其实"花是红的"也只是因为花反映太阳的某种光线而已，而太阳也并没有一种"红光"，而只是光波的长度不同在人在眼睛里看出来的反映而已。但这并不妨害"花是红的"这一判断，由

---

① 蔡仪：《新美学》，《美学论著初编》（上），上海文艺出版社 1981 年版，第 184—185页。

② 同上书，第 197 页。

③ 同上书，第 214 页。

此可见，美也是客观的。

同时他也批判了黑格尔所代表的客观观念论者的错误。

结论是："美是客观的而非主观的。……美是客观的，不是主观的；而且美的根源也不在于最高理念或客观精神，是在于现实事物。"①

本章第二节，在上一节批判了主观美论之错误之后，批判了客观美论的错误，如费希纳、柏拉图、亚里士多德等均认为美是多样统一。他考察了"变化统一"、"秩序"、"比例调和"、"明确"和"圆满性"等旧唯物主义美论所认定的美的性质，指出它们都与美无关，或者不是美的根源。在作了这些考察之后，他得出结论：

> 多数过去的美学家所提出的种种关于美的事物的所谓"主要元素"或"基本原则"之类，除了明确及圆满性不属于客观事物的之外，其他的六种，变化的统一和秩序，是客观事物几乎全部所具有的，不是美的事物所特有的，也就不是客观事物的一个属性，不是美的事物的特性。它们对于美毫没有规定性。比例和调和也是大多数事物的形式所具有的，不是美的事物所特有的，但它们对于事物的形式，对于单纯现象的美有相当的规定性，而对于个体事物的美却几乎没有规定性。均衡和对称，也是许多客观事物，其中包括几乎全部的生物的形体，都具有的，不是美的事物所特有的。但它们对于个体事物的形体的美有相当的规定性，而对于具体事物全体的美也几乎没有什么规定性。②

可以看到，蔡仪已经意识到旧美学的错误在于脱离实践，在于它们只是从主观上去考察美和美感的本质，把美当做一种观念，而没有看到美具有某种客观的、不依赖于主体个体心理的性质。应该说，这在中国美学史上是一个巨大的进步。遗憾的是，他没有沿着这一思路深入追寻下去，没有从实践的发展历程中把美和美感的本质看做一种生成的性质去考察，而是回到了从某种静态的因素或结构中去寻找美的本质的思路上去。但是，他的思考对于后来者无疑是一个极大的启发。在这个意义上，可以说，没

---

① 蔡仪：《新美学》，《美学论著初编》（上），上海文艺出版社1981年版，第225页。

② 同上书，第236—237页。

有蔡仪的客观论美学，也就没有后来的实践美学。

（二）美学研究的对象

在讨论了美学研究的方法论之后，蔡仪提出了美学研究的对象问题。他把美学的对象概括为美、美感和艺术三个领域：

> 美学的全领域是包括美的存在，美的认识和美的创造；也就是包括美、美感和艺术。①

> 总之，美学全领域的三方面，美的存在、美的认识和美的创造，三者的相互关系，第一是美的存在——客观的美，第二是美的认识——美感，第三是美的创造——艺术。美的存在是美学全领域中最基础的东西，唯有先理解美的存在才能理解美的认识，然后才能理解美的创造。②

这个构架——美论、美感论和艺术论——成为直到现在为止中国国内美学体系的基本构架。无论是20世纪60年代由王朝闻担纲主编、后来广为流行、在很长一段时间内成为全国高校文科基本美学教材的《美学概论》，还是后来各个美学家自己编写的美学理论教材或著作，大体上都沿用这一框架或格式。在这个意义上，可以说，蔡仪是中国现代美学理论体系的真正奠基者。

在美学的学科定位上，蔡仪把美学定位为哲学美学。他考察了美学与哲学、心理学的关系之后，提出"美学是关于美的存在和美的认识的发展的法则之学"：

> 哲学是关于存在和认识的发展的法则之学，在认识客观存在之上，并求改造客观存在。而美学呢？根据上面所述我们也可以概括地答复，美学是关于美的存在和美的认识的发展的法则之学，在认识的存在之上，并求改造美的存在，而创造艺术。因此美学其实就是一种哲学，就是美的哲学，是哲学的一部分，一分枝。这样说来，美学不

---

① 蔡仪：《新美学》，《美学论著初编》（上），上海文艺出版社1981年版，第203页。
② 同上书，第205页。

但是可以和哲学系统直接联结，而且必须和哲学系统直接联结的。不知道一般的存在和认识的关系及其发展的法则，也就不知道美的存在和美的认识及其发展的法则。①

从这里可以知道，在蔡仪心中，哲学其实主要就是一种认识论，因此，作为哲学分支的美学，也是一种认识论美学。在后面的叙述中可以看到，蔡仪的确是按照认识论的框架与思维模式去建构他的美学理论的。

所谓美学研究的方法，在蔡仪这里，其实也就是美学的学科定位、研究对象的问题。在学科定位上，蔡仪坚决把美学定位为一种哲学美学，反对各种心理学美学研究方法。这一思路承袭的是德国古典哲学美学的思路，尽管蔡仪本人并未表明这一点。50 年代的美学大讨论所争论的主要问题——美和美感的本质、自然美等，也都属于哲学美学层面的问题。对于当时的批判对象朱光潜先生的《文艺心理学》中所涉及的一系列审美心理问题和学说——心理距离、直觉、移情等问题，反倒并没有涉及。在这个问题上，蔡仪的贡献也是不容忽视的。

（三）"美是典型"

在批判过去的各种主观美论和客观美论之后，蔡仪便开始论述美的本质。首先，他坚定地写道，美是客观的，是存在于事物本身的，美感正是客观事物的美在主观心理上的反映：

> 我们认为美是客观的，不是主观的；美的事物之所以美，是在于这事物本身，不在于我们的意识作用。但是客观的美是可以为我们的意识所反映，是可以引起我们的美感。而正确的美感的根源正是在于客观事物的美。没有客观的美为根据而发生的美感是不正确的，是虚伪的，乃至是病态的。②

这种客观的美是什么呢？美的本质是什么呢？蔡仪认为，就是典型。

---

① 蔡仪：《新美学》，《美学论著初编》（上），上海文艺出版社 1981 年版，第 211—212 页。

② 同上书，第 237 页。

他说：

> 我们认为美的东西就是典型的东西，就是个别之中显现着一般的东西；美的本质就是事物的典型性，就是个别之中显现着种类的一般。于是美不能如过去许多美学家所说的那样是主观的东西，而是客观的东西，便很是显然可以明白了。①

他引孟德斯鸠的话说，美就是最普遍的东西集合在一起所形成的。美的眼睛就是大多数眼睛都像它的那副模样。认为这就说明美是典型。亚里士多德《诗学》中说诗描写具有普遍性的东西，这也就是典型。康德的"依存美"概念也说明了美是典型。梅林的《美学概论》中说，"美有美的效果是从属于种类的概念。种族愈多地表现于个人之中，个人便愈美。"蔡仪很赞同这话，并补充说：

> 个人的美是由于这个人丰富地具备了种族的普遍性。同样，其他的个别事物的美也可以说，就是由于它丰富地具备了它种类的普遍性。
>
> 个别之中丰富地显著地具现着一般，就是典型，因此也就是说，典型的东西是美的东西，美的本质就是典型的典型性。②

如果说美是典型，那么，什么样的典型才能称之为美的？在这个问题上蔡仪花费了不少笔墨。首先他把典型与类型区分开来。典型是个别事物中显现着种类的一般属性，即普遍性；但所谓普遍性还不是抽象地显现出来，而是通过个别事物的某种特殊性呈现出来的。如果抽象地呈现种类的普遍性，那是类型而非典型。类型是抽象的，典型是具体的；类型是哲学化的，典型是美学的：

> 如上所述，美的事物就是典型的事物，就是显现着种类普遍性的个别事物。美的本质就是事物的典型性，就是这个别事物中所显现的

---

① 蔡仪：《新美学》，《美学论著初编》（上），上海文艺出版社 1981 年版，第 238 页。
② 同上书，第 241 页。

种类的普遍性。但为种类的普遍性显现于个别事物之中，必得通过这个别事物的特殊性，而不能在个别事物之中显现着单纯的种类的普遍性。只是显现着单纯的普遍性，事实上便不能是客观存在的个别事物，而是一个空洞的抽象的架子，或者如现在一般人所说的类型。这样类型的东西，只能是经过我们意识的抽象作用而得的一个抽象概念，如几何学上的无长短宽窄厚薄的点一样。也就是说，在客观事物之中单纯的种类的普遍性本身也是没有的。①

其次，他论述了普遍性与特殊性的层次。在他看来，普遍性与特殊性都是分等级的，有所谓最普遍和次普遍、最特殊和次特殊之分。在最普遍和最特殊的中间，便存在着无数次普遍和次特殊的性质。这样，所谓普遍性通过特殊性显现出来便可以分解为无数次普遍与次特殊性，由此在个别事物中显现种类的普遍性的，便成为美的：

> 因此所谓普遍性和特殊性之间原没有什么不可超越的鸿沟，如一般形而上学的哲学家所想的那样。也就是说，普遍性和特殊性原是互相渗透的，互相推移的。也就是说，所谓普遍之中有最普遍的和次普遍的，所谓特殊之中也有次特殊的和最特殊的，对最普遍的普遍性来说，次普遍的普遍性已有相对的特殊性的要素，而对最特殊的特殊性来说，次特殊的特殊性也有相对的普遍性的要素。于是所谓普遍性通过特殊性而显现出来，详细地说，就是最普遍的通过次普遍的，次普遍的通过次特殊的，次特殊的通过最特殊的，这样普遍性才能通过特殊性而显现出来，其间的过程是无限的，也就是其间通过的条件是无限的。
>
> 由此我们说，美的本质就是个别事物中显现着的种类的普遍性，美的事物就是种类的普遍性显现于其中的个别事物。也就是说，美就是美的本质表现于事物的特殊的现象之中。于是美的本质表现于事物特殊的现象，也就得通过许多美的条件。②

---

① 蔡仪:《新美学》,《美学论著初编》（上），上海文艺出版社 1981 年版，第 243—244 页。

② 同上书，第 244 页。

作为美的本质的客观论者，蔡仪必须说明他与历史上各种客观论者的关系，或赞同，或反对。众所周知，西方哲学史上曾有一种观点，也是把美看成客观事物的某种属性或特性，如比例、对称、均衡、曲线等等。著名的"黄金分割律"便产生于这种背景之下。蔡仪考察了比例调和、均衡对称之于美的关系，结论是，它们只能是单纯的现象美的条件，或事物形式上的美的条件（也就是他所谓"单象美"），而它们之所以能成为某种"单象美"，仍是因为它们表现着种类的普遍性，表现着美的本质。

> 总之美的事物就是典型的事物，就是种类的普遍性、必然性的显现者。在典型的事物中更显著地表现着客观现实的本质、真理，因此我们说美是客观事物的本质、真理的一种形态，对原理原则那样抽象的东西来说，它是具体的。①

美是典型，美的本质在于个别事物中显现着种类的普遍性。这是蔡仪最有代表性的观点，也是他几十年来一贯坚持的基本观点。这一学说的缺点在 20 世纪 50 年代的美学大讨论中已遭到李泽厚、朱光潜等学者的批评。但是，当历史已经翻过一页，当我们在一个新的世纪、从历史的角度去看待和评价这一学说，我们应该如何去评价？

首先，作为唯物主义美学在中国的首创者和主要代表，蔡仪的典型论有其客观的历史的价值。它在普通读者尚不了解唯物主义的背景下，大力倡导唯物主义学说，并把唯物主义理论运用到美学中去，建立了唯物主义的美学学说。从历史角度来说，它功不可没。

其次，蔡仪的典型论的提出，为理解美的客观性打开了一条思路。过去，关于美的本质，大多数美学家均持主观论观点。特别是 20 世纪以来，直觉主义、移情说、生命哲学等思潮盛行，完全否认了美的客观性，把美看成是一种纯粹的主观感受与情感，在"趣味无争辩"的口号下，放弃人类具有共同的审美感和共同的审美活动的可能性，对中西之间的美学和文化交流无疑是一种阻碍。而蔡仪则强调并坚持美具有不依存于任何人的主观情感的客观的性质，并努力寻找这种客观的美的规律性，从而，美不再只是个人的主观情感移入外物的结果，这就为人类的共同美感打下了客

---

① 蔡仪：《新美学》，《美学论著初编》（上），上海文艺出版社 1981 年版，第 247 页。

观性基础。

再次，蔡仪的典型论强调美的客观性质，强调客观事物本身具有独立自主的美，这种美不依存于人类，而有独立自存的意义。从美的起源和美的本质的层面来看，这种学说是无法成立的。但是，从美的对象层面看，它却具有重要的现实意义和理论意义。特别是当今世界自然环境遭到严重破坏、人与自然的关系走到一个新的十字路口的时代背景下，注重自然现象本身的审美价值，研究如何保护和发展原生态的自然、使之不再遭受进一步破坏，已成为一个巨大的时代课题。在这种背景下，重新审视蔡仪的客观美论，发掘其中蕴涵的合理思想，应该是一件具有重要意义的工作。

但是，在充分肯定蔡仪美学的历史贡献的同时，也不能不看到它的巨大缺陷。第一，离开人类社会历史实践去抽象地谈论美的本质，把美这种本是人类主体活动创造的价值存在看成是客体事物的自在属性，必然取消美的最根本的特性——人类的价值创造，最后必然陷入某种尴尬的境地。正如李泽厚曾经批判的，如果说美就是典型，就是个别事物中显现种类的普遍性，那么，如何确定哪些事物是美的，哪些事物是丑的？因为，并非所有典型的事物在人类看来都是美的。否则，便有所谓典型的苍蝇、典型的臭虫这种尴尬结论出现。

第二，在思维方式上，蔡仪表现出一种形而上学机械论倾向。他割裂了个别与一般、特殊性与普遍性，把一般或普遍性当做某种实体性的东西，某种与个别并列的实体性的东西或属性。前面所引述的论述已经充分地表现出这一特点。这里再举一段话为证："在种类中的各个别事物的相同的属性条件，就是这种类的所以构成的属性条件，也就是种类的属性条件，也就是个别的属性条件。因此任何客观事物，都是种类的属性条件和个别的属性条件所构成的。"①

正是这些缺陷使蔡仪的客观论美学作为一种美的本质的学说，在20世纪50年代遭到了美学家们的批评。

（四）典型就是"本然的种类范畴"

如前所述，蔡仪认为美就是典型。但典型从何而来？什么典型是美的？在蔡仪看来，典型就是能够表现某一种类的普遍性的特点，即事物的

---

① 蔡仪：《新美学》，《美学论著初编》（上），上海文艺出版社1981年版，第248页。

属性条件能够最好地体现它的种类的普遍性质。所谓事物的种类的属性条件也是分等级的。有的是决定性的，本质性的，有的是非决定性的，非本质性的。

> 就某一客观事物来说，只有某一种类范畴，是它的本然的种类范畴。这种本然的种类范畴，对于该事物是有决定性的。这样的种类范畴所内含的种类的属性条件，对于该客观事物是本质的必然的东西。失去了这种属性条件，该客观事物已不能存在。而对这种本质的必然的属性条件来说其他的属性条件则是现象的偶然的属性条件，失去了这种属性条件，该客观事物尚能存在。①

既然事物的种类属性条件也是分层次、分等级的，那么，美是在何种意义上说的？也就是说，在何种意义上，事物是美的？蔡仪说：

> 具有优势的种类属性条件的客观事物，它较之具有优势的个别的属性条件的客观事物，是更完全地丰富地显现着种类，也就是更完全地丰富地显现着事物的本质。普遍性，必然性，这个别的事物，就是我们日常所谓标准的事物，也就是我们上面所谓典型的事物，美的事物。②

虽然各种种类范畴对于事物的美都有规定性，但是如上所述，唯有该事物的本然的种类范畴对于该事物的存在是有决定性的，也就是对于该事物的美是有决定性的。任何事物的本然的种类范畴本身，是它所属的横的种类范畴和纵的系列的种类范畴的中心环节，它对于该事物的美有决定性。其他相关的横的种类范畴则只有相对的规定性而无决定性；其相关的纵的种类范畴，则通过本然的种类范畴而对于该事物的美有决定性。③

西方美学史上的客观派所寻找的，往往是一些决定美之为美的客观因

---

①　蔡仪：《新美学》，《美学论著初编》（上），上海文艺出版社 1981 年版，第 249 页。

②　同上书，第 251 页。

③　同上书，第 250 页。

素或性质，如对称、比例、均衡、节奏、多样统一等。作为存在于事物中的因素或性质，它们具有普遍性，在某种意义上，它们也的确是构成所谓美的一些条件或因素。当然，人们也早就指出过，这些性质并非美的必要条件，那些并非对称、均衡，并没有按照"最美的比例"构成的事物也同样被看做是美的。蔡仪看到这些客观学说的缺陷，希望找到一种更具有普遍意义的衡量标准，找到美之为美的普遍性的客观规律。如果仅仅在审美对象的层次上看，蔡仪的工作不无意义。作为审美来说，在个别事物中呈现事物的普遍性和必然性，在最具有个性的事物中呈现出这一类的事物的普遍性特征，这的确是它成为审美对象的重要的客观条件。如蔡仪最爱举的例子，宋玉笔下的"东家之子"。所谓"增之一分则太长，减之一分则太短；敷粉则太白，施朱则太赤"。显然，在作者心目中，"东家之子"便是最能体现女子之美的形象，是所谓"标准的美人"。

　　问题在于，美的所谓"标准"从何而来？为什么人们曾经不遗余力地去寻找构成美的客观条件，并找到比例、对称、均衡、节奏、多样统一等这些性质？为什么这些东西又常常并非美的必要条件，换言之，没有它们、违反它们，也同样被说成是美？这就涉及这些因素之所以成为美的前提。这些被称为形式美的因素，它们之所以成为美，正是因为人们在改造自然的社会实践过程中，在使用和制造工具的操作活动中，发现具有这些因素的事物与人们自身的身心结构能够达到协调一致，当主体的肢体或所使用的工具与对象在节奏、比例、韵律等等方面实现协调一致的时候，这种肢体活动或对工具的操作活动本身便成为具有美感的活动，它不再是苦役，而成为一件快乐的活动，一种享受。"庖丁解牛"的故事中，庖丁杀牛的过程成为一种音乐、一种舞蹈，给庖丁带来莫大的美感与享受，正是因为他掌握了牛本身的结构，能够看准牛的骨节之间的间隙下刀，达到游刃有余的效果。并且，那些具有一定对称性、比例均衡、具有节奏感、韵律感的事物，更能激起主体本身的节律，从而与之达到自由和谐。因此，所谓形式美，恰好是在社会实践过程中形成的，是社会历史实践的产物。

　　有时候，在某些前提下、语境中，这些形式美的因素又并非美的必要条件。那些看起来不对称、不均衡的事物，在某种语境下也同样能带给我们美感。这就更需要到实践中去理解了。人们在社会实践过程中，在使用和制造工具的操作活动中，掌握了客体世界的那些形式法则，使之成为主体能够运用的形式力量，一种造型力量。这种造型力量扩大了主体的能力，使之能够掌握、控制那些并不符合形式美规则的事物，赋予其新的形式感，从而，在这个过程中，主体的审美能力得到提高，审美视野得以扩展，审美范围不断增长，原先看来不美的、丑的事物，经过主体的造型力量的改造，成为美的。如大海、星空、沙漠等未经人化改造的事物，那些看起来丑怪的太湖石。中国明清时代的园林艺术中，专门要把那些显得瘦、皱、漏、透的石头置放在园林之中，成为园林之一部分，便是因为如此。而且，社会越是发达，社会生产能力越高，人类的造型力量便越强大，人们越要、越能欣赏那些未经人化改造的事物。

所以，蔡仪的典型说，所谓具有优势的种类属性的客观事物更具有美感的说法，放在审美对象的层次来说，有一定道理。但就美的本质层次而言，它们的局限性是显而易见的。所谓"标准的事物"、"典型的事物"，从科学上说也许有一定道理，如某种地质岩层或构造、某种生物"典型地"显现该类事物的物种属性。我们称贵州某些地区是"典型的喀斯特地貌"，称贵州织锦洞是"典型的钟乳石景观"，称新疆吐鲁番的气候是"典型的内陆型气候"等等。但是，这只是从地质学、气象学而言。对于美而言，很难有所谓"标准的事物"、"典型的事物"。所谓"标准的事物"、"典型的事物"、众多事物之中最能显现其种类特性的事物，只能是一种理论的抽象与假设，在现实中，评价事物或人美与否绝不仅仅是按照其所谓"种类属性"的标准来进行的。

最接近于蔡仪的"显现种类属性的普遍性"的审美活动恐怕是各种"选美"活动了。在这些活动中，选手的肤色、身材、比例、五官等都设有具体的标准与尺度——这些正是从审美对象的层次角度所设立的标准，是显现人的"种类属性"的标准。但是，即使是这类"选美"活动也并不仅仅是根据这些标准与尺度去进行，它们只是一个参照系数或参选内容的一个项目。此外，选手的文化修养、谈吐礼仪、风度风韵，可能是更为重要的评价条件。那些当选的"世界小姐"、"欧洲小姐"就身体条件而言，往往并非最"标准"的。宋玉笔下的"东家之子"同样只是一种艺术想象，一种文学创作形象。如果按照这种标准来评判人之美，则放眼皆丑，何来美人？因为，恐怕没有一个人是按照所谓标准的美生下来的。

按照蔡仪的说法，事物的种类分为典型的种类与非典型的种类。所谓的典型的种类是指那些高级的种类范畴，那些最能显示这一种类的类特性的事物：

　　在系列中的种类范畴有高级的与低级的之分，而高级的种类范畴对低级的种类范畴，犹如低级的种类范畴对个别事物一样，是有相当的决定性的。于是这一种类具有高级的种类的属性条件是优势的，那么这一种类也可以说是完全地丰富地显现着高一级的种类的本质、普遍性、必然性的种类，也可以说是典型的种类。①

由于种类亦有高级与低级之分，因此，美也有层次。最美的就是最能显现种类特性的事物。

　　就高级的种类范畴来说，这个人要是典型的人，美的人，才是典型的动物，美的动物，典型的生物，美的生物。就低级的种类范畴来说也是如此，这个人要是典型的人，美的人，那他的当做黄种人应当是典型的黄种人，美的黄种人；他的当做青年人应当是典型的青年人，美的青年人。所以客观事物的本然的种类范畴，是系列的种类范畴的一环，也是系列的种类范畴的核心，它对于实际存在的客观事物的决定性大，对于客观事物的美的决定性也大。②

　　要之，典型的种类中的典型的个别，是高级的典型的事物，最高级的美的事物。而在纵的系列的种类范畴中都是典型种类，则这种类中的典型的个别事物，便是典型的极限，美的极限。③

　　这里，蔡仪的机械论思维得到充分展露。世界上只有黄种人、白种人、黑种人、红种人。除此之外，哪有什么抽象存在的"典型的人"？即便就某个具体的人种来说，各个地区、各个民族也有不同的特色，哪有什么抽象的"典型的黄种人"、"典型的白种人"？按照这种理论，必然有某个地方的人是"典型的黄种人"，而其他地方的人是非典型的黄种人。"典型的黄种人"自然比非典型的黄种人更符合人的理想，因而，他们自然有权对其他非典型的黄种人进行支配、控制。同样，"典型的白种人"、

---

① 蔡仪：《新美学》，《美学论著初编》（上），上海文艺出版社1981年版，第255页。
② 同上书，第255—256页。
③ 同上书，第256页。

"典型的黑种人"也有权支配、控制非典型的白种人、非典型的黑种人。而就这些人种之间来说，是否"典型的白种人"又比"典型的黄种人"更接近于理想的人？这样一来，希特勒的人种说岂不是有根据的了？之所以出现这种明显的错误，正是因为蔡仪完全把美看成客观事物的属性，而非从人类的社会实践活动中去寻找美的根源，美的本质。

（五）认识论美学

由于把美看成客观事物的属性，把美完全看成是存在于对象中的性质，因而，美感在蔡仪看来就是对这种美的一种认识，是客观存在的美在人头脑中的一种反映。因而，蔡仪的美学完全是一种认识论美学。

在第三章"美感论"中，蔡仪批判了"美感诸旧说"，包括"形象的直觉说"、"心理距离说"与"美感态度说"、"感情移入说"、"内模仿说"和其他生理学美学等等。他论述了美的认识过程，基本上是复述了一遍从感觉到表象到概念的普通认识过程的学说。蔡仪认为，概念认识是分析的又是综合的，是抽象的又是具象的，是感性的又是智性的，是自觉的又是不自觉的。"概念的具体性是美的认识的基础，概念的具体的发展，使认识的内容成为一个个别里显现一般的典型的形象，就是对于该事物的美的观念。因此所谓美的观念，和其他概念一样是客观事物的种类性的反映。"①

在叙述了一般认识过程之后，蔡仪便开始讨论什么是美感。在他看来，美感其实是美的观念的反映，是美的观念的清楚明白的显现。由于日常生活中美的观念往往是模糊不清的，它渴求着能够自我充足，因而，当我们使之变得清晰起来时，美感就产生了。

> 我们认识美感是根据着美的观念，但是美的观念，尤其是日常生活中获得美的观念，往往是不自觉的，也就不是自我充足的。因为它不是自我充足而完全的，所以它常是在渴求着自我充足而完全。固然具体的概念是有和个别表象紧密结合的倾向，且有时能唤起新鲜活泼的感觉，只是人若不是固定观念的精神病者，日常生活中变化无穷的

———————

① 蔡仪：《新美学》，《美学论著初编》（上），上海文艺出版社 1981 年版，第 299—300 页。

万物众象，也在意识里反映而变化无穷，所以这种形象，依然常是空洞的、模糊而不自我充足的，也就常是渴求着自我充足。

这种美的观念的渴求自我充足而完全的欲望，一旦得以满足，便发生美感，美的情绪激动，发生精神的愉快、陶醉。①

这样由外物的美而使美的观念得以自我充足，引起强烈的美感，这便是从来所谓美的鉴赏的愉快。②

这里，蔡仪的思维显得有些混乱。由于坚持美是事物的客观属性，因而美感便只能是这种属性的某种认识。但是，这种认识如何能与普通的科学认识相区别？如果说美感是一种认识，那么为什么会发生这种认识？对于这个问题蔡仪并没有提出来，也没有回答。并且，把美感说成是"美的观念的自我充足"，又说"美的观念的渴求自我充足而完全的欲望，一旦得以满足，便发生美感，美的情绪激动，发生精神的愉快、陶醉"。这类表述不正是真正"典型"的唯心主义么？由于要坚持纯粹的唯物主义思路，把美完全说成是客观事物的客观属性，因而，美感便只能成为对美的一种认识了。但问题还不止于把美学定位为认识论学科，而是美感本身在蔡仪这里成为一种观念的自我充足了。这实际上是回到了鲍姆加通的起点上。在鲍姆加通看来，美是感性认识的完善。在蔡仪看来，美感是观念的自我充足。而且，像这类表述——"美的观念的渴求自我充足而完全的欲望"，不正是典型的黑格尔式的句式么？

蔡仪把这种"美的观念的自我充足的欲望"看成是一种求知欲望。当然，这种欲望的主体已非观念本身，而转换成了拥有观念的人：

美的观念的自我充足的欲望，从其根底上说，就是一种求知欲，或者说和求知欲本质上是一致的。我们知道美就是具体形态的本质真理，因此美是较之抽象的原理原则，是更真切的事物的本质真理。美的观念当其尚不是自我充足而完全时，尚不是具体形象的，于意识尚不以此为满足，而渴望其自我充足而完全，也就是渴望把握更真切的事物的本质真理，所以它其实就是一种求知欲，只是和一般所谓求原

① 蔡仪：《新美学》，《美学论著初编》（上），上海文艺出版社 1981 年版，第 312 页。
② 同上书，第 314 页。

理原则的知识之欲望，是更高级的。在一般求知欲的满足时，如一种
科学原理的发现或理解，我们也多少感觉愉快；美是更真切的具体的
事物的本质真理，于是美感的愉快也较之一般求知欲满足时的愉快是
更真切的。①

按照这种说法，美感只是比科学的求知欲在引人愉快方面更真切一些
而已，其本质上与科学并没有区别。换言之，美感只是对对象的一种认
识，对美的真理的认识，这样，把美当做一种观念，又把美感说成一种求
知欲，这实际上是取消了美。

从美学作为学科诞生看，在鲍姆加通那里，美学的确是作为认识论被
建立的，是为了收拾那些游离于理性之外的感性存在。所谓美，就是感性
认识的完善。这种美学根源于欧洲大陆根深蒂固的理性主义传统，试图把
感性存在纳入理性的规范之中。但是，在德国古典美学家中，康德已不再
从纯粹认识论角度去探寻美。在他对美的本质的四个规定性中，第三个就
是不涉及概念而具有普遍性，第四个，无明确目的而具有目的性。不涉及
概念而具有普遍性，是因为人类具有天生的共通美感，这种共通美感的存
在，才使美作为单称判断而具有普遍性。这里，美感便不是简单地对美的
反映而已。在某种意义上，可以说，正是由于共通美感的存在，审美判断
力的存在，才有美的存在。一方面，审美判断力是一种广义的认识能力，
是先有判断，后有审美，而非先有审美后有判断；但另一方面，审美判断
并非认识判断，而是一种目的判断，但它亦非宗教性的目的性，而只是一
种看起来仿佛有目的的目的性，一种无目的的合目的性。因此，从康德开
始，美学已不完全作为认识论。以后，在叔本华、尼采等人那里，美学已
在一定意义上与哲学合而为一，哲学成为审美之学，美学成为哲学的最后
归宿。像柏格森的生命哲学、克罗齐的直觉说等，已完全是一种本体论美
学。马克思没有专门的美学著作，但从他的《1844 年经济学—哲学手
稿》、《德意志意识形态》、《关于费尔巴哈的提纲》等一系列著作中可以
看到，他把人的感性存在的全面发展作为一种理想目标，共产主义的规定
性首先是人自由而全面地发展，人以一种全面的方式全面地占有自己的感
性。因而，实际上，马克思有一种审美形而上学倾向。按照这种思路建立

---

① 蔡仪：《新美学》，《美学论著初编》（上），上海文艺出版社 1981 年版，第 314 页。

的美学，绝不可能是一种认识论美学。

美与美感实际上只能在理论上分辨出来。从实践上说，美与美感往往无法分别。因为它们同是人类社会实践的产物。美是外在自然的人化过程与成果，美感是内在自然人化的过程与成果。二者同时进行，不分先后。而且，正因为人类在实践中建立、形成了不同于普通动物的文化心理结构，才能有作为人类文化成果的认识、伦理与审美活动，从而，美感实际上是美的心理学表述而已。

（六）美的种类

由于蔡仪认为美是事物的种类属性，是典型地显现事物的种类属性的事物，而对事物的种类属性的显现是分层次、有级别的。这样，依据事物的构成状态和它所显现的种类层次的不同，美也有不同的类型。

（1）"单象美"、"个体美"与"综合体的美"

依事物的构成状态不同而有三种不同的美：一是单纯现象的美，可以简称为单象美；二是完整个体的美，可以简称为个体美；三是个体综合的美，可以简称为综合美。这三种美各有其特征，即所显的客观事物本质各有不同。①

所谓"单象美"，其实就是传统所谓形式美，如颜色、声音、气味、形体等。"任何事物有许多属性条件，任何属性条件又有低一级的属性条件，而分析到一个适当的阶段时，这低级的属性条件便都是单纯的现象了，如形体、音响、颜色、气和味、温度和硬度等都是。"这些单纯的现象一方面依存于某种物体，无法独立存在，另一方面它们又具有独立的价值。"单纯的现象中不能离开个体，却可以有它自身的不完全从属于个体种类的种类。"② 这些存在于物体之中却又具有独立价值的美便是单象美。

在单象条件中，如温度、硬度等非常单纯，只有程度差别，没有种类差别，因此它们没有典型，也便没有美；气和味有种类差别，但是同种类个别之间的差异又非常小，因此也没有所谓美。但颜色、声音和形体与它们不同。颜色"因光线和反射光线之物体两者的属性条件的交错，所以它的属性条件便复杂，种类则不是气和味那样单纯，同种类的个

---

① 蔡仪：《新美学》，《美学论著初编》（上），上海文艺出版社1981年版，第324页。
② 同上书，第326页。

别之间的差别性较多。至于形体和音响，它们的属性条件中则有单纯或复杂之分，而一般地说种类也便不十分单纯，同种类间的差别性更多。所以颜色、音响、形体这三种单象的东西是有典型的，也就是有美的。因此单象美主要的便是这三者"①。

单象美因为只是一些单纯的形式因素，它不能脱离物而独立存在，并且它主要是凭借感性而起作用，还不能涉及蔡仪称为高级活动的智力活动，因而它只是一种低级的美：

> 单象美是密接于现象范畴的东西，主要的是凭借感性作用，于是引起的快感特别强，而它的美是相当低级的；凭借智性的作用者少，于是引起的美感也就较弱。这样单象的东西，如上所述，种类愈单纯，同种类的个别间差别性愈少，美愈降低以至于无，和这相对应的智性作用愈减少以至于无，美感愈削弱以至于无，于是这种单象的东西只能引起快感了。如气和味，温度和硬度，便只能引起快感，而不是美感。②

所谓"个体美"指具有完整的个体性的东西之美。个体美必须在完整的个体身上才能出现。有个体性的客观事物才可能有个体美。完整性愈大，个体性愈强，它的个体美程度愈高。个体美在种类属性上是比单象美更高级的。

> 所谓个体美是个体的种类属性条件是优势的，也就是这个体的个别属性条件，这个体的单纯现象，都显现着种类的一般性，显现着它的本质，所以个体美虽是通过单象美而表现出来，可是个体美高于单象美。③

在表现形式上，"单象美是密接于现象范畴的，或者说是偏于形式的美，但是个体美却不是偏于形式的美，而是实际存在的客观事物的形式和

① 蔡仪：《新美学》，《美学论著初编》（上），上海文艺出版社 1981 年版，第 328 页。
② 同上书，第 329—330 页。
③ 同上书，第 331—332 页。

内容的统一的美"①。

所谓"综合体的美"指由相互关联的事物组成的统一体之美。

综合体的美同样是决定于它的种类的一般性的，也就是种类的一般的属性条件越是优势的便越是美的。但是综合体的种类的一般的属性条件之中最基本的属性条件，就是各个体间的相互关联。而这相互关联，一方面虽是构成综合体的，另一方面又是依存于各个体的。如上所述，它就是个体事物的外在的属性条件，所以综合美同时又关系于构成它的各个体的美。也就是说，综合美就是个体美所构成的美。就这一点来说，综合美与个体美原是不矛盾的，即如战士与骏马，两者的美便是构成综合美的。而这两者所构成的综合体的美，并不破坏、也不限制它们的个体美。②

综合美由个体美所构成，但高于个体美：

> 综合美是显现着客观事物的相互关联。所谓客观事物的相互关联，不仅是客观事物的存在形态，而且是客观事物存在的规律；不仅是个体美的总和，而且是高于个体美的总和。客观事物相互关联的规律，较之一般所谓个体事物的本质，是客观现实的更本质的东西。不是偏于形式的，主要的是偏于内容的，则对于这种综合美的认识，主要的是智性作用，而和感性作用却有相当大的距离，也就是这种美感有超快感之可能。一般地说，综合美既非常之高，引起的美感也非常之强。③

如果参照西方传统美学中有关形式美因素的说法，可以看到，在蔡仪这种分类中，"单象美"相当于西方美学讲的"形式美"，因为它主要是讲美的形式构成因素；综合美相当于多样统一。个体美则属于他独有的分类。从蔡仪的美学体系来看，他是力图把客观世界的美进行归类、综合，使之成为一个井然有序、层次分明的美的系统。问题在于，这个系统包含着严重的缺陷。一些公认的形式美的因素没能容纳进来，

---

① 蔡仪：《新美学》，《美学论著初编》（上），上海文艺出版社 1981 年版，第 332 页。

② 同上书，第 334 页。

③ 同上书，第 338 页。

如均衡、对称、比例、节奏、韵律等等。而个体美更是一个说不清的义项。哪些个体是美的？哪些个体是不美的？以什么标准来衡量、取舍？按照蔡仪的说法，那些能显现个体所属物种的种类的典型特性的个体才是美的。但是，这样一来，又产生了新的问题：是否每个物种只有其中某一个最能显现它的种类特性的那个是美的，其余都是不美的或丑的？是否每个物种都一定有一个最美的？这样，是否便会出现李泽厚曾经讽刺过的"最美的苍蝇"、"最美的臭虫"之类？所以，所谓个体美的概念，是有问题的。

就单象美来说，蔡仪把颜色、声音和形体列为单象美的三大要素。按照西方传统美学观念，颜色、声音和形体的确是三种主要的形式美的因素，它们分别诉诸视觉和听觉。视觉艺术与听觉艺术在西方传统美学中是主要的艺术门类。蔡仪这里把单象美限定于颜色、声音和形体，不知是否是在有意无意中接受了西方传统这一观念。事实上，如果按照蔡仪的说法，以其构成的单纯与否来决定其美与否，则上述分析是有问题的。就味而言，其构成种类非常多，酸、苦、甘、辛、咸，这是中国传统美学讲的基本味道；它们的浓淡程度不同和相互之间不同比例的融合，更可以构成无限多的味道系列。按照蔡仪的说法，这怎么能不算是属性条件的复杂呢？有什么理由把它们排除在美的范围之外呢？而且，在中国传统美学中，"味"是一个非常重要的哲学和美学范畴。"五味"与"五色"、"五音"、"五行"一起，才构成人类感受和把握世界的完整的维度。从老子开始，"味"就与"道"相关，是理解和把握"道"的一个重要维度。"道之出口，淡乎其无味。"①"为无为，事无事，味无味。"② 由作为哲学范畴的"味"发展出一些美学范畴，如"品味"、"玩味"、"体味"、"兴味"、"情味"、"澄怀味象"、"味外之旨"等等。"味"在中国美学中的重要性有时甚至超过颜色和形体之美。

"气"亦如此。气是中国哲学的基本范畴，也是中国美学的基本范畴。由"气"衍生出一系列中国美学的范畴，如"气韵"、"气质"、"气概"、"气节"、"气度"、"气魄"；"元气"，"神气"，"骨气"、"风气"……"气"在中国哲学和美学中的重要性已为多人所讲过，这里不

---

① 《老子》三十五章。
② 《老子》六十三章。

再多讲。① 因此，按蔡仪的分类法，其单象美的构成是不完全的，它至少还应包括"味"与"气"。

（2）"自然美"、"社会美"与"艺术美"

单象美、个体美与综合美是按照客观事物的状态来区分的美的种类；蔡仪认为，如果按照事物的产生条件来分类，则美可以分为"自然美"、"社会美"与"艺术美"。所谓"客观事物产生条件"即指是否有人力参与，是否属于人为创造之美：

> 所谓自然美是不参与人力的纯自然产生的事物的美，所谓社会美是参与人力而有美的目的之一般社会事物的美，所谓艺术美是为着美的目的而由人力创造的事物的美。也就是说，自然美是（一）非人为的，（二）和人的美的认识无关系的；社会美是（一）人为的，（二）和人的美认识无关系的；艺术美是（一）人为的，（二）根据人的美的认识而产生的。②

根据蔡仪的典型理论，美是典型，是一事物能很好地显现其种类属性的典型。因而，所谓自然美亦是如此，同样是由于某种自然物很好地显现了它的种类的普遍性或一般性：

> 所谓美原来就是"个别里显现一般"的典型，也就是事物的本质真理的具体的体现。一切的自然事物都是一般的东西和个别的东西的统一，其中便有以个别的东西为优势的，也有以一般的东西为优势的。即以我们人类来说，人的身材不是常人一样，或太高或太低；颜色不是常人一样，或太白或太赤，这便不是以种类的一般性为优势的，是不美的。反之如宋玉所说的东家处子，"增之一分则太长，减之一分则太短；着粉则太白，施朱则太赤"，她的身体颜色都是合乎天下楚国"臣里"女子的一般性，是以种类的一般性为优势的，所以是美的。同样，树木显现着树木种类的一般性的那支树木，山峰显

---

① 关于"气"作为中国美学本体概念的意义，请参见徐碧辉《中国美学的核心——道》。见《实践中的美学——中国现代性启蒙与新世纪美学建构》，学苑出版社 2005 年版，附录 1。

② 蔡仪：《新美学》，《美学论著初编》（上），上海文艺出版社 1981 年版，第 340 页。

现着山峰种类的一般性的那座山峰，它们的当做树木或山峰是美的。这样的人体的美，树木的美，山峰的美，便是自然美。其他一切自然事物都可能有以种类的一般性为优势的，也就是可能有美的。①

　　自然美的决定条件，主要是自然事物的种属的属性条件。②

根据这一规定，运动是物质种类的一般属性。"凡没有显现这种类的一般性的是不美的，而凡是显现这种类的一般性的是比较美的。所以一般地说，自然事物之中生物是比较美的，而无生物是比较不美的。"③

在生物中，生长生殖现象是生物的一般的属性条件，因此，"凡是没有显现这种一般的属性条件的生物是不美的，而凡能显现这种一般的属性条件的生物是美的。就这一点看来，在生物之中，大致动物是比较美的，而植物是不美的。因为植物缺乏能动性的活动，而动物是有能动性的活动"④。

以此类推，高等动物比低等动物美，高等动物中人比其他动物美，因为高等动物的种类属性是意识，只有人的意识最发达。

　　自然美的主要的决定条件是自然事物的种属的属性条件。也就是自然事物的个体中显现着种属的属性条件，这个体的自然事物是美的。⑤

　　所谓自然美是显现着种属的一般性，也就显现着自然的必然，它不是人力所得干与，也不是为着美的目的而创造的，这是自然美的特性之一。⑥

蔡仪关于自然美的思想早已为中国美学学者们所熟悉，其他学者对之的批判也为世人所知。的确，蔡仪的机械论思维在自然美问题上表现得十分突出。它的要害仍在于离开人类的实践活动去抽象讨论自然之美，试图

---

① 蔡仪：《新美学》，《美学论著初编》（上），上海文艺出版社1981年版，第341页。
② 同上书，第344页。
③ 同上。
④ 同上书，第345页。
⑤ 同上书，第346页。
⑥ 同上书，第347页。

从自然物本身的客观属性中寻找自然之美之为美的东西。美不能是事物的客观属性，而只能是与人相关的一种人文价值，这在当今已是一种共识。按照蔡仪的理论，自然界的物种属性高，进化的种类高级，便更美。动物比植物更美。照这种理论，青蛙、蛤蟆甚至苍蝇、蚊子都应该比任何一朵花更美了。显然，这是一个为蔡仪本人也不能接受的推论。就植物与动物整体而言，中国古人以梅、兰、竹、菊、松等植物为美，而并非以动物为美，这也是常识。

但是，从另一个意义上说，蔡仪的理论在今天也有其价值。当今世界自然环境遭到严重破坏，生态危机迫在眉睫。人对自然的人化改造在很大程度上不但破坏了自然界的生态平衡，并常常进一步带来生态灾难。这种灾难是不可逆转的，无法挽救的。在工业社会向后工业社会转型的社会条件下，自然本身的审美价值凸显出来，特别是自然的原生态之美，已成为需要保护、需要尽心维持的珍稀资源。从美的本质的层面说，自然美在于自然的人化；但是，在后工业社会，自然美的本质已不单纯是自然的人化。在人化自然的基础上回到自然，即人的自然化和自然的本真化才真正成为自然之美的所在。在这种背景下，强调自然本身具有的审美价值，强调从自然对象本身去探讨、寻找、发现什么对人来说是最美的，这是不无理论与实践意义的。从这个意义上，沿着蔡仪的思路，更细致地去探讨、研究自然本身在何种条件下、以什么形态出现对人来说是最美的，探讨自然本身的不同的美的形态、不同的审美风格，这在当今社会尤其具有理论与现实的意义。但就理论本身来说，并非像蔡仪所说的所谓显现种类属性的个体为美，这一点却是可以肯定的。

和自然美一样，在蔡仪看来，社会美同样以其体现的社会的种类为标准：

> 相同的社会事物，在同一的或相似的社会的基础之上是普遍地存在着的。于是社会的事物便有它的种类，于是社会的事物便有以个别的特殊性为优势的，也就是不美的；也有以种类的一般性为优势的，也就是美的。这种以种类的一般性为优势的社会事物的美，就是我们所说的社会美。①

---

① 蔡仪：《新美学》，《美学论著初编》（上），上海文艺出版社 1981 年版，第 350 页。

也就是说，自然美和社会美都在于某种自然事物或社会事物能很好地体现其所属的种类属性。性质一样，只是对象不同。但自然美与社会美在其构成方式上是有区别的。自然美是个体美，社会美是综合美：

> 构成社会的要素是人的社会关系，而社会的实体也就是社会关系中的人。因此所谓社会美，无论说是人的社会关系的美也好，社会关系中的人的美也好，原是一种事物的相互关系的综合美。若说自然美主要是个体美，那么社会美主要是综合美。①
>
> 社会美的主要的决定条件也就是社会事物的主要的决定条件。社会事物的主要的决定条件，其基本形态是劳动过程中人和人的关系，也就是生产过程中人和人的关系，简称之是生产关系。②

所谓"社会美"是当代中国美学界所独有的一个概念，它是从前苏联传入的。它通常与自然美、艺术美概念并用，以此来概括所有的审美现象。在一般关于社会美的解释中，有一个难题，那就是美和善的区别。因为，几乎所有关于社会美的解释，实际上都是对善的解释。国内最权威的美学辞书《美学大百科全书》对社会美的解释是："存在于人类社会生活中的美，社会生活的多层次、多侧面形成了丰富多彩的社会美。社会美首先表现在人类改造自然和社会的实践过程中。其次表现在实践活动的产品中，人的美是社会美的核心。社会美作为人的本质力量的直接显现更偏重内容美。"但这个长长的定义，还是没有告诉读者社会美究竟是什么。在它后面的阐释中，大半是在叙述人类社会的实践过程及其产品，而这些更主要是属于善的内容。有的辞典列举社会美的内容是："①符合先进阶级、人民大众的利益和愿望的进步理想，以及为实现这些理想作不懈努力的行为；②符合进步的道德观念的实际行为；③积极乐观的生活态度，意志坚强和健康的生活情趣。"③ 这些内容作为一种泛化的社会美当然是可以说得过去的，但显然，它更主要是属于善的内容。

---

① 蔡仪：《新美学》，《美学论著初编》（上），上海文艺出版社 1981 年版，第 350 页。
② 同上书，第 351 页。
③ 见王世德主编《美学辞典》，知识出版社 1986 年版，第 37 页。

在这个问题上，蔡仪也是从善的角度论述社会美的。蔡仪明确地说："社会美就是善。"① 当他讨论社会美时，其实论述的是社会善，即人们的行为、性格如何构成德行，成为"至善"。蔡仪对社会美着墨甚多，但主要是在论述社会善与社会真。

> 总括以上的话说来，社会美原是社会关系中的事物的美，主要是综合美，虽然这种综合美也依存于综合体中的个体美，但是这种社会的个体和自然的个体不同，它在任何场合都是不能脱离社会关系的，也就无论如何不是单纯的个体，而是社会关系的一个联结点。综合美所表现的是事物的相互关系，是事物的规律，而社会美所表现的则是社会事物的相互关系，社会事物的规律。因此，社会美主要的不是事物的实体美，而是事物的规律美。就社会的体现者人的美来说，不是肉体美，而是性格美，或者说是人格美；如果说实体美大致是伴随着感性的快感，则人格美大致是不伴随着感性的快感，这是社会美的特性之一。②

"社会事物的规律"属于"真"的范畴，"人格美"主要属于善的范畴。或者可以说，前者属于"真之美"，后者属于"善之美"。从中国传统儒家美学观点来看，美善相乐、美善合一，"美"与"善"的确是不可分割的，"善"是"美"的主要内涵之一。但是，"美"与"善"又是有区别的，"善"可以成为"美"的内涵，却并不直接就是"美"。蔡仪区别"人格美"（善之美）与"实体美"（真之美）的标准是是否伴随着感性的快感，认为实体美伴随着感性的快感，而人格美并不伴随感性的快感。但这种区分是有问题的。人格之美对于人的感动与模范力量，在很大程度上恰恰源于它打动了人的情感，从情感上首先感动了人的心灵。因此，把人格美完全与"感性的快感"割裂开来，抽掉它的感性基础，则它便只能是善，而不是美。

"社会美"一方面联系着"善"，另一方面联系着"真"。但是，社会生活中的"善"与"真"究竟如何成为"美"，从美的纯客观性观点

---

① 蔡仪：《新美学》，《美学论著初编》（上），上海文艺出版社 1981 年版，第 352 页。
② 同上书，第 353—354 页。

是无法说清楚的。事物的规律本身并非"美"，而是"真"。这种规律、这种真要成为美，必须当它为人所掌握、成为人所能掌握和运用的形式力量，从而能够为人的目的服务的时候。这也就是李泽厚所谓的"合规律性"与"合目的性"的统一。李泽厚认为，真与善、合规律性和合目的性的统一才是美的本质和根源。自然物的形式、规律都是具体的、有局限的，人类社会实践在长期的活动中，由于与多种多样自然事物形式打交道，逐渐把这些规律与形式总结、提取、组织起来，成为能普遍适用的性质、规律和形式，这时主体活动就具有了自由，成为合规律性与合目的性的统一体。这个统一体在这里表现为主体活动的形式——善的形式。善本身在这里成了形式，是能改造一切对象、到处适用的形式力量，于是这种实践活动的美的实质，恰恰在于它的合规律性内容，即真成了善的内容；而自然事物的美则相反，其实质是它的合目的性的内容，即善成了真的内容。前者是社会美，后者是自然美。李泽厚认为，社会美正是美的本质的直接展现。对社会美可以从三个方面展开把握。第一，合规律性与合目的性的统一，首先呈现在群体或个体的以生产劳动为核心的实践活动过程之中。然后才表现为静态成果即产品之中。第二，要有历史的尺度。社会美的范围随着社会历史的进步也在不断扩大。一些历史遗迹如废墟、古堡等等，它们之所以能够成为后人的审美对象，就是因为它记录了人类实践的艰辛历史，凝冻了过去生活的印痕。而由于时间和历史的作用，其艰苦的劳动本身已凝冻、沉淀为这些遗迹的形式本身，因而成为后代人的审美对象。第三，技术工艺是现代社会美的直接体现，美学的一个重要课题就是要研究怎样把美和审美规律运用到组织整个社会生产和生活中去。因而，技术美学、设计美学在今日世界有着巨大的前景与意义。在当今时代大工业生产条件下，古代中国的"天人合一"的理想改变了形态，它不再只是古人心目中的小桥流水、古道西风、田园牧歌。现代化的大工业生产、各种高科技产品，其实也同样蕴涵着诗意的光辉，体现着人的智慧与审美追求。因此，要善于采寻、发掘、表现出现代大工业生产的诗情美意，赋予古代天人合一的理想以现代意义和形式。[①]

　　关于"艺术美"，蔡仪强调的是艺术美根源于现实之美，是艺术家对

---

　　① 李泽厚《美学四讲》中关于"社会美"的章节。见《美学三书》，安徽文艺出版社1999年版。

现实美进行观察、研究、概括、提升的结果。他认为，艺术家的艺术创作就是或自觉或不自觉地对现实美的反映。他说：

> 艺术就是现实的美的认识的表现，无论这所表现的是有些艺术家一样特意地从许多同种类的事物，观察、研究、概括而得的；或者如另一些艺术家一样，无意地从许多同种类的事物，观察、研究、概括而得的。换句话说，或者是自觉的美的认识，或者是不自觉的美的认识。……艺术的美，无论作者自觉与否，都是来自客观现实。①

他认为，艺术美虽然是对现实的反映，但是艺术美高于自然美：

> 一般地说，艺术的美高于自然的美，艺术的美感也应当强于自然的美感；高级艺术的美高于低级艺术的美，高级艺术的美感也应当强于低级艺术的美感。②

这是因为，艺术美是对现实美的典型化。现实中的美较为贫弱，而艺术美更高级：

> 艺术所创造的典型，只要是真正的艺术，一般地说是较之现实的美要高，也就是艺术美，一般地说是较之自然美或社会美要高。③

关于艺术的典型问题，蔡仪也作了论述：

> 艺术美的主要决定条件是两个：一是对象的典型性的深度，二是对象典型化的强度。④

艺术创作的创造性就表现在作者把对象的典型性强化了：

---

① 蔡仪：《新美学》，《美学论著初编》（上），上海文艺出版社 1981 年版，第 355 页。
② 同上书，第 314 页。
③ 同上书，第 356 页。
④ 同上书，第 360 页。

　　表现过程中的将典型性强化，是一方面将典型性及和典型性有关
的属性条件尽量地表现出来，凡所表现的是和典型性有关的或一致
的，另一方面是将非典型的及和典型性无关的或不一致的都尽量地舍
去。于是这典型性特别鲜明而凸出，也就是对象的典型化达到相当的
强度。这样的对象，才能成为客观的可感觉的典型的形象，这时候才
是艺术的完成，也就是艺术美的完成。①

　　由于艺术美是人的创造，是按照某种理想创造出来的，舍去了那些不
典型的特征，因而，艺术美的特性在于其理想性，由于这种理想性，它比
自然美和社会美更高级。其另外一个特性是，它不仅仅是现实美的反映，
还蕴涵了艺术创作者的自由意志与目的：

　　　　艺术美不同于自然美和社会美，自然美和社会美是现实美，而艺
　　术美是理想美。这是艺术美的特性之一。
　　　　一切现实美的产生都是客观的必然，不是根据美的认识而创造
　　的，为着美的目的而产生的。唯有艺术美便相反，是根据美的认识而
　　创造的，为着美的目的而产生，也就是艺术美是人们意志自由的创
　　造。这是艺术美的特性之二。
　　　　由此艺术美较之自然美或社会美，一般地说是高级的。②

　　当蔡仪谈到艺术美是人们的意志自由的创造时，他已多少跳出了反映
论美学的局限性，在有限的程度和范围内承认了艺术的创造性与艺术家的
个体的主体性，虽然，他并没有对"创造"概念作特别强调，也没有用
到"主体性"概念。今天看来，艺术反映论、艺术美是现实美的反映这
种说法的局限性已不言而喻。文学和艺术创作的实践也早已突破典型论的
框架，尝试着多种多样的创作方法，包括各种文体实验，各种写作方式的
尝试。20世纪80年代曾经发生过"文学反映论"与"文学主体论"的
争论。争论的结果是，主体论占全面上风。但是，"典型论"是否从此死
去，现实主义道路是否就此走到了尽头？显然，事情远没有如此简单。无

---

① 蔡仪：《新美学》，《美学论著初编》（上），上海文艺出版社1981年版，第362页。
② 同上书，第363页。

论如何，写生活也好，写人性也好，写自我也好，其实，它们在广义上不都是一种现实么？现实是一条无头无尾的长江大河，文学只是取其一瓢来写而已；现实是一个底本，文学永远只能是摹本。长河是无限的，写作是有限的；写作可以如平面镜，尽力反映出长河的模样，也可以如多棱镜，通过折射反射河水的光芒。底本只有一个，摹本却可以有无限多个。只要是遵循自己内在心灵的呼唤和良知的写作，它就一定是有价值的，一定可以从某个角度、某个侧面，以某种方式反映出现实中的某一方面、侧面。当然，"典型论"作为具体的创作方法，如果在今天还要固守于它，肯定是会惨遭历史的淘汰的。但是，它强调艺术的真实性，强调艺术真实地反映现实生活这种基本精神却永远是有价值的。而统治新中国历史长达三十年的"典型论"的美学表述，便从蔡仪发端，并以他作为第一个重要代表。从这个意义上说，蔡仪的《新美学》作为新中国美学理论的奠基之作，其历史意义是永远存在的。

二　《新艺术论》

从时间上说，《新艺术论》发表于《新美学》之前。新美学把《新艺术论》中的观点进一步系统化，并从美学上予以说明。《新艺术论》分为八章。第一章"序说"，概要论述艺术与现实、艺术与科学、艺术与技术和艺术的特性的四个问题。第二章"艺术的认识"，专论艺术作为认识的性质和特点。第三章"艺术的表现"，论述艺术作为表现与艺术认识的关系、表现的技巧、艺术表现与宣传的关系等问题。第四章"艺术的相关诸属性"，论述了艺术的内容与形式、艺术的主观性和客观性、艺术的个性与阶级性、艺术时代性和永久性等问题。第五章"典型"，专论艺术典型。包括"现实的典型与艺术的典型"、"典型的性格与典型的环境"、"正的典型与负的典型"等内容。第六章"描写"，论述艺术写作方式，有"典型与描写"、"离心的描写与求心的描写"两节。第七章"现实主义"，讨论作为一种艺术创作原则的现实主义，分为"现实主义概说"、"现实主义发展的诸阶段"、"社会主义现实主义的艺术思想史的渊源"、"创作方法与世界观"等四节。第八章"艺术的美与艺术评价"，论述与艺术中真与美的关系和艺术批评两个问题。

（一）论艺术和现实的关系

在《新艺术论》中，蔡仪把艺术看做是对现实的反映，强调艺术要正确地、客观地反映现实。但是，他也指出，艺术反映现实不是如镜子式地反映现实的纷繁的现象，而是要反映现实的本质，也就是说，要塑造典型，达到对现实的准确而深刻的反映。他认为，关于艺术和现实的关系，历来理论家们的主张有两点：一，现实的现象是繁杂的，而艺术所表现的是比较纯粹的；二，现实的现象是变幻的，而艺术所表现的固定的。他认为这两点；只表述了艺术反映现实的表面现象。他在此基础上又提出了两点：

> 第一，现实的本质是晦暗的，而艺术是使它显露的。
> 第二，现实给予人们的印象是分歧的，而艺术是使它一致的。①

由这两点看来，我们不难知道，艺术是通过作者的意识而反映的现实的现象以至本质，不是单纯的现实的现象，换句话说，是作者对于现实的由现象到本质的一种认识和表现。②

> 艺术虽然是反映现实的，可不是反映现实的单纯的现象，而是反映现实的现象以至本质；换句话说，就是将现实典型化，使我们对它有一致的认识。这便是艺术和现实的关系，也便是艺术和现实相异之点。③

蔡仪在这里以反映论的形式表达出来的，是一种现实主义的理论诉求。它要求艺术家在创作中，能够把握纷繁复杂的现实后面的本质，像巴尔扎克那样，通过艺术作品呈现一个历史时代的全面完整的画卷。这里表达的也是恩格斯曾经表达过的思想：艺术应该反映时代的最本质的东西。人们在巴尔扎克的小说里学到的东西，比全部历史学家所告诉我们的还要

---

① 蔡仪：《新艺术论》，《美学论著初编》（上），上海文艺出版社1981年版，第6页。
② 同上书，第7—8页。
③ 同上书，第9页。

多。应该说，这种对艺术的要求，从某种角度上说，是有一定合理性的。特别是那些再现性很强的艺术形式，如小说、电影等，它们往往的确在一定意义上可以被看做是一个时代的风俗、人文、政治、经济状况的折射，从中，人们对于它们所描述的那个时代能够有一种形象而真切的认识与把握。在这个意义上，艺术的反映论具有一定的合理性。

问题在于，事物如果走向极端，往往走向它们的反面。对反映论的注重，对艺术反映现实本质的强调，从抽象的理论上说，是没有疑问的。但如果它变成了唯一的理论，如果它成为对艺术形式和文体革新的桎梏，如果以反映现实为理由否定一切其他艺术形式的尝试，它便由相对合理性走向了它的反面。更重要的是，在艺术反映论里，艺术家本身的智慧、才能、情感、性情、气质等主体性因素都没有给予其应有的位置，艺术创作的个体性、风格等无法体现出来，因而，在日后的演变中，它成为制约艺术家个性、限制艺术创作的个人风格的学说，使得新中国艺术在长达三十年的时间里，基本上只有同一种风格，同一种样式，同一种格调，也就是后来新时期的理论家们所批判的"千人一面，千部一腔"。典型变成了类型，反映现实成了唯一的标准；而所谓"现实"的本质到底如何，则由"上面"定调子。于是"典型论"演变成为"三突出论"、"三结合论"。终于走到艺术家三缄其口、文坛荒芜、"八亿人民八个样板戏"的局面。这里，政治上的干预是主要因素，但从理论上说，把艺术仅仅看成认识、看成对现实的反映的艺术理论，也是其内在原因。

（二）艺术与科学

当艺术理论完全被看成一种认识论、艺术的性质与功能被定位为对现实的反映时，艺术与科学的关系就成为艺术认识论无法逾越的障碍。因为，众所周知，科学是人们对世界的认识，同样也要求客观、精确地反映客体世界的本来面目。而如果把艺术也说成是对现实的反映，艺术的功能仅仅是认识世界，那么，艺术与科学究竟有何区别？艺术的独特性何在？对于这个问题，蔡仪用了较多的笔墨去论述。在他看来，艺术与科学的区别在于：

第一，就认识现实的意识活动过程来说，科学的认识主要是凭借以感性为主的智性作用来完成的，艺术的认识主要是凭借受智性制约的感性作用来完成的；第二，就意识活动对现实所认识的内容来说，科学的认识主要是以一般包括个别，艺术的认识主要以个别显现着一般。[1]

科学是主要地诉之于智性的，是论理的；艺术是主要地诉之于感性的，是形象的。这种表现上的区别，原是认识上的区别所派生的。[2]

蔡仪在不同的地方，反复论述科学与艺术的区别与联系，其主要内容仍是上面所表达的意思：

> 艺术和科学同样是反映客观现实的本质、真理的，科学反映客观现实的本质、真理是理论，而艺术反映客观现实的本质、真理是借形象。科学的理论是主要地在一般里包括个别，艺术的形象则是主要以个别显现着一般。这里在个别里显现着一般的艺术的形象，就是所谓典型，因此我们在另一个地方又曾说，科学所认识的抽象的法则，艺术所认识的是具体的典型。艺术所认识的是典型，艺术的表现原来又是艺术的认识的摹写，那么艺术所表现的也就是典型。于是艺术的创作就是典型的创造，典型实是艺术的核心，艺术的不得不是典型的创造，正如科学的不得不是客观现实的法则的把握一样。[3]

> 艺术的典型也是个别的东西与一般的东西的统一，但一般的东西是中心的、基础的，而个别的东西是从属的、附庸的。[4]

上述思想用现在通行的话来说则是：科学认识是理性的，而艺术认识是感性的；科学以一般原理的形式揭示事物的本质，而艺术则以感性形象揭示事物的本质；科学认识的结果表现为抽象的原理、规则，艺术认识的结果是塑造能显现本质的个别具体的形象，即典型形象。

但是这样看待艺术与科学的关系显然有问题。如果艺术仅仅是一种特殊的认识形式，则科学较艺术来说，可以更为准确地描述事物的本质，何需艺术来多此一举！按照认识的要求，它需要清楚、明晰，而艺术的认识功能虽然深刻，却往往可以有多种解释，并非那么清楚和明晰。艺术的认

---

①　蔡仪：《新艺术论》，《美学论著初编》（上），上海文艺出版社 1981 年版，第 11—12页。

②　同上书，第 15 页。

③　同上书，第 96 页。

④　同上书，第 103 页。

识往往只是隐性的而非显性的，需要从具体的艺术形象中去发现、抽象出来。作为一种认识形式，正如鲍姆加登所说的，它只是一种低级的认识形式。在认识的精确度、严密性方面，永远无法与科学相比。因此，如果仅仅把艺术定位于认识论，把艺术看成一种认识，其存在的合法性将受到质疑。

艺术与科学原是对世界的两种不同的掌握方式。科学诉诸理性认识，艺术诉诸感性表达。艺术首先是人对世界的一种审美把握，这种审美把握本身虽然同样也具有认识功能，但它首先却不是认识，而是人的一种感性生存方式的表达，这种感性生存方式对人来说是一种基本的方式。人首先是以感性的方式去感知、把握、体验世界的。艺术便是这种感性生存方式的直接的形象呈现。因此，艺术本身便具有情感性、形象性，并非仅仅为了认识世界，更重要的是为了情感的表达。如果说认识是艺术的功能之一，则审美与情感引导更是艺术的主要功能。这才是艺术与科学最重要的区别，也是艺术与科学各自不同的价值之所在。仅仅把艺术定位于认识论，把艺术看成是另一种认识世界的方式，远远无法说清艺术的价值，无法澄清艺术与科学之间的关系。正因为如此，艺术与科学之间的关系成为蔡仪反复论述、却总是无法说清的问题。

在另一个地方，蔡仪强调论述了艺术作为一种认识形式与科学认识的不同之处：

> 艺术是一种认识，艺术的认识是以概念的具体性为基础而反映客观现实的现象以至本质，所以是既通过感觉也通过思维的高级形式的认识。就是说，对于客观现实的真理、本质的认识上，艺术的认识和科学的认识是没有等差的，科学和艺术，是人类认识客观现实的两种同样重要的手段。然而科学和艺术是不同的两个文化范畴，其所以不同的主要的原因，我们认为就在于科学的认识和艺术的认识之不同。[1]

在蔡仪看来，艺术认识的特质是：（一）艺术的认识的过程，主要的

---

[1] 蔡仪：《新艺术论》，《美学论著初编》（上），上海文艺出版社 1981 年版，第 38—39 页。

是受智性制约的感性作用来完成的；（二）艺术的认识的内容，主要地是在个别里显现一般。换一句话来说，艺术的认识的质，就是主要地受智性制的感性以显现客观现实的一般于个别之中。[①]

在《新美学》里，蔡仪写道，艺术认识与科学认识的区别在于：

> 一、就作用于客观现实的意识活动过程来说，科学的认识是由感性趋向智性，而主要的是以感性为基础的智性作用来完成的；艺术的认识是由智性再归于感性，而主要地是受智性制约的感性作用来完成的。

> 二、就意识活动对客观现实所反映的内容来说，科学的认识，主要地是由个别趋向一般，在一般里包括个别；而艺术的认识，主要地是由一般再归于个别，在个别里显现一般。[②]

然而，这样一来，艺术的合法性便成为被质疑的了：既然艺术的认识只是一种感性认识，感性认识在这种理论中远远不如理性清晰、明白，它充满了模糊与晦暗，充满了不确定性因素，这样的认识对于人有何用处？难道有了科学还不够吗？有了科学的澄明的、理性的、清晰的认识，何需艺术这种晦暗的、模糊的、不确定的认识？如果说科学认识是一般包括个别，艺术是以个别显现一般，那么，既有了科学的一般性的原理、原则、法则，这些对人已经是清晰、明白的，又何须艺术来塑造个别形象去显现一般呢？这不完全是多此一举的吗？

从艺术的认识论出发，这些问题无法加以回答。于是，蔡仪提出了艺术的典型论予以进一步解释。

（三）论艺术典型

典型论是蔡仪美学和艺术论的核心。前面我们已经介绍过，在美的本质问题上，蔡仪认为美就是典型，是客观事物中能显现其种类特性的典型。在蔡仪看来，艺术的反映同样也有典型与非典型之分。只有以典型的方式正确地反映现实的艺术作品才是好作品。那些不正确的、错误的艺术

---

① 蔡仪：《新美学》，《美学论著初编》（上），上海文艺出版社 1981 年版，第 44 页。

② 同上书，第 184—185 页。

形象，是作者的主观幻想的表现，它们虽然也是艺术形象，却不是典型。

> 艺术就是作者对于现实从现象到本质作典型的形象的认识，而技巧地具体表现出来的。①
>
> 艺术的反映现实未必都是正确的，也有歪曲的，这就是说，反映现实的艺术形象未必都是正确的，也有歪曲的。所谓正确的形象，它是反映现实的同时也是反映现实的本质的，就是典型性的形象；能够正确地反映现象以充分地显现本质的形象，就是艺术的典型。因此正确地反映现实现象的本质的艺术，它的特性就不是一般的形象性，而是典型性。反之，不能正确地反映现实的艺术虽然也是形象，这形象若不只是单纯的现实现象地反映，也只是主观臆造的幻想的表现，就决不能是典型性的形象。这种艺术虽然也是艺术，却不是优秀的艺术，它虽也有形象性，却没有典型性。②

虽然都是典型，但由于艺术作品所反映的客观世界的普遍性的范围有不同，有的大些，有的小些，因而，典型也有高级与低级之别。艺术作品所塑造的形象蕴涵的普遍性越高，范围越大，其典型也就越高级。反之，其典型性则越低：

> 艺术的认识既是可以随着客观现实事物的关联而发展的，艺术的典型也就和逻辑学上的概念有下位概念和上位概念之分一样，有低级的典型和高级的典型之别。上位概念较之下位概念的外延——就是它所包括的范围——要大，高级的典型较之低级的典型所包括的范围要大。也就是说艺术的典型既是以个别显现一般，原是一个里面可以体现许多，一件事或一个可以代表许多同类的事或一群体的人。低级的典型只能代表较少的事或人，而高级的典型却能代表更多的事或人。③

---

①　蔡仪：《新艺术论》，《美学论著初编》（上），上海文艺出版社1981年版，第22页。
②　同上书，第23页。
③　同上书，第104页。

　　典型论并不是蔡仪首先提出来的。众所周知，恩格斯在讨论当年的女作家哈克奈斯的作品《城市姑娘》时，便对艺术作品的真实性下过一个经典定义："所谓写真实，就是描写典型环境里的典型人物。"这个定义后来成为各社会主义国家关于现实主义艺术论的经典定义。而现实主义理论亦成为社会主义文学的主流学派。但是，当蔡仪写他的《新艺术论》和《新美学》时，现实主义艺术论并没有像后来那样广为人知。相反，在当时，它还是一种新鲜的、先进的、具有新时代气息的文艺理论。正是经过蔡仪等人的努力，典型论才成为新中国文学理论界占绝对主导地位的理论。

　　在某种意义上，也许可以说，无论何种样式的艺术形式，塑造某种典型，正是其成功的必由之路。当然，这里的典型必须作广义的理解。典型论是恩格斯总结19世纪法国和英国批判现实主义文学而提出来的理论。当然，在某种意义上可以说，19世纪的批判现实主义使现实主义艺术达到了一个前所未有的高峰，甚至是空前绝后的高峰。进入20世纪以后，西方艺术的大潮进入了现代主义。从创作方法上讲，现代主义与现实主义采取了截然不同的方法，走过了一条与现实主义绝不相同的道路。现实主义讲究细节的真实，讲究塑造典型环境里的典型人物。为此，法国的批判现实主义作家们可以花费大量笔墨来描写他们作品主人公所生活的环境。在巴尔扎克和雨果等人的笔下，巴黎的街道、房屋、在这里生活着的人们的生活起居，甚至衣服的式样、房间的布置、室内装饰摆设等等，都被仔细、精确地描绘。雨果在《巴黎圣母院》中描述巴黎圣母院广场用了二十多页的篇幅。而现代主义艺术却往往运用夸张、变形、反讽等艺术手法，来表达作者所要表现的思想与情感。所谓典型环境与典型人物在这里有时候甚至根本没有。如卡夫卡笔下的"城堡"，根本就是一个充满象征与梦幻的地方，它似近实远，似有还无。其中的人物更谈不上典型环境里的典型人物，他们常常甚至连名字也没有，就是一个符号。城堡的主人公只有一个代号叫 K。可是，从另一个意义上说，现代主义艺术家们所描绘、刻画、塑造的各种艺术形象，依然具有"典型性"。他们常常是现代资本主义社会中物质欲望和官僚机器压迫下充满了无力感与压迫感的小人物，对这个庞大的社会机器的挤压与捉弄无能为力，他们充满了陌生感、异己感、孤独感，他们对人世、对生命、对世界、对社会既绝望又恐惧，要么充满了嘲讽与调侃。他们往往要么在与世隔绝中孤独地死去，要么随波逐流，游戏人生，或者在荒诞感之中无聊地度日。从这种意义上说，现代主义艺术正是资本主义官僚机器和物质欲望压抑下的各种小人物的各种典型。因此，从宽泛的意义上说，典型论作为一种艺术理论，它在今天仍然具有一定的意义与价值。而蔡仪在中国人对这种理论还知之甚少的情况下，把它介绍到中国来，强调艺术创作要客观地反映现实生活状况，这无疑是一种历史功绩。在这个意义上，蔡仪和他的《新美学》、《新艺术论》对新中国美学和文艺理论的贡献是巨大的。

然而，历史往往充满了辩证性。历史的辩证法在任何时候都不会过时。在我们客观地评价蔡仪学说的历史贡献的同时，它的历史局限性也同样应该为我们注意到。《新美学》和《新艺术论》在确立唯物主义美学观与艺术观的同时，把美学和艺术学都定位为一种认识论，仅仅从认识角度去看待美与艺术的本质，从而把美看成是客观事物的典型，艺术也仅仅是对世界的一种认识方式。这样，美的人文价值被遮蔽了，艺术的表现功能和情感性被取消了。从而，美学作为人文学科的价值属性也被遮蔽，艺术最重要的功能和性质——审美与表情被忽视了。在美学上，蔡仪的理论在20世纪50年代已遭到其他美学家的批判，作为只是诸多美学学说中的一种留存下来。但在艺术论上，典型论在新中国成立以来的三十多年时间中独领风骚，甚至成为唯一的艺术理论。而认识论艺术论的流弊所至，一段时间里，甚至艺术思维是一种不同于科学思维方式的形象思维都被否认，直到1978年毛泽东给陈毅的信被公开发表，其中谈到艺术"要用形象思维"，艺术的形象思维特性才被讨论并逐渐被承认。因此，当历史走过半个世纪，当我们回过头来看待当时的一些学说，包括蔡仪的学说时，除了从历史的角度充分肯定他们的贡献之外，对于他们的理论本身所具有的缺点，同样也必须正视。

除了艺术的认识性质、艺术与科学的关系、艺术的典型问题之外，蔡仪的《新艺术论》还讨论了许多问题，如艺术表现的技巧、艺术表现与宣传的关系、艺术的内容与形式、艺术的主观性和客观性、艺术的个性与阶级性、艺术时代性和永久性、艺术写作方式、现实主义和社会主义现实主义问题、艺术评价等问题。这些问题基本上是按照认识论艺术论原则去论述的。比如艺术的内容与形式，他是这么说的：

艺术的内容就是艺术的认识，而艺术的形式就是艺术的表现。详

细地说，艺术的内容是作者对现实所认识的，而形式是作者所以表现
那认识的。……有从意识领域里被移出来的关于客观现实的形式的认
识，便是艺术的内容，将意识领域里的对于客观现实的形式的认识，
移出来而使之成为客观的东西的，便是艺术的形式。①

不过所谓形式，由上面的说明也可以知道，不过是内容的向形式的推
移，内容的由主观而客观化，形式不过是内容的外面的东西而已。②

　　总之，所谓艺术的形式是一定的艺术内容的形式，艺术的内容是
一定的艺术形式的内容，艺术的形式和内容是统一而不可分的，艺术
的内容决定艺术的形式，而艺术的形式也反作用于艺术的内容。所以
艺术的价值，不单是取决于它的内容，也取决于它的形式，更完善地
说，是取决于内容和形式的统一。③

　"艺术的内容决定形式，而艺术的形式也反作用于艺术的内容。"这
是新中国成立以来的艺术论对于内容和形式的关系的基本认识。这种说法
当然有它一定的合理性。没有内容、言之无物、只是一味在形式上下工
夫，则再怎么花样翻新，也只能博取一时的赞誉，甚或哗众取宠。问题在
于，这种说法虽然声称"艺术的形式和内容是统一而不可分的"，但实际
上它把内容和形式割裂开来，并把唯物主义哲学原理中物质与精神的关系
套用到上面，从而为后来的题材决定论、主题先行论等荒唐的理论埋下了
伏笔：既然内容决定形式，则一部作品的好坏首先取决于它写什么，因而
重大的题材当然比普通题材更有价值；从而，在写作之前，主题当然应该
是已经预定的。由此，领导意志、长官意志进入艺术创作不也是顺理成章
了吗？"领导出思想、作家出技巧、群众出生活"不也在情理之中了吗？
实际上，艺术的内容和形式本身是不可分割的，只能从理论上加以分别。
内容本身是通过形式表现出来，没有形式就没有内容；形式一定是蕴涵一
定内容的形式，没有脱离内容的纯形式。艺术的内容不是客观世界的物质

---

① 　蔡仪：《新美学》，《美学论著初编》（上），上海文艺出版社 1981 年版，第 73—74 页。

② 　同上书，第 75 页。

③ 　同上书，第 79 页。

性存在，它本身也是进入人的意识和情感的一种精神存在，是人对世界的感悟、理解、想象以及情感感受，是一种"意蕴"，一种"生命意味"。艺术的形式则应该是"有意味的形式"，是蕴涵、渗透、体现着作品的生命精神的形式。中国古人讲"意象"、"意境"。"意象"既是作品的内容，也是作品的形式，这里内容和形式是一个东西。"意象"由"意"与"象"构成，"意"含义丰富，体现出作者的意志、情感、思想、感悟、体验等多层次、多方面的内涵，"象"则是作品表现出来的具体可感的"形象"，"形象"由"物象"转变而来，物象是形象的基础。"意"在"象"中，象蕴涵"意"，所以"圣人立象以尽意"。"意境"的意蕴更大于"意象"，它是一种境界，一种既蕴藉着主体的人格、意志、志向、理想、情感等多种主体性因素，又体现着客体的形象、物象的境界。"境"中既有"象"，也有"意"，还有"情"。"境"包含着"象"，同时又超越"象"，所谓"境生于象外"是也。在艺术的内容和形式的关系问题上，中国古人体现出高超的智慧，值得我们今天很好地继承。

关于艺术的时代性与永久性，蔡仪写道：

> 艺术的永久性，不是由于它含有绝对永久不变的真理，不是由于它具有诉之于感情的力，也不是由于它描写不变的人性，而是由于它正确地反映着在其发展的历史的阶段——时代的客观现实的真理。过去的艺术对于现在的我们还有魔力，正是因为它是有时代性，也即是反映了有时代性的相对永久性的真理。①

> 因这艺术的相对永久性就在于它的时代性，艺术的时代性就是它的相对永久性的前提，艺术的时代性和永久性看来是矛盾的，而实是统一的。而且艺术的相对永久性是决定于它的时代性的。……要追求艺术的永久性，就要把握艺术的时代性。换句话说，艺术要追求永久，就要把握时代。②

这里所表现出来的观点跟蔡仪的认识论的艺术论和美论一脉相承。即只承认艺术的时代性，只承认艺术的认识价值，而对艺术的情感价值和审

---

① 蔡仪：《新美学》，《美学论著初编》（上），上海文艺出版社 1981 年版，第 95 页。
② 同上书，第 95 页。

美价值略过不提。

　　不管蔡仪美学和艺术学的具体观点有多少错误或时代局限性，作为中国马克思主义美学的奠基之作，它的历史作用是不容忽视的。正如我们前面已经多次指出过的，在奠定美学的唯物主义基础、确定美学的学科构架、奠定艺术典型论从而确立现实主义理论基础等方面，蔡仪的《新美学》和《新艺术论》功不可没。同时，作为中国马克思主义美学初创学说，其历史局限性也在所难免。主要表现在机械唯物论的思维方式、把美学局限于认识论，相对忽视了美学的人文性和价值性。这些历史局限性在中国马克思主义美学以后的发展过程中逐渐被克服。萌芽于20世纪50—60年代的美学大讨论中的中国实践美学在美学的学科定位上，从认识论走向了实践论，克服了认识论美学的片面性。在思维方式上更强调辩证性思维，强调审美和艺术的情感价值，并以实践论为基础，通过“自然的人化”学说和“积淀说”，把认识论、美学和伦理学贯通起来，把真美善联通起来，从而形成了一个完整的审美形而上学体系。

第三章

中国当代实践美学(上)
——李泽厚实践美学的"二律背反"

　　实践美学是中国马克思主义美学在 20 世纪所取得的最高成就。由于 20 世纪中国特定的社会历史背景,马克思主义美学成为占主流地位的、在相当长一段时间内几乎是唯一的美学,因而,也可以说,实践美学是 20 世纪中国美学的最高成就。在 80 年代的思想解放运动和新的现代性启蒙中,实践美学以它所倡导的主体性和对个性的张扬,成为这场思想解放运动中最有代表性的理论。它立足于人类使用和制造工具的实践活动,从这种最基础、最根本的活动中来解释人类审美活动的本质,使美学建立在马克思主义的实践唯物主义基础之上。

　　实践美学萌芽于 20 世纪 50 年代的美的本质大讨论,雏形于 60 年代,诞生于 70 年代末和 80 年代初,成熟于 80 年代末,90 年代则为其深化和分化时期。

　　实践美学的创始人和主要代表是李泽厚。其他如朱光潜后期、蒋孔阳、刘纲纪、周来祥、李丕显、杨辛、甘霖、杨恩寰、梅宝树等一大批学者,也都是实践美学观点的赞同者或支持者。进入 90 年代以后,一批中青年学者的加盟,使实践美学呈现出更加开放、更加多元化和更充满活力的局面。

　　20 世纪 50 年代,在美的本质的大讨论中,李泽厚提出美是客观性和社会性的统一,美感具有功利性和直觉性二重属性。60 年代,李泽厚提出自然美的本质在于"自然的人化",美是"自由的形式",并对美下了一个经典性的定义:"就内容言,美是现实以自由形式对实践的肯定,就形式言,美是现实肯定实践的自由形式。"[①] 70 年代末,李泽厚出版了他

---

① 李泽厚:《美学三题议》,见《美学论集》,上海文艺出版社1980年版,第162页。

多年研究康德哲学的成果《批判哲学的批判》，这部著作在新中国哲学界首次提出主体性概念，并提出了文化心理结构的"积淀说"，用积淀说去阐释中国思想发展的历史，取得了巨大成功。同时，该书提出了建立人类学本体论哲学（"主体性实践哲学"）的构想，通过对康德先验哲学的改造，建立起一个包括认识论、伦理学和美学在内的完整的哲学体系。在这部著作中，李泽厚提出了自然的人化的两个方面，即外在自然的人化改造和人本身内在心理结构的改造。也就是说，实践美学的核心思想在这部著作里已经提了出来。由此，可以把《批判哲学的批判》看做实践美学诞生的标志性著作。80年代后期，李泽厚在《美学四讲》中扩展了"自然的人化"思想，提出"自然的人化"有狭义和广义两个方面，"内在自然的人化"便是建设与工具本体相对立的心理本体，建立身心和谐的"新感性"。90年代，李泽厚对"新感性"的内容作了展开论述，新感性落实为"情本体"。进入21世纪，李泽厚主要转向中国传统儒家思想的研究，试图将儒家的实用理性和天人合一思想融入实践哲学和美学，明确提出，"内在自然人化"的核心是伦理学，但审美境界才是人生的最高境界。明确和充实了"情"的内涵，表现出从人类学本体论哲学的"类"本体向"情本体"的"个体"本体转移和深化的趋势。

李泽厚实践美学的核心概念是"自然的人化"。但其主要范畴经历了一个发展变化的过程：20世纪50—60年代是"实践"，70年代末到80年代前期是"主体性"和"积淀"，80年代末是"新感性"，90年代以来则是"情本体"。本章将对李泽厚实践美学的发展历程、主要范畴与命题、理论和实践意义、思维方式及其内在矛盾等问题作出叙述与评价。

一 从康德的"先验直观"到"人类学历史本体论"的建立

李泽厚的实践美学是从对康德哲学的批判改造中产生和建构的。康德哲学的影子在李泽厚哲学中处处可见：康德以"三大批判"建构了一个认识论、伦理学和美学三个相互联系和沟通的哲学体系，以美学目的论把认识论与伦理学、自然与人、必然领域与自由领域联通起来，李泽厚根据康德哲学这一构架建构了他的人类学本体论哲学，并也强调美学作为联结认识领域和道德领域的枢纽地位，审美境界是人生最高境界。康德把物自体当做感性认识的最终根源、知性认识的界限和理性思考的对象，李泽厚晚年也把"物自体"作为自己哲学的形而上学依据，提出"人与宇宙的物质共在"作为其情本体学说的形而上学根源。康德的美学是其哲学体系的一部分，李泽厚尽管一再强调审美心理学和各部门美学的重要性，但他自己的美学却始终是一种哲学美学，包括晚年他提出"情本体"理论，也并非从心理学角度建构的美学，而依然是一种哲学学说。

当然，李泽厚的哲学本身就是从对康德的研究、探讨开始的，其最重要的哲学著作《批判哲学的批判》正是一部研究分析康德的"批判哲学"并对之进行批判改造的著作。李泽厚正是在批判继承康德哲学的思维方式、哲学架构和基本理论结构的基础上建构了自己的"人类学本体论哲学"。康德哲学的思辨性、深刻性同样在李泽厚的哲学中体现出来。康德哲学区分现象与本体、必然与自由两大领域并试图以美学目的论联通二者的思维方式也为李泽厚所继承，其双重性、矛盾性也鲜明地体现在了李泽厚的哲学中。康德把现象世界与本体世界区分开来，制造了一系列"二律背反"，如认识论中时空有限与无限、因果关系（必然）与自由的二律背反，伦理学中善与幸福的二律背反等。李泽厚试图以马克思的实践哲学批判继承和改造康德的批判哲学，因此，在他的哲学中也存在许多相互对立的矛盾，他的目标则是把这些相互对立的矛盾方面结合、统一起来。比如：

总体（类）与个体

必然与自由

人与自然

工具本体（物质生产）与心理本体（情本体）

类（群体）主体性与个体主体性

理性与感性（社会性与生物性）

自然的人化与人的自然化

外在自然的人化与内在自然的人化

狭义自然的人化与广义自然的人化

社会性道德与宗教性道德

……

　　他始终强调的是从人类总体生存发展的历史过程去理解、解决这些问题与矛盾，把哲学建基于人类的社会历史基础之上，使康德哲学中看起来很神秘的先验的认识、伦理和审美结构获得后天的、人类学的实践根源与依据，从而在保留康德哲学的深刻性的基础上去掉康德哲学的神秘性，把它从一种先验哲学改造为历史唯物论的实践哲学。实践美学只有在这个基础去理解、阐释才能真正了解它的意义、历史作用、历史局限与发展潜能。

　　康德哲学的二元论在认识论、伦理学和美学上都鲜明地体现出来。在认识论，客体方面有现象与本体、感性存在与物自体的对立；主体方面有感性与知性的对立。康德设置了一个超感性的"知性直观"来作为现象与本体、客体与主体、感性现象与物自体的过渡。康德认为，知性与直观在根源上是分离的。知性来自主体自身，虽具有普遍性却是空洞的；直观来自感性对象，虽具体却又被动。只有把二者结合起来才能得到完整的认识。"知性直观"正是这种结合。对于"知性直观"来说，本体与现象之间并没有区别，人所不能认识的"物自体"并不存在。在伦理学中，客体与主体的分割表现为必然与自由、自然与人的对立与分割。自然界受因果关系支配，属于必然领域，人类则追求自由。受必然性支配的自然如何产生自由的人？人类道德如何与自然联结起来？康德设置了一个超感性的"理知直观"来把握自然界的目的，并从自然界的必然领域过渡到人类的自由境界。而整个批判哲学由认识向伦理、由必然到自由的过渡，即由"自然向人生成"，则是依靠审美判断力。审美判断力由纯粹美走向依存美、由美走向崇高，也是从客体到主体、从自然界的必然向道德领域的自由的运动。纯粹美主要存在于自然界的形式之中，依存美则依赖于人作为主体的文化道德修养；美主要体现于自然，崇高则主要体现于社会领域。而判断力之所以能够担当起从必然的现象界的认识到自由的本体界的道德的过渡，是因为判断力依靠超感性的"自由直观"，就在现象感性的形象本身中直观到自由，自由不再是存在于本体的抽象的道德领域，而就在对象的感性形象中可以体现、表现出来。所以，在审美判断力领域，现象与本体、必然与道德（自由）、机械论与目的论不再是对立、分割的，而是统一的、一体的。把它们统一起来的，正是人的自由直观。

　　但是，超感性的知性直观、理知直观和自由直观从何而来？受因果必然性支配的自然为什么能以目的论去看待？为什么自然能够"向人生成"？这是李泽厚针对康德哲学提出的问题。李泽厚认为，康德并没能解答这些问题，只是把它们归结为一种人类的神秘的先验的能力，并最终走向了上帝，回到了自然目的论；道德本体论最后也不得不走向道德神学论。也就是说，康德在认识论领域驱除了上帝，在伦理领域又把它请了回来。上帝从前门被请出去，又从后门被迎回来。这样，康德从科学走向了宗教，从自然走向了上帝，从机械论走向了目的论。而实际上，在李泽厚看来，被康德说得很玄妙的超感性的"知性直观"、"理知直观"和"自由直观"并非先验的认识能力，它们是人类在漫长的社会实践活动中由改造内外自然所获得的一种文化心理结构和能力。人类社会实践活动在客体和主体两方面都取得了成果。客体方面，改造了自然界，使自然界从与人类敌对的力量变为服从人的目的，成为人的"无机身体"、"人的本质力量的对象化"，也就是被"人化"，成为人的自由的体现；在主体方面则改造了人的心理结构，使原本是动物性的心理变成人的文化心理结构，使社会性的理性的因素内化、凝聚、积淀到心理结构中。所以，看似先验的"知性直观"、"理知直观"和"自由直观"实际上仍是人类实践的产物。这样，"自然向人生成"并非通过神秘的目的论，而是通过人类的主体性的实践活动。是人类自己的社会实践，人类漫长的、艰苦的改造和征服自然的伟大历史实践活动使得自然逐步向人生成，从而使人从自然的领域迈向自由的领域，而不是什么神秘的自然本身的目的论原因实现这一点的。

李泽厚明确地说：

> 人类学本体论即是主体性哲学。如前所述，它分为两个方面，第一个方面即以社会生产方式的发展为标记，以科技工艺的前进为特征的人类主体的外在客观进程，亦即物质文明的发展史程。另一方面即以构建和发展各种心理功能（如智力、意志、审美三大结构）以及其物态化形式（如艺术、哲学）为成果的人类主体的内在主观进展。这是精神文明。两者以前一方面为基础而相互联系、制约、渗透而又相对独立自主地发展变化。人类本体的这种双向进展，标志着"自然向人生成"即自然的人化的两大方面，亦即外在自然界和内在自

然（人体本身的身心）的改造变化。①

　　这样，李泽厚用马克思的历史唯物论的实践论融入、改造了康德的先验哲学，一方面，保留、继承了康德的二元论思维方式，承认康德在自然与人、思维与存在、客体与主体、必然与自由之间所划定的界限，认为二者之间的对立是近代哲学中一个没能解决的难题，承认康德的批判哲学弥合二者之间对立的努力和取得的成就，另一方面，扬弃了康德哲学中神秘的"先验直观"（即主观合目的形式，包括"知性直观"、"理知直观"和"自由直观"），把这种直观改造为人类通过改造自然（包括客体自然和主体自然，即人类的心理结构）所获得的文化—心理结构，即理性的、社会性的因素内化、凝聚、积淀到内在的、感性的、个体性的心理之中去，成为一种看似先验、实则仍是后天的获得性的文化—心理结构。这种文化—心理结构在认识领域是"理性的内化"，表现为数学和逻辑等知识结构，其物态化对象化的形态便是科学和认识论；在伦理领域是"理性的凝聚"，表现为看似先天的"良知"、"良心"等，其物态化对象化的形态是伦理学；在审美领域则是"理性的积淀"，表现为看似先天的审美判断力或审美共通感，其物态化对象化形态便是艺术。这样，在康德那里不无神秘色彩的超感性的"先验直观"（包括"知性直观"、"理知直观"和"自由直观"）被改造成为具有实践性、客观性、普遍性与社会性的人类实践成果，成为可以理解、可以解释的人类后天实践活动成果。

　　同时，李泽厚也保留了康德哲学把审美看成是认识与道德之间的桥梁，通过审美的自由直观联结自然与人、客体与主体、现象与本体这种哲学架构。所以，李泽厚一直强调，在康德哲学中，伦理学高于认识论，美学高于伦理学。康德是从审美走向道德，从机械论走向目的论，从美走向崇高，从纯粹美走向依存美。美之所以能担当起联结必然与自由、认识与伦理、自然与人之间的桥梁的任务，正是因为美具有无目的的合目的性，这种无目的的合目的性便来源于人的先验的自由直观，一种神秘的审美共通感。而李泽厚则去除了康德美学的目的论色彩，代之以审美的"自由积淀"说。他认为，不是自然界的神秘的目的，而

① 李泽厚：《批判哲学的批判》，台北风云时代出版公司1990年版，第326页。

正是人的实践活动，使人的心理不再是动物性的自然生理感受，而成为积淀了历史实践成果的文化—心理结构。人吃饭不仅是充饥，而且是美食；两性关系不是交配，而是爱情。正是因为社会性、理性的因素融入了感性、生物性心理之中，才使人具有了这种超生物性的心理结构。

如何改造人的心理，如何把社会性、理性的因素融入、内化、积淀到人的心理之中，使之既保留自由的感性直观，又超越动物性的心理，成为人化的心理，这成为李泽厚一直关注的问题。20 世纪 80 年代，在《美学四讲》和几个"主体性提纲"中，李泽厚明确地提出了建立"新感性"的学说，即"内在自然的人化"学说，把文化心理结构学说具体化；同时又提出了与"自然的人化"相对应的"人的自然化"学说，把文化心理结构学说从自然向人的单向度人化过程扩展为自然的人化与人的自然化的双向进展过程，以此来回答现代科技和哲学提出的人的心理异化的问题。新世纪伊始，他又进一步把 80 年代后期提出的"情本体"学说具体化，使新感性学说从心理学层面进入哲学层面，成为一种哲学学说，成为人类学本体论哲学在个体生存论维度的解释和延伸。这使他的实践美学潜在地具备了从人类学、哲学、美学走向个体生存论美学，从对美和美感的人类学的根源性、历史性回溯分析和本体论研究走向具体的存在论形态研究的发展空间。

但是，在这个过程中，总体（类）与个体、理性（社会性）与感性（自然性）、人与自然、工具本体与心理本体始终是他无法摆脱的二元对立的矛盾。因而，如何克服这些矛盾，如何在他一直强调建基的历史唯物论基础上建立起真正的实践美学学说，如何把对美和美感的人类学实践本体论观点的解释进一步深入运用到对美和美感及艺术的具体问题的分析研究中，把它们运用到各具体的门类美学中去，从而真正建立起以实践观点去分析和解释美学的各方面问题的系统美学学说，还任重而道远。

二　李泽厚实践美学的发展历程

依据李泽厚的人类学历史本体论哲学（主体性实践哲学）美学发展的学术进程，可以把它分为萌芽与初步形成时期、发展时期和深化时期三个阶段。这三个阶段中，李泽厚的实践美学的遭遇也是一个颇堪回味的话题。

（一）20世纪50年代后期—60年代前期：实践美学的萌芽与雏形
——"实践论"与"自然的人化"的初步提出

李泽厚的实践美学观点萌芽于20世纪50年代末期的美的本质的大讨论。在讨论中，李泽厚和当时整个学术界一样，把美学定位为认识论，强调美和美感的关系是反映与被反映的关系。但就在这时，他已在认识论框架中引入了实践观点，从人类社会历史实践中去阐释美的本质，所以他虽然坚持美学是认识论，美感是美的反映，但又强调美的客观性不是审美对象的自然属性，而是社会属性。

60年代以后，李泽厚的美学转向了实践论。他强调，要论证美如何必然地从现实生活中产生和发展，为什么社会生活中会有美的客观存在，"就只有遵循'人类社会生活的本质是实践的'这一马克思主义根本观点，从实践对现实的能动作用的探究中，来深刻地论证美的客观性和社会性。从主体实践对客观现实的能动关系中，实即从'真'与'善'的相互作用和统一中，来看'美'诞生。……一方面，'善'得到了实现，实践得到肯定，成为实现了（对象化）的'善'。另一方面，'真'为人所掌握，与人发生关系，成为主体化（人化）的'真'。这个'实现了的善'（对象化的善）与人化的真（主体化的真）便是'美'。人们在这客观的'美'里看到自己本质力量的对象化，看到自己实践的被肯定，也就是看到自己理想的实现或看到自己的理想……于是必然地引起美感愉快"。①

60年代，李泽厚虽然仍然强调美的客观社会性内容，但已经把讨论的重点转向了美的客观社会性的哲学根基——自然的人化问题，并基本上提出了自然人化的核心思想——自然和人关系的改变，自然不再作为人类的仇敌，而是在实践改造的基础上，以其感性形式吸引人，成为人的审美对象。因此，可以说，从60年代开始，李泽厚的实践美学观点已具备了雏形。70年代末，当他补充进内在自然人化的思想以后，自然人化学说得到了完整的表述。80年代末以后，李泽厚把视野重点转向了美感问题，应该说，只有在那时，实践美学观点才真正得到展

---

① 李泽厚：《美学三题议》，《美学论集》，上海文艺出版社1980年版，第161—162页。

开。萌芽阶段的实践美学虽然有许多局限性，却是实践美学产生的源头。正是实践观点的提出，把美的本质问题置放到一个坚实的哲学和现实基础之上，使得以后可以在这一基础上展开有声有色的研究，也为中国美学今后的发展打下了基础。

（二）70 年代末—80 年代前期：实践美学的形成与发展
——"主体性"与"积淀"说

70 年代末，"文化大革命"结束，中国社会开始 20 世纪的第二次现代性思想启蒙运动。由于美学的人文性质和在一定程度和意义上远离政治的特性，在 70 年代末、80 年代初政治上还是乍暖还寒的时候，美学受到整个社会空前的关注，掀起了 20 世纪的第三次"美学热"。在这场美学热中，李泽厚是领军人物。在 70 年代末期，大多数人还在"文革"话语中随波逐流的时候，他已在其《批判哲学的批判》（以下简称《批判》）中运用实践观点，较早地在国内提出了"主体性"学说，并用主体性学说去批判当时已经僵化保守的辩证唯物主义和历史唯物主义二分法；创立了"积淀说"，用积淀说去解释人类的认知、伦理和审美心理结构的形成和传承。在《批判》和随后的一系列论文中，他把马克思主义阐释为一种实践论哲学，提出历史唯物主义哲学就是实践论，并用"积淀说"去补充、改造康德的知情意三分说，对人类文化心理结构作出了独到解释。对于传统的真善美之间的关系，他提出了"以美启真"和"以美储善"说，认为审美境界是最高的人生境界；21 世纪将是教育的世纪。

（三）80 年代后期以来：实践美学的深入与分化
——"情本体"与"人的自然化"的提出

80 年代，李泽厚发表了三部中国思想史论著，[①] 较为系统地研究和阐发了中国传统思想脉络。李泽厚在这个领域所提出的一些观念和命题为中国当代学界广泛采纳，几乎已成为中国思想史研究的共识和新的资源和背景，如"儒道互补"、"天人合一"等。而思想史研究为他的哲学和美学

---

① 李泽厚：《中国古代思想史论》、《中国近代思想史论》和《中国现代思想史论》，后收入《李泽厚十年集》，安徽文艺出版社 1994 年版。

研究提供了广泛的历史文化资源。

80 年代以后，李泽厚不满足于仅仅从西方学术史中寻找美学的理论依据，而是深入到中国传统文化之中，以传统儒家的实用理性和乐感文化来对抗、补充西方哲学的工具理性所造成的异化，以中国传统的宗教性道德作为新时期思想文化建设的资源，从而在对传统文化的"转换性创造"中为中国未来的精神文明建设提供一份思想参照，并为整个现代世界的发展方向提供一种可能性。在这一时期，李泽厚发表了《美学四讲》、《世纪新梦》、《己卯五说》、《历史本体论》和《实用理性与乐感文化》等著作。在这些著作中，他进一步阐述了实践美学和人类学哲学本体论哲学，展开论述了"内在自然人化"、"新感性"、"人的自然化"等学说。这几部著作和这些学说在 90 年代的遭遇是一个很值得回味的话题，虽然它们对实践美学有所深化和系统化，但它对社会的影响远远没有 50 年代那篇论文①大，更赶不上 70 年代末期的《批判》和 80 年代初期的几篇主体性提纲②以及《美的历程》。这其中有深刻的历史原因，主要是社会文化的转型，精英文化的消退及大众文化的兴起，以及西方后现代思潮在中国的滥觞。在后现代语境中，任何企图系统建构思想理论体系的尝试都被看成是宏大叙事，任何思辨性思考都被指责为形而上学。李泽厚式的叙事被称为宏大叙事而遭到批判和解构。但是，我不想在这里展开讨论这个问题。实践美学与中国现代性文化之间的关系可以作为一个专门话题留待以后讨论。

下面本书将对李泽厚的实践美学的主要内容作一个扫描式分析。李泽厚的实践美学是与他的人类学历史本体论哲学分不开的，是人类学历史本体论哲学的美学表达。但是，在前期和后期，李泽厚的重点有所不同。前期，因为论争的需要，也因为首先要确立历史唯物论的基础地位，因而他的侧重点在实践美学的基础的方面，即实践主体的群体性质和外在物质生

---

① 李泽厚：《论美感、美和艺术》，最初发表于《哲学研究》1956 年第 5 期，后收入李泽厚《美学论集》，上海文艺出版社 1980 年版；《美学旧作集》，天津社会科学院出版社 2002 年版。

② 李泽厚：《康德与主体性论纲》、《关于主体性的补充说明》，收入《李泽厚哲学美学文选》，湖南人民出版社 1985 年版。以后陆续发表了《关于主体性的第三个提纲》、《第四提纲》。连同前两个提纲，均收入《实用理性与乐感文化》，生活·读书·新知三联书店 2005 年版。

产方面；后期，其重点在于建立在历史唯物论基础之上的个体生存论美学。由此而来的是，在本体问题上，其重点在于在工具本体之上确立"情本体"作为后工业时代和后现代社会的人生本体，在人与自然的关系问题上提出在自然人化的基础之上"人的自然化"；哲学和美学的主体问题上由早期的人类主体转向个体主体。

三　美学：从人类学历史本体论到个体生存论

（一）作为哲学美学的"实践美学"

李泽厚的美学是哲学美学，而非心理学美学或艺术哲学。这一点他曾多次强调。在他看来，美学是一个家族系统，是一个不断生成的开放系统，可以衍生出许多门类美学、部门美学，但是，对美学最为关键、决定美学理论创新和变革的仍是哲学美学。"没有哲学，又如何在总体上去把握和了解世界和自己，去寻索和表达对人生的探求和态度呢？"① 历史上的大美学家都是大哲学家，只有从哲学上对世界有了系统化的理论把握，才可能真正建立起一种新的美学理论。"所以，尽管我提倡美学的分化和科学化，提倡实用美学、科学美学等等，但我仍愿强调保留这块哲学的自由天地。"② 哲学美学也就是美的哲学。美的哲学探求的是人类生存的基本价值和意义这类根本的问题，涉及随时代而发展的人类学历史本体论。

如前所述，人类学历史本体论的思路沿自康德的先验哲学。康德的问题是，感性的、后天的人类感知是如何认识先验的、理性对象的物自体的，也就是说，人类的认识是如何可能的。康德的解决办法是设立一种超感性的"先验直观"（包括知性直观、理知直观和理性直观），这种先验直观可以超越感性的局限性而认识世界的本体。但这种先验直观又从何而来呢？康德给出的答案是不可知的。所以康德从二元论走向了不可知论。而李泽厚则认为，康德这种所谓先验的认识结构从人类学角度来说其实还是有经验根源的，它源自于人类漫长的社会历史实践，是在长期的社会历史实践中社会性的理性所内化、凝聚、积淀而来。因此

---

① 李泽厚：《美学四讲》，《美学三书》，安徽文艺出版社1999年版，第449页。
② 同上。

康德哲学的问题"认识如何可能"的前提是"人类如何可能":"认识
如何可能,根本上源起于人类如何可能。只有从后一问题出发,从人类
的社会存在来看人类的社会意识,包括因果之类的认识范畴,才能历史
唯物主义地解答问题,也才是贯彻'不离开人的社会性'这一实践的
观点。"①

这样,李泽厚把康德的先验哲学改造成为人类学实践本体论哲学,而
美学正是这个哲学的一个关键部分和环节。在李泽厚的人类学历史本体论
哲学中,美的本质是与人的本质密不可分的。它们同样起源于人对自然的
人化改造,是自然人化的产物。

> 如果从原始人的石器到现代的大工业的物质文明,标志着人对自
> 然不断征服的尺度,标志着自然与人的现实的历史关系,那么,美与
> 审美也标志着这一点。不同的是:它呈现在主客体的感性直接形式
> 中,与工业作为人所特有的外部物质形式相映对。如果说,工业
> (广义的)与文明(社会时代的)可作为打开了书卷的心理学尺度,
> 那么,美和审美(艺术)则可作为收卷起来的工业与文明的尺度。
> 美的本质与人的本质就是这样紧密联系着的,人的本质不是自然进化
> 的产物,也不是什么神秘的理性,它是实践的产物。美的本质也是
> 如此。②

所以,李泽厚的美学是他的人类学历史本体论哲学的美学表达,是一
种人类学历史本体论美学。这一点对于理解李泽厚的美学至关重要,这也
是许多李泽厚的批评者所忽视的。批评者们认为李泽厚的美学过于注重和
强调美的理性、社会性,忽视了美的感性存在;强调美的群体性而忽视美
的个体性;强调历史的社会的积淀,忽视个体创造和个体心理对社会历史
结构的突破;强调美的物质性、现实性,而忽视美的精神性、超越性。他
们认为,美的本质不在于历史的积淀,而恰在于对这种积淀的突破;不是
"积淀"而是"积淀"的扬弃,不是人类的实践成果而是成果的超越,才
是现代美学的理论基础。"积淀说"最多可以成为对美的历史过程的艺术

---

① 李泽厚:《批判哲学的批判》,台北风云时代出版公司 1990 年版,第 191 页。
② 同上书,第 527 页。

史的描述，却无法作为对美的本质的哲学原理。①

这些批评从个别观点来说有一定的道理。李泽厚早期的哲学重点在于把美学从康德哲学的先验性中改造过来，在于强调美学的历史唯物论基础，因此，他着重强调的是美的历史实践基础，是美感的社会性、理性积淀。这个特点一方面沿自于 50 年代美学讨论中论战的需要，另一方面也是他建立美学的哲学基础的需要。80 年代以后，当确立人类学历史本体论即美学的历史唯物论基础之后，他已经把关注的重点投向美感，投向已经积淀起来的心理本体本身，也就是说，投向个体的生存境遇和生存的状态。因此，说李泽厚"忽视"美的个体性，这种批评基本上是没有根据的。李泽厚的美学是一种哲学美学，其哲学基础就是他所说的人类学历史本体论。② 也就是说，李泽厚是从人类历史发展过程中去探索作为人类精神现象的美的本质的，是把美和美感放到人类社会的历史实践中去探索、理解的。他所理解、分析的美是在实践—历史过程中生成、在实践—历史中发展的，它建基于人类学历史本体论哲学基础之上。因而，它的基本问题是探讨自然如何生成为美，作为生物性存在的人类如何具有超生物性的

---

① 参见高尔泰《美是自由的象征》（人民文学出版社 1986 年版）；刘晓波《选择的批判——与李泽厚对话》（上海人民出版社 1988 年版）；杨春时《超越实践美学，建立超越美学》（《社会科学战线》1994 年第 1 期）；杨春时《走向"后实践美学"》（《学术月刊》1994 年第 5 期）；曹俊峰《"积淀说"质疑》（《学术月刊》1994 年第 7 期）；潘知常《实践美学的本体论之误》（《学术月刊》1994 年第 12 期）；陈炎《"实践美学"与"实践本体"》（《学术月刊》1997 年第 6 期）；尤西林《朱光潜美学观中的心体——重建中国实践哲学—美学一个关节点》（《学术月刊》1997 年第 7 期）；韩德民《从"实践"到"主体性"的迁移——李泽厚与 20 世纪中国美学》、李西建《中国实践美学问题的发展历程》（见汝信、王德胜主编《美学的历史——20 世纪中国美学学术进程》，安徽教育出版社 2000 年版），等等。

② 一般论者都把李泽厚看做是中国"实践美学"的创始人和主要代表，把他的美学称为"实践美学"。实际上，李泽厚一直称自己的哲学为"人类学本体论哲学"或"主体性实践哲学"，其美学则是人类学本体论哲学的美学表达或"主体性实践哲学的美学观"。"实践论"或"历史唯物论"的确是李泽厚的人类学本体论哲学的核心和基础，因此，称其为"实践美学"也无不可。李泽厚在 2004 年"实践美学的反思与展望"学术研讨会上才正式接受"实践美学"的称号。由于论者对"实践"本身的理解的偏差，往往望文生义，以为李泽厚的实践美学就是直接以"实践"去解释美和美感的本质甚至解释审美现象。但正如一些学者曾经指出过的，实践只是实践美学的哲学基础。实践美学只是强调要从实践中去理解美和美感的本质。而具体说来美和美感的本质并非实践本身，而是在实践中内外自然的"人化"。美的本质则是一种"自由的形式"，形式主要指主体对于客体对象的主动造型力量，其次是指客体对象外观上的形式规律或性质。可参看《美学四讲》中有关美与美感的章节。

审美心理结构。在《批判》中，他说得很清楚：

> "自然向人生成"，是个深刻的哲学课题，这个问题又正是美学的本质所在。自然与人的对立统一的关系，历史地积淀在审美心理现象中，它是人所以为人而不同于动物的具体感性成果，是自然的人化和人的对象化的集中表现。……美不只是一个艺术欣赏或艺术创作的问题，而是"自然的人化"这样一个根本哲学—历史学问题。美学所以不只是艺术原理或艺术心理学，道理也在这里。①

无论是"积淀说"，还是"实践论"，抑或是"主体性"学说，他所要探讨的，是人作为一种生物族类如何能产生超生物性的审美心理，美是如何在人类历史实践活动中形成的。个体的、感性的心理如何能产生社会性的、理性的认识和审美心理结构。他强调说：

> 具有血肉之躯的个体的"我"历史具体地制约于特定的社会条件和环境，包括这个个体的物质需要和自然欲求都有特定的社会的历史的内容。看来是个体的具体的人的需要、情欲、存在恰好是抽象的，不存在的；而看来似乎是抽象的社会生产方式、生产关系却恰好是具体的、历史现实的、真实存在的。永恒不变的共性也许只是动物性，不同的生存、婚姻、美味、爱情都具体地制约和被决定于社会环境和历史。②

由于这种人类学本体论视野，李泽厚美学的重点始终是在美的根源与美的本质这类有关美的哲学问题上，是从自然与人、必然与自由、社会总体与个体的关系的历史运动变化过程中去探讨美和美感的本质。这样，他的立足点始终是作为类存在的人，大写的人，也就是他所说的"大我"，而非个体的、感性具体的"小我"。在他看来，看起来是具体的现实的个体需要、情欲等其实只是一种抽象的动物性，作为共性的人性也许只能是动物性的欲望和需求。只有当它们积淀、保存、内化、凝聚了社会性、历

---

① 李泽厚：《批判哲学的批判》，台北风云时代出版公司1990年版，第516页。
② 李泽厚：《美学四讲》，《美学三书》，安徽文艺出版社1999年版，第467页。

史性的内涵以后才能真正成为具体现实的人性表现。

当然，新时期以来，也正是李泽厚在中国哲学界最先突出个体、个性的价值和意义。早在《批判哲学的批判》中，他就已指出："个人存在的巨大意义日益突出，个体作为血肉之躯的自然存在物，在特定状态和条件下，突出地感到自己存在的独特性和无可重复性。"① "随着整个世界的迈进，在审美艺术中最先突出表现的个性的独特性、丰富性、多样性，个体的重要意义，将在整个社会生活的各个方面充分展示和发展起来。而个性和个体潜能的多方面和多样性的发展，正是未来社会的一大特征。"② 在80 年代前期发表的《康德与建立主体性论纲》和《关于主体性的补充说明》等作品中，他更直接批判了 70 年代和 80 年代流行的苏式马克思主义哲学体系严重忽视个体的生命价值，把个体看做历史的巨大机器上的无足轻重的齿轮或历史长河中的一粒沙粒的思想。

> 历史唯物论离开了实践论，就会变成一般社会学原理，变成某种社会序列的客观主义的公式叙述。脱离了人的主体（包括集体和个体）的能动性的现实物质活动，"社会存在"便失去了它本有的活生生的活动内容，失去了它的实践本性，变成某种客观式的环境存在，人成为消极的、被决定、被支配、被控制者，成为某种社会生产方式和社会上层建筑巨大结构中无足轻重的沙粒或齿轮。这种历史唯物论是宿命论或经济决定论，苏联官僚体系下的"正统"理论就是这样。③

尊重个体生命价值的独特性和无可重复性，在社会的历史的运行之中呈现个体的价值和意义，使得偶然来到世上的个体的个性在社会历史中散发出独一无二的光彩，这些问题正是李泽厚的美学所努力探寻的。正是顺着这一思路，在后期，他提出了"情本体"学说，作为对高科技时代工具本体无限膨胀、异化问题严重突出的美学回应，作为在大众文化背景下

---

① 李泽厚：《批判哲学的批判》，（台北）风云时代出版公司 1990 年版，第 528 页。

② 同上书，第 529—510 页。

③ 李泽厚：《康德哲学与建立主体性论纲》，《李泽厚哲学美学文选》，湖南人民出版社 1985 年版，第 154 页。

个性看似得到高扬实则被解构的时代思潮的一种纠正和补弊。情本体学说强调的是"心理成本体",以"情"作为克服"理"与"法"的异化的手段。但情本体学说同样也是从哲学角度对个体生存的意义和价值的美学解释。"情本体"学说之"情"不是一个心理学概念,而是一个哲学概念;情本体学说也非心理学美学,而仍是一种哲学美学,是其人类学本体论哲学美学或主体性实践美学的一种衍生和延伸。

可见,李泽厚的美学始终是一种哲学美学。他的问题不在于"积淀说"或实践论中过于强调人的社会性、群体性,而在于他始终未能走出总体(类)与个体、理性与感性、必然与自由二者之间的矛盾冲突,始终使自己的学说处于二者之间的紧张对立之中。哲学家深邃的思维和宽广的视野使他的理论具有他的同代人所无法比拟的深刻性,但过于宽泛的理论兴趣却也限制了他的美学的具体化和深化。当他讨论到具体的美学问题时,往往总是不由自主地回到这些问题所得以产生、存在的根源上去,从精神回归物质,从心理回到哲学,从现实回到历史,从感性回归理性。他就像在总体与个体、感性与理性、历史与心理之间走钢丝一样,始终无法摆脱二元论的处境而真正深入到具体的美学问题之中,从而真正建立起系统完整的美学理论。这才是李泽厚美学的问题之所在。

李泽厚曾多次讲过,实践美学实际上并未真正开始。许多问题他都只是提出了一些总体性、宏观性的看法,却未能作深入具体的研究与说明。这是李泽厚的遗憾之处。作为具有高度思辨理性思维的哲学家和具有深厚艺术修养的诗人,李泽厚本应该写出一部专门化、系统化的表述自己哲学思想的哲学著作和比《美学四讲》更为详细、更为系统化的美学专著,他却始终未能写出。他的兴趣太广,领域太多,局限了他在一个领域做深入细致的研究。

(二) 从认识论到实践论

从李泽厚本人的学术历程来说,他的美学有一个从认识论美学向本体论美学转变的过程。李泽厚的实践美学观点萌芽于20世纪50年代末期的美的本质的大讨论。在讨论中,李泽厚引用马克思的《1844年经济学—哲学手稿》中关于"自然的人化"的观点,以实践论为哲学基础,得出美是客观性和社会性的统一、美感是直觉性和功利性相统一的结论。对美的本质这一说法成为他以后一贯坚持的基本观点,只是不断有补充和扩展。客观性针对主观性，社会性则针对意识性。事实上，他一直强调他的实践论是一种客观的社会性的实践论，而非主观的意识性的实践，强调自然的人化是指人对自然的客观改造，而非指人对自然的欣赏。他认为这是他和朱光潜等其他一些也讲实践的学者的根本区别之所在。①

在发表于50年代美学大讨论热潮中的长篇论文《论美、美感和艺术》中，李泽厚认为，研究美学应该首先从美感入手。美感一方面具有主观直觉性（超功利性），另一方面具有客观功利性。主观直觉性突出了美感的特性。主观直觉性产生的原因不是简单的生理现象，"而是人类文化发展历史和个人文化修养的精神标志。人类独有的审美感是长期社会生活的历史产物，对个人来说，它是长期环境感染和文化修养的结果"②。美感具有主观直觉性的原因在于人类在生活实践中的客观功利性，"只是对于个人来说，这种内容常不能觉察而是潜移默化地形成和浸进到主观直觉性中去了"③。美感只是对美的感受，美才决定美感。接着，他论述了美的社会性和形象性二重性。"所谓美的社会性，不仅是指美不能脱离人类社会而存在（这仅是一种消极的抽象的肯定），而且还指美包含着日益开展着的丰富具体的无限存在，这存在就是社会发展的本质、规律和理想。"④ 美的形象性是指"美必需是一个具体的、有限的生活形象的存在，不管是一个社会形象还是一个自然形象"⑤。正是由于美的社会性和形象性才有了美感的客观功利性和主观直觉性。

在50年代的讨论中，李泽厚和当时整个学术界一样，把美学定位为认识论，强调美和美感的关系是反映与被反映的关系，并认为是否承认这种反映关系是唯物论和唯心论的分歧所在：

> 从哲学根本观点上说，不在心，就在物；不在物，就在心；美是主观的便不是客观的，是客观的便不是主观的；这里很难"折中调和"。我们强调美具有不依存于人类主观意识、情趣而独立存在的客

① 参见李泽厚《美学四讲》中"美的本质"部分。
② 李泽厚：《论美感、美和艺术》，《美学旧作集》，天津社会科学院出版社2002年版，第10页。
③ 同上书，第11页。
④ 同上书，第28页。
⑤ 同上书，第28—29页。

观性质。美感和美的观念只是这一客观存在的摹写。美是第一性的，基元的，客观的；美感是第二性的，派生的，主观的。承认或否认美的不依于人类主观意识条件的客观性是唯物主义与主观唯心主义的分水岭。①

美的客观性"这个问题的本质是是否承认现实生活中美的客观存在的问题，是否承认艺术反映现实的问题。……唯心论和唯物论的分歧就在：唯心论坚持美感在先，美在后；美感产生美，主观产生客观。唯物论认为，美感是美的反映，美在先，美感在后；一个属于客观存在范畴，一个属于主观意识范畴，不能混淆，不能倒置"。实际上，李泽厚也看到了，"把美感说成反映，很多人有意见。很多人认为是把哲学认识论的公式不适当地硬套到美学问题上来套到美与美感的关系上"。但他坚持认为，"我们承认花红与花美之不同，但不承认它们是反映与非反映之不同，而认为只是两种性质不同的反映"②。

但这时，他已在认识论框架中引入了实践观点，从人类社会历史实践中去阐释美的本质，所以他虽然坚持美学是认识论，美感是美的反映，但又强调美的客观性不是审美对象的自然属性，而是社会属性。客观性与社会性统一说的关键正在于此。

如果说，50 年代，李泽厚还是在认识论框架中引入实践论，力图调和认识论和实践论的话，那么，60 年代以后，李泽厚的美学观完全转向了实践论。写于 60 年代的《美学三题议》中，他强调，要论证美如何必然地从现实生活中产生和发展，为什么社会生活中会有美的客观存在，必须从社会实践中去寻找根源：

> ……只有遵循"人类社会生活的本质是实践的"这一马克思主义根本观点，从实践对现实的能动作用的探究中，来深刻地论证美的客观性和社会性。从主体实践对客观现实的能动关系中，实即从

---

① 李泽厚：《论美感、美和艺术》，《美学旧作集》，天津社会科学院出版社 2002 年版，第 20 页。

② 李泽厚：《关于当前美学问题的争论》，《美学论集》，上海文艺出版社 1980 年版，第 74—75 页。

"真"与"善"的相互作用和统一中，来看"美"诞生。……一方面，"善"得到了实现，实践得到肯定，成为实现了（对象化）的"善"。另一方面，"真"为人所掌握，与人发生关系，成为主体化（人化）的"真"。这个"实现了的善"（对象化的善）与人化的真（主体化的真）便是"美"。人们在这客观的"美"里看到自己本质力量的对象化，看到自己实践的被肯定，也就是看到自己理想的实现或看到自己的理想……于是必然地引起美感愉快。①

为主体所掌握的"真"即客观规律，这是美的内容，也因此，美的内容必然是社会的、功利的；对象化的善与客观的真相结合，具有了普遍的形式。而随着实践的对象化程度的加深，实践所掌握的必然规律越来越具有普遍性和概括性，因而越来越自由，从而这对象化的存在形式也越来越自由，这自由的形式便是美的形象性的来源。这样，实践通过自由的活动使"真"主体化了，"善"对象化了，从而产生了蕴涵着对象的自由形式的"美"。这里，李泽厚给美下了一个颇具代表性的定义：

　　就内容言，美是现实以自由形式对实践的肯定，就形式言，美是现实肯定实践的自由形式。②

也是在这篇文章里，他论述了"自然的人化"的基本含义，初步区分了狭义和广义的自然人化两个方面，奠定了实践美学理论的基础。70年代末出版的《批判哲学的批判》中提出了人类学历史本体论的基本思想，完成了实践美学理论的哲学奠基。实际上，尽管50年代他并没有明确提出"人类学历史本体论"这一概念，但其基本思路正是人类学历史本体论的，是从人类起源角度去探寻美和美感的根源和根本性质。50年代讲美的社会性和形象性，60年代讲美的本质在于"自然的人化"、"美是自由的形式"，70年代讲"主体性实践哲学"，80年代讲"内在自然的人化"和"新感性"，90年代讲"情本体"，研究重点不同，其基本思路却是一贯的。

① 李泽厚：《美学三题议》，《美学论集》，上海文艺出版社1980年版，第161—162页。
② 同上书，第164页。

（三）实践本体论与历史唯物论

一般论者大多注意到"实践"概念在李泽厚实践美学中的重要地位，却没有注意到实践是跟历史唯物论联系在一起的。事实上，在李泽厚那里，实践论与历史唯物论是二而一、一而二的。实践论也就是历史唯物论，历史唯物论也就是实践论。李泽厚所说的"实践"具有确定的内涵，它是指人类使用和制造工具的物质生产活动，而且，这一使用和制造工具的物质生产活动是整个人类存在的基础，是人类认识、伦理和审美活动的基础。正是使用和制造工具的实践活动使得外界自然和人的内在自然存在都被人化。从外界自然来说，它被改造、征服、利用，它的规律为人所掌握、运用，从而人可以利用它为人的目的服务。从内在自然来说，在实践过程中，社会性、理性的因素内化、凝聚、积淀到心理之中，本是生物性、动物性的人的心理，变成为人的心理，成为文化心理结构，从而才可以产生认识、伦理和审美活动。反过来说，历史唯物论并不只是生产力与生产关系的自我运动，它是由人的实践活动构成的，因此，人是历史的主体，人是目的。从而人不是历史机器上的一颗螺丝钉，历史长河之中一粒沙尘，而是具有主体性、情感性的活动主体。"人是目的"就不是康德意义上的神秘的自然目的论中的目的，而是由于人类的历史实践活动建造、构筑而实现的现实目的。认识论、伦理学和美学正是在这个意义上奠基于实践论之上。

关于实践概念，李泽厚反复强调的是，它的内涵就是使用和制造的工具的物质生产。他说：

> 在当代哲学中，"实践"一词已经用得极多，它泛滥到几乎包容了一切人类活动，从日常生活、饮食起居到理论研究、文化活动等等。在马克思早年手稿以及《关于费尔巴哈的提纲》等著作中，的确强调的是理论与实践相统一的感性的人的活动，即 praxis（实践），praxis（实践）一词也确乎包括了人类整个生活活动。但也是从早年起，马克思同时强调了劳动、物质生产、经济生活在整个人类社会中的基础地位和决定性的意义，日益认定物质生产是整个社会生存、社会生活即社会存在的根本，特别是自马克思历史具体地探讨了社会生产方式诸问题，确定基础与上层建筑的理论，明确提出历史唯物主义

学说后，马克思的实践哲学便进一步加深和具体化了。

　　我以为，马克思的实践哲学也就是历史唯物主义。因之，应当明确在形态极为繁多的人类实践活动中，何者是属于基础的即具有根本意义的方面，我以为这就是历史唯物主义强调的经济基础，而其中又是以生产力为根本的。生产力——这不就正是人们使用工具、制造工具以进行物质生产的实践活动么？①

　　从这种实践观点出发，康德哲学的问题就可以变成一个更为基础、也更具有现实性的问题，从康德所强调的"认识如何可能"变为"人类如何可能"，并且只有回答了"人类如何可能"，才能真正解决"认识如何可能"的问题。也就是说，李泽厚实际上用历史唯物论改造了康德哲学，把哲学的重心从认识论转变为实践论，转变为历史本体论：

　　　　认识如何可能，根本上源起于人类如何可能。只有从后一问题出发，从人类的社会存在来看人类的社会意识，包括因果之类的认识范畴，才能历史唯物主义地解答问题，也才是贯彻"不离开人的社会性"这一实践的观点。从起源说，人的实践活动不同于动物的生存活动，最根本之点在于他使用工具、制造工具以进行劳动。人所独有的双手和直立姿态便是使用工具的成果。人类使用工具制造工具的劳动实践活动的特点，不但在于伸延了肢体器官，更重要的是它开始掌握外界自然的规律来作用于自然。……②

　　　　是 practice 而不是 praxis，才是我们哲学的基本范畴，而实践哲学与历史唯物主义的统一，也正是建立在这个 practice 之上。③

　　总之，实践哲学即历史唯物主义，具有严格的科学性和革命性，是二者的有机统一。它以生产劳动和社会发展的客观规律为根本基础，以历史行程朝向自由王国为奋斗目标，科学地研究和制定符合客观发

---

①　李泽厚：《批判哲学的批判》，台北风云时代出版公司 1990 年版，第 245 页。

②　同上书，第 191 页。

③　同上书，第 455 页。

展规律的每一特定历史时期的任务。①

　　在西方哲学史上，培根以前，哲学的重心是本体论，是探讨宇宙本体和起源的哲学。无论是唯物主义还是唯心主义，都建立在朴素的猜测和思辨基础之上。自培根以来，随着近代科学的发展，包括数学、物理学和化学上的一系列研究成果，以及恩格斯所说的科学上的"三大发现"等等，使得哲学认识论本身成为哲学的重点。康德以前，无论是经验论还是唯理论，都具有极大的片面性。经验论走到极端，便成为贝克莱式的唯我论和休谟式的不可知论，而唯理论走到极端，成为沃尔夫和莱布尼茨式的形而上学独断论。康德的功绩在于，他试图把经验论和唯理论综合起来，既保留经验论的感觉论，又使得这种感觉论具有普遍性，这就是他所谓"先天综合判断"如何可能的问题。同时他又把科学与宗教调和起来，为科学发展开辟道路，也为人类的精神信仰留下空间。但康德的"先天综合判断"究竟如何可能，他最终还是没有解决，只能归结为神秘的"先验直观"。而马克思的实践论哲学，则把哲学的重心重新拉回到了本体论，但不是像古希腊人那样，对宇宙本体和起源进行一些朴素的猜测，而是从人类历史的实践活动中去探讨人类生存、发展的道路。这样，哲学回到了本体论，但不是宇宙本体论，而是历史本体论、实践本体论、人生本体论。但马克思和恩格斯并未真正从哲学角度明确提出历史本体论概念，而只是提出了一些至关重要的原则、观点。从这个意义上说，李泽厚的历史本体论概念，是对马克思哲学的一个合理引申和发展。

　　如果说，希腊人的哲学重点在于追问"世界的本体是什么"，近代哲学的重点在于追问人类"如何认识世界"，则马克思主义的实践哲学的重点在于探讨"人类如何生存"、人类历史的本体是什么。这样，哲学从古代的形而上学追问到近代的认识论追问，到马克思主义的历史本体论追问，从宇宙落实到社会，从外界的物质存在回到了人。对宇宙空间的认识，对世界存在形态的探讨，这些问题终究可以从科学上得到解决。但人类自身的命运，人本身生存的意义和价值等等，这样一些问题，却永远是每一代人都会面临的问题。因此，哲学从物质世界回到社会领域，从物质本体论（或者精神本体论）回归历史—实践本体论，这是一个必然的

---

①　李泽厚：《批判哲学的批判》，台北风云时代出版公司 1990 年版，第 456 页。

趋势。而回到历史、回到实践、回到社会，以往那些关于世界、关于宇宙的各种形而上学猜测也就被解构了。随着科学的发展，它们将成为科学研究和探讨的对象，却不再是哲学思辨的对象。正因如此，海德格尔认为，马克思是古典形而上学哲学的解构者。从这个意义上说，李泽厚的历史本体论哲学的提出，是中国哲学家对马克思哲学的一个极大的发展，是在20世纪70年代中国的社会历史条件下提出来的中国式马克思主义学说。这种学说是在中国语境下提出来的，它立足于中国现实，却具有世界意义。

李泽厚的《批判哲学的批判》写作于20世纪70年代，发表于70年代末。在那个时期，我国哲学界受当时流行的苏联斯大林哲学体系的影响，把马克思主义哲学说成是"辩证唯物主义"和"历史唯物主义"两个部分，其中，辩证唯物主义又是基础，历史唯物主义只是"辩证唯物主义在历史领域的推广、运用"。在"辩证唯物主义"中，"实践"概念只是作为认识论概念出现的，跟历史、跟人本身的存在似乎没有关系；而在"历史唯物主义"中，历史就是生产力与生产关系的自我运动，人只是作为生产力的一个要素才起作用，完全没有考虑到人本身存在的意义和价值。人最多只是作为一个集合概念"人民群众"才有意义。它强调只有人民群众才是创造和发展历史的动力，却并没有提出个体生存本身的意义和价值问题。这样，被恩格斯称为马克思一生对人类最重要贡献的历史唯物论，在这样一个哲学体系中便只作为辩证唯物论在历史领域里的一个个案，一个事例，它本身独立自主的意义完全被忽视了。而在这样一个历史唯物主义体系中，历史活动最重要的因素、历史的主体——人，则在"人民群众"的名义下被抽象掉了，消失了。个体、个性在这个体系中完全没有自己的位置。李泽厚在他的《批判》中，把实践论与历史唯物主义贯通起来，提出实践论就是历史唯物主义，历史是由人的实践活动所造成的，生产力不是别的，正是人使用和制造工具的实践活动。这样，实践主体的地位便被突出、彰显出来，从而使得哲学从没有主体的、互不相干的辩证唯物主义和历史唯物主义两大块变成为以人为主体的主体性实践哲学，为80年代的思想解放和新一轮现代性启蒙运动提供了理论依据，并为以后进一步探讨个体生存的意义和价值留下空间。我想，这才是《批判哲学的批判》作为一部纯粹的哲学著作而引起巨大的社会反响和震动的原因所在。

不仅如此，在后来的《康德哲学与建立主体性提纲》和《关于主体性的补充说明》等主体性系列提纲和论文中，李泽厚进一步明确地批判了黑格尔式的历史理性主义忽视个体本身的价值的局限性。他认为黑格尔有一种泛逻辑主义和唯智主义倾向，并且"在今天的马克思主义哲学中留下了它的印痕和不良影响。它忽视了人的现实存在，忽视了伦理学的问题"①。他直截了当地批评道："从黑格尔到马克思主义，有一种对历史必然性的不恰当的、近乎宿命的强调，忽视了个体、自我的自由选择并随之而来的各种偶然性的巨大历史现实和后果。"② 并再次强调："唯物史观是马克思主义哲学的核心和主题。唯物史观就是实践论。实践论所表达的主体对客体的能动性，也即是历史唯物论所表达的以生产力、生产工具为标志的人对客观世界的征服和改造，它们是一个东西，把两者割裂开来的说法和理论都背离了马克思主义。"③

在出版于21世纪的《实用理性和乐感文化》中，也许是吸收了批评者的意见，或是受了批评者的影响，李泽厚扩大了实践的内涵，把实践区分为狭义和广义两个方面：

> "实践"概念至少需分出狭义和广义的两种（《批判》曾区分 practice 和 praxis）。狭义即指上述基础含义，广义则包容宽泛，从生产活动中的发号施令、语言交流以及各种符号操作，到日常生活中种种行为活动，它几乎相等于人的全部感性活动和感性人的全部活动，其中还可分出好几个层次。而狭义、广义之分只是一种"理想型"的理论区分，在现实中，二者经常纠缠交织在一起。物质操作与符号操作、物化劳动与物态化劳动、物质活动与精神活动，便经常难以截然二分。今日技术与科学、生产力与科技的交织，更说明着这一点。同样，"实践"本是人类独有的超生物性的行为活动，但人作为动物族类有生物性的活动和需要，如吃饭、性交、睡觉、群体中的交往等等，因此在很大的一部分的人类实践活动中，超生物性与生物性也是经常渗透、重叠、错综、交织在一起的。因此，这狭义、广义的区分只有哲学视角的意义。《批判》之所以强调实践的基础含义（狭义），是为了强调人

---

① 李泽厚：《康德哲学与建立主体性的哲学论纲》，《实用理性与乐感文化》，生活·读书·新知三联书店 2005 年版，第 210 页。

② 同上书，第 214 页。

③ 同上书，第 208 页。

类主要依靠物质生产活动而维系生存，其他包括语言交流、科学艺术、宗教祈祷等等广义的实践活动，都以这个基础为前提，如此而已。①

历史唯物论和实践论的贯通，使得李泽厚的人类学本体论有了一个宏阔、坚实的哲学基础。历史唯物论，也是他以后再三说明、反复强调的。这使得他以后对个体生存意义的注重，对个体感性生命价值的强调，对个体如何从偶然性的被抛入世界的状态中摆脱出来，赋予这个偶然性、一次性的生命以意义，以偶然性主动去建造、构筑必然性等等思想，显得其来有自，顺理成章，具有坚实的背景和基础，而非空喊口号而已。而对实践概念的狭义与广义的区分，使得个体感性的活动作为一种广义的实践活动与他强调为基础的使用和制造工具的物质生产活动之间有了一种理论上的内在联系。

(四) 从人类学历史本体论到个体生存论

作为一个生物族类而具有超生物性的人类是李泽厚的主体性实践哲学或人类学历史本体论哲学的立足之点。这一点是从康德和马克思而来的。康德哲学对人的认识结构（超感性的知性直观）、道德本体（超感性的理知直观和道德形而上学）和审美结构（超感性的审美直观，主观合目的性）的探讨，正是把人看成一个"类"，从人与自然、人与动物的区别入手，来探讨人类的精神结构，从而解答近代哲学中经验论和唯理论没能解决的"人类的认识何以可能"的问题，并提出人类精神归宿问题——康德把它归结为文化道德的人，一种具有超感性的先验理性的人，一种道德的自我完善与进化。从而，认识、道德和审美结构正是人类的心理结构。

在马克思哲学中，人就是"类"的存在物。马克思说："通过实践创造对象世界，即改造无机界，证明了人是有意识的类存在物，也就是这样一种存在物，它把类看做自己的本质，或者说把自身看做类存在物。"②

---

① 李泽厚：《实用理性与乐感文化》，《实用理性与乐感文化》，生活·读书·新知三联书店 2005 年版，第 4 页。

② ［德］马克思：《1844 年经济学—哲学手稿》，《马克思恩格斯全集》第 42 卷，人民出版社 1979 年版，第 96 页。

"正是在改造对象世界中，人才真正地证明自己是类存在物。"① "人的感觉、感觉的人性——都只是由于它的对象的存在，由于人化的自然界，才产生出来的。五官感觉的形成是以往全部世界历史的产物。"② "任何人类历史的第一个前提无疑是有生命的个人的存在……一当人们自己开始生产他们所必需的生活资料的时候，他们就开始把自己和动物区别开来。人们生产他们所必需的生活资料，同时也就间接地生产着他们的物质生活本身。"③ "共产主义……是存在和本质、对象化和自我确证、自由和必然、个体和类之间的斗争的真正解决。它是历史之谜的解答，而且知道自己就是这种解答。"④ 马克思的"类"概念来源于费尔巴哈。但是，在费尔巴哈那里，人作为"类"区别于动物之处仅仅在于人的抽象的感性、爱，而马克思则批判地改造了费氏哲学，把人的类本质特征定位于人类对世界的实践改造，认为正是这种实践改造活动使人成为有意识的类的存在，使人区别于动物的存在。

在这一点上，李泽厚完全继承了马克思的学说。他把他所要建立的哲学称为"人类学本体论"（有时候又称为"人类学历史本体论"）。他所要探讨的是人作为"类"如何建立起不同于动物的认识、道德和审美的心理功能和结构——在他看来这种心理功能和结构正是历史、实践的产物，是一种文化心理结构——以及这种结构如何落实到个体的心理之中。他是从历史中寻找现实的根源，从总体中去寻找个体的依据，从社会性中去解释个性，从理性中解释感性。因此，他的出发点是作为总体的"人类"。他说：

> 人类学本体论即是主体性哲学。如前所述，它分为两个方面，第一个方面即以社会生产方式的发展为标记，以科技工艺的前进为特征的人类主体的外在客观进程，亦即物质文明的发展史程。另一方面即

---

① ［德］马克思：《1844 年经济学—哲学手稿》，《马克思恩格斯全集》第 42 卷，人民出版社 1979 年版，第 97 页。

② 同上书，第 126 页。

③ ［德］马克思、恩格斯：《德意志意识形态》，《马克思恩格斯选集》第 1 卷，人民出版社 1972 年版，第 24—25 页。

④ ［德］马克思：《1844 年经济学—哲学手稿》，《马克思恩格斯全集》第 42 卷，第 120 页。

以构建和发展各种心理功能（如智力、意志、审美三大结构）以及其物态化形式（如艺术、哲学）为成果的人类主体的内在主观进展。这是精神文明。两者是以前一方面为基础而相互联系、制约、渗透而又相对独立自主地发展变化的。人类本体的这种双向进展，标志着"自然向人生成"即自然的人化的两大方面，亦即外在自然界和内在自然（人体本身的身心）的改造变化。康德哲学的贡献在于它突出了第二方面的问题，全面提出了主体心理结构——包括认识、伦理和审美的先验性（普遍必然性）问题。①

"自然向人生成"的两个方面即是外在的、我们所生存的自然环境与我们本身的身体和心理的人化改造。在李泽厚看来，外在自然的人化过程和成果即是美，而内在自然的人化则是美感。他的人类学本体论哲学把康德所提出来的先验主体的心理结构改造成为经验的、历史——实践本体的心理结构。那么，动物性的身体——心理如何变成人的身体——心理的？认识、伦理和美感结构是如何产生的？这就是李泽厚的人类学历史本体论所要讨论和回答的问题。在《批判哲学的批判》中，他已谈到"自然向人生成的两个方面"、"人类本体的双向进展"；出版于 80 年代后期的《美学四讲》则进一步明确地提出"内在自然的人化"概念，并提出内在自然人化的问题是建立"新感性"，也就是建立"心理本体"，其中又主要是心理本体中的"情本体"的问题。这样，从早期的文化——心理结构说到后来的"心理本体"的提出，李泽厚的人类学本体论哲学实现了向外向内、由外在自然的人化转向内在自然的人化，由从前强调美与美感的物质生产社会实践根源转向了美感心理结构本身，从人类学历史本体转向了个体生存领域，试图在人类社会历史实践的本体之中给个体生存以意义，在社会实践的必然性中给个体的自由以立足之处，体现个体生命的偶然性和独一无二的价值。在《美学四讲》中，他强调的是使个体的心理本身成为本体，让个体感性本身成为熔铸了社会理性的审美心理，从而建立起被建构的新感性。

于是，人类学历史本体论中的"积淀"最终落足为偶然的、个体的感性生命价值：

---

① 李泽厚：《批判哲学的批判》，台北风云时代出版公司 1990 年版，第 326 页。

　　积淀既由历史化为心理，由理性化为感性，由社会化为个体，从而，这公共性的、普遍性的积淀如何落实在个体的独特性存在而实现，自我的独一无二的感性存在如何与这共有的积淀配置，便具有极大的差异。这在美学展现为人生境界、生命感受和审美能力的个性差异。这差异具有本体的意义，即那似乎是被偶然扔入这个世界，本无任何意义的感性个体，要努力去取得自己生命的意义。这意义不同于机器人的"生命意义"，它不能逻辑地产生出来，而必需由自己通过情感心理来寻索和建立。所以它不只是发现自己，寻觅自己，而且是去创造、建立那只能活一次的独一无二的自己。人作为个体生命是如此之偶然、短促和艰辛，而死却必然和容易。所以人不能是工具、手段，人是目的自身。①

　　他大声呼吁："回到人本身吧。回到人的个体、感性和偶然吧。从而，也就回到现实的日常生活中来吧！"②

　　李泽厚要建立的"心理本体"之"心理"在《美学四讲》中主要是美感。由审美感性出发，他发出了"回到人的个体、感性和偶然"的呼吁。而在出版于 90 年代后期的《己卯五说》中，他的重点则在于伦理学，并提出，"内在自然人化"的核心是伦理学，美与审美作为人生的自由享受的境界是建立在自然人化基础上的"人的自然化"，这与他在《美学四讲》中的提法略有区别。

　　作为"内在自然人化"的核心的伦理学，仍是从人类学历史本体论的基本原理出发的。他区别了伦理学理论中两种对立的倾向，即绝对伦理主义和相对伦理主义。前一种把伦理道德看成一种绝对命令，人必须无条件地服从，不计利害，不计后果，一往无前，九死而不悔，只是为了维护心中的那份道德的正义。他称这种伦理观所持的道德是"宗教性道德"。后者把道德伦理看做是具体的时代、社会、阶级、民族、文化等的产物，不同时代、阶级、民族有不同的道德，没有什么绝对的、超越于时代、阶级、民族等具体社会历史条件的道德。他称这种道德为"社会性道德"。

①　李泽厚：《美学四讲》，《美学三书》，安徽文艺出版社 1999 年版，第 595 页。
②　同上书，第 595 页。

他认为，这两种看似对立的、互不相容的伦理学实际上是站在不同的立场和角度来看待伦理问题，他们的对立并没有看上去的那么绝对。以康德为代表的宗教性道德观所主张的先验的"绝对命令"实际上仍是来自于人类的实践，它是人类为了保存延续自己总体本身所积淀、凝聚下来的，只是，它一旦形成，就成为看起来是绝对的、先验的道德律令。因此，宗教性道德和社会性道德应该可以互补，宗教性道德对社会性道德有范导作用。看起来，宗教性道德命令是绝对的、无条件的，但在社会中却恰好只能是抽象的、范导性的；而社会性道德看来是历史的、变化的，但却要求绝对遵从。因为，宗教性道德关涉的是私德，往往不涉及公共关系；而社会性道德却关涉社会公德，涉及社会中人与人之间具体的相互关系，因而它反而要求绝对遵循。比如，"孝"本是一种宗教性道德，但它对人却并没有具体的约束力，它只能诉诸每个人内在的良知；一个不孝子虽然会遭到舆论的谴责，社会却不能给予他以具体的某种惩罚。而损害公物就必须赔偿。但是，在今日社会中，可以以宗教性道德作为范导性原理，引导个体遵从社会性道德，从而逐渐提高整个民族的道德文化水准。在21世纪出版的《历史本体论》中，他对宗教性和社会性道德两种道德观作了更为详尽的论述，并从两种道德相互作用入手论述了他20世纪80年代提出的"以美储善"。

出版于21世纪的《实用理性和乐感性文化》中，李泽厚集中论述了"情本体"理论。这里，他发挥80年代思想史研究的独特优势，把中国传统儒家重情的思想引入他的学说。情本体理论本是人类学历史本体论哲学逻辑发展的结果。但这里，关于"情"的具体内涵，他引入了原典儒学关于"孝"的学说。他认为，儒家以亲子情为核心、以自然血缘生理关系为基础的孝亲之情，是作为人生本体之"情"的基础，把这种情辐射、弥散开来，建立一个充满人情味的社会，这才是新世纪所要寻求的和谐社会。

他对比了原典儒学与宋儒的区别，指出，宋儒把原典儒学以"孝"为核心改造成为以"仁"为核心，试图建立起一个超验的道德本体，但终究归于失败。因为在中国不像西方有本体与现象、此岸与彼岸"两个世界"的区分。在西方，支配哲学的基本观念是"两个世界"，两个世界在哲学上表现为多种二元因素之间的相互对立、分割，如现象与本体、物质与精神、存在与意识等等，在宗教上则表现为此岸与彼岸、尘世与天堂、今生与来世等的对立与冲突。西方哲学要致力于弥合这两个世界的裂痕，而宗教则是要人舍弃现世、此岸、尘世、人间的幸福以保证永生、来世的幸福。但是在中国，并没有这样一种"两个世界"的传统。中国的"巫史传统"使得中国只有"一个世界"，在现象与本体、此岸与彼岸、物质与精神之间并没有不可逾越的鸿沟。所谓"道"并非某种脱离现实物质世界的超验本体，而常常是起源于、存在于、植根于现实世界的，人们通过某种直接体验或悟解的方式是可以把握它的。一花一世界，一树一菩提。因此，在中国没有超验本体，本体就在经验世界之中，在日常生活世界之中，在人的感性生活过程之中。从而，通过某种艺术或内心直接体验和领悟活动，可以直接超越人的现实存在，摆脱现实存在境遇对精神和心灵的羁绊，从而达到精神高度自由的人生境界。从而，宋儒把"仁"作为儒学的核心，想要以此为基础建立起某种超验的道德本体，却由于始终与经验缠绕在一起而归于失败。

就情感而言，中国传统文化所讲的情感与西方基督教对上帝的情感也有极大差别。李泽厚对比了西方基督教建立在罪感文化基础上的绝对理性化的、否弃自然人性的情感和中国传统建立在乐感文化基础上的感性自然情感。他认为，基督教的情感其实是一种绝对理性主义的情感，它通过理性确认人对上帝的皈依，对上帝毫不犹豫、绝对服从，这种服从以否弃人天生自然的亲情、友情、爱情等世俗情感为前提。在基督教的情感中，人类的灵魂要经过惨厉的磨炼、痛苦、煎熬，最后洗清一切世俗情感的杂质，在对上帝的无条件服从中得到灵魂的洗礼与升华。亚伯拉罕杀子献祭就是一个很典型的例子。它以一种反理性主义的形式表达了一种绝对理性主义思想和情感态度。

　　犹太教、基督教以及伊斯兰［教］在建构人类心理上，都突出地呈现了精神结构中理性绝对主宰的特质，突出这种信仰——情感与任何生物本能、自然情欲无关，纯粹由理知确认，并坚持、执著某个由知性确定的对象、原则、观念或规则。在这里，理性（知性的特定观念）不仅绝对地主宰着感性，而且是在自然感性万分痛苦地被虐、挣扎和牺牲中来确立自己的权威，即对上帝的信仰和服从，以斩断恋生之情或诀别人世亲情，来奉行神的旨意。这里所产生出的特定情感，可以看做是 Kant 所讲的实践理性的道德感情的人格圣化。基督教讲"圣爱"高于理性，具体落实在情感上便正是以纯粹理性的绝对主宰（由知性确认的自觉意志）为根本特征。这是一种以极度理性凝聚来彻底、全面、干净地舍弃、压倒和征服自然情欲和世间一切其他感情。它所突出的是彻底洗涤人间情欲特别是自然生理情欲（这经常被认为是一切罪行、丑恶的渊薮）而带来的精神欢悦。这种以理性凝聚的意志力量来决裂、斩断人世情欲、历经身心惨重冲突和苦难，却仍然永无休止地对上帝的激越情爱，可以造成心理上最大的动荡感、超越感、净化感和神圣感。它虽万分痛苦却可大获欢欣，虽惨酷折磨却可深感超越，对比人际世间的种种污秽丑恶以及人世情感的琐细繁杂，显得分外崇高和圣洁。①

相反，儒家以血缘亲情为核心的孝—仁观念，对人的自然情感不但不否定，而且还把它看做是人生最根本的、最重要的东西，是人的情感之所由来和建立的基础。在儒家的观念中，理想的社会里，人与人之间相亲相爱，正是在血缘亲情的基础上经过"推己及人"、"老吾老以及人之老、幼吾幼以及人之幼"这样的心理过程而建立起来的。李泽厚的人类学历史本体论主要继承了儒家这种建立在血缘亲情基础上的普遍仁爱学说：

> 儒家所倡导的伦常道德和人际感情却都与群居动物的自然本能有关：夫妻之于性爱，亲子、兄弟之有血缘，朋友之与群居社交本性。从而儒家的情爱可说是由动物本能情欲即自然情感所提升（社会化）的理性情感。虽然最初阶段（无论是原始民族或儿童教育）都有理性的强制和主宰，但最终是以理性融化在感性中为特色，与始终以理性（实际是知性特定观念）绝对主宰控制有所不同。中国文化传统对经由内心情理分裂、灵肉受虐、惨厉苦痛即由理性在残酷冲突中绝对主宰感性而取得升华，是比较陌生的。②

但是，"情本体"之"情"并非完全是自然情感，它是自然情感的升

---

① 李泽厚：《实用理性与乐感文化》，生活·读书·新知三联书店 2005 年版，第 75—76 页。

② 同上书，第 76 页。

华，在某种意义上也是对自然情感的超越。通过"推己及人"的心理过程，由这种孝亲之情可以升华出对他人、社会及整个宇宙的广泛的关爱与同情，因而它并非局限于血缘亲子情感的狭隘的个体的自私之情，而是具有广泛性、社会性、普遍性。

> 儒家的"情"是以有生理血缘关系的亲子情为基础的。它以"亲子"为中心，由近及远，由亲至疏地辐射开来，一直到"民吾同胞，物吾与焉"的"仁民爱物"，即亲子情可以扩展成为对芸芸众生以及宇宙万物的广大博爱。①

出于自然之情而超越自然之情，基于血缘之爱而超越血缘之爱。一方面是生物性、本能性的血缘亲情，另一方面是社会性、超生物性的普世之爱。经李泽厚阐释、改造过的奠基于原始氏族社会的血缘自然关系的儒家"孝亲"之说在 21 世纪工业化、现代化条件下重新焕发出了生命力，成为新世纪中没有信仰、没有精神家园的中国人的人生本体和精神家园。

从李泽厚对中国式的亲情与基督教等宗教情感的分析中可以看出，他对宗教情感的把握相当准确。西方式的宗教体验与情感是一种崇高的情感，它完全脱离人的自然欲望，否弃人的感性生命和感性存在，它把肉体存在本身看做是一种罪恶，人一生下来就带着先天性的原罪，因而人生在世的过程就是一个赎罪的过程，只有把自己完全献身给上帝，其灵魂才能在肉体死后得救。这种情感固然伟大、崇高，有着巨大的牺牲精神和奉献精神，它可以带来心灵的巨大的激荡和灵魂的升华之感，使人有一种圣洁、崇高的光辉。但是，它与中国的传统与国情相去甚远，似乎并不适宜于中国。而且，完全舍弃自然亲情，否定自然性的情感，这实际上是拔除了人生存于世的根。如果人生在世仅仅是赎罪，如果一定要舍弃现世的愉悦才能使灵魂得救，那么人又何必生在世上！

在中国人看来，天地之生人，是一件伟大的贡献，是宇宙万物有灵、宇宙充满人情味的证明，所谓"天地之大德曰生"是也。对于这个来到世上的生命，不但不能否弃，而且必须充分爱护。因此，儒家学说虽然把"仁"的地位提得很高，把人的道德品行、人格操守看得很重，但另一方

---

① 李泽厚：《实用理性与乐感文化》，生活·读书·新知三联书店 2005 年版，第 74 页。

面，它却也提倡抓住易逝的生命，体验、享受人生之快乐。所以儒家的最高精神境界有两种，一曰"孔颜乐处"①，它是由道德人格操守的磨炼升华而来的人生愉悦，是由道德而达到的审美境界。二曰"曾点气象"②，它是人直接以感性生命去体验、领受、感悟天地万物之美而达到的精神高度自由和愉悦的境界，它直接就是审美境界。两种境界都是人生至境，但"曾点气象"作为审美境界来说更富有代表性，它成为中国传统文化在现世中实现审美超越、达到人生至境的代表。在这种境界中，人与自然、天与地、内在心灵与外在社会，都处在和谐、协调的状态。人是自然的人，享受的人，审美的人，同时也是社会的人，道德的人。这就是李泽厚所讲的"以美储善"。美与善、美与真达到了完美的融合。

> 自 Hegel 将理性高扬至顶峰后，作为巨大反动，人的感性存在、感性生命成为哲学的聚焦。无论 Marx、Nietzsche、Freud、Dewey、Heidegger 都如此。历史本体论承续这一潮流，将美学作为第一哲学，正是将人的感性生命推到顶峰。它以为不是认识，不是道德，不是心、性、理、气、道，不是上帝、灵魂、物质、绝对、精神，而是多元且开放的情感，才是生命的道路、生活的真理、人生的意义。它不可能定于一尊。作为文化积淀，不但因人而异，而且变化多端。它以"以美启真"、"以美储善"和"审美优于理知"来实现个体生命的潜能和力量。③

这样，李泽厚提出美学将是未来的第一哲学，美学是人类学历史本体论的起点也是终点：

> 美学作为"度"的自由运用，又作为情本体的探究，它是起点，

---

① 《论语·雍也》："子曰：'贤哉回也！一箪食，一瓢饮，在陋巷，人不堪其忧，回也不改其乐。贤哉回也！'"

② 《论语·先进》："子路、曾皙、冉有、公西华侍坐。……'点！尔何如？'鼓瑟希，铿尔，舍瑟而作，对曰：'异乎三子者之撰。'子曰：'何伤乎？亦各言其志也。'曰：'莫春者，春服既成，冠者五六人，童子六七人，浴乎沂，风乎舞雩，咏而归。'夫子喟然叹曰：'吾与点也！'"

③ 李泽厚：《实用理性与乐感文化》，生活·读书·新知三联书店 2005 年版，第 108 页。

也是终点，是开发自己的智慧、能力、认知的起点，也是托寄自己的情感、信仰、心绪的终点。上篇讲理知认知的形式，这篇讲情感信仰的形式，而以人和宇宙物质性协同共在为本根，成为人类学历史本体论。它以审美始（发明发现），以审美终（天地境界）。它肯定理性是人性形成的关键，展望理性更为广阔的未来。它尽管反对理性作为"本体"吞并认知和情感，但更反对现在正时髦和流行着的各种形态的反理性主义。它坚信科学发展将有益于人类，强调深入探究复杂多端的情理结构，因为这与人的个性潜能的健康发展和精神生命的情感真实有关。反复唠叨，如斯而已。①

李泽厚的人类学历史本体论哲学走到这里画上一个圆满的句号。从人类始，以个体终；从人类的物质生产实践始，以个体生命境界终；以社会性、理性始，以感性、情感终。但这个"情感"又不是纯粹心理、非理性的情欲之"情"，而仍是积淀、融合了理性和社会性的人性化的"情"。他反复强调的是，关键在于"情"与"理"的不同比例的配置、组合。哲学家的理性与诗人的感性在"情本体"学说中得到高度统一。强烈的人生沧桑感和诗性在此显露无遗。也可以说李泽厚以思辨哲学家的身份走进中国的学术界，却以诗人哲学家的身份淡出。他早年的论著严谨、理性，思辨性极强，把对人类的炽热情感隐藏在冷静的理性的学术探究之中，显示出哲学家的智慧与思辨性，但从中已可以窥见某些诗人的特质。特别是其名噪一时、至今影响不衰的《美的历程》，其诗性语言与理性思辨结合得天衣无缝，这样一部纯粹的学术著作却多年来一直在畅销书排行中榜上有名，并且还有多种盗版，这已成为改革开放 30 年来的一个学术传奇。而从《美学四讲》开始，他的诗人气质更多地显露、张扬出来。也许是人近黄昏，其写作姿态更自由潇洒，热烈奔放，而其人生的苍凉之感也更加显露无遗。这也许正是有人曾经说过的"李泽厚确实老了"。但他不是老而衰朽，相反，其思想却是老而弥新，其文风是老而更加诗化。这也许是孔子所谓"从心所欲不逾矩"之境界吧？正如他自己所说，他的学说以美学始，以美学终。但其实还应该加一句，以思辨的美学始，以诗性的美学终。

---

① 李泽厚：《实用理性与乐感文化》，生活·读书·新知三联书店 2005 年版，第 115 页。

李泽厚的哲学的出发点虽然是作为类存在的"总体的人",但是,他的着眼点却是作为独一无二的"个体"的存在,他的哲学最后是要为这种偶然的、感性的、却是独一无二的个体存在提供一种精神上的归宿。不论这种归宿是否恰当,不论是否同意他的具体观点与结论,他的读者却不能不为他的作品中所流露出来的对于人类的深挚的热爱所打动,不能不为其中的沧桑之感和苍凉之感所震撼,不能不为他给我们写下如此深挚动人的著作、创设出如此具有学理性却又深具人生情味、诚挚情感的学说而感动。李泽厚的学说与著作总是有一种悲怆之感,一种对于人类命运与未来的强烈关注,一种责任感、道义感,也许正是这一点,才使他的学说在 20 世纪 80 年代风靡一时,独领风骚,成为那个热情而浪漫的年代的学术代表;而也许正是他的学说的这种气质,才使得 90 年代以后,在大众文化兴起、在"躲避崇高"成为主导、痞子精神成为时尚的时代,遭受冷落的命运。然而,任何时代,任何社会,不论其主流精神状态如何,对人的精神的关怀、对人的命运的关注永远都是需要的,因而,李泽厚的学说在今天也才有它独特的价值与魅力。尽管,它也许充满着矛盾,充满着对立。

四 "主体性":从人类主体到个体主体

在国内,李泽厚是"文化大革命"以后新时期最早倡导主体性的哲学家。新中国建立以后,受当时苏联的影响,哲学界把马克思主义哲学界定为辩证唯物主义和历史唯物主义两大部分,并把历史唯物主义说成是辩证唯物主义在人类社会的推广运用。由此,历史被看成是生产力和生产关系的自我的矛盾运动,历史中的个体被看成社会大机器中的一个齿轮,一颗螺丝钉。个体被淹没在历史的机械运动之中,只作为"生产力"的一个要素,最多是被抽象掉的"人民群众"中的一员才有价值。个体本身的价值、个体生命存在的意义,完全被遮蔽、淹没了。"文化大革命"结束后,伴随着政治上的拨乱反正,文学界、哲学界和思想文化界开始对这一时期的政治、经济、文学和哲学等方面的思想进行清算与反思。李泽厚恰巧于此时出版了他的哲学著作《批判哲学的批判》(以下简称《批判》),对这种忽视个体价值的哲学进行了全面的清理与反思。

如果从一个更为宏观的角度来看,李泽厚在《批判》中表达的实际上是中国知识人对现代化的呼吁、渴求,是以学术的方式在新时期进行的现代性思想启蒙。中国 20 世纪 70 年代末开始的思想解放运动，实际上是对 80 年前"五四"新文化运动的接续，是在新的历史条件下表达的现代化诉求。"文化大革命"是中国现代化进程的中断。该时期对"资本主义"的恐惧是封建思想借着现代外衣的一种回潮。"宁要社会主义的草，不要资本主义的苗"；"穷过渡"等现在看起来非常荒唐、在当时却是义正词严的口号表达的是对历史唯物主义的基本理论的一种蔑视。李泽厚在《批判》中强调历史唯物主义的核心就是实践观点，是把使用和制造工具看做人类最基本也是最基础的实践，强调人类主体性的建构是历史进程，这些观念正好为整个社会涌动的现代化躁动提供了哲学依据。因而，李泽厚的学说才会在 80 年代产生重大影响，《批判》这样一部纯粹的哲学著作才会成为畅销书。

而这场开始于 70 年代末期的新时期的思想启蒙运动不但本身在 80 年代就几起几落，遭到来自主流意识形态中的保守力量的围追堵截，而且，90 年代以后更遭遇大众文化的巨大冲击，中道夭折。但是，中国的现代化进程并非已经结束，中国的现代性启蒙并非已经完结。相反，中国现代社会可以说是一个前现代、现代、后现代多种因素并存、交织的社会。从生产方式来说，传统农业还占整个国民生产总值的相当大的比重，而从思想上来说，封建主义的因素借着某些现代形式的外衣正沉渣泛起，因此，中国现代性启蒙的任务远没有完结。而只要中国的现代化还是一个有待确立、正在进行的过程，关于现代性启蒙的话题就不会过时。从这个意义上说，李泽厚的主体性哲学不但没有过时，恰好正是我们时代所需要的哲学。

（一）《批判哲学的批判》——群体主体性的确立

早在《批判》一书中，李泽厚已经提出了主体性的概念，后来在《康德哲学与建立主体性论纲》、《关于主体性的补充说明》等主体性系列提纲中，这一概念又得到了全面的阐释。

在《批判》中，李泽厚通过对康德哲学的分析和批判，去除了康德哲学中先验神秘的因素，把在康德哲学中被看成是先验的认识、道德和审美能力改造成为从人类生产实践中所获得的后天能力，从而，把认识论、伦理学和美学都建立在社会实践的坚实基础之上。这里，主体性概念主要是从人作为超生物族类的存在来论述的，即是从类的角度来论述的。它被分为客观和主观两个方面，即为外在的工艺—社会的结构面和内在的文化—心理的结构面。

《批判》中第一次讲到主体性是在第二章"认识论：问题的提出"。它讲的完全是人类主体性，而非个体主体性：

> 本书所讲的"人类的"、"人类学"、"人类学本体论"就完全不是西方的哲学人类学之类的那种离开具体的历史社会的或生物学的含义，恰恰相反，这里强调的正是作为社会实践的历史总体人类发展的具体行程。它是超生物族类的社会存在。所谓"主体性"，也是这个意思。人类主体性既展现为物质现实的社会实践活动（物质生产活动是核心），这是主体性的客观方面，即工艺—社会结构亦即社会存在方面，基础的方面。同时主体性也包括社会意识，亦即文化心理结构的主观方面。从而这里讲的主体性心理结构也主要不是个体主体的意识、情感、欲望等等，而恰恰首先是指作为人类集体的历史成果的精神文化：智力结构、伦理意识、审美享受。[1]

有时，"主体性"又被称为"人类本体"，"主体性哲学"被称为"人类学本体论哲学"，而主体性的两个方面则被与物质文明和精神文明两大方面联系在一起：

> 人类学本体论即是主体性哲学。如前所述，它分为两个方面，第一个方面即以社会生产方式的发展为标记，以科技工艺的前进为特征的人类主体的外在客观进程，亦即物质文明的发展史程。另一方面即以构建和发展各种心理功能（如智力、意志、审美三大结构）以及其物态化形式（如艺术、哲学）为成果的人类主体的内在主观进展。这是精神文明。两者以前一方面为基础而相互联系、制约、渗透而又相对独立自主地发展变化。人类本体的这种双向进展，标志着"自然向人生成"即自然的人化的两大方面，亦即外在自然界和内在自然（人体本身的身心）的改造变化。[2]

---

[1]　李泽厚：《批判哲学的批判》，台北风云时代出版公司1990年版，第100—101页。

[2]　同上书，第326页。

《批判》的着力之点在于确立主体性的内在方面—文化心理结构方面的社会实践基础，在于指出康德所谓先验的认识结构（感性直观和知性直观）、伦理结构（绝对命令）和审美结构（审美共通感）并非神秘的、先验的东西，而是在人类社会历史的实践过程中，由外在活动、规范向内在而内化、凝聚、积淀而来，因此，它的根源必须立足于人类的实践活动。并强调实践对心理结构的最终决定作用：

> 尽管如何强调个体的人是目的，强调个性自由与发展，等等，但人总受客观历史规律所支配，想超越历史挣脱时代的限制，正如想抓住头发离开地球一样，是办不到的事情。在自由王国到来之前，作为族类的人（整体）的发展与个体的发展，有时常处在尖锐的对抗之中，并经常牺牲后者而向前迈进。自觉认识到这一点而采取积极促进历史发展的态度和行动，便是道德上的善。①

> 为了人类自由王国的必然实现，个体的自觉牺牲正是为了万代子孙。把这种历史过程当做一成不变的庸俗决定论，从而把人看做工具，是盲目屈从；看不到这个历史客观过程而奢谈"人是目的"、个性自由，是空幻梦想。只有认识到人类社会发展的客观规律和总体进程而主动选择和决定自己的行动，以符合这一总的历史进程，推动、促进这一进程，才是历史具体的真正的个性自由。康德"意志自律"、"人是目的"只有放在这种唯物主义历史观的基础上，才能得到分析和批判，而成为具有真正深刻历史内容的主观伦理力量。②

《批判》已提出个体感性的独特作用，指出在主体的心理结构的自然人化（即认识、伦理和审美）中，认识和伦理都指向审美，历史、总体、理性最终落实到个体、自然和感性之上：

> 人性也就正是这种生物与超生物性的统一。不同的只是，认识领域和伦理领域的超生物性质，经常表现为感性中的理性，而在审美领

---

① 李泽厚：《批判哲学的批判》，台北风云时代出版公司 1990 年版，第 442 页。
② 同上书，第 443 页。

域，则表现为积淀的感性。在认识领域和智力结构中，超生物性表现为感性活动和社会制约内化为理性；在伦理和意志领域，超生物性表现为理性的凝聚和对感性的强制，实际都表现超生物性对感性的优势。在审美中则不然，这里超生物性已完全溶解在感性中。它的范围极为广大，在日常生活的感性经验中都可以存在，它的实质是一种愉快的自由感。所以吃饭不只是充饥，而成为美食；两性不只是交配，而成为爱情；从旅行游历的需要到各种艺术的需要；感性之中渗透了知性，个性之中具有了历史，自然之中充满了社会；在感性而不只是感性，在形式（自然）而不只是形式，这就是自然的人化作为美和美感的基础的深刻含义，即总体、社会、理性最终落实在个体、自然和感性之上。①

但是，总体来说，《批判》更注重和强调的是主体性的前一方面，即历史必然性、社会的理性方面。实际上，《批判》的确有一种历史理性主义倾向，虽然它一直在批判黑格尔的历史理性主义。它本身强调的是历史的必然性，是人类总体的生存、延续对个体的决定作用，是个体必须作出符合于人类总体历史发展进程的选择，其生命才有意义。但是，如果历史已然被决定，人如何去主动选择？所谓历史的客观进程，在很多时候是带有极大的偶然性的。个体的选择往往是亦此亦彼的。黑格尔在分析古希腊索福克涅斯的悲剧《安提戈涅》中两种伦理观念的冲突与矛盾时，已深刻地指出了这一点。② 因此，"自由意志"和"人是目的"应该是一种"绝对命令"。康德伦理学的价值和意义便在于此。而如果一方面承认"自由意志"，"人是目的"，另一方面却又认为自由意志只能在历史必然性的前提下进行选择，它便已经失去了自由意志的内在意义了。显然，李

---

① 李泽厚：《批判哲学的批判》，台北风云时代出版公司1990年版，第523页。

② 黑格尔认为，悲剧是两种伦理力量的冲突，双方都以自己的正义性否定对方的正义性，因此都陷入片面性。永恒的正义利用悲剧人物的毁灭，通过和解，恢复"伦理的实体和统一"。典型的是索福克涅斯的悲剧《安提戈涅》。在《安提戈涅》中，国王克里翁代表国家的伦理，把借外兵来争夺王位的波吕涅克斯处死，并禁止有人去收尸。波吕涅克斯的妹妹安提戈涅不顾国王的禁令，收葬了哥哥。她代表的是家族的亲情的伦理，同样也是正义的、合理的。但两种正义之间发生了冲突。国王处死了安提戈涅。安提戈涅的未婚夫是国王的儿子，因安提戈涅之死而自杀。这样，国王和安提戈涅以各自的片面性而两败俱伤。但是，这里受到惩罚的是人物的片面性。至于国家法律和兄妹之爱这两种普遍的伦理力量，却没有遭受到任何损失，它们在冲突之中，各自克服了片面性，取得了和解，实现了"永恒正义"的胜利。参见黑格尔《美学》第1卷。

泽厚这里是在试图把康德与黑格尔调和起来，把绝对伦理主义和历史理性主义调和起来，但这实际上是无法办到的。

李泽厚总是游走在历史总体与个体人（群体与个体）、必然与偶然、自然与人、理性与感性之间，在强调群体、必然性、历史总体发展规律的前提下力图为个体生命找到一种意义，确立一种价值。文化—心理结构的提出正是这一努力的结果。在后期，对心理本体和情感本体的确立正是他的人类学历史本体论中各种内在矛盾因素交错、冲突和运动的逻辑结果。矛盾始终存在，早期与晚期重点各有不同。也许这种矛盾也正是李泽厚易遭受攻击之处，也是李泽厚的哲学不同于他人的深刻之处。但是，在《批判》时代，他的确受黑格尔和马克思的历史理性主义和泛逻辑主义影响太深，有一种历史理性主义倾向，更强调人类、历史、总体的决定作用，强调个体对历史必然性的顺应和依从。这显然是为了把自己的学说与康德的伦理主义区别开来，并强调历史唯物主义决定论的结果。这种倾向到了几篇"主体性提纲"时代已大为改观。

（二）"主体性哲学"系列提纲——个体主体性

20 世纪 80 年代开始，在关于主体性的几个提纲中，李泽厚仍然强调人类群体主体性的基础性、决定性地位。但是，这时，他的立场已发生了转变，其着力之处由《批判》时期确立历史唯物论和实践论的基本观点转向在历史唯物论的基础之上确立个体主体的地位，强调在工具—社会本体之外建立心理本体，尤其是情本体的重要性。哲学基础并未改变，但其重心已开始发生转向。他要确立的是个体主体作为感性生命存在的独一无二性，无可重复性，是偶然来到世上的个体感性生命独特的存在价值。个体来到世上，"是被扔入的"，活着，"不是人的选择和决定，它只是一个事实"①，但是这个被扔到世上的每一个个体都要求确立一种意义、价值。而如果仅仅把个体的意义纯粹定位于感性肉体存在，那人与动物就没有区别；如果仅仅只有普遍的心理结构，人又被等同于机器了。人既不是动物，也不是机器，应该确立的仍是在历史、总体之中的感性个体的意义。

他严厉批评"从黑格尔到马克思主义，有一种对历史必然性的不恰

---

① 李泽厚：《第四提纲》，《实用理性与乐感文化》，生活·读书·新知三联书店 2005 年版，第 243 页。

当的、近乎宿命的强调，忽视了个体、自我的自由选择并随之而来的各种偶然性的巨大历史现实和后果"①。他指出：

> 个体的小我大量被湮没在整体的大我中等等现象，是迄今为止的人类史所经历的过程。所以一方面，如果把马克思主义等同和归结为人道主义、个性主义，是肤浅的；另一方面，如果把唯物史观当做一成不变的庸俗决定论或结构主义（反人道主义），也是谬误的。……应该看到个体存在的巨大意义和价值将随着时代的发展而愈益突出和重要，个体作为血肉之躯的存在，随着社会物质文明的进展，在精神上将愈来愈突出地感到自己存在的独特性和无可重复性。②

他预言文化心理问题将成为未来世界最重要的问题：

> 不是经济上的贫困，而是精神上的贫乏、寂寞、孤独和无聊，将日益成为未来世界的严重课题。……不仅是外部的生产结构，而且是人类内在的心理结构问题，可能日渐成为未来时代的焦点。语言学是20世纪哲学的中心，教育学——研究人的全面生长和发展、形成和塑造的科学，可能成为未来社会的最主要的中心学科。③

这些话语可能是"文化大革命"以后最早从哲学上论述关于感性、个体价值、个人存在意义的话语。也正是由此，李泽厚的主体性提纲才在当时产生了巨大影响。"主体性"概念成为新时期中国人的现代性诉求和渴望的最具有学术性和前卫性的表达，因而，似乎一夜之间，"主体性"概念在各个人文学科和领域遍地开花。经由文学界的运用，"文学的主体性"的提出，更使得这一概念走进了公共领域。但是，实际上，经过普及的主体性概念已失去了李泽厚本人所提倡的哲学内涵，成为"个性"、"感性"、"生命"等等的代名词。基于此，李泽厚后来重新回到历史唯物

---

① 李泽厚：《康德哲学与建立主体性的哲学论纲》，《实用理性与乐感文化》，生活·读书·新知三联书店 2005 年版，第 214 页。
② 同上书，第 213—214 页。
③ 同上书，第 217 页。

论的基础，写出了《历史本体论》，并运用了一个相当具有刺激性的名词——"吃饭哲学"，以表达唯物史观以生存为基础的思想。

在《关于主体性的补充说明》中，李泽厚明确地从理论上补充进了个体主体的维度，这样，李泽厚的"主体性"概念就包含了两个双重结构：

> 主体性概念包括有两个双重内容和含义。第一个"双重"是：它具有外在的即工艺——社会的结构面和内在的即文化——心理的结构面。第二个"双重"是：它具有人类群体（又可区分为不同社会、时代、民族、阶级、阶层、集团等等）的性质和个体身心的性质。这四者相互交错渗透，不可分割。①

这是一个非常重要的补充，它使得李泽厚的主体性概念真正具有历史——实践的深刻内涵和个体——感性的生存维度，成为当时关于人性结构的最完整的概念。人类的文化——心理结构也就是主体性的人性结构，它包括作为自由直观的认识结构（"理性的内化"）、作为自由意志的伦理——道德结构（"理性的凝聚"）和作为自由感觉的审美结构（"理性的积淀"）：

> 这种主体性的人性结构就是"理性的内化"（智力结构），"理性的凝聚"（意志结构）和"理性的积淀"（审美结构）。它们作为普遍形式是人类群体超生物族类的确证。它们落实在个体心理上，却是以创造性的心理功能而不断开拓和丰富自身而成为"自由直观"（以美启真）、"自由意志"（以美储善）和自由感觉（审美快乐）。②

这样，李泽厚提出了一个完整的包括认识、道德和审美在内的人性心理结构。

他一方面从人类学角度论证、强调这个人性结构是在历史总体的过程中，由人类群体的语言、符号所决定的，而语言、符号最终要受到使用和

---

① 李泽厚：《关于主体性的补充说明》，《李泽厚哲学美学文选》，湖南人民出版社 1985 年版，第 164 页。

② 同上书，第 168 页。

制造工具的物质生产实践制约，另一方面，他的宗旨是确立个体、个性作为独一无二的生命存在的无可代替的价值，因此，个体、个性不是被动的被必然性和总体决定，而是应该主动去选择、确立自己。

> 中国的马克思主义将在论证两个文明建设中把美学—教育学即探究人的全面成长、个性潜能的全面发挥作为中心之一。这里，不是必然、总体来主宰、控制或排斥偶然、个体，而是偶然、个体去主动寻找、建立、确定必然、总体。这样，偶然和个体就避免了荒谬和焦虑，在对超越的追求中，获得了历史性，正是这历史赋予偶然和个体以意义和结构（即总体和必然）。
>
> 回到感性的人，回到美，回到历史，将与个体的全面成长相并行。哲学并不许诺什么，但它表达希望。它是科学加诗。上帝死了，人还活着。主体性将为开辟自己的道路不断前行。①

在关于主体性的第三、第四提纲中，李泽厚重点论述了个体主体性。主体性的两个双重结构，包括外在的工艺—社会结构面也就是主体性的客观面，内在的文化—心理结构面也就是主体性的主观面。从主体性的客观面说，生活实践高于语言，具有本根性；从主观面说，所谓个体主体性便是"情本体"的建立，也就是"内在自然的人化"。他特别强调个体感性生命作为偶然建造必然的作用，提出了"自然的人化"和"人的自然化"的完整体系：

> 自然的人化就内在自然说，是人性的社会建立，人的自然化则是人性的宇宙扩展。前者要求人性具有社会普遍性的形式结构，后者要求人性能"上下与天地同流"。前者将无意识上升为意识，后者将意识逐出无意识。二者都超出自己的生物族类的有限性。前者主要表现为集体人类，后者主要表现为个体自身，它的特征是个体能够主动地与宇宙自然的许多功能、规律、结构相同构呼应，以真实的个体感性

---

① 李泽厚：《关于主体性的补充说明》，《实用理性与乐感文化》，生活·读书·新知三联书店2005年版，第232页。

来把握、混同于宇宙的节律从而物我两忘、天人合一。①

　　"人的自然化"概念的提出具有重要意义，它使得李泽厚的实践美学不仅具有历史—实践的坚实基础，更具有从历史—实践走向个体—感性生存维度的极大张力与可能性。如果说此前以"自然的人化"来解释美和美感的本质是李泽厚对马克思学说的创造性运用，是从人类学历史本体论哲学角度对美的本质的起源性、历史性考辨，那么"人的自然化"概念的提出，则为李泽厚的主体性实践美学进一步转向个体生存论美学、从对人类总体存在的历史—实践的决定性意义的分析走向对个体感性生存的偶然性意义的揭示提供了哲学依据。

　　从"自然的人化"和"人的自然化"的这种矛盾关系出发，李泽厚认为，在未来社会中，生活将是艺术化的，专门的艺术家将消失，生活本身将成为艺术。对于个体感性来说，生命有限的危机感是始终伴随着他的。"感性存在中的本体危机，是感性感受到自己无法超越这有限存在的危机。通俗地说，亦即是人必然要死，从而人生意义、生活价值何在的危机。"② 语言和工具都无法消除这危机。"于是，只有注意那有相对独立性能的心理本体自身。时刻关注这个偶然性的生的每个片刻，使它变成是真正自己的。在自由直观的认识创造、自由意志的选择决定和自由享受的审美愉悦中，来参与建构这个本体。这一由无数个体偶然性所奋力追求的，构成了历史性和必然性。这里就不是必然主宰偶然，而是偶然建造必然。"③

　　当然，这里仍是从人类总体与个体、群体的文化心理结构和个体的心理本体两个角度来阐释个体生存的意义的：

　　　　人如完全沉浸在普遍性的形式中，将是中性的机器人，与机器人相应的是官僚统治。人如果完全是精神的个体，则人生的确是不可解的

————————

　　①　李泽厚：《关于主体性的第三个提纲》，《实用理性与乐感文化》，生活·读书·新知三联书店 2005 年版，第 240 页。

　　②　同上书，第 238 页。

　　③　同上书，第 239 页。

荒谬，出生就是荒谬。而人如果只是感性，那人就是动物而已。①

但其立足点、着眼点却是个体人本身的意义，是个体主体性。

显然，较之于前两个提纲，这里已有明显的重点转移。前两个提纲的宗旨在于提出主体性的内在方面，即文化心理结构，但一直强调的是，文化心理结构起源于、被决定于人类工艺社会的物质生产实践；在主体性结构中强调的是群体性活动如巫术礼仪等对个体心理结构的形成作用，即由外在的理性向内在的心理的内化、凝聚和积淀过程。而这里所强调的则是个体本身的感性生存与实践对具体心理和意识的作用，其重点则在为个体感性生命寻找一种安身立命的"意义"。这种意义在于主动去寻找、建立必然性，在于在每个个体在其本身自由直观的认识、自由意志的选择和自由享受的审美愉悦中，建立属于每个个体的独一无二的本体。因此，个体生命成为本体。但这里的个体并非单纯动物性的感性生命，而已是积淀了理性的感性重建。一方面不脱离人类总体的历史发展和使用制造工具的物质实践这个最终的本根，另一方面特别注重、强调的是要为在这个总体历史过程中生存着的个体建造、构筑一种目的，一种活着的意义。这也许是李泽厚学说的永远的矛盾对立之处，是其二律背反思维模式的体现。但也正是这种看似矛盾之处，体现了李泽厚作为一个具有远见卓识的哲学家超越单纯的语言论、机械唯物论、历史必然论的独断论的深刻之处，体现了他关注人类命运、注重个体生存的意义的悲天悯人的胸怀。在感性而不只是感性，超越感性却不流于普遍性，不做官僚机器的奴隶，也不做动物性的奴隶，而是在主动寻找、建构、确立必然性之中，体现每个个体独一无二的存在意义。

但是，个体主体性比起群体主体性或类主体性来，是更不容易确立和把握的，因为个体的感性存在本身就是一种偶然，"是被扔入"、被抛到这个世界上来的。个体的生存一方面与日常生活、感性相连，与动物性的需要、欲望相关，另一方面，个体又必须与他人共在，必须在社会中生存，其意义也就并非在于这个感性存在本身——作为纯粹感性存在的个体只是一种动物性的存在，如果离开了社会、群体，何来意义之有？所以个

① 李泽厚：《关于主体性的第三个提纲》，《实用理性与乐感文化》，生活·读书·新知三联书店 2005 年版，第 240 页。

体生存的意义，恰好是在与他人共在之中、在社会交往之中、对他人和社会的贡献中实现、体现出来。但这种贡献与交往又必须基于个体的自由选择，否则便会成为一种异化。在这个意义上，个体生存的意义又在于每个个体的自由意志所做出的自由选择。于是有各种人生哲学，有的及时行乐，有的向上帝奉献，有的攫取权力，有的默默奉献。那么，人类学本体论要为个体确立一种既不是动物性欲望、也不是社会机器的齿轮或螺丝钉的意义，仅有美学就必然不够。它必然涉及伦理学。

在《哲学探寻录》里，有一节专门讲个体主体性，其标题便是"为什么活：个人主体性"。在这一节里，李泽厚论述了人生的意义在于个体的选择。个体选择是一种自由意志，而自由意志就涉及道德上的"绝对命令"。绝对命令是一种"宗教性道德"，康德认为它是先验的，而人类学本体论则认为它仍然来自于人类总体。正因为个体有义务、有责任维持人类总体的生存、延续，因此，宗教性道德是绝对的，无条件的。另一方面，道德又有时代性，有国家、民族、地域等等的区别，这是"社会性道德"。他论述了宗教性道德和社会性道德的共同点和不同之处。人作为偶然间被抛到这个世界上来的生物，其生存的意义并不在于个体自身——自身只是一种生物性存在而已，它来了去了，又能有多大意义呢？但如果把个体与总体、与人类整体联系起来，把个体生存的意义定位于作为总体中的一分子而对这个总体的生存、绵延作出了多大贡献，这样个体的意义也就在其中得到了彰显。因此，个体主体性仍须在人类总体中去确立，它不仅是每个个体的生命经历和生命体验，更重要的在于它有一种个体的自由意志、自由选择，因此，它不能不涉及道德与宗教。

在缺乏宗教传统的中国，特别是现代中国，无神论已是一种现代社会新传统，把个体生存的意义定位于向上帝献身，在经过惨厉的灵魂洗礼和思想斗争之后，从理性上自觉地归属于上帝，这种宗教性情感对中国向来是陌生的。因而，就只剩下道德。但道德如果被本体化，超验的道德本身仍是需要上帝的假设来得以支持，而道德主义不顾人的自然情欲和需要，把人圣化、神化，实际上是对人的自然情感的压抑，其结果是个体的非道德化。因而道德必须以自由意志、自由选择作为前提，否则将是道德的异化。

这样，两种道德——宗教性道德和社会性道德的问题便在个体主体性领域彰显出来，突出出来。但无论是宗教性道德还是社会性道德，它都只能立足于、奠基于人类总体的生存、绵延这一目标之上。这实际上就是把基督教的上帝置换成为人类"总体"。没有上帝，人本身的存在就是目标。康德的绝对命令在这里有了明确的坚实的基础——即人类本身，人类的生存、绵延、发展、进步。这样，宗教性道德和社会性道德在一定意义上是可以重合的。它们并不必然冲突。

于是，人活着的意义就在于这活着本身，在于活之不易而顽强地活着这一事实：

> 不容易又奋力"活着"，这本身成为一种意义和意识。……"为什么活"，活的意义诞生在"如何活"的行程之中。①
>
> 为此不容易"活"而顽强地"活着"和"活下来"这一事实，即可构成"活"的意义，它支撑着"活"的意念，成为"活"的理式和力量。这正是中国"乐感文化"的本源。②
>
> 战胜一切艰难险阻，历经苦难而死亡，而奋力不息地生活着、斗争着，在诸生物族类中创此伟大世界，这就是人类总体的"本体"所在。③

可以看到，李泽厚的哲学有一种强烈的悲怆之感，苍凉之意。明知人是被抛到这个世界上来的，是一个偶然，明知没有"上帝"、"天国"、"being"，可仍然希望从这偶然性的生命中寻出某种意义。但这个意义又并不在于每一个体自身，虽然他强调每个个体都是独一无二的，不可再现的。这个意义仍在于"人类总体"，在于人类总体活得如此艰难困苦，如此充满险阻，仍要顽强地活下去，延续下去，生存下去。其实，说"为什么活"是个体主体性，实际上这个体主体性的意义仍在于人类的总体。个体本身的意义仍然没有敞开和澄明。而为了活而活更是容易滑向他自己所批判的"动物的哲学"。直到"情本体"理论中，个体活着的意义和"味道"问题才真正得到清晰的论述。

---

① 李泽厚《第四提纲》，《实用理性和乐感文化》，生活·读书·新知三联书店 2005 年版，第 246 页。

② 李泽厚《哲学探寻录》，《实用理性和乐感文化》，生活·读书·新知三联书店 2005 年版，第 181 页。

③ 同上书，第 182 页。

但就人生本体或人生意义而言，基督教那种献身于上帝、把一切世俗的情感、需要、欲望都涤荡、磨砺、清除掉，只剩下对上帝的绝对纯洁、真诚的奉献与爱，这难道不也是一种崇高的境界么？不值得追求么？而"情本体"理论中所谓情，都是一些具体的世俗的人间之情，情是易变、不确定、不稳定的，它能承当起人生本体这一重么？这一点，恐怕谁也无法给出某种绝对的回答。李泽厚不能，连上帝也不能。最终仍是只有靠每个人自己的自由选择。所以哲学作为命运之学其实本身也是充满了不确定的因素的。

五　"自然的人化"：从"外在自然的人化"
　　到"内在自然的人化"

"自然的人化"是李泽厚实践美学的核心概念。实践美学的批判者往往囿于表面概念，望文生义地把"实践"概念本身看做是实践美学的核心概念。"实践"的确是李泽厚美学的一个重要概念。他一直强调美和美感都是在实践过程产生的，是人类使用和制造工具的社会实践改造了内外自然（即外在的自然界和人类的心理结构）才产生了美和美感，正如善亦是在实践中产生的一样。而且，对实践的不同理解，也导致对美的本质的不同理解。但是，实践只是美学的哲学基础，它本身并不构成美学的基本概念。李泽厚实践美学真正的核心概念是"自然的人化"以及"人的自然化"。

"自然的人化"概念是在 20 世纪 60 年代的《美学三题议》中提出来的，以后在出版于 70 年代末期的《批判哲学的批判》、80 年代出版的《美学四讲》、90 年代的《己卯五说》等著作中，这一概念被反复论述、其内涵也不断得到扩展、补充和完善。

（一）"自然的人化"是个实践过程
所谓"自然的人化"在李泽厚那里有明确的含义，它并非指把人的意识或情感、思想通过象征、拟人、比喻等修辞手法赋予自然，使自然成为人的情感意识的某种物化象征。他认为这种对自然人化的理解是一种唯心主义理解，它遮蔽了自然的人化的真正含义。他所谓的"自然的人化"是指人对自然的实践改造。在自然人化过程中，自然本身的形式规律为人所掌握，成为自由的形式，因此，美不是主观化的"自由的象征"，而是客观性的"自由的形式"。这一点是他反复强调、反复论述的。

在写于 20 世纪 60 年代的《美学三题议》中,李泽厚强调要从实践对现实的能动作用的探究中,来论证美的客观性和社会性。从主体实践对客观现实的能动关系中,亦即从"真"与"善"的相互作用和统一中,来看"美"诞生。正是在这里,李泽厚对美的本质下一个定义,这个定义成为实践美学关于美的经典定义——"美是自由的形式":

> 一方面,"真"主体化了,现实与人的实践、善、合目的性相关,对人有利有益有用,具有了社会功利的性质,这是美的内容;另一方面,"善"对象化,实践与现实、真、合规律性相关,具有感性、具体的性质,"具有外部的存在",这是美的形式。现实存在对人类实践有用有利有益,这是社会美。社会美以内容胜,它的形式服务于具体的合需要性。……就内容言,美是现实以自由形式对实践的肯定,就形式言,美是现实肯定实践的自由形式。①

在《批判》里,他说:

> 我曾多次强调,马克思讲"自然的人化"并不是如许多美学文章所误认为的那样,是讲意识或艺术创造或欣赏,而是讲劳动、物质生产,即人类的基本社会实践。……人类通过工业和科学,认识了和改造了自然,自然与人历史具体地通过社会的能动实践活动,对立统一起来,不是由自然到人的机械的进化论,不是由自然到道德的神秘的目的论,而是唯物主义的思维与存在同一性,即人能动地改造自然的实践论,才是问题的正确回答。
>
> 通过漫长的历史的社会实践,自然人化了,人的目的对象化了。自然为人类所控制改造、征服和利用,成为顺从人的自然,成为人的"非有机的躯体",人成为掌握控制自然的主人。自然与人、真与善、感性与理性、规律与目的、必然与自由,在这里才具有真正的矛盾统一。真与善、合规律性与合目的性在这里才有了真正的渗透、交融与一致。理性才能积淀在感性中,内容才能积淀在形式中,自然的形式

---

① 李泽厚:《美学三题议》,《美学论集》,上海文艺出版社 1980 年版,第 163—164 页。

才能成为自由的形式，这也就是美。①

60 年代，李泽厚是从美与真、善的关系来论证美的根源在于实践，即在实践中，作为客观规律的"真"为人所掌握，成为主体化的形式，而本是存在于主体心理的"善"在现实中得到肯定和实现，成为对象化的形式。这样，主体化了的真与对象化了的善的结合便是"美"，美是现实肯定实践的自由形式，因此，不能离开实践去谈论美。70 年代，他是从外在自然向内在自然的"积淀"关系入手论述美如何在实践中产生，明确地提出了"文化—心理结构"作为认识、伦理和审美心理结构。提出了"外在自然的人化"和"内在自然的人化"两条道路、两个方向的"自然人化"学说。"内在自然人化"概念的提出，是自然人化学说走向完整的重要的一步，它使得"自然人化"说真正成为解释审美心理（以及认识、伦理）结构的完整的哲学学说。这一点下面还要讲到。60 年代和 70 年代的重点与角度不同，但强调实践对美的决定作用、实践的本源性地位则相同。以后，80 年代提出"新感性"学说，90 年代提出"情本体"论，都没有脱离人类社会历史实践这一基础。

（二）"狭义自然人化"与"广义自然人化"

"自然的人化"概念在李泽厚的实践美学中经历了一个发展完善的过程。60 年代，李泽厚区分了对自然的直接改造和间接改造；80 年代，他把它定义为狭义的自然人化和广义的自然人化，从哲学上更加明确了自然的人化的内涵。

写于 60 年代的《美学三题议》中，已经提出人对自然的直接改造和间接改造（即后来的狭义自然人化和广义自然人化概念的雏形）：

> 所谓"人化"，所谓通过实践使人的本质对象化，并不是说只有人直接动过的、改造过的自然才"人化"了，没有动过、改造过的就没有"人化"。而是指通过人类的基本实践使整个自然逐渐被人征服，从而与人类社会生活的关系发生了改变，有的是直接的改变（如荒地被开垦，动物被驯服），有的是间接的改变（如花鸟能为人

---

① 李泽厚：《批判哲学的批判》，台北风云时代出版公司 1990 年版，第 524—525 页。

欣赏），前者常常是局部的、可见的改变，而后者却更多是整体的、看不见的改变，前者常常是外在自然形貌的改变，后者却更多是内在关系的改变，而这些改变都得属于"人化"这范畴。所以，人化的自然，是指人类社会历史发展的整个成果。①

对自然的直接改造和间接改造后来被明确地称为"狭义的自然人化"和"广义的自然人化"。狭义的自然人化是指人通过劳动、技术去改造自然事物使之符合于人的目的，广义的自然人化是指随着人对自然的实践改造所导致的人和自然的关系的改变，自然由从前与人敌对、陌生的对象变成为人的对象，"人化"的对象：

> 自然的人化指的是人类征服自然的历史尺度，指的是整个社会发展达到一定阶段，人和自然的关系发生了根本改变。"自然的人化"不能仅仅从狭义上去理解，仅仅看做是经过劳动改造了对象。狭义的自然的人化即经过人改造过的自然对象，如人所培植的花草等等，也确乎是美，但社会越发展，人们便越要也越能欣赏暴风骤雨、沙漠、荒凉的风景等等没有改造的自然，越要也越能欣赏像昆明石林这样似乎是杂乱无章的奇特美景。这些东西对人有害或为敌的内容已消失，而愈以其感性形式吸引着人们。人在欣赏这些表面上似乎与人抗争的感性自然形式中，得到一种高昂的美感愉快。②

李泽厚强调，狭义"自然的人化"是广义"自然的人化"的基础，狭义"自然的人化"发展到一定阶段才会有广义"自然的人化"。换言之，只有当人对自然的实践改造达到一定程度，人能够在一定程度上掌握、利用自然规律为人的目的服务的时候，自然与人为敌的性质才会逐渐消失，从与人敌对的力量变成为人的力量，成为人化的自然。

"广义的自然人化"概念的提出，是实践美学的自然人化学说的一个重要进展。只有不是从狭隘意义上理解自然的人化，而是从广义上去理解，才可能理解美与美感的产生。也就是说，自然的人化不仅仅是人对自

---

① 李泽厚：《美学三题议》，《美学论集》，上海文艺出版社 1980 年版，第 175 页。
② 李泽厚：《美学四讲》，《美学三书》，安徽文艺出版社 1999 年版，第 494—495 页。

然的直接的改造，更重要的是，在人类改造与征服自然的实践活动中，人们在一定程度上掌握了自然的规律和自然的形式，使得自然的规律与形式成为为人所掌握的规律，也就是李泽厚60年代讲的"真"主体化了，成为人所掌握、运用的主体形式，从而使得人与自然的关系发生了根本的变化，自然由从前那种与人敌对、仇视的对象变为跟人亲近、亲切的对象，也因此，自然才能成为美。这就是广义自然的人化作为"人改造自然的历史尺度"的意义。正因为有了广义自然的人化，人才能欣赏那些并未经人直接改造过的对象，如星空、太阳、月亮、沙漠、暴风骤雨等等。①当然，这里不仅仅是人与自然关系的改变，还有人本身内在的心理结构的改变，人的审美心理的产生，这就是"内在自然的人化"。

（三）"外在自然人化"与"内在自然人化"

在60年代的《美学三题议》中，李泽厚已经提出，自然人化有客体和主体两个方面（也就是后来所说的外在与内在两个方面）：

> 实践在人化客观自然界的同时，也就人化了主体的自然——五官感觉，使它不再只是满足单纯生理欲望的器官，而成为进行社会实践的工具。正因为主体的自然人化与客观的自然的人化同是人类几十万年实践的历史成果，是同一事情的两个方面，所以客观自然的形式美与实践主体的知觉结构或形式的互相适合、一致、协调，就必然地引起人们的审美愉悦。②

但这时尚未明确提出内在自然的人化，也未提出文化心理结构概念。这两个概念最初是在出版于70年代末的《批判哲学的批判》之中提出的。

但是，60年代所说的自然人化的客体和主体两个方面的提法已经包含了后来所说的自然人化的内外两个方面，显示了李泽厚哲学思维的一贯

---

① 关于"广义自然的人化"，可参见拙文《也说自然的人化》，《广播电视大学学报》2005年第3期。

② 李泽厚：《美学三题议》，《李泽厚美学旧作集》，天津社会科学院出版社2002年版，第108页。

性。事实上，外与内、客体与主体、自然与人、感性与理性等因素的矛盾对立、冲突、斗争、和解，一直是李泽厚的哲学和美学所要尽力弥缝的裂痕，而这种二元对立的思维方式正是从康德哲学中所继承下来的。李泽厚一直致力于弥缝这种裂痕。他用于弥缝裂痕的基本思想便是马克思的实践论，用实践论去改造扬弃康德的先验幻相、先验主体、先验知觉，把认识、伦理和审美都建基于人类的社会实践基础之上。实践的具体过程和成果便是"自然的人化"。

这里所谓的"自然"并非仅仅指外在于我们的大自然，还指人本身的感性自然存在。因此，"自然的人化"就有了外在自然的人化与内在自然的人化两个方面的含义，而内在自然人化的提出，是一个非常重要的补充。只有当提出内在自然人化以后，自然的人化的学说才真正成为完整的包括认识论、伦理学和美学的学说，才能完整地说明人的内在心理结构是如何在人类的社会历史过程中产生的，亦即人类的认识、道德和审美是如何产生的。这个过程就是"积淀"。人类内在的心理结构——自由直观的认识、自由意志的道德和自由享受的审美的心理结构都是在实践中，由外在的理性内化（认识）、凝聚（伦理）和积淀（审美）而来的。由此，"自然的人化"通过"积淀"说，把认识论、伦理学和美学连成了一个系统。这在《批判》中已经说得很明确：

> 不是神，不是上帝和宗教，而是实践的人，集体的社会亿万劳动群众的实践历史，使自然成为人的自然。不仅外在的自然界服务于人的世界，而且作为肉体存在的人本身的自然（从五官感觉到各种需要），也超出动物性的本能而具有了人（即社会）的性质。这意味着，人在自然存在的基础上，产生一系列超生物性的素质。审美就是这种超生物的需要和享受（康德称之为"判断力"），这正如在认识领域内产生了超生物的肢体（不断发展的工具）和语言、因果思维及认识能力（康德称之为"知性"），伦理领域内产生了超生物的道德（康德称之为"理性"）一样。这都是人所独有，区别于动物的社会产物和社会特征。人性也就正是这种生物与超生物性的统一。不同的只是，认识领域和伦理领域的超生物性质，经常表现为感性中的理性，而在审美领域，则表现为积淀的感性。在认识领域和智力结构中，超生物性表现为感性活动和社会制约内化为理性；在伦理和意志

领域，超生物性表现为理性的凝聚和对感性的强制，实际都表现了超生物性对感性的优势。在审美中则不然，这里超生物性已完全溶解在感性中。它的范围极为广大，在日常生活的感性经验中都可以存在，它的实质是一种愉快的自由感。所以吃饭不只是充饥，而成为美食；两性不只是交配，而成为爱情；从旅行游历的需要到各种艺术的需要；感性之中渗透了知性，个性之中具有了历史，自然之中充满了社会；在感性而不只是感性，在形式（自然）而不只是形式，这就是自然的人化作为美和美感的基础的深刻含义，即总体、社会、理性最终落实在个体、自然和感性之上。①

这里，是把外在自然的人化与内在自然的人化，把认识、伦理和审美领域中自然的人化放在一个系统之中，对它们之间相互的关系作了整体的勾勒。在 80 年代出版的《美学四讲》中，李泽厚明确提出了"内在自然人化"的概念，并进一步论述了它在美学方面的意义："内在自然的人化"是"指人本身的情感、需要、感知、愿欲以至器官的人化，使生理性的内在自然变成人。这也就是人性的塑造"②。内在自然的人化包括两个方面："感官的人化"和"情欲的人化"。感官的人化就是感官的社会化，在实践中，随着人类实践水平的提高，感官不再仅仅是维持人类生存的器官，它融入了社会性、理性。这样一来，感官的直接功利性消失，它的非功利性开始呈现，成为人感知、欣赏美的感官。情欲的人化是指人繁衍后代的生理欲望被人化为爱情。这也就是《批判》中所讲的"吃饭不只是充饥，而成为美食；两性不只是交配，而成为爱情。"

"内在自然的人化"成果就是"新感性"。"'新感性'就是指的这种由人类自己历史地建构起来的心理本体。它仍然是动物生理的感性，但已区别于动物心理，它是人类将自己的血肉自然即生理的感性存在加以'人化'的结果。"③ 如果说"外在自然的人化"的过程和结果是美的本质的话，"内在自然的人化"则是打开美感之谜的钥匙。感性本来是个体的人的自然生理现象，内在自然的人化使得这种原本是纯粹生理性、动物

---

① 李泽厚：《批判哲学的批判》，台北风云时代出版公司 1990 年版，第 522—523 页。

② 李泽厚：《美学四讲》，《美学三书》，安徽文艺出版社 1999 年版，第 510 页。

③ 同上书，第 509 页。

性的现象积淀、融进了理性的、社会的因素。"新感性"之"新"就在于这种感性已不仅仅是个体性的和自然的感性,人类的、理性的和社会的因素也如水中之盐消融、积淀于感性之中,从而这种感性不仅具有直观的、功利的性质,而且具有超感性、理性、非功利性。

由活动到观照,这既是外在自然人化的行程,也是内在自然人化的行程,包括审美心理结构的历史产生过程。它们本是同一人类历史进程的内外两个不同方面,它们同时进行,双向发展。①

总起来说,美感就是内在自然的人化,它包含着两重性,一方面是感性的、直观的、非功利性的;另一方面又是超感性的、理性的具有功利性的。这就是我1956年提出的"美感的矛盾二重性"。从那时起,我就一直认为,要研究理性的东西是怎样表现在感性中,社会的东西怎样表现在个体中,历史的东西怎样表现在心理中。后来我造了"积淀"这个词,就是指社会的、理性的历史的东西累积沉淀成了一种个体的、感性的、直观的东西。它是通过"自然的人化"的过程来实现的。这样美感便是对自己存在和成功活动的确认,成为自我意识的一个方面和一种形态。它是对人类生存所意识到的感性肯定。所以我称之为"新感性"。这就是我解释美感的基本途径。一句话,所谓"新感性"即"自然的人化"之成果是也。②

在出版于90年代的《己卯五说》中,李泽厚对"自然的人化"理论作了系统完整的论述。他用"硬件"与"软件"来概括自然人化的狭义和广义两个方面的内涵。外在自然人化的"硬件"也就是狭义的自然的人化,指人对自然的实践改造,"软件"亦即广义自然的人化,指人与自然关系的改变。内在自然人化的"硬件"指人的身体器官的人化,"软件"指人的心理状态的人化,也就是文化心理结构的塑造问题。内在自然人化的软件的社会性、文化性在认识论方面就是人所独有的思维形式,如数学、逻辑、时空观念、因果范畴等等;在伦理学上就是康德所讲的道

---

① 李泽厚:《美学四讲》,《美学三书》,安徽文艺出版社1999年版,第511页。

② 同上书,第516—517页。

德上的绝对命令，在美学上则是前述美感心理。在这里，他进一步扩展了
"内在自然的人化"的内涵，把伦理学看成内在自然人化的核心。他区分
了伦理学的宗教性道德和社会性道德，论述了康德伦理学中绝对命令的合
理性，把在康德那里的先验的绝对命令改造成为在人类的社会实践中、为
了保存人类总体的生存和延续而形成的道德律令。对于个体来说，这些道
德律令具有绝对性、神圣性和崇高性。但从人类总体的历史发展角度来
说，它仍是由历史形成的。这就是他后来在《历史本体论》中所说的
"经验变先验"的原理。

（四）"自然的人化"学说的批判与反思

"自然的人化"在马克思那里是一个重要的哲学概念，但马克思所讲
的自然的人化主要指人与自然之间的哲学关系，即人对自然的实践改造。
马克思已经谈到"欣赏音乐的耳朵"、"感受形式美的眼睛"等"五官感
觉的形成是以往全部世界史的产物"，谈到"感觉的社会性"是在实践过
程产生的。① 也就是说，自然人化的基本思想已由马克思奠定。但马克思
并未具体从美学上来论述美的本质与美感的本质，以及自然的人化如何在
认识论、伦理学上发挥作用。明确地把自然的人化理论应用到美学上，并
扩展到认识论、伦理学，把自然的人化过程看成一个外在自然界与内在心
理结构同时双向行进的过程，从而合理地解释人类如何能产生数学、逻辑
等康德所谓的"先验的"认知结构，如何能具有"先天性"的"良知"，
如何能形成共通性的审美感，这却是中国哲学家和美学家的功绩。在这个
意义上，李泽厚提出的"外在自然人化"和"内在自然人化"的完整学
说，是对马克思的自然人化理论的一个深化，在某种意义上也是马克思理
论的一个发展。它使得马克思主义美学对于美和美感的本质有了一种合理
的解释，并为进一步研究美和美感的具体形成机制、结构等留下了广阔的
空间。

自然的人化理论作为一种哲学美学理论在解释美和美感的本质问题上
有着无可比拟的优势。它一方面避免了把美看成与人无关的纯粹自然的性
质和形式的机械唯物主义，坚持从人类社会实践过程中去探讨美和美感的
本质、美是人的实践的产物这一马克思主义哲学基本立场；另一方面也反

---

① 参见马克思《1844 年经济学—哲学手稿》中"共产主义"一节。

对把美看成是人的主观意识的外化的主观唯心主义,坚持了美的客观性和美感的普遍性,使美和美感能够在客观性和普遍性的前提下相互沟通,从而为不同民族、时代和地域之间寻找共通的审美观提供了哲学理论基础。

但是,作为美学理论来说,李泽厚的实践美学的自然人化理论并非已经完美无缺,成为一个自足体系。恰好相反,它留下了许多问题,这些问题是进一步发展实践美学所必须面对和解决的。

"自然的人化"解释的仅仅是美的起源,是从起源上来解释美和美感的本质。但是,自然的人化实际上只是美和美感的必要条件,而非充分条件。这也就是说,自然的人化是美得以产生的前提,只有自然人化才能产生美,美的本质也只能通过自然的人化去解释、理解,但自然的人化并不必然产生美;除了自然的人化,美作为一种价值得以产生还有其他一些条件。正如一些批评者所言,有的自然的人化不仅不是美,反而是丑;不仅不是善,反而是恶。人类对自然的人化在大自然母亲的机体上留下了千疮百孔的印痕——被剃成"秃瓢"的山头,漂满油污和垃圾的被污染的河流,被污染的空气,在名胜风景区乱搭乱盖的各种丑陋的建筑,被挖掘得满目疮痍的草原等等,它们都是"丑"。那么,在自然人化的过程中,哪些是美的,哪些是丑的,如何认定其美与丑,它们的尺度如何确定?这涉及形式美、美的形式结构等具体的美学问题。此外,自然的人化应该有一个度,这个"度"在哪里?如何掌握这个"度"?除了自然的人化,还必须有一些什么条件才产生美?

按照李泽厚的人类学本体论,人与自然的关系在人类从游牧文明进入农耕文明时代已经发生了质的变化,广义自然的人化已经产生。从那以后,不但那些直接人化的成果是美,那些没有被人化改造过的自然更为人所欣赏,人们也更需要、更能够欣赏那样一些未经改造的美。但为什么人与自然的关系改变、广义的自然人化产生以后人们更需要、也更能够欣赏那些未经改造和人化的自然之美?我以为,在这里便应该提出人的自然化问题。这就是作为自然之子、产生于自然、生存于自然的人类与自然之间那种割舍不断的血肉相连的关系。人在使自然人化的同时,自己本身也有一个不断回归自然,找寻、确立自己的生存之根的问题。对那些未经人化的自然之美的欣赏与赞美实际上正是人类回归自然、寻找自己的自然之"根"的表现。

所以,对"人化"的批判、对自然之美的赞美自古已有,不独今日而已。中国古代道家哲学对儒学的批判，在某种意义上也可以看做是对"人化"的一种批判与担忧。如果说中国古代的儒家所致力的是"自然的人化"，是确立自然"人化"的"度"——孔子讲的"知其不可而为之"的精神正是高扬人文精神，所着力强调的"礼"作为一种社会规范，正是一种秩序与法度，仁、义、礼、智、信、勇、忠、恕等则是社会性的理性与法度内化、凝聚、积淀而成的心理结构和法则——道家便是对人化产生的异化的批判，是对"人的自然化"的呼吁。庄子讲"无以人灭天，无以故灭命"，讲"心斋"、"坐忘"，讲"知其不可奈何而安之若命"，正是批判人过分张扬自己的主体性，强调从各种人化的处境中重新回归自然状态。

从美学本身来说，这个问题涉及美与崇高的关系。对这一问题至今除了复述博克和康德，最多再以我国姚鼐的阳刚阴柔理论作补充，尚无更多的理论创见。此外，人对自然的人化改造并未因为进入了农业社会而停止，相反，农业社会里，由于铁器和火药的使用，对自然进行"人化"改造的脚步加快了。人类开垦荒地、改造河道、修筑水渠、炸开山头、打通隧道、建造城市，等等，大大改变了我们所居住的地球的地貌。进入工业社会以后，更改变了大气、河流、土壤等的化学构成，造成极大的污染。那么，建立在生产力和科技发展基础之上的这些"自然的人化"本身是否是美？如何分别科技带来的美和它带来的丑？如何发扬光大、铺张扬厉其美而避免其丑？这些都是需要具体深入研究的问题。

再者，按照李泽厚的人类学历史本体论，认识论、伦理学和美学都是自然人化的成果。李泽厚分别以"理性的内化"、"理性的凝聚"和"理性的积淀"来区别它们。但是，理性是如何内化、凝聚和积淀的？在理性的内化、理性的凝聚和理性的积淀之间，是否存在某种共通的因素？事实上，李泽厚已经提到这一点，他认为这三者之间实际上是可以相互沟通的，这就是他曾经谈到的"以美启真"和"以美储善"。也就是他曾谈到的，认识和伦理也都是一种积淀，是广义的积淀。因此，积淀本身也有广义和狭义之分。广义的积淀就是指人本身的整个心理结构的人化过程及其成果，因此，它当然也包括认识论和伦理学，狭义的积淀则仅仅指审美积淀——这里李泽厚的二元论思维再次显露。区分狭义与广义可以说他的最重要的思维方式。无论如何，在理性的内化、理性的凝聚和理性和积淀之间，是可以相互沟通的，否则认识、道德和审美之间也不可能相互沟通了。那么，为什么同样的自然人化过程，会产生理性的内化、凝聚和积淀的不同结果？"以美启真"和"以美储善"具体如何实现？认识论、伦理学和美学之间如何沟通？李泽厚曾经谈到"先有伦理，后有认识。认识规则（语法、逻辑）是从伦理律令中分化、演变出来的"，并强调"这一点至为重要"。① 但他只是提出这个概念，却并没有论证。因此，李泽厚的自然人化理论，建构了一个包容认识论、伦理学和美学的宏大理论构架，但是，它只是搭起了一个框架。要真正把这个框架变为一个宏伟的建筑，尚需要解决更多具体问题。

六 "实践"：从"自然的人化"到"人的自然化"

在李泽厚的人类学历史本体论哲学中，"自然的人化"并非单纯的"自然向人生成"的过程，在"自然向人生成"的同时，被人化的自然和人类的心理本身也有一个回归自然的问题。亦即人类的心理在不断地内化、凝聚、积淀理性和社会性因素的同时，也有一个感性重建的问题，这便是"人的自然化"。"自然的人化"概念来自于马克思的《1844 年经济学—哲学手稿》，"人的自然化"则是李泽厚的独创。"自然的人化"概念在 20 世纪 50 年代已经提出，而提出"人的自然化"则已是 80 年代。

在《批判》和前两个"主体性提纲"中，李泽厚着重强调了在历史实践过程中"自然向人生成"，即自然的人化。并指出，正是由于自然的人化，由于人对客体自然和主体本身的实践改造，才形成了人的认识、伦理和审美结构。在《关于主体性的第三个提纲》中，他提出，不但自然有一个人化问题，而且被人化的自然和人的心理都有一个重新建构感性、回到自然的问题，也就是人的自然化问题。因为，一切历史、必然、总体都只有通过现实、偶然、个体去建造、去构筑，因而，个体的感性生存和心理成为美学关注的焦点。从而，与自然的人化对应的人的自然化问题也成为美学的核心。在历史发展的行程之中，由"人化"所构筑的社会、权力、语言、知识等等往往会产生异化，对个体感性生命产生压抑，从而，摆脱过度人化所造成的异化、重新回到自然、重建个体感性就成为美

---

① 李泽厚：《第四提纲》，《实用理性与乐感文化》，生活·读书·新知三联书店 2005 年版，第 245 页。

学所要探讨的问题，这也就是人的自然化。

> 自然的人化就内在自然说，是人性的社会建立，人的自然化则是
> 人性的宇宙扩展。前者要求人性具有社会普遍性的形式结构，后者要
> 求人性能"上下与天地同流"。前者将无意识上升为意识，后者将意
> 识逐出无意识。二者都超出自己的生物族类的有限性。前者主要表现
> 为集体人类，后者主要表现为个体自身，它的特征是个体能够主动地
> 与宇宙自然的许多功能、规律、结构相同构呼应，以真实的个体感性
> 来把握、混同于宇宙的节律从而物我两忘、天人合一。①

这样，中国传统哲学讲的"与天地参"就有了非常具体的另一种含
义。这个含义是审美的最高层次，即冯友兰讲的"天地境界"，也就是
生命力。这里的生命力并非生物性的，恰好是超生物性的，又仍以生物
性的个体的现实生存为基础。"这个体已经是积淀了理性的感性重建，
是具有人生境界的人性感情（自然的人化），而又与宇宙节律相并行的
感性同构（人的自然化）。"所谓生命、生存、个体的感性存在只有在
这个层次上说才是有意义的："这才是伟大的生。中国古典传统的庆生、
乐生、'天地之大德曰生'、'生生之谓易'，才有其现代的深刻
意义。"②

在《美学四讲》和《己卯五说》中，李泽厚论述了人的自然化的具
体含义。他说，人的自然化是自然的人化的对应物，是整个历史过程的两
个方面。跟自然的人化一样，人的自然化也包括"硬件"与"软件"两
个方面。"硬件"包含三个层次或三个方面的内容：一是人与自然共生共
在，即人与自然环境、自然生态的关系，人与自然界友好和睦，相互依
存，不是去征服、破坏，而是把自然作为自己安居乐业、休养生息的美好
环境；二是人对自然的欣赏与体验。人把自然景物作为欣赏、欢娱的对
象，人栽花养草、游山玩水、投身于大自然中；三是人通过某种学习，如
呼吸吐纳，使身心节律与自然节律相吻合呼应，而达到与"天"（自然）

---

① 李泽厚：《关于主体性的第三个提纲》，《实用理性与乐感文化》，生活·读书·新知三
联书店 2005 年版，第 240 页。

② 同上书，第 241 页。

合一的境界状态，如气功等等。自然的人化是规律性服从于目的性，人的自然化是目的性服从于规律性。

　　如果说，前面已提到要注意和防止理性形式结构的泛滥和主宰个体的感性存在；那么，这里就以个体感性直接与大自然的三个层次和种类的直接交往来补充和纠正之。前面的"自然的人化"是工具本体成果，这里的"人的自然化"是情感（心理）本体的建立。上述不同艺术家的不同自然，正是为了和服务于这个本体的建立。所以本书认为，中国古代对上述三层含义的"人的自然化"及它的"天人合一"观念，对走向后现代的社会，可以有参考借鉴意义。①

李泽厚认为自然的人化在构造了人化的文化心理结构的同时，也造成了语言、权力、社会等等的异化，总体、群体对个体，历史必然性对个体的偶然性，历史理性对个体感性造成了压迫。人自然化便是对这种异化与压迫的反抗，并且，只有在自然人化的基础上实现人的自然化才能克服这种异化：

　　只有"人自然化"才能走出权力—知识—语言。人才能从二十世纪的语言—权力统治中（科技语言、政治语言、"语言是家园"的哲学语言）解放出来。自然界和人的自然生物存在都不是语言、权力。② 关键在于如何在自然性的吃、性、睡、嬉中，社会性的食、衣、住、行和"工作"中，既不退回到动物世界，也不沦为权力—知识—语言的社会奴隶。而这也就是我以前讲的"天人合一"为特征的美学课题。③

人总是以个体的方式生存的，每个个体都是通过自己独有的生活环

---

① 李泽厚：《美学四讲》，《美学三书》，安徽文艺出版社 1999 年版，第 499 页。

② 因为"人化"，内外自然今天或多或少都已处在语言—知识—权力以及商业文化（如方兴未艾的旅游业）的控制下，世上已无一片干净土。但空气、阳光、高山流水，自然节律毕竟还有其独立自主的存在。——原书注。

③ 李泽厚：《己卯五说》，《历史本体论·己卯五说》，生活·读书·新知三联书店 2008 年版，第 263 页。

境、生活经历、生存方式来体验、感受、品味人生的意义和价值，因此，虽然人生的意义要通过必然性和社会性体现出来，但这种必然性和社会性却必须通过个体的偶然性和个性去建造、构筑，所以个体就必须时刻关注自身的感性的偶然性的存在，"在自由直观的认识创造、自由意志的选择决定和自由享受的审美愉悦中，来参与建构这个本体。这一由无数个体偶然性所奋力追求的，构成了历史性和必然性。这里就不是必然主宰偶然，而是偶然建造必然"①。这就是人的自然化。因此，人的自然化是已经人化了的人的心理、文化摆脱历史必然性而建构自己本身生存的意义和价值。这个意义和价值不在历史必然性，而就在自己本身的感性存在之中。但这个感性又非动物性的纯粹生理性能，而是已经积淀了理性和社会性的、被建构起来的感性。因此，人的自然化实际上是一个美学问题，是属于个体感性的自由享受，即"情本体"的确立。

自然的人化是工具本体的成果，而人的自然化就是在工具本体的基础上确立情本体。自然的人化是人类学历史本体论概念，而人的自然化则是由人类学历史本体论向个体生存论的延伸。这样，李泽厚的人类学历史本体论哲学便从人类学历史本体论领域顺理成章地进入了个体生存论领域，由哲学真正进入了美学。

> 因此，"人自然化"的"软件"即是美学"问题"。它指的是本已"人化"、"社会化"了的人的心理、精神又返回到自然去，以构成人类文化心理结构中的自由享受。可见，"人自然化"的"软件"与"自然人化"的"软件"是同一个"软件"。只是"人自然化"的"软件"层次更高一层罢了。这也就是说，审美高于认识和伦理，它不是理性的内化（认识）或理性的凝聚（伦理），而是情理交融，合为一体的"积淀"……总之，这种"人自然化"的"软件"，既包括"七情正"，也包括"天人乐"；既包括"平畴交远风，良苗亦怀新"的悠然心境，也包括"群籁虽参差，适我莫非新"的"为科

---

① 李泽厚：《关于主体性的第三个提纲》，《实用理性与乐感文化》，生活·读书·新知三联书店 2005 年版，第 239 页。

学而科学"所得到的幸福和快乐。①

自然的人化过程产生了巨大的工具本体,成为人类不断进步、文明不断向前发展的物质基础,同时这个工具本体也产生着相当的负面作用,那就是对个体的心理和情感所造成的异化。因此,文明越是发展,工具本体成果越是显著,人类理性越是高度发达,就越需要以审美和艺术作为这种巨大工具本体和理性的解毒剂。因而,当自然的人化发展到一定程度时,人与自然关系的另一方面——人的自然化问题就愈益突出,建立在自然人化基础之上的人的自然化就成为当今社会的迫切需要。人的自然化,其核心就是要在工具本体的基础之上建立人的心理(情感)本体。而美的形态也由自然美上升到生态美。

在李泽厚的"自然人化"理论中,自然的人化概念清楚、明晰,它成为李泽厚实践美学的核心概念。而人的自然化却总有些空洞,有些缥缈。除了第三个方面比较实在之外,前两个方面都有些空洞。人与自然如何和睦相处?人如何把自然作为欣赏的对象?应该说,人对自然的亲近、依赖,人以欣赏的审美的态度去对待自然,这是人与自然的关系的重要方面,也是在自然人化的历史前提下才能谈得上的。李泽厚谈到,人的自然化就是"天地境界",是在自然人化的基础上的"天人合一"。那么,"人的自然化"作为一个哲学和美学概念,其具体的内涵是什么?李泽厚讲了三个方面。但仅有这三个方面吗?人本身的心理、人的身体、人生存的环境,这些涉及人的感性存在的因素难道不都存在着自然化的问题?人的自然化是否就是情感(心理)本体?换言之,情感本体是否就只是指人的自然化?这些问题都需要进一步仔细地研究。②

但是,毫无疑问的是,人的自然化概念具有极大的阐释空间,它的提出,使得实践美学有可能从一般性地对美的起源的哲学分析走向具体的对美的内涵的分析,它是实践美学真正建立起来的核心,是实践美学从人类学本体论哲学美学走向个体生存论美学的关键词。因此,对人的自然化概

---

① 李泽厚:《己卯五说》,《历史本体论·己卯五说》,生活·读书·新知三联书店 2008 年版,第 263—264 页。

② 李泽厚在《美学四讲》中所说的三种审美形态:"悦耳悦目"、"悦心悦意"、"悦志悦神"可以看作是"内在自然人化"和"人自然化"的"软件"的展开。但他本人并没有这样说。这需要进一步研究。

念内涵的分析、解释，就有可能成为实践美学理论向纵深推进的一个关键环节。

七 "积淀"：从"工具本体"到"心理本体"

如前所述，李泽厚的人类学本体论哲学把康德的先验哲学改造为实践论哲学，把康德那里神秘的先验的认识形式、道德命令和审美判断力改造为由于人类长期的社会实践所导致的内在自然的人化所产生的文化心理结构，这种文化心理结构包括认识形式（因果关系、数学、逻辑等，从主体方面说是它是一种自由直观）、伦理形式（作为绝对命令的宗教性道德和随时代条件的变化而有所不同的社会性道德，从主体方面说它是一种自由意志和自由选择）、审美形式（审美判断力的共通感，从主体方面说是一种自由享受）。李泽厚把整个人类存在看成一种主体性存在。作为主体性的人类包括外在的工艺—社会结构和内在的文化—心理结构。工艺—社会结构便是以使用和制造工具为主的人类改造和征服自然的社会实践。那么，工艺—社会结构面与文化—心理结构之间如何发生关联？外在的使用和制造工具的实践活动是如何内化为人类的文化心理结构的？李泽厚认为，这里的关键就在于积淀。所谓"积淀"，就是通过长期的社会实践活动，使人的心理结构发生变化，原来只是纯粹动物性的感性心理沉淀、累积、内化了社会性的、理性的因素，从而具有了人文性、社会性，即成为人化的文化—心理结构。根据《美学四讲》，积淀也有广义和狭义之分。狭义的积淀就是指审美积淀，即人的审美心理结构的形成过程，而广义的积淀则包括了认识结构和伦理道德。

主体性的社会的工艺结构面体现为工具本体。换言之，使用和制造工具的社会实践产生的是外在于人的工具本体，由工具向人的内在心理转化、累积、沉淀过程便是积淀。一方面，工具本体造就了人类丰富的物质文明，改善了人类生存的条件，提高了生存的质量。并且，以现代科技为代表的现代工具本体本身也有着古典条件下不具备的美，一种现代性的科技之美，它体现着人的智慧，凝聚着人的心血。它对我们生活的方式和环境的改善与设计使我们的生活更加具有诗情画意。因此，与一般美学家单纯批判否定工具本体不同，李泽厚对于工具本体的作用和价值给予了充分肯定：

　　不必去诅咒科技世界和工具本体，而是要去恢复、采寻、发现和展开科技世界和工具本体中的诗情美意。①

　　工具本体的建立肇始之处，那生产活动和科技文明产生之处，那美的发源开始之处，难道不可以有这"天人合一"吗？中世纪的手工艺曾经具有温情脉脉的人间情味，现代的科技美也绝不只是理性的工作。在技术美中有大量的想象力和可能性，有无意识，有用理性无法分析的自由度，从而，由古代建筑到现代社会什物才有如此之多的品种、花样和形态，在这似乎是枯燥的理性的创造性中不仍然有着大量的个体感性、个体的呈现和多样吗？②

　　另一方面，如前所述，李泽厚更强调，社会历史是通过个体感性存在去体现、建立、创造的，历史必然性最终要落实到个体感性生存上，因而，随着社会的发展，随着生存问题得到解决，人的心理因素越来越成为本体性的因素。实践美学的最终任务就是构筑现代性的心理本体，以之来反对、克服工具本体对人的压迫和异化。

　　在《批判》中，李泽厚已提出了工具本体问题：

　　人在为自然生存的目的而奋斗的世代社会实践中，创造了比这有限目的远为重要的人类文明。人使用工具创造工具本是为了维持其服从于自然规律的族类生存，却由于"目的通过手段与客观性相结合"，便留存下了超越这种有限生存和目的的永远不会磨灭的历史成果。这种成果的外在物质方面，就是由不同社会生产方式所展现出来的，从原始人类的石头工具到现代的大工业的科技文明。这即是工艺—社会的结构方面。这种成果的内在心理方面，就是分别内化、凝聚和积淀为智力、意志和审美的形式结构。这即是文化—心理结构方面。在不同时代社会中所展现出来的科学和艺术便是它们的物态化形态。个人的生命和人维护其生存的目的是有限的，服从于自然界

---

① 李泽厚：《美学四讲》，《美学三书》，安徽文艺出版社 1999 年版，第 501 页。
② 同上书，第 499 页。

的，人类历史和社会实践及其成果却超越自然，万古长存。①

从起源说，人的实践活动不同于动物的生存活动，最根本之点在于他使用工具、制造工具以进行劳动。人所独有的双手和直立姿态便是使用工具的成果。人类使用工具制造工具的劳动实践活动的特点便在于伸延了肢体器官，更重要的是它开始掌握外界自然的规律来作用于自然。……②

但是，《批判》只是阐述了工具作为人类实践活动的标志的历史地位与作用，指出它是人类主体性的外在的工艺—社会结构方面，尚未提出作为本体概念的工具本体，没有提出从工具本体向心理本体的内化、凝聚和积淀。明确提出这一点是在《美学四讲》中。在《美学四讲》中，李泽厚提出，人类学历史本体论所关注的是人的命运问题。因而，不仅仅是使用和制造工具的物质存在或工具本体，而且是在现代机械化、物质化的社会里人的认识、意志和审美问题亦即建设人的心理本体问题才成为人类学历史本体论所关注、探讨的问题：

> 人类学本体论的哲学基本命题既是人的命运，于是，"人类如何可能"便成为第一课题。《批判哲学的批判》就是通过对康德哲学的述评来提出和初步论证这个课题的。它认为认识如何可能、道德如何可能、审美如何可能，都来源和从属于人类如何可能。人类以其使用、制造、更新工具的物质实践构成了社会存在的本体（简称之曰工具本体），同时也形成超生物族类的人的认识（符号）、人的意志（伦理）、人的享受（审美），简称之曰心理本体。这"本体"的特点就在：理性融在感性中、社会融在个体中，历史融在心理中，……有时虽表现为某种无意识的感性状态，却仍然是千百万年的人类历史的成果；深层历史学（即在表面历史现象底下的多元因素结构体），如何积淀为深层心理学（人性的多元心理结构，）就是探讨这一本体的基本课题。……寻找、发现由历史所形成的人类文化—心理结构，如何从工具本体到心理本体，自觉地塑造能与异常发达了的外在物质

---

① 李泽厚：《批判哲学的批判》，台北风云时代出版公司1990年版，第521—522页。
② 同上书，第191页。

文化相对应的人类内在的心理—精神文明，将教育学、美学推向前沿，这即是今日的哲学和美学的任务。①

于是，李泽厚正式提出建设心理本体（主要是情本体）的问题。以心理本体来克服、化解、消融社会工具本体对人的个性的压抑与异化。而心理本体恰恰关涉到个体本身的生存，每个个体独特的生本能、死本能、性本能等。这些因素一方面是人与生俱来的生物性本能，另一方面它们已经融入了社会性、理性等因素。因而，如何把握社会性与个体性、理性与感性之间的关系成为关键所在：

> 在现代哲学和现代思想中，除维特根斯坦提出语言本性的重大关键外，以马克思、弗洛依德所提示的问题最为重要。他们两人实际上提出的是人的食、色两大课题。生：人如何现实地活着，于是有社会存在——生产方式——阶级斗争——共产主义理想诸题目；性：快乐原则与现实原则——生本能与死本能等等，海德格尔（M. Heidegger）则提出死：人如何自觉地意识到当下的存在，来作为补充。它们从不同角度在不同种类和层次上都紧紧抓住了人的感性生存和感性生命存在。这生存和存在是非理性的，所以人永恒地不会等同于逻辑机器，这正是人文特征所在。但人又正是理性去把握、理解和渗入这非理性的存在，包括弗洛依德、海德格尔也十分强调社会性、理性的主宰，于是社会性（理性、语言）与个体性（非理性、生存）始终是问题关键所在。语言是社会的，却与人的生存方式相关。它是公共的交流手段，却与个体经验相纠缠。生、性、死是属于个体的，却又仍然从属于社会：它们是自然生物性能，却同时也是历史遗产。但人类的历史遗产首先是工具本体，不同时代、社会的物质文明，历史具体地提供和实现个体的不同的生（如生活方式）、性（如婚姻形态）、死（如战死或寿终的不同意识）和语言（Sapir-whorf 理论）。但它们虽然是社会的理性的形式和数字，却同时又是活生生的个体的独特经验和心理。所以人类历史的遗产也包括心理本体。工具本体通过社会意识铸造和影响着心理本体，但心理本体的具体存在和实现，却只有通

① 李泽厚：《美学四讲》，《美学三书》，安徽文艺出版社1999年版，第465页。

过活生生的个人，因之对心理本体和工具本体不仅起着充实而且起着突破的作用。如果再粗略分解一下，则"食色性也"，马克思与弗洛依德所涉及的根本问题，是个体又兼社会的；海德格尔的"死"基本上是种个体的自我意识自我醒觉；维特根斯坦基本涉及的是社会性，不承认有私人语言。看来，在马克思和弗洛依德所提供的人类生存的基础上，融会维特根斯坦和海德格尔，似是当下哲学——美学可以进行探索其命运诗篇的方向之一。这诗篇与心理本体相关，心理本体又与个体——社会即小我——大我相关。①

这里，李泽厚对工具本体和心理本体的理解在《批判》的基础上又进了一步。《批判》中，工具主要指的是生产工具，无论是农业和手工业的简单地以手工操作为主的工具，还是工业化时代以大型的机械化生产为主或者是后工业时代的复杂的以电脑程序控制为主的生产工具，它们主要都是生产工具。但在这里，"工具"本身的含义也扩大了，不仅仅是生产工具，还有人类自身制造出来的符号——语言。语言在这里也被看成一种工具。而语言的本体化早就是西方现代哲学，特别是维特根斯坦等人的分析哲学所要分析、批判的对象。因而，工具本体与心理本体之间存在着相互转化、相互影响的问题。工具本体与心理本体之间错综复杂的矛盾纠葛关系在这里被初步提了出来。无论是马克思对生产活动的强调，还是弗洛依德讲的性本能，或者是海德格尔讲的死本能，以及维特根斯坦所注重的语言，它们都被放在工具本体和心理本体相互缠绕、相互作用的系统里，都被作为人类命运的问题被揉在一起。

实际上，这里提纲挈领地提出了一个非常粗略的哲学纲要，这个纲要和李泽厚以前的哲学思路相比有了明显的差别。在《批判》和后来的主体性系列提纲中，主要是在马克思的实践哲学基础上融合改造康德的先验哲学、容格的集体无意识学说和皮亚杰的发生认识论，其重点在于确立文化——心理结构的历史唯物主义基础，从人类学历史本体论角度解释个体感性存在的社会性、理性根源；这里则进一步提出了深入研究个体感性存在的具体思路：生、性、死几种心理本能和语言的社会历史根源。这几种心理本体都是个体感性的，但又确实关乎社会的理性；它们是自然生物性

能，却又是社会历史遗产；不同的社会物质文明具体地提供了不同的生存、两性关系和死亡的意识。亦即在马克思的实践论生存论基础上，融合弗洛依德对性本能研究、海德格尔对死本能的探讨以及维特根斯坦对语言的分析。沿着这一思路走下去，人类学历史本体论当可真正深入到心理本体之中，解开工具本体和心理本体之间相互缠绕相互影响的结。

李泽厚后来的研究可以看做对这一提纲的间接接续与展开。在后来的哲学和美学著作中，他分别从各个不同的角度对工具本体和心理本体问题作过论述。比如，《历史本体论》讨论了人类的生存问题，也就是他讲的"吃饭哲学"，提出了一个重要的哲学概念——"度"，并把"度"看成一个具有本体性的范畴；《实用理性和乐感文化》中进一步论述了"度"作为哲学概念的各个层面，即本体层面和操作层面；阐述了"情本体"学说。具有本体性的"度"可以看做是一种工具本体，而"情本体"则是一种心理本体。但李泽厚并未沿着他这里所提出的思路，建构一个以马克思和弗洛依德所提供的人类生存为基础、融汇海德格尔和维特根斯坦学说的系统化的哲学——美学体系。当然，真正建立这样一个体系，这是一个极为庞大的工作，只能期待以时日了。《历史本体论》和《实用理性与乐感文化》等著作也许可以看成这个工作的一个部分吧。

在"主体性提纲"之三、之四等论著中，李泽厚明确地把个体主体性，也就是个体的心理结构的塑造、建设作为其论述的重点；在《哲学探寻录》、《实用理性与乐感文化》等论著中，他更重点探讨了建立"情本体"的可能性和"情"之主要内涵。这样，李泽厚的人类学本体论从《批判》时期论述文化—心理结构的历史唯物论基础转向了它本身的建构，从人类主体转向个体主体，从外在的工艺社会结构面转向内在的文化—心理结构面。也可以说，他的哲学完成了从人类学历史本体论向个体生存论的转向。在他的哲学中，他始终把美学放到一个很高的地位。认识论、伦理学都指向美学，审美境界高于认识和道德境界，并包容了认识和道德境界，是人生的最高境界。而到情本体理论的提出，则从其哲学本身的建构上完成了这一任务，建构了一种审美形而上学学说，这一学说将是马克思主义和中国传统的某种结合，是包含、融化了马克思主义的中国传统的继续：

　　　　马克思提到"自由王国"，它的前提是人的自由时间的增多。当整个社会的衣食住行只需一周三日工作时间的世纪，精神世界支配、引导人类前景的时刻将明显来临。历史将走出唯物史观，人们将走出传统的"马克思主义"。从而"心理本体"（"人心"—"天心"问题）将取代"工具本体"，成为注意的焦点。于是，"人活得怎样"的问题日益突出。

从世界情况看，人"如何活"的问题远未解决，"活得怎样"只是长远的哲学话题，但由"工具本体"到"心理本体"却似可成为今日一条探寻之道，特别对中国更如此。这不是用"马克思主义"框架来解释或吞并中国传统，而很可能是包含、融化了马克思主义的中国传统的继续前行，它将成为中国传统某种具体的"转换性创造"；由于具有一定的普遍性，它也可能成为世界意义的某种"后马克思主义"或"新马克思主义"。

如张载所说："为天地立心，为生民立命，为往圣继绝学，为万世开太平。""立心"者，建立心理本体也；"立命"者，关乎人类命运也；"继绝学"者，承续中外传统也；"开太平"者，为人性建设，内圣外王，"开万世之太平"，而情感本体之必需也。①

于是，从社会到个体，从工具本体到心理（情感）本体，从自然的人化到人的自然化，从理性到重新建构的感性，从人类学历史本体论哲学到个体实践生存论美学，李泽厚的哲学体系画上了一个完满的逻辑之圆。

八　余论

一般人都注意到康德对李泽厚的影响，前面我也曾多次谈到康德的二律背反式的思维方式在李泽厚哲学中的体现，谈到李泽厚用马克思的实践哲学批判性地改造康德先验哲学的尝试。但是，前面一直没有涉及的是，还有另一位对李泽厚影响巨深的德国哲学家，那就是黑格尔。事实上，黑格尔的辩证法②对李泽厚哲学思想和思维方式也同样起了不可磨灭的巨大

---

① 李泽厚：《哲学探寻录》，《实用理性和乐感文化》，生活·读书·新知三联书店 2005 年版，第167—168 页。

② 李泽厚先生曾经多次跟笔者谈到黑格尔的重要性，他认为黑格尔比现在流行的德里达、福柯等深刻得多。黑格尔的辩证法思想具有伟大的普遍性意义。Dialectic 其实应该翻译为"辩证论"才对。译为"辩证法"使许多人误以为它只是一种方法论，其实它本身就是一种客观规律。

作用。在李泽厚的哲学和美学中，可以明显地见出黑格尔的影响。其一是早年，《批判》时代的历史理性主义倾向。这一点我前面已经谈到过。尽管这时李泽厚已经提出个体感性的独特作用，指出在主体的心理结构的自然人化（即认识、伦理和审美）中，认识和伦理都指向审美，历史、总体、理性最终落实到个体、自然和感性之上，但是，总的说来，他的着眼点和重点仍在总体、理性和历史的必然性。从80年代起，他更加注重个体主体性，强调每个个体都是独一无二的，因而人活着的意义必须落实到每个具体生存着的个体；不是必然、总体来主宰、控制或排斥偶然、个体，而是偶然、个体去主动寻找、建立、确定必然、总体。这是黑格尔的消极影响。但除此之外，黑格尔对李泽厚的哲学也有着积极的影响。黑格尔的辩证思维在李泽厚的哲学中处处体现出来。他的概念或范畴总是以矛盾对立的方式出现。如前所述，如：

理性——感性；

总体——个体；

必然——偶然；

自然的人化——人的自然化；

类主体性——个体主体性；

外在自然的人化——内在自然的人化；

工具本体——心理本体；

……

这种矛盾对立的范畴无处不在，无所不在。它一方面使李泽厚的哲学总是留下许多矛盾、对立、冲突，留下为人所诟病的漏洞，但另一方面，它也使得李泽厚的哲学具有极大的深刻性与洞见性。也许，正是这种无处不在的矛盾，正是他对这些矛盾的深刻的分析与洞察，才使得李泽厚的哲学引领风骚，使他卓尔不群。人生世界本来就充满着矛盾，对立统一规律不仅是一种思维规律，更是一种客观规律。问题在于如何处理、调和、化解这些矛盾，使之始终处于一种积极健康的运动过程和状态之中，而李泽厚一直在做的，正是这样一项工作。

另一处黑格尔式辩证法的影响在于他总是区分概念的狭义性与广义性。最先区分狭义与广义的是"自然的人化"概念。在《美学四讲》中，他指出，人对自然的直接改造是自然人化的狭义含义，通过对自然的这种直接改造，人与自然的关系发生了改变，自然由原来与人敌对、仇视的力量变得与人亲近、亲切，成为人的审美欣赏对象。这时，整个自然都成为"人化"的自然，不独是那些人直接动过、改造过的对象而已。这就是"广义的自然人化"。并且，对于审美来说，在这时，广义上的自然人化是更为重要、更根本的。此外，如积淀、实践，李泽厚都区分了狭义与广义。狭义的积淀专指审美积淀，即外在的、社会的、理性的因素向内在的、个体感性的心理积淀，成为主体的自由享受的审美心理。从广义来说，积淀还包括认识与伦理结构，即自由直观、自由意志。而实践概念，李泽厚一直强调的是它的基本的狭义方面——使用和制造工具的物质生产活动。但是，在《实用理性与乐感文化》中，他便明确地区分了实践的狭义与广义含义。除了严格意义上的实践，广义的实践概念泛指人的整个感性生存。

这样，在李泽厚学说中，自然与人、人类总体与个体、类主体性与个体主体性、工具本体与心理（情）本体、感性与理性、必然与偶然等等，总是相伴相随。当他论述人是目的、强调人是主体时，他谈论的是作为总体、作为一个生物族类的人，是"大写"的人。而他的积淀说，正是要寻找一种能够把总体与个体、理性与感性、社会工艺实践与文化心理结构联结、沟通起来、并形成一种内在的逻辑关系和实践关系的道路。因此，无论是"积淀"说还是"主体性"理论，或是"自然的人化"学说，都是与他的整个哲学基础，即他所说的"人类学历史本体论"相关联的，必须放到这个哲学背景下去解释和理解。人类学历史本体论的根基是马克思的实践哲学，构架是康德的先验哲学体系，即人类心理的知情意三结构，离开这个背景，单纯谈任何一个概念都不免会造成偏颇。

一个时期里，"主体性"和"积淀"理论产生了巨大影响，深入人心，是因为这种理论符合了当时整个社会的启蒙话语的需要——主体性为个性解放和人道主义思潮提供哲学依据，积淀论则为对传统文化的反思与批判提供了哲学话语。但是，现在回过头来看，当人们在运用"主体性"这一概念时，并没有真正理解李泽厚这一概念的哲学内涵，而是望文生义地把它看做是对个体、个性的强调，并把它用到文学批评、艺术批评等领域。而当时代进一步发展，经济体制和政治体制改革进入更深层次，现代性启蒙亦随之进入更深层次，呈现出复杂、多变、立体化，改革进程中各种社会矛盾开始显露并激化，人们需要从理论上更突出个体的位置时，人们发现，李泽厚的主体性学说、实践学说、积淀学说，其实都是以人的类存在为基础的。它们始终注意和强调人类改造世界的物质实践活动对历史、对社会心理和文化的决定作用，而这种思想与后来时髦的生命哲学、解构主义、后现代哲学等非理性思潮从根本上是对立的。而在早期，李泽厚对他的二律背反中前一方面，即基础的、社会的、理性的方面的确更为注重和强调，这一方面是为了与他的哲学的思想资源——康德哲学区分开来，另一方面也是为了和朱光潜等人论战的需要。而当李泽厚本人的学术重点转向个体主体性、转向个体的感性存在、高扬心理本体、构建情本体时，激变的社会心理使得人们已经不再关注李泽厚，因而，20 世纪 90 年代以来，中国学术界对于这位曾经引领新时期现代性启蒙思潮的哲学家、这位曾经被他们过热追捧的学者的学说采取了另一个极端态度：要么冷淡、疏远，要么断章取义地批判。在某种意义上说，批判李泽厚，成为当时一些中青年学者出名一个捷径。

要评价一种曾经在社会上发生广泛影响的学说，必须有一个时间和空间的距离。也许现在评价李泽厚学说的历史地位仍然早了一些。因为，毕竟，中国的现代化问题依然是一个正待解决的问题。中国社会的现代性启蒙任务远未完成。同时，李泽厚虽然像有的人说的"老了"，但他并没有停止思想。相反，自 90 年代以来，在对李泽厚学说的一片批判声中，李泽厚为我们奉献出了多部新著，《己卯五说》、《世纪新梦》、《历史本体论》、《实用理性与乐感文化》，以及众多访谈录、答问录等等。这些新著，正如我前面已讲过的，与他早期曾经产生过巨大影响的著作之间既有内在的逻辑联系，更有莫大的新发展，提出了诸多新见解、新提法。而他所谈到的问题，都是中国人乃至整个世界在新世纪都要面对和解决的。只要中国的现代化问题尚未解决，只要人们还关注自己的命运问题，只要人生的价值和意义这类形而上问题还存在，李泽厚的哲学和美学就不会过时。

作为思想家，李泽厚总是能站在时代历史的潮头，以敏锐的理论视野发掘出一个时代最需要的思想或学说。从其思想的资源来说，康德哲学本身就是"法国革命的德国哲学"（恩格斯语），是法国启蒙运动在德国的思辨反响。而马克思学说作为最具有开放性、最具活力的学说，由于抓住了社会实践这一根本，因而具有非常明显的与时俱进、随时代历史和社会条件而改进的特点。同时，中国儒家学说在两千多年的传承过程中，积淀、承载了极为丰富的现代性转换的思想资源。李泽厚抓住了康德哲学和马克思哲学，并把中国传统的儒家学说注入、融解于经过改造的实践哲学之中，使之在德国哲学的思辨理性基础上呈现出中国哲学所特有的人情味、直觉性和妙悟性，卓然成家，独树一帜，从而成为中国现代哲学中最具有时代特色与发展潜力的哲学学说。因此，建立在这种哲学基础的美学，便具有了广阔的发展空间，成为十多年来虽然不断被批判、不断被宣称已经被"超越"却又总是需要再去"超越"的、一直焕发出新的活力与生命力的学说。

　　从李泽厚学说本身的学术价值来看，它的意义并不仅仅在于作为20世纪80年代中国又一轮现代性启蒙的学术表达，也不仅仅在于它掀起了20世纪第三次美学热潮，把整个社会的注意力引向美学。作为一种哲学和美学学说，它本身也具有超越时代的普遍性。它关心的不仅是人对世界的认识，更是人本身作为一个超生物族类的存在的意义和价值问题，而这类问题本身就是具有超越性意义的。它不是孤立地、就事论事地讨论什么是美，什么是美感，而是从人类社会历史实践的发展过程中，从人类最基本的实践活动即改造世界和征服世界的活动中去理解美和美感的本质这类问题，这就把从前对美的本质的抽象的精神追问和规定赋予了一种坚实的社会历史实践基础。对"人活着"的意义的探寻与追问，这是李泽厚实践美学的核心，它的意旨就是赋予无情世界以情感，让本无意义的人生获得意义。李泽厚说过，哲学其实是"聊作无益之事，以遣有涯之生"。人是"被抛到"这个世界上来的，只是一种极为偶然的机缘才活着。中世纪，西方人把人生的意义定位为上帝，向上帝奉献我们的全部生命智慧与情感，无论我们孤独、失意、彷徨或是高兴、得意时，都有上帝来承担我们的痛苦与欢乐。但是，科学的昌明解构了这一精神的梦幻。不再有上帝让我们心安理得，让我们充实。一切主义、理想也都破灭。那么，人活着的根基何在？意义何在？李泽厚提出了一种世俗的、现世的意义论与价值论。人生的意义就在于我们彼此之间相互的关爱之中，在父慈子孝、兄友弟恭、朋亲友爱、夫妇和谐之中，在每个人以自己有限的生命为无限的人类总体所作出的贡献之中。这样，人生不再孤单，生命不再荒谬，生活不再无聊。即使没有上帝，没有主义理想，人生也照样可以有滋有味，有声有色，有情有义。于是，在解构了旧的形而上学的同时，李泽厚又建构了一种新的形而上学，一种在现世中实现超越、在审美中得到升华的审美形而上学。

一位学者这样评价李泽厚的实践美学，这些评价确为的评，笔者深有同感，故引述如下：

无论代表性（哲学美学、马克思主义美学）、独特性（人类学本体论美学）还是实际的学术影响力，李泽厚先生的实践美学无疑代表了 20 世纪后期中国美学的最高成就之一。

李泽厚的实践美学在哲学美学与马克思主义美学两个方面，忠实地呈现了 20 世纪后期中国美学的学术方法和意识形态色彩，具有典型的普遍代表性。

李泽厚实践美学是哲学美学的最高成就，它不只精熟地运用了哲学美学观念研究与宏观把握的方法，在理论基点之独特性与理论内部的体系性上符合了哲学美学的学术标准，更主要的是其美学理论体系背后又有一独特的哲学体系之支撑，符合了西方古典美学是哲学之一部分，美学家首先要是一个哲学家的传统，是哲学美学中的最高层次，因此而能后来居上，一枝独秀，超迈时人。

李泽厚实践美学也是当代中国马克思主义美学之最高成就。他不只忠实地运用马克思主义基本理论，向学术界充分展示了历史唯物主义的理论深度与学术魅力，而且能创造性地拓展与深化马克思主义理论，于马克思主义美学达到了超越了共享国家意识形态，而有个性化的学术创新的新境界，这在当代中国学术界是极其难得的景观。因此，在创造性方面，李泽厚的实践美学体现了 20 世纪后期中国美学最高成就。[1]

---

[1]　薛富兴：《李泽厚实践美学的特征与地位》，《湖南社会科学》2003 年第 6 期。

第四章

中国当代实践美学（下）
——朱光潜、蒋孔阳、刘纲纪

经过 20 世纪 50 年代的美的本质大讨论，中国美学的主流从认识论转向了实践论。从 60 年代开始，参与讨论的一些学者如朱光潜先生也都转向了实践论。到了 80 年代，经过十年"文化大革命"的空白，当思想解放运动兴起、美学成为思想解放的一种曲折表达、20 世纪中国出现第三次"美学热"时，从实践论角度去解释审美现象和美的本质成为这一时期绝大多数美学家的选择。这些美学家都以马克思的实践哲学作为美学的基础，主张从社会实践中去理解审美的本质。但在具体表述上，他们与李泽厚却又不尽相同。我把这些学者都看做是中国马克思主义美学在新时期的一种阐释，一种理解，他们从不同角度、不同侧面、不同方面分别阐述了他们所理解的马克思主义实践美学。他们和李泽厚的人类学历史本体论哲学美学一起，构成了中国当代马克思主义实践美学的瑰丽天空。

一　朱光潜后期："艺术是一种生产劳动"

在中国现代美学史上，朱光潜的经历颇具有代表性。前期，他吸收融合克罗齐的非理性主义的"直觉说"和 19 世纪心理学美学，创立了自己的审美表现论和艺术表现论，卓然成家，对中国现代美学体系的形成产生了深刻的影响；同时，他致力于审美教育和艺术的教育的普及活动，写出了文字优美、语言流畅、通俗易懂的普及性美学读物，在社会上产生了极大的反响。新中国成立后，他作为"资产阶级反动学术权威"遭到反复批判，身心承受了极大压力。这是他与其同一代的知识分子所共同面对的境遇。但他从内心里接受批评，真诚地转变立场，认真学习新中国唯一的哲学——马克思主义哲学，运用马克思主义的实践论和生产劳动理论来解释审美和艺术的本质，成为实践美学的一个重要代表。

20 世纪 20 年代，年轻的朱光潜留学欧洲，写出了《文艺心理学》、《悲剧心理学》和《变态心理学》以及《诗论》①等美学名著。在《文艺心理学》中，他以布洛的"心理距离说"为基础、以克罗齐的"直觉说"为核心，并吸收立普斯的"移情说"、谷鲁斯的"内模仿说"等，构建了一个完整的超功利主义美学理论体系。他区分了对待客体的三种不同态度：科学的、实用和艺术的，即认识、功利和审美三种态度。提出，美是一种"孤立绝缘的意象"，是"心借物以表现情趣"，是"意象的情趣化或情趣的意象化"，重要的是主体对待客体的态度才决定对象美或不美。也就是说，美就是美感。只要抱着超越功利的态度去看待客体，便会产生美。在战火纷飞的年代里，朱光潜的超功利美学犹如一支风中之烛，点燃了战火中的希望之灯，在寒冬里给人以温暖，在冷清的夜里送去一丝慰藉。虽然书中的主要观点都不是他所新创，但把这几种学说创造性地组织在一起，提出了一个周全完备、可以自圆其说的理论体系，这却是朱光潜之功。如果说，中国的超功利美学的基本思想诞生于王国维，他提出美是"可远观而不可亵玩"的、艺术美在于"使人易忘物我之关系"，则真正以系统化、逻辑化的方式条理严密地表达出超功利主义的美学观点的是朱光潜，其奠基之作便是《文艺心理学》。

在《诗论》中，朱光潜"试图用西方诗论来解释中国古典诗歌，用中国诗论来印证西方诗论"②，为以后诗学的发展打下了良好的基础。朱光潜写作《诗论》的时代，新诗运动正方兴未艾，他对此极为关注："这运动的成功或失败对中国文学的前途必有极大影响，我们必须郑重谨慎，不能让它流产。"他特别关注的是新诗究竟是否可以继承旧的格律诗的成果，又在多大程度上可以借鉴西方文学的成果："当前有两大问题须特别研究，一是固有的传统究竟有几分可沿袭，一是外来的影响究竟有几分可以接收。这都是诗学者所应虚心探讨的。"③《诗论》讨论了诗的起源、诗的本质和特征、诗与乐、诗与舞蹈、诗与散文、诗与绘画等的关系，特别

---

①　写于 1931 年。1933 年，朱光潜回国后，经友人推荐认识了胡适。胡适读过《诗论》书稿后，便即决定聘请朱光潜为北大教授。本书 1943 年由国民图书出版社出版，称为"抗战版"。1948 年出了增订版。1984 年，生活・读书・新知三联书店再版。1987 年收入《朱光潜全集》。

②　朱光潜：《诗论・后记》，北京出版社 2005 年版。

③　朱光潜：《诗论・抗战版序》，北京出版社 2005 年版。

对中国诗的节奏与韵律问题作了深入细致的探讨。在他所有著作中，朱光潜自己认为《诗论》是他最有创见的一部。

朱光潜对中国美学的贡献还体现他最早向国人翻译介绍西方美学成果。《柏拉图文艺对话集》、莱辛的《拉奥孔》、黑格尔的《美学》、爱克曼的《歌德谈话录》、克罗齐的《美学原理》、维科的《新科学》等等，都是他翻译介绍给中国人的。这些名著已成为这些著作的中译经典，它们滋养了一代又一代人文学者的心灵。特别值得一提的是，当朱先生着手翻译维科的《新科学》时，他已年近八十高龄。那时，没有电脑写作，一字一句全靠手写。朱先生在"文化大革命"中饱受迫害，身心俱遭受极大摧残。80 岁的耄耋老人，拖着老迈的病体，硬是凭着顽强的毅力译完了这部将近 50 万字的著作。他的著作，嘉惠后学；他的精神，鼓舞后来者。

新中国成立后，由于朱光潜在 20 世纪 30 年代和 40 年代的巨大影响，他被当成了"反动资产阶级学术权威"来批判。朱光潜对于自己过去的观点，有修正，也有坚持。但无论是坚持还是修正，都是出于他的学术良知，本着学术立场。像当时大多数中国知识分子一样，朱光潜真诚地接受了马克思主义，不但在美学中引进了马克思的实践论观点，而且对于马克思的经典著作的理解、阐释都提出了自己独到的见解，而没有人云亦云地接受某种现成的说法。前辈的这种努力坚持独立的学术研究的精神，同样是留给我们的宝贵财富。他还重新摘译了马克思的《1844 年经济学—哲学手稿》和《关于费尔巴哈的提纲》等著作，希望真正从学术上学习贯彻马克思主义精神。1983 年，朱光潜参加香港中文大学的一个学术会议，在会上，他宣称自己"不是共产党员，但是一个马克思主义者"。这个自我评价得到了中国共产党资深理论家、时任中共中央党校校长的胡乔木的首肯。

由于本书是讨论中国马克思主义美学问题的，因此，对于朱光潜先生前半生的丰富的学术成果只能简略地带过，只是就他 50 年代转向马克思主义以后的美学观点进行一些梳理和分析。

（一）"物"与"物的形象"

众所周知，50 年代，朱光潜在美学争论中所持的观点是主客观统一论。他批判了自己早年的唯心主义美学观，吸收批判者的观点，但坚持美感的主观性,坚持民族、时代、阶级、文化修养等因素对于美的影响。为了摆脱唯心论的嫌疑,他区分了"物"与"物的形象"。物是客观的、独立自主的,不依赖于任何人而存在,后者则是前者在人的意识中产生形象,它是作为主体的人与客体相互作用而产生的。他称之为"物甲"、"物乙"。客观的物只是美之所以产生的条件,而不是美;只有当客观的物与人的意识相互作用,产生一种意识化的形象,这才是美。因此,美既不是客观的,也不是主观的,而是主客观的统一。他说:

> ……美感的对象是"物的形象"而不是"物"本身。"物的形象"是"物"在人的既定的主观条件(如意识形态、情趣等)的影响下反映于人的意识的结果,所以只是一种知识形式。在这个反映的关系上,物是第一性的,物的形象是第二性的。但是这"物的形象"在形成之中就成了认识的对象,就其为对象来说,它也可以叫做"物",不过这个"物"(姑简称物乙)不同于原来产生形象的那个"物"(姑简称物甲),物甲是自然物,物乙是自然物的客观条件加上人的主观条件的影响而产生的,所以已经不纯是自然物,而是夹杂着人的主观成分的物,换句话说,已经是社会的物了。美感的对象不是自然物而是作为物的形象的社会的物。美学所研究的也只是这个社会的物如何产生,具有什么性质和价值,发生什么作用;至于自然物(社会现象在未成为艺术形象时,也可以看做自然物)则是科学的对象。①

他举例说,比如"花是红的"和"花是美的"这两个判断。前一判断是科学,后一判断是美学。时代、民族、社会形态、阶级以及文化修养的差别不大能影响一人对于"花是红的"认识,却很能影响对"花是美的"认识。换言之,"花是红的",这是一个纯客观的判断,而"花是美的"这一判断就是花的客观因素与人的主观因素相统一的结果。这样,一方面避免了过去的唯心主义主观论,坚持了唯物主义的基本观点,另一方面,充分考虑了审美对象本身不同于科学认识对象的特点。这是朱光潜

① 朱光潜:《美学怎样才能既是唯物的又是辩证的——评蔡仪同志的美学观点》,《朱光潜美学文集》第 3 卷,上海文艺出版社 1983 年版,第 34—35 页。

努力调和唯物主义和唯心主义的结果。实际上，所谓"物的形象"或"物乙"正是审美对象在人的意识中所形成的一种心理意识现象，中国古人称为"意象"。关于意象，古人也有不少论述。它是作为审美主体的神思、妙悟与客观对象在审美过程的一刹那相结合所产生的艺术形象。如"神用象通，情变所孕"、"澄怀味象"等等。朱光潜试图把中国古代意象理论创造性地转换、改造为现代美学理论，并糅合进西方文艺理论的精神，这种意图是非常值得称道的。从个体欣赏即具体的审美过程和角度来说，所谓"物的形象"或"物乙"说应该是说得通的，有道理的。

但是，这里有一个层次的区分，"物的形象"或"物乙"只是在具体的个体的审美欣赏过程中才成立，当朱光潜谈论"美的本质"、"美是什么"时，他是在从哲学上探讨美作为人类所创造的价值的规定性。而当从哲学层面上谈论美的本质时，其活动主体便不能是单独的、个别的人。"美的本质"的隐含主体是人类，而非个体；所谓从实践观点看美，其"实践"所指的应该是一种哲学层面的抽象，而非单个个体的日常生活活动。这一点，在朱光潜 50 年代的论战中和后来的 80 年代的一些文章中，常常没能区别开来。

此外，朱光潜在这里仍是把美学定位于认识论，"物的形象"作为客体与审美主体的情趣、意识、价值观等因素相结合的产物，本来是一种审美对象，这种审美活动更多是一种欣赏、评价活动而非认识活动。但是，受时代条件的局限性，朱光潜依然把"物的形象"当做认识对象，而非审美评价对象。换言之，审美活动在这里还被看成是认识活动。

（二）对世界的"艺术掌握"与"实践—精神掌握"

一般论者都只注意到朱光潜在新中国成立后持"美是主客观统一"的观点以及他与李泽厚等人的分歧。但是，实际上，在具体的论证过程中，他所运用的思想资源与李泽厚其实是相同的，都主要以马克思主义经典著作为依据，因而，实际上，他们从不同的方向得出了美学的实践论观点，它构成了实践美学的一个重要组成部分。发表于 60 年代初期的《生产劳动与人对世界的艺术掌握——马克思主义美学的实践观点》一文，系统地表述了朱光潜的实践美学观。朱光潜认为，所谓实践观点就是辩证唯物观点。过去的美学家都是用静观的观点看待艺术和美学，把观照作为艺术的最高理想，而"实践观点就是唯物辩证观点，它要求把艺术摆在人类文化发展史的大轮廓里去看,要求把艺术看做人改造自然,也改造自己的这种生产实践活动中的一个必然的组成部分"①。

文章开宗明义用马克思的《费尔巴哈论纲》第一段话说明马克思主义哲学是实践的,而旧唯物主义和唯心主义是直观的:

> 马克思主义理解现实,既要从客观方面去看,又要从主观方面去看。客观世界和主观能动性统一于实践。所以在美学上和在一般哲学上一样,马克思主义所用的是实践观点,和它相对立的是直观观点。②

他举例说,一把茶壶,持实践观点的美学家们会把它"摆在社会历史发展过程和具体历史条件的大轮廓里去看,不仅把它看做单纯的认识对象,尤其重要的是把它看做实践的对象,而认识也不是孤立的,也是要与实践过程联系起来的。这样看来,美就不是孤立物的静止的一种属性,而是人在生产实践过程中既改变世界又从而改变自己的一种结果。发现事物美是人对世界的一种关系,即审美的关系"③。

这里,朱光潜提出美是人在实践过程中"既改变世界又从而改变自己"的结果。这跟李泽厚讲的自然人化的外在和内在两个方面是一致的。可见,同样的经典文本和同样的学术思想根源,使得 50 年代相互争论的两位学者在美学的基础理论方面走向了一致。但朱光潜的实践论美学观点跟李泽厚的实践美学还有重大差别的,这一点后面还会进一步分析。

这篇文章里朱光潜表述了两个重要观点,其一是艺术掌握世界与实践—精神掌握方式之间有着密切联系,其二是生产劳动也是一种艺术掌握世界的方式。

他引用马克思《政治经济学批判导言》中关于艺术与科学及实践精神的掌握世界的方式的论述,认为马克思在这里讲的是两种不同的掌握世界的方式:"科学的理论的掌握方式和艺术的实践精神的掌握方式"④,认

---

① 朱光潜:《生产劳动与人对世界的艺术掌握——马克思主义美学的实践观点》,《朱光潜美学文集》第 3 卷,上海文艺出版社 1983 年版,第 306 页。

② 同上书,第 281—282 页。

③ 同上书,第 283 页。

④ 同上书,第 284 页。

为，"这段话的重要还不仅在于明确指出科学掌握方式和艺术掌握方式的分别，尤其重要的是明确指出艺术掌握方式与实践精神掌握方式的联系，这是马克思的美学观点的中心思想"①。马克思的话是这样的：

> 呈现于人脑的整体，思维到的整体，是运用思维的人脑的产品，这运用思维的人脑只能用它所能用的唯一方式去掌握世界，这种掌握方式不同于对这个世界的艺术的，宗教的，实践精神的掌握方式。②

应该说，所谓人类掌握世界的四种方式，它们本身相互之间的确是有联系的。无论是哲学还是艺术，还是实践—精神的方式，它们都涉及人对世界的总体把握，其中既有直观洞见也有理性分析与综合，只是重点不同而已。哲学重在理性，而艺术重在直觉。但它们之间却不可能绝对地分割。哲学家往往也要用到直觉，故而才有直觉主义、表现主义一类非理性主义哲学；而艺术也需用到抽象的理性，故而艺术中也有抽象艺术，现代艺术就整体来说需要更多哲学性反思与悟性才能把握。不唯哲学如此，艺术与实践—精神的把握亦然。应该说，它们都需要对客观世界的造型力量的把握。实践—精神的把握是当人掌握了这种造型力量与造型规律之后，运用这种规律与法则去改造客体的面貌、制造新的产品；而艺术则主要是在想象中完成中这种创造与改变。因而，艺术的掌握世界与实践—精神的掌握世界方式之间的确本身是有共通之处的。朱光潜的贡献在于他看到了这种联系，从而在生产劳动与艺术活动之间架起了沟通的桥梁。

第二个观点是生产劳动对世界的掌握既是一种实践精神的掌握，同时也是一种艺术掌握。他引用马克思的《1844年经济学—哲学手稿》中关于"人按照美的规律建造"、人对世界的改造说明人是"类存在物"及

---

① 朱光潜：《生产劳动与人对世界的艺术掌握——马克思主义美学的实践观点》，《朱光潜美学文集》第3卷，上海文艺出版社1983年版，第284页。

② ［德］马克思：《政治经济学批判导言》，译文为朱根据《马克思恩格斯论文学》所选的俄译本翻译，见《朱光潜美学文选》第3卷，第284页。人民出版社的《马克思恩格斯全集》译文为："整体，当它在头脑中作为被思维的整体而出现时，是思维着的头脑的产物，这个头脑用它所专有的方式掌握世界，而这种方式是不同于对世界的艺术的、宗教的、实践—精神的掌握的。"见《马克思恩格斯全集》第46卷（上），人民出版社1979年版，第39页。

《资本论》中关于"最蹩脚的人类建筑师也比蜜蜂海狸等动物高明"的论述，说明生产实践是人的本性。人之区别于动物的本能活动在于人可以按照需要来生产，在生产之前已在头脑里有目的。然后他说：

> 对美学特别有意义的是人"在自己所创造的世界里观照自己"这句话。这正是"用艺术的方式掌握世界"，说明了劳动创造正是一种艺术创造。无论是劳动创造，还是艺术创造，基本原则都只有一个："自然的人化"或"人的本质力量的对象化"。基本的感受也只有一种：认识到对象是自己的"作品"，体现了人作为社会人的本质，见出了人的"本质力量"，因而感到喜悦和快慰。……从马克思主义的实践观点看，"美感"起于劳动生产中的喜悦，起于人从自己的产品中看出自己的本质力量的那种喜悦。劳动生产是人对世界的实践精神的掌握，同时也就是人对世界的艺术的掌握。在劳动生产中人对世界建立了实践的关系，同时也就建立了人对世界的审美的关系。一切创造性的劳动（包括物质生产与艺术创造）都可以使人起美感。人对世界的艺术掌握是从劳动生产开始的。①

"生产劳动是人对世界的实践精神的掌握，同时也是人对世界的艺术的掌握"，正因如此，实践精神的掌握方式与艺术的掌握方式之间才具有密切联系。换言之，朱光潜在这里是把生产劳动本身也看成一种艺术活动。因而，实践既包括了生产劳动这样的物质性的实际的改造世界的活动，同时也包含了艺术这类精神性的只是在想象中改造世界的活动。这是因为，"在劳动生产中人对世界建立了实践的关系，同时也就建立了人对世界的审美的关系"。这样，实践概念在朱光潜那里实际上包含了物质与精神两方面的含义。这在一定程度上纠正了李泽厚早期的实践概念过于狭隘、囿于其使用和制造工具的物质性、相对忽视实践的精神性所带来的偏差，这种偏差导致无法解释精神性的艺术活动或审美活动如何从物质性的生产实践中产生的困境。从这个意义上说，朱光潜和李泽厚的观点之间其实是可以相互补充的，它们一起构成现代中国马克思主义实践美学的完整

---

① 朱光潜：《生产劳动与人对世界的艺术掌握——马克思主义美学的实践观点》，《朱光潜美学文集》第 3 卷，上海文艺出版社 1983 年版，第 290 页。

的理论体系。

　　但是朱光潜这段论述也存在着问题。强调艺术起源于劳动，美感起源于劳动中的喜悦，从总体来看，这是不错的，这也是马克思主义的基本观点。但朱光潜这里似有混淆艺术与劳动本身之嫌。艺术起源于生产劳动，但不能等同于生产劳动。如果把二者等同起来，"艺术的掌握世界"的方式与"实践—精神的掌握世界"的方式之间还有什么分别呢？还有必要区别艺术掌握方式与实践精神的掌握方式吗？朱光潜为了强调劳动生产之于审美和艺术的重要性，把劳动与艺术混为一谈，这恰好不是提高艺术的地位，而是对艺术活动的精神性的一种遮蔽。生产劳动中有很多重复性因素，有简单枯燥、单调重复之处，而艺术创作却忌讳单调与重复。朱光潜曾经谈到"艺术反映客观世界要多一点东西"，这多出来的"一点东西"便是"意识形态的作用，也许还要加上艺术家的艺术专业的修养（等于一般生产所要的技术）"[①]。其实，朱先生并非不了解艺术与生产劳动之间的区别，不了解艺术创作的独特性，相反，他是深谙艺术活动的特点的。他的《诗论》对诗歌艺术的分析至今仍是诗学的经典著作。但是他还是常常把生产劳动与艺术创作混为一谈，其根本原因在于，他既想要贯彻艺术中的反映论，把艺术创作说成是一种对现实的"反映"，又想要保留艺术的创造性质。既是"反映"现实，当然也像生产劳动一样具有某种客观的性质和规律。于是，一方面是艺术反映现实，另一方面是艺术作为"意识形态"要在一定程度上体现出作者本人的主观意识以及"艺术家的专业修养"。这才出现这一矛盾。这是 20 世纪 60 年代中国特定的社会历史条件所决定的，在这里，如同前面我们讲到李泽厚 50 年代把美学看成一种反映论一样，是一种时代的局限性。不同在于，李泽厚后来很快纠正了自己的观点，不再从认识论角度去解释美学问题，而是从人类学历史本体论角度，也就是实践论角度去解读美的本质。而朱光潜对艺术与生产劳动之间的关系一直抱持这种同一的观点。

　　接着，朱光潜论述到艺术掌握世界与实践—精神掌握世界之间的具体的关联与区别。他说：

---

　　①　朱光潜：《论美是客观与主观的统一》，《朱光潜美学文集》第 3 卷，上海文艺出版社1983 年版，第 62 页。

人从他的产品里不仅得到实用需要的满足，而且得到精神需要的满足，因为产品体现了他的"人的本质"，即人作为社会人所有的愿望和实现愿望的能力。人认识这一点，就感到喜悦，对它的产品加以欣赏。这就是美感的起源。这也就是人对世界从单纯的实践精神的掌握，发展到艺术的或审美的掌握。[①]

由实践精神掌握到艺术或审美掌握，是人类对世界的掌握从基本的实用的掌握到自由的审美的掌握，这是通过人类长期的社会实践实现的。朱光潜具体地论述了艺术如何从实用中产生并脱离实用品的过程，这个过程与人类生产力的发展是一致的：从手工艺品开始，它是"半艺术品"，出于人的实用需要。但主要体现的是对象的本质，还不是人的本质。"为着充分自由地表现人的本质，满足精神需要的一方面便须提到首要的地位乃至于独立的地位"[②]。一般"美的艺术"也起源于实用。他还分析了小生产方式劳动、资本主义大生产方式劳动对艺术的有利和不利方面。叙述了马克思的异化劳动理论，认为异化劳动使人从自己的劳动本质异化出去，"劳动从此就割断了它和艺术的长久的血缘关系了。因此，劳动的异化是资本主义经济基础的病根，因而也是资本主义文艺与一般文化的病根"[③]。资本主义的商业制度使得艺术家成为资本家的雇佣工人，于是流行出一些肮脏的东西。或者躲进象牙塔里，为艺术而艺术。只有到了共产主义，消灭了社会分工，人成为完全的人，占有人的全面的本质，人人都成为劳动的多面手，在艺术领域也成为多面手，那时艺术和审美才能真正发展起来。

以上这些思想都是在分析、阐释马克思的美学思想的过程中阐发的。朱光潜对马克思有关美学与艺术的文本进行了仔细、详尽的阅读分析，在这种阅读与分析的过程中得出自己的结论。其中大多数问题在当时（该文发表于 20 世纪 60 年代初）具有极大的前卫性与震动性。特别是关于实践精神掌握世界的方式与艺术掌握方式之间的既关联又区别，艺术掌握方

---

①　朱光潜：《生产劳动与人对世界的艺术掌握——马克思主义美学的实践观点》，《朱光潜美学文集》第 3 卷，上海文艺出版社 1983 年版，第 295 页。

②　同上书，第 296 页。

③　同上书，第 302—303 页。

式是实践精神发展到高级阶段的产物、艺术是一种"充分自由地表现人的本质、满足精神需要"的产品这样一些论断，与当时流行的艺术反映论颇有不同，甚至是对立冲突的。因此，应该说，朱光潜的美学从另一个方面阐释、发展、丰富了中国马克思主义美学。

（三）"艺术是一种生产劳动"

朱光潜的实践观点还表现在他从实践角度去理解艺术和审美，明确地把艺术创作解释为一个生产劳动的过程。在朱光潜的概念中，生产劳动意味着一种创造性的活动，因而它既是对世界的实践—精神的掌握，同时也是艺术的掌握。在这个意义上，作为实践活动的生产劳动既是一种物质性的实践，也具有精神性。而艺术，也常常从生产劳动的角度去看待。在《论美是主观与客观的统一》一文中，他说，"马克思主义创始人是经常从生产劳动观点看文艺的"①。"把文艺看做一种生产劳动，这是马克思主义关于文艺的一个重要原则，而恰恰是这个重要原则遭到了企图从马克思主义观点去讨论美学的人们的忽视。"② 作为生产劳动的艺术不仅仅是反映，它还是一种创造。他以生产劳动理论和意识形态论来为艺术的创造性作论证。生产劳动的观点应用到艺术上，得出的观点是：

> 第一，文艺不只是要反映世界，认识世界，而且还要改变世界。文艺在改变世界中也改变了人自己，这就是文艺的功用。第二，现实世界只是原料，文艺要在这原料上进行毛泽东同志所说的"创造性的劳动"，才能得到产品。这个创造性的生产劳动过程在美学里必须占有它的恰当的地位。第三，产品不同原料，它是原料加上创造性的生产劳动。艺术反映客观世界要多一点东西，并非客观世界的不折不扣的翻版。这"多一点东西"就是意识形态的作用，也许还要加上艺术家的艺术专业的修养（等于一般生产所要的技术）。③

---

① 朱光潜：《论美是客观与主观的统一》，《朱光潜美学文集》第 3 卷，上海文艺出版社 1983 年版，第 60 页。

② 同上书，第 61 页。

③ 同上书，第 62 页。

正是在这里，朱光潜郑重地提出一个问题："应不应该把美学看成只是一种认识论？"①

显然，朱光潜是极力在列宁和毛泽东的反映论艺术观的有限的框架内引进艺术的创造性观点，把艺术上的反映论与创造论调和起来。但在那时，他也只能说"这个创造性的生产劳动过程在美学里必须占有它的恰当的地位"，而不敢说：艺术就是一种创造性的劳动，它本质上不同于生产劳动。反过来说，在当时那种巨大的意识形态压力下，朱先生能说出这样的话已经是很了不起的了。

他批评"目前国内美学讨论者"的错误：一、误解了列宁的反映论，把艺术看成自始至终只是感觉反映，把艺术的美看成只是单纯反映原已客观存在于物本身的美，否认了主观方面的意识形态的作用。二、抹杀了艺术作为意识的原则，不是否定美的社会性（蔡仪），就是把社会性化为与自然叠合的客观社会存在（李泽厚）。三、抹杀了艺术作为生产劳动的原则，看不出原料与产品的差别，否定了主观能动性和创造性的劳动对于美的作用。四、抹杀了客观与主观两对立面的统一，对主观存着迷信式的畏惧，把客观绝对化。② 他提出建立马克思主义美学的四个原则：

> 马克思主义美学必须建立在四个基本原则的基础上，这就是：一、感觉反映客观现实，二、艺术是一种意识形态，三、艺术是一种生产劳动，四、客观与主观的对立和统一。③

那么，为什么艺术作为一种创造性的"生产劳动"的特性没能被从前的美学家们看到？朱光潜认为，这是因为历史上各个美学家都未能从辩证唯物的角度去看待艺术，而只是从静观角度去看艺术。他分析历史上各种美学观点，认为它们都是静观观点，其根源是剥削社会中不合理的分配制度，统治者不劳动，劳动者的劳动成为枷锁，"于是本来和艺术活动是一体的劳动就和艺术脱了节，劳动者就不能在自己的劳动中见到美。……

---

① 朱光潜：《论美是客观与主观的统一》，《朱光潜美学文集》第 3 卷，上海文艺出版社 1983 年版，第 62 页。

② 同上书，第 66 页。

③ 同上。

马克思主义的共产主义理想就是要根本铲除这种劳动异化的现象，要社会全体成员都参加改变世界的劳动，使劳动和艺术活动由在阶级社会中的分裂回到二者之间理所当然的统一，使每个人在自己的劳动中都体会到美"①。

　　把艺术看成一种"生产劳动"的前提是，生产劳动是一种创造性的活动，一种自由自觉的活动，它是人的本质的体现。这是从马克思关于劳动作为人的本质的理论推论而来的。它的确是马克思的思想。在这个意义上，生产劳动的确是一种广义的艺术，是广义上人对世界的艺术掌握；而艺术在这个意义上也可以看成是一种特殊的"生产劳动"。但是，生产劳动的实践—精神掌握世界的方式与艺术的掌握方式之间毕竟是有所区别的，否则马克思也不会把它看成两种"掌握方式"了。艺术起源于实用，与生产劳动有着密切关系，但它们毕竟不能等同。在漫长的人类历史上，劳动是一种艰苦的生存奋斗，它没有朱光潜所说的诗情画意。劳动变成一种艺术的创造性活动，这还只是一种理想。只有在生产力高度发达的条件下，它的精神性、技术性和自主性因素大为增强时，才可能逐渐实现。当代社会里，一部分笨重的劳动已为机器代替，人正在逐渐从那些机械的、笨重的劳动中解放出来，获得更多的自由。劳动本身的精神含量也大为增加，生产过程和产品的审美特性显著增强。但这也只能是相对而言的。而且，正因为劳动具有一定程度上的强迫性、不自由性，人才需要自由创造的艺术。当然，反过来说，艺术脱离实用，本身也是劳动生产力不断发展，人可以部分地、有限地从被动的劳动中解放出来的结果。艺术的需要建立在劳动对世界的改造活动基础之上，没有劳动对世界的改造，没有人与自然关系的改变，就不可能产生艺术（fine art）。艺术与劳动的关联也只能在这个意义上去理解。也许在未来的社会里，当劳动生产力高度发达，那些重复性、机械性、笨重的劳动完全为机器所代替，"劳动"成为一种真正意义上的自由自觉的理想性的创造活动时，它可以和艺术合而为一。但至少在目前来说，这还只能是一种理想。因此，实践—精神地掌握世界与艺术掌握世界两种方式之间仍有根本上的区别。

----

　　① 朱光潜：《美学中的唯物主义与唯心主义之争——交美学的底》，《朱光潜美学文集》第3卷，上海文艺出版社1983年版，第368页。

（四）"美是一种意识形态"

与把美看成一种生产劳动的观点相联系的，是把美看成一种意识形态。朱光潜明确地说：

> 作为艺术的一种特性，美是属于意识形态的，只有这个意义的美才是美学意义的美，也只有这个意义的美才表现出矛盾的统一，即自然性（感觉素材，美的条件）与社会性（意识形态，美的条件美）的统一，客观与主观的统一。①

在朱光潜看来，美的"意识形态性"正是它的主观性的表现。只有当客观事物的条件与主观的意识形态相结合时，才能产生美。比如，梅花本身只具有美的条件，还没有美学意义上的美。因为"美学意义的'美'是意识形态性的，而一般所谓物本身的'美'是自然形态的，非意识形态的"②。朱光潜在这里区分了"美学意义上的美"和"一般所谓的美"。这种区分接近于分析哲学所谓的"哲学语言"和一般性的"日常语言"之分。在他看来，美学所要探讨的当然是美学意义上的美，并且要把它和日常语言中的"美"区分开来。许多人所谓的"物本身的美"从美学上看只是美得以存在的条件，而非真正的哲学意义上的美。

应该说，这种区分是有道理的。正如许多学者指出过，离开人的实践无所谓美与丑，正如离开人的实践也无所谓善与恶一样。"美"存在的前提是人，对人而言才有所谓美与丑。所谓美学意义上的美，也就是在人的实践中产生并嬗变、发展的美。换言之，美是具有主体性的。离开作为主体存在的人谈论美，最后必然把美看成某种先验性的存在。这一点，在上一章已经反复论述过。

问题在于，美的这种主体性就是意识形态性吗？

在《美学中的唯物主义与唯心主义之争——交美学的底》一文中，朱光潜认为，美就是艺术，而艺术是一种意识形态，所以，美是一种意识

---

① 朱光潜：《论美是客观与主观的统一》，《朱光潜美学文集》第3卷，上海文艺出版社1983年版，第72页。

② 同上书，第68页。

形态，因此，它不能没有主观因素参与，主观（体）的世界观、文化修养等等都对美有作用，所以美是主客观的统一。他认为李泽厚和蔡仪都是设定有一种不变的客观的美，人的主观永远达不到。李泽厚是把美认为是一种社会存在，蔡仪则把美看成事物的一种客观属性，但无论是社会存在还是客观属性，人永远只能达到部分的美，那种全体的美是人的认识所永远无法达到的，因而他们实际上都陷入了唯心主义的神秘主义。

他强调，马克思在《1844 年经济学—哲学手稿》等早期著作中，"建立了美学的实践观点，即人类美感起源于改变世界因而实现自我的劳动实践观点"①。这里他是从美感来论证美的。

这里，他更明确地提出生产劳动就是一种艺术活动，是人对世界的艺术掌握：

> 第一，马克思不是把美的对象（自然或艺术）看成认识对象，而主要地是把它看做实践的对象，审美活动本身不只是一种直观活动，而主要地是一种实践活动，生产劳动就是一种改变世界实现自我的艺术活动或"人对世界的艺术掌握"。其次，马克思在这里深刻地阐明了在生产劳动及审美过程中主观世界和客观世界既对立又统一的辩证原则：人"人化"了自然，自然也"对象化"了人。这个辩证原则是适用于人类一切实践活动（包括生产劳动和艺术）的。②

强调审美活动是一种实践活动而非直观活动，这是正确的，但是，把生产劳动本身说成就是艺术活动，生产劳动就是人对世界的艺术掌握，这却是取消了艺术的独特性和创造性，取消了艺术与生产劳动之间的基本区别：首先，生产劳动往往是一种重复性的活动，艺术却忌讳重复；生产劳动是单调的、枯燥的，而艺术是创造性的、富于激情的；生产劳动中物质成分大于精神成分，基本上是一种物质性活动，艺术却主要是一种精神性的活动。其次，如果生产劳动就是对世界的艺术地掌握，则何必区分艺术掌握和实践精神的掌握方式呢？可见，朱光潜先生在这里对马克思的实践

---

① 朱光潜：《美学中的唯物主义与唯心主义之争》，《朱光潜美学文集》第 3 卷，上海文艺出版社 1983 年版，第 366 页。

② 同上书，第 367 页。

观点的理解实际上是有偏差的。再次，朱光潜的"人化"与"对象化"概念并不明确，到底是人实际上改造世界的"人化"还是观念意识中把它看做人的活动对象的"人化"？"对象化"亦如此，到底是在观念上、意识中的对象化，像朱先生早年所说的把主体的意识、观念、情感"灌注"、"投射"到对象中去，还是通过实践活动，实际上改造客观对象或创造一个新的物体，使之体现"人的本质力量"？如果是前者，则它和马克思讲的实践不是一个层次上的概念。

我认为，朱光潜在这里混淆了实践的不同层次。在对"实践"概念的理解上，李泽厚早年和朱光潜各有偏颇。李泽厚一直强调实践的物质含义，坚持实践只能是人使用和制造工具的物质生产活动，这从基础理论上坚持了马克思实践概念的基本含义。但他否认实践的精神层面的含义，使得在他的早年的理论中，审美活动作为人类实践活动的过程和成果，其精神性质未能得到明确的强调。这一点，也是他一直遭受攻击的地方。直到21世纪，他区分了实践的狭义与广义，才开始承认实践作为人的感性生存活动的精神性质，为连通个体的感性存在与使用和制造工具的人类实践打下了基础。朱光潜的错误则在于，他为了强调艺术的实践性质，为了说明必须从人类的实践活动中去理解美与艺术的本质，把艺术活动混同于一般性生产劳动，抹杀了二者之间的本质区别。朱光潜的另一个错误是把美与艺术等同起来，把美只看成是艺术的属性，否定自然美的独立价值。这里，实际上同他早年在《文艺心理学》中把自然美看成一种纯粹主观意识的"外射"或"投射"，其基本观点与思路并未改变。导致这种混乱的原因在于，他未能看到人类作为整体的"类存在"与个体的具体的审美活动之间的区分，把个体的审美活动当做一种普遍性的类概念，因而，把自然美看成是一种主观意识、情趣的外射。虽然后来他区分了"物"与"物的形象"，区分了"美学意义上的美"与"物本身的美"，认为后者只是"美的条件"，但这种区分并未贯彻到底。在具体论述中，往往以"物的形象"代替了"物本身"。

对艺术的"意识形态性"的强调，可以看成是朱光潜竭力想要在反映论的框架里引进艺术的创造性观点、为艺术的创造性保留一片空间的理论努力。关于"意识形态"这一概念，朱光潜曾经有过专门论述。按照马克思主义经典作家的通常用法，"意识形态"一般指统治阶级的意志，即上层建筑。上层建筑指统治国家的政治、经济、法律制度与设施，意识形态则是与之相应的思想意识。但朱先生的"意识形态"概念与此有所不同。他认为应该区分上层建筑与意识形态。在《谈美书简》里，他说：

> ……我在《西方美学史》上卷"序论"里所提到的意识形态属于上层建筑而不等于上层建筑的问题。我认为上层建筑中主要因素是政权机构，其次才是意识形态。这两项不能等同起来，因为政权机构是社会存在，而意识形态只是反映社会存在的社会意识。二者之间不能划等号，有马克思主义创始人的许多话可以为证。我当时提出这个问题，还有一个要把政治和学术区别开来的动机。①

为了把美的意识形态性贯彻到底，朱光潜认为自然美也是一种意识形态，自然美是雏形的艺术美。他以神话来作为自然美的比喻：神话是"人民幻想中经过不自觉的艺术方式加工过的自然界和社会形态"（马克思语），那么，我们在欣赏自然美时所得的印象是否也或多或少地具有神话式的幻想性质，有不自觉的艺术加工呢？朱光潜的回答是肯定的：

> 能不能说它和也和神话一样是一种社会意识形态，而它的美也还是意识形态性的，这就是说，也还是反映出欣赏者的世界观、阶级意识等主观因素呢？我的答复是肯定的。所以我认为自然美是雏形的艺术美，都是"艺术加工"的结果，在加工过程中，都一样要受到当事人的世界观、阶级意识等主观因素的影响。因为艺术美是高度发展形式的美，按照马克思所指示的"人体解剖使我们有可能去了解猴体解剖"这个科学方法上的原则，我认为如果彻底解决艺术美问题，自然美问题也就可迎刃而解。要说现实重要，难道艺术就不是现实？②

我以为，朱光潜把自然美说成是一种"意识形态"，其实他要说的是

---

① 朱光潜：《谈美书简》，《朱光潜美学文集》第 5 卷，上海文艺出版社 1989 年版，第 111 页。

② 朱光潜：《美学中的唯物主义与唯心主义之争》，《朱光潜美学文集》第 3 卷，上海文艺出版社 1983 年版，第 372 页。

自然美是一种价值，一种人类创造的价值。自然本身无所谓美，正像它本身也无所谓善一样。它本身只有美的条件。要真正成为美，还必须有人类的实践活动的创造。但他把这种实践活动本身说成就是艺术的掌握方式，这是混淆了艺术与现实的界限，抹杀了艺术掌握与实践—精神掌握的区别；然后，他为了弥补这一缺憾，又提出艺术是一种意识形态，以强调艺术的创造性。但意识形态应该是一种观念体系，而美仅仅是人的观念创造吗？如果仅仅是观念创造，又如何解释朱先生一再强调的美与生产实践劳动之间的密切联系？又如何把艺术看成一种"生产劳动"呢？

可见，在朱光潜的两条原理之间，存在着不可调和的矛盾。如果艺术是一种生产劳动，它就不能是意识形态；如果艺术是意识形态，它就不能是生产劳动。再者，把自然美看成艺术美的雏形，以艺术美来解释自然美，实际上是取消了自然美。因为，如果自然美是一种"意识形态"，只是人的一种主观创造，那么，它还具有客观性质吗？是否所有的自然都是美的？那么又如何解释"穷山恶水"这类不美的自然的存在呢？又如何解释所谓"风景名胜"的存在？"穷山恶水"和"风景名胜"的存在，显然说明有某种共同性的关于自然美的标准或尺度，从这种尺度看，有的自然是美的，有的则不美。因而，自然美不能仅仅只是人在观念中的一种想象或幻想，它必定有某种客观的共同的因素。其实这也就是朱光潜一直在强调的人类的社会实践。实践改变了人与自然的关系，使自然被"人化"，它才能成为审美对象。按照朱先生的说明，自然美是雏形的艺术美，是一种意识形态，一种主观创造，又如何解释各种自然美之间风格、形态的不同呢？实际上，如果引进价值论，这个问题是不难解决的。美是人类创造的一种精神价值，它区别于实用价值和政治、道德价值，是一种非实用、非功利的价值，它更多与人的情感、想象相关。这种价值来自于人对世界的客观改造与物质生产劳动的创造。对于整个人类来说，它依存于人类的实践活动，但它并不依存某种个体的具体的生活实践，也不依存个体的意识情感。当然，它也绝非是意识形态。

（五）对马克思主义美学的学习与探索

众所周知，朱光潜在 20 世纪 30 年代已经写出了《文艺心理学》、《诗论》等产生广泛影响的著作。《文艺心理学》主要以克罗齐的直觉说为基础，融合了移情说、距离说、内模仿说等西方心理学美学学说，以此来解释审美和文艺现象，把审美的过程看成是"形相的直觉"，把美看成一种由主观心里感觉所创造的"孤立绝缘的意象"。由于朱光潜的学术背景——20年代他就留学欧洲，写出以"心理学"命名的三大文艺理论著作，并用这种美学观点去阐释中国传统的诗歌艺术，写出了脍炙人口的名篇《诗论》，以及他的学术追求——他认为，要改造当时黑暗的现实世界首先要从改造人的心灵开始，而改造人的心灵首先需要以超越现实的美去洗涤、冲刷被污染的灵魂，他的美学成为超功利主义美学的代表。这使得朱光潜在50年代一直成为受批判的对象。但是，作为一名真正的学者，朱光潜并未随波逐流，人云亦云地接受当时"正统的马克思主义"美学观点，而是在从政治上检讨自己的同时，坚持独立的学术主张。他真诚地接受了马克思主义哲学却并不是随波逐流，而是希望从对马克思主义经典哲学的独立研究中找出美学发展的理论支点。他以年逾花甲之高龄，从头开始学习俄文，并根据德文原版、参照俄文版重新翻译了马克思的《1844年经济学—哲学手稿》的部分内容、《资本论》的部分章节、马克思的《关于费尔巴哈的提纲》等等马克思主义经典著作。他写了长文讨论《1844年经济学—哲学手稿》在马克思主义哲学中的地位、异化理论、劳动创造世界等问题，并对这些著作的译文提出了自己的意见。

从50年代到70年代，朱光潜一直处在挨批的地位，但他并不屈服于政治和权势的压力，而是一方面虚心听取批评者的批评意见，另一方面坚持他认为正确的观点，坚持学术探讨的独立性。他主动、自觉地学习马克思主义哲学，写了大量论文。这些文章，虽然从学术观点上说，也许在逻辑上有不够周全的地方；从学术创见来说，也许不及30年代的《文艺心理学》等著作，但是，阅读这些文章，读者依然能够强烈地感受到一个老学者那追求真理、坚持学术独立和自由思想的人格与心灵。

朱光潜学习马克思主义，不是把马克思主义当做一个口号，一个姿态，而是切切实实阅读马克思主义哲学创始人的经典著作，从中探索马克思主义美学对艺术与美学的正确理解。当然，从他的一些文章、讲话中，也可以清晰地见出时代特点所留下的痕迹。比如，他在全国高校美学教师进修班上的讲话中说："近来不是说解放思想吗，那么是不是要从马克思主义这个思想里解放出来？我觉得这个论调是荒谬的论调。任何科学，不论你是不是共产党员，不论是社会主义国家还是资本主义国家，不论搞社会科学还是自然科学，不懂马克思主义，走不上正道，这是一定的。马克思主义是非学不可的。应该坦白地说，我们美学处于落后状况，是情有可原的，而马克思主义的研究也处于落后状况，则是说不过去的。因为解放几十年了，毛泽东同志一直提倡学习马列，这个口号一直没有停止过，今天还是'四个坚持'之一嘛。我觉得马克思主义、毛泽东思想还是要坚持，是解放不了的。你从马克思主义'解放'到哪里去？没有出路。"①

他分析了中国的马克思主义研究处于落后状况的原因，认为首先在于马列的著作都是在战争年代翻译的，在当时，它们对普及马克思主义起到了极大作用，作出了巨大贡献，但是限于时代和环境条件的限制，其中有极多的翻译上的问题。"如果仔细校对起来，几乎每一页都可以看到问题。"② 比如恩格斯《费尔巴哈和德国古典哲学的终结》，这是一本在中国影响极大的著作，但实际上，它的书名就译得不妥。"终结"是否意味着哲学到了马克思主义就终结了，完蛋了？"书中最后一句话是说，继承德国古典哲学的是德国的工人运动嘛，怎么说德国古典哲学到马克思就完蛋了呢？"实际上，原文除了"终结"，还有"出路"、"结果"之意，如果译成"出路"就说得通了。再如列宁的著作《国家与革命》，也是书名就有问题。"国家"的俄文原文是 государство，英文译成 state，既不是 country，也不是 nation。State 包含疆域、民族和政权几个意思，但是如果译成政权，包括不了后两个意思。到了共产主义，消亡的是政权，而不是人口，也不是疆域。所以不能译为"国家"。再如，《1844 年经济学—哲学手稿》里说到感觉器官成为"theoretiker"，中文译成"理论家"。但其实是错得厉害的。Theory 源于希腊文，指的是看到的东西，思想也好，形象也好，都叫 theory，实际上也就是认识，有理性认识，也有感性认识。译成"理论"，就只看到理性，没看到感性。③

其次是关于人性论、人道主义问题。一直以来，它们被说成是反马

---

① 朱光潜：《怎样学习美学——一九八〇年十月十一日在全国高校美学教师进修班上的讲话》，《朱光潜美学文集》第 3 卷，上海文艺出版社 1983 年版，第 535 页。

② 同上。

③ 同上书，第 536 页。

克思主义的概念。朱光潜举了大量例子说明它们不但不是反马克思主义的，而且，彻底的人道主义与彻底的自然主义的统一是马克思的一个理想。

第三个方面是，有人认为马克思主义美学没有一个完整系统，而朱光潜认为这个问题首先要从辩证唯物主义和历史的前提来看，马克思对艺术，从古代希腊的神话、史诗、悲剧到中世纪的但丁，一直到 19 世纪的巴尔扎克，都有非常重要的看法。关于现实主义、浪漫主义，悲剧、喜剧、典型人物、形象思维等等，都有论述，收集起来是完整的。但现在关于马克思主义文艺学和美学的选本选得非常糟糕，造成混乱。

朱光潜对马克思主义美学的自觉探索还表现在他花了相当大的精力探讨马克思的《1844 年经济学—哲学手稿》等著作的美学问题，并对它们的中文翻译提出自己的意见。他以 80 岁的高龄重新翻译了《手稿》、《资本论》等著作的部分章节和马克思的《关于费尔巴哈的提纲》，撰写了长文《马克思〈经济学—哲学手稿〉中的美学问题》。下面我们稍微详细地介绍一下这篇文章。

在全文引述了马克思关于"人也按照美的规律来制造"的那段论述后，他分析道，这段话包含三个值得注意之处：

（一）人通过实践来创造一个对象世界，即对于无机自然界进行加工改造。这条原则既适用于包括工农业的物质生产，也适用于包括哲学科学和文艺的精神生产。这两种生产都既要根据自然，又要对自然进行加工改造。这里见出物质和精神生产的一致性。这就肯定了艺术既要根据自然又要改造自然的现实主义路线，排除了文艺流派中所谓"自然主义"。

（二）这两种生产都"证实了人是一种有意识的物种存在"。人意识到人的具体就等于人的物种，而且根据这种认识来生产。这就不是根据个体肉体的直接需要，像一般动物那样，而是着眼于为人类服务的目的，根据整个物种的深远需要。就文艺来说，马克思强调文艺的自由性，并不以为自由就在"为文艺而文艺"；他否定了文艺的自私动机，却肯定了文艺的社会功用。……

（三）"人还按照美的规律来制造"说明了人的作品，无论是物质生产还是精神生产都与美有联系，而美也有美的规律。这些美的规律究竟是什么？这个问题曾引起不少的揣测和争论。这句话前面冠有"因此"一个连接词，"此"字显然是指上文所列的两条：一条是人知道"怎样按照每个物种的标准来生产"，另一条是人知道"怎样把本身固有的（内在的）标准"运用到对象上来制造。这两种标准的差别究竟何在？依我的捉摸，差别在于前条指的是每个物种作为主体的标准，不同的物种有不同的需要，例如人造住所和蜜蜂营巢各有物种的需要，标准（即尺度）就不能相同。蜜蜂只知道按照自己所属的那个物种的需要标准，而人的普遍性和自由就在于人不但知道按人自己和物种的需要和标准去制造高楼大厦，而且还知道按蜜蜂的需要和标准去仿制蜂巢。这就是前一条要求。后一条比前一条更进了一步。对象本身固有的标准就更高更复杂，它就是各种对象本身的固有的客观规律。……这就要涉及创作方面的各种因素，例如创作素材、创作方法、创作媒介、作家与作品和观众与作品的关系、创作与时代和社会类型的关系、创作与文化教养和遗产继承的关系等等都各有本身固有的规律，要用得各得其所，各适其宜，才符合后一条的要求。单就创作方法说，马克思在这里所要求的正是现实主义，包括他和恩格斯所经常提到的"共性和个体的统一"和"典型环境中的典型性格"等都包括在美的规律之内。从此可知，美的规律是非常广泛的，也可以说就是美学本身的研究对象。①

这里朱光潜明确地提出了一个概念，即"精神生产"，并指出，工农业的"物质生产"和科学、艺术的"精神生产"都同样既要根据自然，同时要对自然进行加工改造。这样，物质生产劳动与艺术创作和科学研究之间既同根同源，又有着不同的特性。这是朱光潜从马克思的实践论引出的关于艺术规律的一个重要结论，它一方面坚持了美学和艺术学的实践基础，另一方面又不把审美和艺术完全等同于物质生产劳动，而是把艺术看成一种"精神生产"，实际上也就是精神实践。这样就避免了走入完全把艺术活动看做物质实践的误区。这里"精神生产"概念的提出，可以看成是对他讲"艺术是一种生产劳动"的补充，明确这一点，艺术与生产

---

① 朱光潜：《马克思〈经济学—哲学手稿〉中的美学问题》，《朱光潜美学文集》第3卷，上海文艺出版社1983年版，第463—464页。

实践之间的关系就可得到真正的解决，艺术掌握与实践—精神掌握方式之间的关系也可以理顺了。

在这段话中朱光潜还根据马克思对人的实践活动的一般性论述引申出艺术创作的具体结论：从"人通过实践来创造一个对象世界"，引申出马克思认为"艺术既要根据自然又要改造自然的现实主义路线"；从人"不是根据个体肉体的直接需要，像一般动物那样，而是着眼于为人类服务的目的，根据整个物种的深远需要"来生产，引申出"就文艺来说，马克思强调文艺的自由性，并不以为自由就在'为文艺而文艺'；他否定了文艺的自私动机，却肯定了文艺的社会功用"；从"人还按照美的规律来制造"引申出"创作方面的各种因素，例如创作素材、创作方法、创作媒介、作家与作品和观众与作品的关系、创作与时代和社会类型的关系、创作与文化教养和遗产继承的关系等等都各有本身固有的规律，要用得各得其所，各适其宜……单就创作方法说，马克思在这里要求的正是现实主义，包括他和恩格斯所经常提到的'共性和个体的统一'和'典型环境中的典型性格'等都包括在美的规律之内。从此可知，美的规律是非常广泛的，也可以说就是美学本身的研究对象"。这种引申有多少根据和可信度，其实是一个问题。照这种方法，从任何一种哲学判断都可以引申出关于艺术和审美的结论，而这种结论往往具有很大的主观随意性。比如，为什么"人按照美的规律建造"要求的是现实主义？"美的规律"千变万化，多种多样，创作方法亦是多种多样的，为什么一定是现实主义而不能是别的比如说浪漫主义、现代主义？同样，从"人通过实践来创造一个对象世界"也不必定能得出艺术的"现实主义路线"这一结论。朱光潜是想为当时占主流地位的现实主义理论寻找更多经典著作的论据，其用意自然是好的，但这种论证方式却有过度阐释之嫌。

他引述马克思关于"社会就是人和自然的完善化的本质的统一体——自然的真正复活——人的彻底的自然主义和自然的彻底的人道主义"[①] 的论述，认为这说明了两点互相联系的要义：

---

　　① ［德］马克思：《1844 年经济学—哲学手稿》。引文为朱光潜所译，见朱光潜《马克思〈经济学—哲学手稿〉中的美学问题》，《朱光潜美学文集》第 3 卷，上海文艺出版社 1983 年版，第 473 页。人民出版社 2002 年版的《马克思恩格斯全集》中是这样的："社会是人同自然界的完成了的本质的统一，是自然界的真正复活，是人的实现了的自然主义和自然界的实现了的人道主义。"见《马克思恩格斯全集》第 3 卷，第 301 页。

一点是人之中有自然，一点是自然之中也有人。……更重要的是经过人在长时期中凭劳动对自然的改造，自然已变成了"人化的自然"，成了人的本质力量的"对象化"。马克思又把自然（包括社会在内）称为"人的本质力量的现实界"，也就是说，自然是人发挥他的各种本质力量的场所（旧译本把 Wirklichkeit 译为抽象的"现实性"，便没有懂得原话的意思），因此，自然体现了人的需要、认识、实践、意志和情感。人不断地在改造自然，也就丰富了自然；人在改造自然之中也不断地改造自己，也就丰富了自己。人类历史就这样日益发展下去。这就是"人的彻底的自然主义和自然的彻底的人道主义"这个人与自然的统一的全部意义。①

然后，他从马克思关于人的全面本质的论述："视、听、嗅、味、触、思维、观照、情感、意志、活动、爱，总之，他的个体所有的全部器官，以及在形式上直接属于社会器官一类的那些器官，都是在它们的对象关系或它们对待对象的关系上去占有或掌管那对象。去占有或掌管人的现实界，它们对待对象的关系就是人的现实界的活动"② 来说明人的全面本质。他认为"马克思把器官扩大到人的肉体和精神两方面的全部本质力量和功能"。③ 说明马克思认为只有废除私有制度，才能全面解放人的全部感觉和特性："因此，废除私有制就是彻底解放人的全部感觉和特性；不过要它成为这种解放，正是要靠这些感觉和特性在主体和对象两方面都

---

① 朱光潜：《马克思〈经济学—哲学手稿〉中的美学问题》，《朱光潜美学文集》第 3 卷，上海文艺出版社 1983 年版，第 473—474 页。

② ［德］马克思：《1844 年经济学—哲学手稿》。此为朱光潜译文，见《马克思〈经济学—哲学手稿〉中的美学问题》，《朱光潜美学文集》第 3 卷，上海文艺出版社 1983 年版，第 475 页。人民出版社 2002 年版的《马克思恩格斯全集》中，此段译文为："视觉、听觉、嗅觉、味觉、触觉、思维、直观、感觉、愿望、活动、爱——总之，他的个体的一切器官，正像在形式上直接是社会的器官的那些器官一样，是通过自己的对象性关系，即通过自己同对象的关系而对对象的占有，对人的现实性的占有；这些器官同对象的关系，是人的现实的实现。"《马克思恩格斯全集》第 3 卷，第 303 页。

③ 朱光潜：《马克思〈经济学—哲学手稿〉中的美学问题》，《朱光潜美学文集》第 3 卷，上海文艺出版社 1983 年版，第 475 页。

已变成人性的。"① 马克思单取眼睛说明对象需具有人性:"眼睛已变成了人性的眼睛,正因为它的对象已变成一种社会性的人性的对象,一种由人造成的为人服务的对象。"② 马克思又举耳朵来说明主体本身的人化:"正如只有音乐才唤醒人的音乐感觉,对于不懂音乐的耳朵,最美的音乐也没有意义,就不是它的对象。"③ 朱光潜认为,"这两句极其简单的话就解决了美和美感的不可分割的关系以及美是主观的、客观的还是主客观统一的问题。上句说音乐的美感须以客观存在的音乐为先决条件,下句说音乐美也要有'懂音乐的耳朵'这个主观条件"④。

最后,朱光潜引述了《1844 年经济学—哲学手稿》(以下简称《手稿》)中被经常引用的一段话来说明马克思对美学问题的分析:

> 因此,社会人的各种感觉不同于非社会人的各种感觉,只有通过人的本质力量在对象界所展开的丰富性才能培养出或引导出主体的即人的敏感的丰富性,例如一种懂音乐的耳朵,一种能感受形式美的眼睛,总之,能以人的方式感到满足的各种感官,证实自己为人的本质力量的各种感官,不仅五种感官,而且还有所谓精神的感官,即实践性的感官,例如意志和爱情之类都是如此。总之,人性的感官,各种感官的人性,都凭相应的对象,凭人化的自然,才能形成。五种感官

① [德] 马克思:《1844 年经济学—哲学手稿》,此为朱光潜译文,见《马克思〈经济学—哲学手稿〉中的美学问题》,《朱光潜美学文集》第 3 卷,上海文艺出版社 1983 年版,第 475 页。人民出版社 2002 年版的《马克思恩格斯全集》中,此段译文为:"因此,私有财产的扬弃,是人的一切感觉和特性的彻底解放;但这种扬弃之所以是这种解放,正是因为这些感觉和特性无论在主体上还是在客体上都成为人的。"见《马克思恩格斯全集》第 3 卷,第 303—304 页。

② [德] 马克思:《1844 年经济学—哲学手稿》,此为朱光潜译文,见《马克思〈经济学—哲学手稿〉中的美学问题》,《朱光潜美学文集》第 3 卷,上海文艺出版社 1983 年版,第 475 页。人民出版社 2002 年版的《马克思恩格斯全集》中,此段译文为:"眼睛成为人的眼睛,正像眼睛的对象成为社会的、人的、由人并为了人创造出来的对象一样。"见《马克思恩格斯全集》第 3 卷,第 304 页。

③ [德] 马克思:《1844 年经济学—哲学手稿》,此为朱光潜译文,见《马克思〈经济学—哲学手稿〉中的美学问题》,《朱光潜美学文集》第 3 卷,上海文艺出版社 1983 年版,第 477 页。人民出版社 2002 年版的《马克思恩格斯全集》中,此段译文为:"只有音乐才能激起人的音乐感;对于没有音乐感的耳朵来说,最美的音乐也毫无意义,不是对象。"见《马克思恩格斯全集》第 3 卷,人民出版社 2002 年版,第 305 页。

④ 朱光潜:《马克思〈经济学—哲学手稿〉中的美学问题》,《朱光潜美学文集》第 3 卷,上海文艺出版社 1983 年版,第 476 页。

的形成是从古到今的全部世界史的工作成果。①

朱光潜认为，马克思的这些论述说明，"感官的问题是非常复杂的，它涉及劳动实践在全部世界史的发展中对人对自然的关系，涉及社会类型及其相应的文化背景，涉及阶级斗争、生产斗争和科学实验三大实践，涉及个人的阶级地位、职业、教养、身体情况乃至一时偶然的心境。马克思在这部手稿中显现出他才大心细。他不抹杀意志、目的、思维和情感，甚至提到爱情和形式美。……且不谈一些发人深省的论点，单是这种科学态度和方法论就值得我们深入学习！"②

朱光潜还探讨了马克思在《资本论》第一卷第五章中关于"最拙劣的建筑师也比最灵巧的蜜蜂要高明"的那段论述的意义。认为，这段话说明，一、还是《手稿》中人道主义与自然主义的统一的意思：人在劳动过程中既对自然进行加工改造，同时也改造自己。"自然提供了人的劳动对象和劳动手段，发挥了人的本质力量；人在自然上面也打下了自己的烙印。双方协作互利，共同推动历史前进。"③ 二、这段话同时还表明，"马克思还强调人的自意识（即自觉性）、观念、目的、意志、情趣等精神方面的本质力量，这也是《手稿》中所详加说明的。肉体和精神两不偏废，并且在行使意志，集中注意中的器官紧张也说明了肉体与精神的紧密联系。这一点在近代心理学和移情派美学中也已积累了很多例证。这是和《手稿》中'整体的人的全面发展'的基本原则是一致的"④。

---

① ［德］马克思：《1844 年经济学—哲学手稿》，此为朱光潜译文，见《马克思〈经济学—哲学手稿〉中的美学问题》，《朱光潜美学文集》第 3 卷，上海文艺出版社 1983 年版，第 477 页。人民出版社 2002 年版的《马克思恩格斯全集》中，此段译文为："因此社会的人的感觉不同于非社会的人的感觉。只是由于人的本质客观地展开的丰富性，主体的、人的感性的丰富性，如有音乐感的耳朵，能感受形式美的眼睛，总之，那些能成为人的享受的感觉，即确证自己是人的本质力量的感觉，才一部分发展起来，一部分产生出来。因为，不仅五官感觉，而且所谓精神感觉，实践感觉（意志、爱等等），一句话，人的感觉、感觉的人性，都是由于它的对象的存在，由于人化的自然界，才产生出来的。五官感觉的形成是迄今为止全部世界历史的产物。"见《马克思恩格斯全集》第 3 卷，第 305 页。

② 朱光潜：《马克思〈经济学—哲学手稿〉中的美学问题》，《朱光潜美学文集》第 3 卷，上海文艺出版社 1983 年版，第 477 页。

③ 同上书，第 484 页。

④ 同上书，第 484—485 页。

　　同样是强调劳动实践对艺术的作用，可朱光潜的特点之一就是把劳动与艺术等同起来，因此，把马克思纯粹论述劳动的话阐释为艺术理论，这不免有牵强附会之嫌。但是，朱在强调生产劳动是艺术的根源的同时，竭力把物质生产劳动与精神生产劳动统一起来，从根源上、实质都强调它们的同根同源性，这就不仅为精神活动找到了物质根基，而且在一定意义上强调了艺术作为精神活动的独立性，实际上，也可以说是朱光潜竭力在当时注重物质生产实践的时代背景下对艺术的独立性和精神性的一种变相强调。但从逻辑上说，朱先生这种把物质生产劳动与艺术活动一锅搅的做法恰恰在某种意义上抹杀了艺术作为精神活动的独立性，而把马克思论述生产劳动的话语说成是一种艺术理论，不免过于牵强附会，有"六经注我"之嫌。

　　马克思的《1844年经济学—哲学手稿》无论在马克思主义哲学上还是马克思主义美学上都是一个极其重要的文献，因此，中外马克思主义美学家都非常重视对这一文本的分析、解读。事实上，中国的实践美学最初就是运用这部手稿阐释美和美感的本质才逐渐形成的。20世纪80年代，随着"文化大革命"的结束，思想解放运动最初也是通过阅读和阐释马克思的这部手稿在思想文化领域逐渐展开的。朱光潜通过解读马克思的《手稿》，通过强调生产劳动与艺术的同一性，以及艺术作为与物质生产实践不同的精神性实践具有不同于物质生产实践的独特性，即他所说的"意识形态性"，走向了与李泽厚不同的实践美学。

　　从哲学层面说，朱光潜一方面反复强调艺术与生产的同一性，艺术就是一种特殊的生产实践（虽然他并没有用到"特殊"的一词），另一方面强调艺术作为精神性实践的独特性（即他所谓意识形态性），使实践概念从哲学领域向美学领域延伸，并具有了更大的包容性。因此，就中国的实践美学来说，朱光潜也是一个重要代表。而且，他赋予实践概念以精神性的内涵，这就避免了李泽厚早期过于注重和强调实践的物质性含义、从而有可能导致对审美和艺术的物质还原的危险。从这个意义上说，李泽厚和朱光潜，所持的观点看似相互争论、互不相容，实际上，他们却恰好有可能构成一种互补。诚如一位学者所言，"对于实践论美学观来说，没有朱光潜的实践论美学观是不完整的。他对精神实践的阐释是'文革'前实践论美学观的重要财富。20世纪末的一些超越实践论美学的学者大肆批评实践论美学中物质实践的局限性，而根本不提朱光潜的实践论美学观，这是不公平的"①。而且，就朱光潜本身的研究来说，他不顾年事已高，仔细认真阅读马克思经典作家的原著，认真领会、研究这些著作的含义，就这些著作的翻译和理解问题提出中肯的意见，这种严谨、认真的治学态度，无论在任何时候，无论对他的观点是否赞同，都是值得后代的学人很好地学习的。至于一些具体观点，他当然也有理解不当或偏颇之处，这一点我在前面已经分析过，这里不再重复。

二 蒋孔阳："以实践论为基础、以创造论为核心的审美关系说"

在实践美学学者中，蒋孔阳也是一位具有代表性的人物。他不像李泽厚以马克思哲学为根基，吸收改造康德的先验唯心论和皮亚杰的发生认识论，以及容格的集体无意识等学说，把它们糅合、融汇、贯通并进行批判性改造，从而创立自己的人类学历史本体论哲学美学；也不像朱光潜那样，有一个从现代西方哲学向马克思主义哲学转变的过程。他的主要特点是以马克思主义哲学为基础，博采众长，广泛吸收西方美学史和中国历代艺术理论，并以艺术创作和审美欣赏的实践作为佐证，从而形成他独到的实践美学观点。他早年对德国古典美学的研究为后来创立创造论美学打下了坚实的基础。"蒋孔阳先生的美学理论体系最大的优点之一，是它的海纳百川、广采博取，是它的巨大包容性与开放性"②。80年代以来，他逐渐发展、丰富、完善其美学学说，形成独特的"以实践论为基础、以创造论为核心的审美关系学说"，成为实践论美学中一个颇为重要的代表性人物。

（一）"美是一种社会现象"

20世纪50年代，蒋孔阳也参与了美的本质的大讨论。和参加讨论的大多数学者一样，他坚定地站在实践论的立场上，坚持从社会实践中去探

---

① 朱志荣：《实践论美学的发展历程》，《安徽师范大学学报》（人文社会科学版）2005年第3期。

② 朱立元：《发展和建设实践本体论美学》，《广西师范大学学报》（哲学社会科学版）2001年第1期。

讨美与美感的本质。

> 马克思列宁主义的美学，既不是从人的主观心灵来探求美，也不是从物质的自然属性来探求美，而是从人类社会的生活实践来探求美。从社会生活实践的观点来探求美，我们就可以看到，美既不是人的心灵或意识，可以随意创造的；也不是可以离开人类社会的生活，当成一种物质的自然属性而存在。它是人类在自己的物质与精神的劳动过程中，逐渐客观地形成和发展起来的。[1]

他强调，一方面，美不是一种可以离开人而存在的自然现象，不是像蔡仪所说的是自然物的客观属性，另一方面，美不是一种私人性的情感外化，而是具有社会历史性的。而之所以如此，是因为美与美感都是社会历史实践的产物。

> 无论是作为审美对象的现实，或者作为主体的人的审美能力，都是社会历史的产物，都是人们在劳动实践的过程中，客观地形成起来的。正因为它们都是人类社会的产物，所以，它们都不属于自然的范畴，而属于社会的范畴，美不是自然的现象，而是社会的现象。[2]
>
> 我们说，美是一种社会现象，这就是说，美是人类社会才有的现象，离开了人类社会，美就不存在。要说明这个问题，一方面，我们要说明，美不是自然现象；另一方面，我们要说明，美不是个人私有的现象。[3]

但蒋孔阳并不是单纯把美作为一种社会现象来讨论。他看到美与美感是密切相关的，美感在一定程度上可以影响美。因为美作为社会现象的表现，同时又与主体的感觉密切相关，主体本身的文化修养、思想观念、个性品质等都会影响他对美的欣赏。

---

① 蒋孔阳：《简论美》，《美和美的创造》，江苏人民出版社 1981 年版，第 18 页。本文原载于《学术月刊》1957 年第 4 期。

② 同上书，第 19 页。

③ 蒋孔阳：《论美是一种社会现象》，《美和美的创造》，江苏人民出版社 1981 年版，第 28 页。该文原载于《学术月刊》1959 年第 9 期。

因为美是通过感觉来把握的，所以它和感觉分不开。人的美感，可以说是建立在感觉的基础之上的。他是通过感觉来感受美的。因为人是通过感觉来感受美的，所以，作为感觉对象的感性生活材料，它们本身的性质就常常影响到美的性质。①

正因为如此，资产阶级的美学家往往片面夸大美感的感性方面。但实际上，感觉本身是与理解力相关的，而理解力则与思想、意志相关。

我们在美的形象中，不仅感受到了感情，也感受到了思想和意志。或者更正确地说，我们是在思想、意志和情感的统一中，来感受美的。因为这样，所以美和真和善，就发生了密切的关系了。那就是说，美虽然不同于真，不同于善，然而，不真不善的东西，却不可能美。②

在探讨美的本质的基本思路上，蒋孔阳与李泽厚是一致的。一方面，强调美不是单纯的自然现象，而只能是在社会实践中形成、发展起来的，是一种社会现象；另一方面，强调美不是私人现象，不是个人情感的外化、对象化。那么，这里显然有一个隐含的审美主体，它应该是人类而非个体。因此，美就不能是脱离人类实践的一种自足存在，不能是自然本身的属性。

蒋孔阳是把美和美感放到一起来讨论的。但他不像朱光潜那样把美与美感混为一谈，把美感看成美，而是严格区分美与美感，但又因为它们密切相关，因而往往一方面说明美是社会实践的产物，另一方面并不忽视美感可以在一定程度和意义上影响美的形成。他谈到美感与人的感情相关，但感情与理解、意志等又密切相连，而后者便牵涉到人的社会实践和社会存在。由美感而反观美，从而发现美与真、善之间的密切相关。这种论证方式无疑比单纯地就美而论美更为辩证，其思维也表现得客观而公允，从而这种论证显得更有说服力。

---

① 蒋孔阳：《简论美》，《美和美的创造》，江苏人民出版社 1981 年版，第 21 页。
② 同上书，第 23 页。

　　这样，蒋孔阳给美下了一个定义：

　　　　美是具有一定的社会内容的感性形象，它具体地体现了人们肯定
　　社会中美好事物的思想、意志、感情和愿望！
　　　　美是普遍地客观地存在于人类社会生活之中的。他生活的地方，
　　就有美；有人的地方，也就有美感。①

　　在强调美是社会现象的同时，蒋孔阳也强调美具有客观性。这种客观
性来源于美作为社会现象的特性。

　　　　所谓客观的，就是独立地存在于我们的身外，不以我们人的主观
　　意识为转移。美，就是存在于我们身外，而不以我们的主观意识为转
　　移的。美的就是美的，我们无法把它丑化；丑的也就是丑的，我们也
　　无法把它美化。②
　　　　朱先生把社会的与主观的等同起来，我们则刚好相反，把社会的
　　与客观的看成一致。我们和朱先生之间，为什么有这样大的差别呢？
　　这就因为朱先生所看到的社会，是社会意识；而我们所看到的社会，
　　是社会生活。社会意识是人们主观的产物；但社会生活，则是人们客
　　观的实践。我们说美是社会的，那意思就是说，美是人们在社会生活
　　实践过程中所创造出来的。因为美是社会生活实践的过程中创造出来
　　的，所以美是社会生活的属性，美与社会生活一道，客观地存在于人
　　们之外。③

　　20世纪50年代的美学讨论中，主张"美是客观性与社会性的统一"
的"社会实践派"观点受到了大多数学者的赞同，成为后来实践美学的
先声，蒋孔阳便是其中重要的一个代表人物。在这里，蒋孔阳同李泽厚的
观点基本一致，都认为美是一种社会现象，应当从社会生活中去寻找美的
本质，都主张美是客观性与社会性的统一，都强调和朱光潜的分歧在于朱

---

　　①　蒋孔阳：《简论美》，《美和美的创造》，江苏人民出版社1981年版，第23页。
　　②　同上书，第37页。
　　③　同上书，第38页。

把"社会"看成是社会意识，而实际上"社会"应该被理解为社会生活。关于美的本质，他们也都主张"美是人的本质力量的对象化"，是"自然的人化"。80 年代以后，他们的基本思路仍是大体一致的，也都还是以实践论作为美学的基础。只是在建构其学说的具体方法上有所不同。李泽厚作为哲学家，更加注重哲学的系统性和完整性，注重美学与伦理学和认识论的联系。其美学的核心观念不再是"实践"，而是"自然的人化"，而"自然的人化"中对美的形成起重要作用并与美本质密切相关的又是"广义自然的人化"。特别是 80 年代以后，当他确立历史唯物论的基础之后，他致力于对内在自然人化的意义的阐发与研究，努力在工具本体的基础上建立"新感性"，确立"情本体"，使其人类学本体论哲学美学逐渐向个体生存论转向。而蒋孔阳则更多联系艺术史和审美实践，以"人的本质力量的对象化"为中心，把美学的出发点定位为人与世界的审美关系，从审美活动创造美这一切入点入手建立自己的"创造论的审美关系"说。他特别强调美是一个创造的过程，这个创造过程既是积累、沉淀前人成果的过程，同时又是刹那间的突破与感悟，因而，美呈现为"多层累的创造"特性。下面主要以他出版于 20 世纪 90 年代的代表作《美学新论》为代表，结合其他著作来看蒋孔阳 80 年代以后的美学思想。

（二）美学研究的出发点："人对现实的审美关系"

和同时代的其他学者一样，蒋孔阳真诚信奉马克思主义，把唯物辩证法看做美学研究的根本方法。他说：

> 唯物辩证法，是唯物、辩证和历史三者的统一。由于这三方面的统一，它把整个宇宙当成一个动态的时空复合结构，一切都处于相互的联系之中，处于不断地否定、革新和创造的过程之中。我们的美学研究，采取了这一方法，至少有下列几种好处：第一，尊重客观事实，能够理论联系实际，不瞎说乱吹；第二，它是一个开放的系统，不偏于一得之见，能够在多方面的联系中，兼收并蓄；第三，不满足于已有的结论。根据辩证法"否定之否定"的精神，能够在不断地自我否定之中，不断地自我完善，不断地进行新的创造。[①]

---

① 蒋孔阳：《美学新论》，人民文学出版社 1993 年版，第 51 页。

　　唯物辩证法把世界看成一个相互联系的整体，没有什么现象是孤立绝缘地存在的，同时，任何现象也都是变动的，没有恒常不变的事物，因此，分析任何问题也都必须具有这种联系的眼光、发展的眼光，在变化和发展中把握事物的本质。把唯物辩证法这种观点用到美学中，则美学研究的出发点既不是美，也不是美感，也不是艺术，而应该是人对现实的审美关系：

　　　　人对现实的审美关系，是美学研究的出发点。①
　　　　从古到今，人类的一切学问，都是探讨人对周围现实世界的关系。……从希腊人开始，人都是通过人与世界的关系来探讨人自己的。人与世界或者人与自然的关系，成了人类一切学问的出发点。②

　　在蒋孔阳看来，只有人才构成对现实的关系。因为只有人是有意识的主体；客体的层次丰富复杂，有自然界、人造物、人与人的关系产生的各种社会现象，人的精神活动产品等，"这一切关系，都以人的需要为轴心，以人的实践为动力，以物的性质和特性为对象，相互交错和影响，形成了整个人类社会的历史和现实生活。而审美关系，就是这各种各样的关系之中的一种关系。美学研究的出发点，就是人对现实的审美关系"③。
　　从审美的起源来看，审美最早是与实用相联系的，人对现实的审美是逐渐从实用关系中脱离出来的。人之所以要和现实发生审美关系，"是因为人的本质具有审美的需要"。而人之所以有审美需要，是在劳动中客观世界符合了自己的目的，产生了满足感和愉快感，这就是审美意识的产生。"美是在劳动生活中产生，并且是劳动生活的一种装饰。人的本质需要美的装饰，因而人类有了劳动生活，就和现实发生了审美关系。"④
　　同样是以实践论观点为基础，但蒋孔阳和李泽厚的思路却并不相同。李泽厚早期的美学研究以美感作为出发点，从美感的形象直觉性和社会功

　　①　蒋孔阳：《美学新论》，人民文学出版社 1993 年版，第 3 页。
　　②　同上书，第 4 页。
　　③　同上书，第 7 页。
　　④　同上书，第 10 页。

利性二重性入手，逐渐深入分析美的二重性，从而形成美具有形象直观性和客观社会性的观点。后期李泽厚更注重从美的发生学角度去探究其本质，强调自然的人化对于美和美感的形成的决定性意义和对美与美感的本质的规定性意义。到 21 世纪，李泽厚把美学问题与人生问题联系到一起来论说，特别强调要建立"情本体"作为没有信仰时代的人生精神归宿。自始至终，他都是以一种哲学性的角度和眼光在分析美学问题，因而，他的理论总体上就具有一种宏观博大的气度。而蒋孔阳则是从审美关系入手理解美学问题，强调从人与自然的互动、相互关系中理解美和美感的本质。在这一点上，他和李泽厚区别并不大。但是在具体论证审美活动的产生时，他是从人的心理需要出发来进行论证的。"人的本质需要美的装饰，因而人类有了劳动生活，就和现实发生了审美关系。"这样，关于美的诞生问题实际上就被转换成为人的需要问题。但他并没有沿着这一思路往前走，进入审美的心理分析层面，而是回到人与现实的审美关系上。

在蒋孔阳看来，人对现实的审美关系具有四个特点：

（1）通过感觉器官来和现实建立关系。[1]

因为人对现实的审美关系是建立在感觉器官之上的，所以感性的形象性和直觉性，就成了审美关系的第一个特点。[2]

（2）"审美关系是自由的。""审美之所为审美关系，它的特点则在于它虽然也要受到主体与客体各自条件的限制，但它却常常能够从这些限制中解放出来，取得自由。"[3]

（3）"审美关系是人作为一个整体来和现实发生关系，人的本质力量能够得到全面展开。"[4]

之所以是"人的本质力量的全面展开"，是因为共产主义克服了异化劳动，"每个人都可以把自己的劳动当成艺术的创造，因此，每个人在自己的范围内，都可以成为艺术家。所谓艺术家的意思，就是人作为人的本质，可以得到全面的发展，从而与现实建立起完整的也就是审美的关系。"[5]

---

[1]　蒋孔阳：《美学新论》，人民文学出版社 1993 年版，第 11 页。

[2]　同上书，第 12 页。

[3]　同上。

[4]　同上书，第 13 页。

[5]　同上书，第 14 页。

（4）"审美关系还特别是人对现实的一种感情关系。"①

在比较了历史上各种关于美学研究的对象的学说——比如说，美学研究对象是"美"、是"艺术"、是"人类的审美意识或美感经验"、是"人对现实的审美关系"等等——各自的优缺点之后，蒋孔阳提出，"美学应当以艺术作为主要对象，通过艺术来研究人对现实的审美关系，通过艺术来研究人类审美意识和美感经验，通过艺术来研究各种形态和各种范畴的美"②。这同朱光潜的观点颇有一致之处。朱光潜也是把艺术作为美学研究的中心，认为艺术美是最集中、最典型的美；自然美是一种雏形的艺术美，按照马克思关于"人体解剖是猴体解剖的钥匙"的观点，如果艺术美的问题得到解决，自然美问题也就迎刃而解了。而李泽厚的观点则有所不同，他曾经谈到，美学之为美学而非艺术哲学或各种部门美学，正在于它要研究"自然如何向人生成"，自然美如何产生，其本质为何。

同样是从实践论观点出发，在美学研究对象问题上，美学家们却得出了各自不同的结论，而每一种结论都有历史上美学家的观点作为佐证，都有自己的合理性与局限性。但是就今天的时代而言，实际上，生态问题在全世界的突出已把自然美问题作为一个重要问题摆在我们面前。如何从美学上看待人与自然的关系，自然美的"人化"尺度何在，这不仅仅是一个美学问题，而且也是一个社会问题，甚至是一个政治经济问题，因而，对自然的审美维度的研究便显得格外重要。从这个意义上说，在当今时代，没有对自然美的独立研究的美学是不完整的。

（三）美的特点："开放性系统"与"突创性"

蒋孔阳认为，人与现实的审美关系的上述特点使得美不可能是一次性生成的、不变的，而是处在不停的变化、发展过程之中。为什么历史上会有各种各样的关于美的本质的观点，正是因为美是一个不断被创造的过程，一个恒新恒异的过程，因而，它不可能有某种固定不变的结论。由此，蒋孔阳从美学理论和哲学史上讨论了"美"和"美的东西"、"美与形式"、"美与愉快"、"美与完满"、"美与理念"、"美与关系"、"美与生活"、"美与距离"、"美与移情"、"美与无意识"、"美与否定"等问题，

---

① 蒋孔阳：《美学新论》，人民文学出版社 1993 年版，第 14 页。

② 同上书，第 38 页。

在充分肯定每一种说法的合理性、分析了它们的局限性之后，他郑重地提出，美是一个开放性的系统，处于不断变化和创造过程之中，因而是恒新恒异的。

　　我们应当把美看成是一个开放性的系统，不仅由多方面的原因与契机所形成，而且在主体与客体交相作用的过程中，处于永恒的变化和创造的过程中。美的特点，就是恒新恒异的创造。①

　　美的创造，是一种多层累的突创（cumulative emergence）。所谓多层累的突创，包括两方面的意思：一是从美的形成来说，它是空间上的积累与时间上的绵延相互交错，所造成的时空复合结构。二是从美的产生和出现来说，它具有量变到质变的突然变化，我们还来不及分析和推理，它就突然出现在我们的面前，一下子整个抓住我们。正因为这样，所以美的内容是极其丰富和复杂的，它不仅具有多层次、多侧面的特点，而且囊括了人类文化的成果和人类心理的各种功能、各种因素。但它的表现，却是单纯的、完整的，有如一座晶莹的玲珑宝塔，虽然极尽曲折与雕琢的能事，但却一目了然。②

　　蒋孔阳结合自己的审美体验，分析了南京中山陵以及夏夜的星空，认为它们之所以美，是由于多种因素层层累积、主客体条件相互契合而突然产生的；审美的发生，就像发电设备都具备了，然后电钮一揿，电灯便亮了一样。"美并不是某种固定的实体，而是多种因素的积累。当作为审美对象的客体与作为审美主体的人，相互契合了，情与景相互交融了，这时，美就会突然创造出来。"③"因为美是多种因素多层次的积累，是时空的复合结构，所以美既不是单一的，也不是纯粹的，而是多样的、复杂的。从多样性方面来说，有各种各样的美：曲线是美的，直线也是美的；古董是美的，新奇也是美的；错金缕采是美的，自然朴质也是美的；完满是美的，残缺也可以是美的；至于艺术上不同的样式、体裁、风格和流

---

① 蒋孔阳：《美学新论》，人民文学出版社1993年版，第136页。
② 同上书，第136—137页。
③ 同上书，第138页。

派，那更是各美其美。"①

由于美是多层次反复累积的成果，在发生上又具有突然性，因而，美不是单一的，而是复合的，可以从不同层次和侧面来探讨美的发生和美的本质。蒋孔阳把美归纳为四个层次：自然物质层，知觉表象层，社会历史层，心理意识层。

> 美的创造，是多层次的积累所形成的一个开放系统，在空间上，它有无限的排列与组合；在时间上它则生生不已，处于永不停息的创造与革新之中。而审美主体与审美客体的关系，则像坐标中两条垂直相交的直线，它们在哪里相交，美就在哪里诞生。自然物质层，决定了美的客观性质和感性形式；知觉表象层，决定了美的整体形象和感情色彩；社会历史层，决定了美的生活内容和文化深度；而心理意识层，则决定了美的主观性质和丰富复杂的心理特征。正因为这样，所以美既有内容，又有形式；既是客观的，又是主观的；既是物质的，又是精神的；既是感性的，又是理性的。它是各种因素多层次多侧面的积累，我们既不能把美简单化，也不能固定化。美是一个在不断的创造过程中的复合体。②

由于注重和强调美的"开放性"和"创造性"，突出了美在实践过程中的历史性与流变性，同时把个体主体性的作用放到一个首要位置，由此，蒋孔阳的美学成为实践美学的一个重要代表。蒋孔阳和李泽厚都是从自然的人化来理解美的本质的，但李更侧重于从宏观上区分自然人化的狭义和广义尺度，侧重于阐述自然的人化对人与自然之间的关系的改变。而蒋则是从具体个体的审美发生和过程来分析美的发生，也就是说，在蒋孔阳那里，自然的人化是一个既成的事实，他所着重阐明的是在这个既成事实的基础上，每一种具体的审美过程如何发生，这个具体的审美过程中如何累积从自然因素到社会因素、从心理因素到精神因素的各种主客体条件。这样，实际上，他的着眼点在于个体的、具体微观的审美过程，但在这个过程中，他注入了历史的、社会实践的因素，并把实践论的观点贯彻

---

① 蒋孔阳：《美学新论》，人民文学出版社 1993 年版，第 139 页。
② 同上书，第 145 页。

到每一个具体的审美过程之中，从而，使得他的分析带有一种亲切之感、一种个性化的感性体验性，同时，又具有一种宏观的历史深度。这实际上也就是李泽厚讲的积淀了社会历史理性的个体感性重建。

　　蒋孔阳对美的"突创性"的强调突出了美的偶然性、一次性、流变性。没有一成不变的美。就整个人类而言，美是人类实践创造的客观价值，但是这种价值并非既成的、不变的。具体的美永远都随着审美主体和审美对象的各种条件的交互契合而具有不同的面貌。同一对象，此时看美，彼时则失去其美；平常看惯的东西在一定条件下会对人显出一种辉煌灿烂的美来。自然的人化仅仅是美的必要条件，是美诞生的前提，但不是充分条件。这是我前面已经谈到的。也就是说，美必定是自然的人化，但自然的人化未必便是美。那么，在自然人化的前提条件下，要生成美还需要有些什么条件呢？蒋孔阳的研究在这里显示出它独特的意义。它指出，美需要有自然、社会历史、主体的知觉表象和心理意识诸方面的积极参与。这样，在自然人化的前提下还需要哪些条件才成产生美的问题，亦即美的充分条件的问题也就得到了回答。从这个意义上说，蒋孔阳的研究是对李泽厚的实践美学的一个重要补充。当然，这个回答实际上也还是非常简略的，提纲挈领的，而且，人们完全可以不同意它的结论，它这几个方面是否全面、是否还有更为重要的因素或内容没有被包括进来、是否在这几个层次之间存在着重复的问题，这些都是可以讨论的。但是至少，它提供了一个思路，提醒人们注意到这一问题的存在。

　　但是，在看到蒋孔阳的美的"突创说"的意义的同时，不能不看到它的缺陷。这个缺陷并非具体观点的缺陷，而是思维方式的缺陷。和朱光潜一样，蒋孔阳在讨论"美是什么"的时候也未能区别美的类层次与个体层次，而是把两个层次混淆了起来。当我说"突创说"是从个体主体性的角度看待美的生成时，这是我从自己的阅读中所理解、体会出来的，当然也是根据蒋孔阳的论述解释出来的，但蒋本人并没有这样说过。相反，由于他并没有区分美的类层次与个体层次，而是把类与个体放到同一个平面上去，因而，他才说，美"既是客观的，又是主观的；既是物质的，又是精神的；既是感性的，又是理性的"。从逻辑上，一个事物怎么可能既是客观的又是主观的？如果它是客观的，便不能是主观的；是主观的，便不能是客观的。所谓客观的主观性或主观的客观性实际上是无法存在的。就美的客观性而言，它是从整个人类的角度说的，是人类的社会实践造成了、创造了美，这种美具有超越于具体的时代、社会、阶级、民族的价值；但就美的主观性而言，它只能是针对具体的审美中的个体而言的，因为在个体的审美过程中，必然掺杂进个体主观的意识与想象等主观性因素，也就是朱光潜讲的美感对美的影响。蒋孔阳前面也讲过美感可以影响美。但是，美感对美的影响只能是在这个层次而言。遗憾的是蒋孔阳并未能清醒地意识到这一点，而是像朱光潜一样，把美的类层次与个体层次、美与美感混为一谈了。这一点我下面还要谈到。

（四）美的本质："人的本质力量的对象化"与"自然的人化"

在 20 世纪 50—80 年代，实践论观点成为中国美学的大潮，大多数学者都从马克思的《1844 年经济学—哲学手稿》中吸取美学的理论资源，因而马克思在该书中关于"人的本质力量"的论述亦为学者们所乐道。"美是人的本质力量的对象化"成为多数学者的主张。李泽厚在 50 年代也如是讲。但后来，他为了跟朱光潜等学者的观点区别开来，便只讲美是"自然的人化"而不再讲美是"人的本质力量的对象化"，并且系统地发挥了"自然的人化"学说。只有蒋孔阳一直坚持"人的本质力量的对象化"之说，并且使这一观点成为他关于美的核心命题之一。

蒋孔阳发表于 20 世纪 80 年代初期的论文《美和美的创造》（原载于《学术月刊》1980 年 3 月号）首次提出"美是人的本质力量的对象化"的命题：

> 美除了上面所说的形象性、感染性和社会性这些特点之外，还必须具备一个最为根本的特点，那是马克思所说的"人的本质力量的对象化"。也就是说，美的形象应当反映出人作为人的本质力量。这一本质力量，一方面把人和动物区别开来，人的本质力量不同于动物的本质力量；另一方面它是在一定的历史条件和社会关系中所形成起来的、人类最先进的一些品质、性格、思想、感情、智慧和才能等。因此，一个人的本质力量应当是这一个人身上最能反映他这一个人的那些品质、性格、思想、感情、智慧和才能等。[1]

---

① 蒋孔阳：《美和美的创造》，江苏人民出版社 1981 年版，第 46 页。

蒋孔阳认为，美之所以是人的本质力量的对象化，是因为美总是跟人的活动联系在一起的，是人的活动创造了美：

> 美离不开人，是人创造了美，是人的本质决定了美的本质。人总是通过自己的实践活动，来把自己的本质力量在客观现实中实现出来，使现实"成为人自己本质力量的现实，一切对象对他说来成为他自身的对象化"。正是在这个意义上，我们说，美是人的本质力量的对象化。①

那么，所谓"人的本质力量"具体是什么？在蒋孔阳看来，所谓的"人的本质力量"并非某种单一的元素或性质，而是由多种因素组成的复合结构。其中包括人的自然力、生命力、自觉意识和精神气质等等。它们从自然到精神组成了一个完整复杂的系统。首先是人的自然力和生命力，他的自然禀赋和能力，他的情欲和需要。这是人的本质的力量的基础因素。但人之所以为人，并非在于其自然力，正在于他能超越这些自然力，具有精神力量——思维力、意志力、感情力。无论是自然力还是精神力，它们作为人的本质力量表现出来的时候，都离不开社会性。

> 正是自觉性、目的性和创造性等特点，使人的本质力量突破自然的物质束缚，向着精神的自由王国上升。人除了自然的本质力量之外，更具有精神的本质力量。只有当人具有了精神的本质力量，他才告别动物，具有丰富复杂的内在生活和精神生活，成为真正的人。
>
> 因此，人的本质力量不是单一的，而是一个多元的、多层次的复合结构。在这个复合结构中，不仅既有物质属性，又有精神属性，而且在物质与精神交互影响之下，形成千千万万既是精神又是物质，既非精神又非物质的种种因素。而这些因素，随社会历史的实践活动，随人类生活不断开展，又非铁板一块，万古不变，而是永远在进行新的排列组合，进行新的创造，从而永远呈现出新的性质和面貌。因此，人的本质力量，并不是固定不变的，而是万古常新，永远在创造

---

① 蒋孔阳：《美学新论》，人民文学出版社1993年版，第160页。

之中的。①

　　这样，所谓"人的本质力量的对象化"也就并非一次性的单一过程，而是一个动态的、永远处于创造中的过程。由于人的本质力量的复杂性和多层次性，在实际生活中，往往不是全面地展开人作为人的本质力量，而只是以自己某一方面的本质力量去和现实的某一方面发生关系。在审美中则不一样：

　　　　我们既要以我们物质的生理感官，自然的本质力量去和现实发生关系；又要调动我们的各种心理功能，精神的本质力量，去和现实发生关系。不仅这样，我们的思想、意志和感情、我们的知识修养、文化素质以及人格力量，我们的爱好、趣味和审美能力，都一起调动起来，活跃起来，然后我们以一个完整的人，全面地扑在对象上。正因为这样，所以处于审美关系中的人，才是全面的人，丰富的人，完整的人。美是人的本质力量的对象化，就是说，人在审美活动的时候，把自己的本质力量，全面地在对象中展现出来。②

　　"美是人的本质力量的对象化"在一段时间里是实践论美学家们的共识。但是，对"本质力量"的理解各不相同。李泽厚讲的"本质力量"主要还是人使用和制造工具以改造物质世界的能力、手段，而"人的本质力量的对象化"则是从实践上对世界的客观征服和改造过程。所谓"对象化"，并非主观意识或情感的"移情"或"外射"，而是在实践中真正对物质世界的改造，通过这种改造活动在对象世界里实现人的愿望、情感。它首先是指这个实践改造的过程，其次才是这个过程的产品、结果。对于李泽厚来说，排除意识情感的对象化，使他的学说具有理论上的自洽性和逻辑上的一致性。但是，美是如何从这种实用性的、功利性的对世界的实践改造中产生的，它跟人的生存的关联如何，便需要进一步说明。而蒋孔阳把"人的本质力量"界定为从自然属性到精神、意识、情感、意志等心理和精神因素都包括在内的复合体，因而"人的本质力量

---

　　① 蒋孔阳：《美学新论》，人民文学出版社 1993 年版，第 169—170 页。
　　② 同上书，第 171 页。

的对象化"也就不仅仅是对世界的实践改造，它还包括意识、情感等主体的心理因素向客体的移情活动，从而它也就包含了审美活动等精神性的活动。于是，"美是人的本质力量的对象化"便顺理成章了。但是，这样一来，这一概念也就失去了它确定的含义，成为一个无所不包的概念。因为，照这种理解，又有什么活动不是"本质力量的对象化"呢？

此外，最能体现"人的本质力量"的活动真的就是审美活动吗？这恐怕也是值得推敲的。既要调动人的自然属性，又要调动人的精神属性，还有人的意志、认识、情感等因素的活动，应该说主要还是实际的改造世界的活动，而非审美活动。只有实际的改造世界的活动才是真正调动了人的一切因素的。而且，就真正能体现"人的本质力量对象化"的活动来说，难道实际的创造活动比不上审美活动这样一种单纯精神性的活动吗？不管怎样，审美活动毕竟只是在意识或精神中发生的，而非实际生活—生存中发生的。说"美是人的本质力量对象化"，固然不算错。但这最多能看做一个对"美"的哲学概说，而非对美的定义。作为定义，它远远没有把美的独特之处讲出来。正如"美是自然的人化"也只是一个哲学判断，也需要进一步界定、分析一样。

蒋孔阳具体地分析了"对象化"的含义。

> 在人与自然的关系中，人在自然中选择对象、发现对象，把自己全部生命的本质力量灌注进去，使对象活起来，成为自己的自我实现和自我创造，这时就产生了"对象化"。因此，"对象化"，是人"化"到对象中去，然后再从对象中表现出来，使对象成为自己的"作品"。①

具体说来，所谓"对象化"，在蒋孔阳看来有四个方面的内涵。
（一）对象化的含义，来自于劳动。

> 劳动使人和自然分开，自然成为劳动的对象；同时劳动又使人和自然结合，经过劳动，人按照自己的目的，在不违反自然的前提下，改造自然，使自然成为"人化了自然界"。正是这一"人化了的自然

---

① 蒋孔阳：《美学新论》，人民文学出版社1993年版，第179页。

界"，不仅是客观的自然，而且是人意识到的自然界。对象化的对象，就是人所意识到的客观的自然界。①

在蒋孔阳看来，人只有通过劳动才能把自然当做对象，才具有对象化的意识。动物是没有这种对象化意识的，因而也不可能具有对象化活动。

（二）人所对象化的是人的"本质力量"，其中主要是社会价值和道德规范。自然是人的对象，人所"化"到对象中者，人的本质力量是也。

> 人的本质力量是一种多元因素的复合结构，主要有来自于自然物质的本能欲望和来自于精神文化的社会价值与道德规范。这两方面的对立统一，构成了不同的文化结构。②
>
> 我们把自己的本质力量对象化，这对象化的，应当是人在自然的基础上，根据社会的要求，所达到的最高水平。这个最高水平，就是价值和规范。③
>
> 人的对象化，事实上就是不断地把自己的生活，把自己的生命力和创造力转化为有意义的、具有价值的规范性的存在。因此，对象化，是人对于自身存在的肯定和确证，它既是现实的，又是理想的。④

这里强调的是，被对象化的，并非人的自然存在或自然禀赋，而是建立在社会实践基础之上、在社会中形成并完善的各种价值与规范。这些价值与规范作为人的本质力量，是社会实践的结果，同时，在人的实践活动中又作为主体的本质力量进一步作用于对象，"化"到对象中去。在这里，人的本质力量的精神性因素被突出、强调出来。并且，蒋孔阳认为，这种对象化活动，既是一种现实活动，又是一种理想化的活动。这样一来，人的本质力量对象化主要被解释为一种精神性的实践活动。人的生命存在中自然物质存在和精神两方面被统一在了一起。于是，美作为"人

---

① 蒋孔阳：《美学新论》，人民文学出版社 1993 年版，第 180 页。
② 同上书，第 181 页。
③ 同上书，第 182 页。
④ 同上书，第 183 页。

的本质力量的对象化"也就顺理成章了。

（三）对象化以两种方式来进行：理论的和实践的。

> 实践方式的对象化，事实上就是形象化。一切审美活动和艺术创造，都是以形象化的实践方式来进行的。①

在实践的对象化方式中，首先，"人的本质力量不是抽象的概念，而是活泼泼的生命力量。这些生命力量在人的感性活动中，与人的感觉器官结合一道，在改造客观对象的当中，转移到客观对象中去"。

其次，"人的实践活动，加在客观的物质世界的上面，必然要改变或突破物质世界原来的自然形式，取得表现人的本质力量的新的形式，也就是说，使客观世界从第一自然变成第二自然。这第二自然，是人所创造的形象。它虽然仍然保存着第一自然的物质材料，但却服从人的目的和需要，渗透进了人的感情、意识和理性，将原来的物质形式，改造成为克莱夫贝尔所说的'有意味的形式'"②。

最后，"对象化在'化'的过程中，作为主体的人，不仅不是外在的，而且也不是旁观的，他是以自己的整个生命力量投进去，与'化'俱化"③。

因而，每个个体的对象化所创造的美就永不重复，恒变恒新。

（四）对象化是双向的。不仅人的本质力量化到对象中，通过对象的形象显现出来，而且对象的性质和特征，也制约着的人的本质力量的显现。

> 通过人的本质力量的对象化所创造出来的美的形象，一方面表现了作为主体的人的修养和水平，另一方面则反映了作为客体对象的现实生活的深度和广度。单纯的客观性，没有人的感情和生命，不可能美；单纯的主观性，缺乏生命所活动的对象，空洞枯燥，也不可

---

① 蒋孔阳：《美学新论》，人民文学出版社1993年版，第184页。
② 同上书，第184页。
③ 同上。

能美。①

在这里，第一层意思是"对象化"的通常意义，是从实践论观点出发的共识。第二层意思则是有争议的。被对象化的，到底是什么？前面讲"人的本质力量"包括从人的自然属性到社会属性，到人的心理、意识、精神存在，举凡人作为主体的一切都被包括在其中，而这里则单把社会价值和道德规范提出来。但是，在审美活动中被"对象化"的仅仅是价值与规范吗？应该说，除了价值与规范，恐怕更多还应该包括人的情感、教育、世界观以及每个人对对象的不同的形式感知力等等。从蒋孔阳所说的对象化的第三层意思，可以看到他是把对对象的实践改造和观念上的改变，都看做一种对象化活动。如木匠制作产品，画家画画，诗人写诗，在他看来都是"对象化"的活动。对象通过人的活动变成了第二自然，成为有意味的形式。这个"有意味的形式"在这里显然不单指艺术或审美对象而言，它也包括物质实践活动对象。也就是说，人们在改造世界的实践活动中，也改变了自然对象，使之从"第一自然"变成"第二自然"，从自在客体变成自为客体。在这个过程中，无论是实际的生产活动，还是艺术活动，都必须掌握对象的形式规律，正是这种形式规律的掌握与运用使得人类生产力日益提高，掌控和改造自然的能力愈来愈强。科学技术，特别是技术，在一定意义上，正是对新的形式规律的探索和掌握。在这一点上，实践派美学家们的思路基本上都是一致的：李泽厚讲"形式力量"与"形式感"，朱光潜强调生产劳动与艺术的同一性，蒋孔阳则提出对象化有理论和实践两种形式，并把审美和艺术活动都看成一种实践。

这里可以明显地看出蒋孔阳和李泽厚的"对象化"概念也是有区别的。首先，李泽厚没有专门论述过对象化概念。然而，从他的"自然的人化"理论可以导出。他的"自然的人化"并不是从个体的角度，而是从人作为类主体与自然界打交道的角度来说的；而蒋孔阳的"对象化"的主体则既可以是类主体，也可以是个体主体，其中主要还是个体主体。其次，李泽厚的自然人化，必须是人对自然进行实实在在的物质改造，而非主体通过幻想和想象把自己的"生命力量""投射"到对象中去，这一点是他反复强调的。而蒋孔阳的"对象化"，既包括了人作为类主体对自

---

① 蒋孔阳：《美学新论》，人民文学出版社 1993 年版，第 185—186 页。

然的改造活动，也包括了幻想、想象等艺术创造活动。李泽厚的长处在于从人与自然的关系角度解释自然的人化，把美的本质与美的起源问题联系起来，把美的诞生与"自然向人生成"这个历史过程联系起来，同时，经过不断完善，自然人化的理论又包括了人的感官与心理的人化，从而把美与美感既严格区分开来，又可以从中找到其相互联系之处。蒋孔阳把从物质到意识、心理、精神都包括在"对象化"之中，这样虽然可以解释美的精神性和多层次性，但逻辑上层次不清，把实践的基础含义和扩展含义混为一谈，留下了予人攻击的口实。如果从理论到实践都是对象化活动，那又有什么不是对象化？事实上，理论更多是一种反思性的活动，是人类的意识反观自身并对世界从意识上进行的抽象把握，因此它本身很难说是对象化的，这也是理论与实践的区别之所在。如其不然，理论也成为对象化的，那"美是人的本质力量的对象化"这个判断实际上也就没有什么意义了。

蒋孔阳也讲"自然的人化"。他认为，"从主体方面说，美不美，在于人的本质力量；但从客体方面来说，则美不美，在于对象（自然）是不是人化，是不是与人发生了关系"[1]。

蒋孔阳认为，"自然的人化"有几种情况：1. 通过劳动实践，直接改造自然，使自然服从人的需要，从而变成人的"无机身体"。2. "通过自由的想象和幻想，自由地支配和安排自然，使自然从自然的规律中解放出来，变成符合人的主观希望的自由形象。"3. 自然以它本身的特殊的物质结构形式和自然景观，来抒发人的胸怀和意气，表现人的思想感情。如自然风景就是这样。4. 自然的人化是一个不断深化、不断丰富的过程。由于人与自然的关系是通过个体来实现的，因而个性差别也导致了自然人化的差别。"那就是说，自然的人化也是有个性的。是有个性的'自然的人化'，造成了有个性的'人化的自然'。正因为这样，作为审美对象的客体的自然，像作为审美主体的人一样，都是极其丰富多彩的，富有个性的。"[2] 5. 像外宇宙那种自然，不是人的对象，人的本质力量不能在那儿实现，不是人化的自然，不能成为审美的对象。

从马克思《1844 年经济学—哲学手稿》中的思想出发，实践美学家

---

① 蒋孔阳：《美学新论》，人民文学出版社 1993 年版，第 173 页。

② 同上书，第 175 页。

们都把"自然的人化"作为美的本质。但是，对自然的人化内涵的理解却很不相同。李泽厚的"自然的人化"是严格意义上的人对自然的实践改造，强调它是一个历史过程，经过这种改造之后人与自然关系产生历史性的改变。同时，在李泽厚那里，自然人化还有另一方面：作为自然存在的人本身被"人化"，即人的生理、心理结构的人化，由动物性的心理变成人的心理。正由于这两方面的改变，美才能产生，自然才能成为人的审美对象。而朱光潜和蒋孔阳则认为，除了人通过劳动直接改造自然之外，"自然的人化"还有心理学上的含义。但这个心理学含义并非像李泽厚所说的是人的心理结构本身的人化，而是指人"通过自由的想象和幻想"，使自然"变成符合人的主观希望的自由形象"。此外，朱光潜和蒋孔阳的"人化"还强调个体的角度，强调"人化"是通过千差万别的个体进行的，因而个性的差别也就体现到"人化"之中。这里的"人化"也同样是在意识中进行的。因而，从蒋孔阳的"人化"学说出发，可以把任何对象都看成是人化，只要在幻想中把它想象成某种形象就可以了。但是，这样一来，蒋孔阳一直强调的美的客观性也就不复存在了。美成为一种主观创造，美学的实践论角度也就自行消解了。

（五）美的规定性："自由的形象"

正如我前面已多次强调过的，无论是"人的本质力量的对象化"还是"自然的人化"都只是对美的本质的哲学规定，而非对美的具体的规定；它们只是美的必要条件而非充分条件。那么，美的充分条件是什么，美还有哪些具体的规定性呢？蒋孔阳对这一问题也作出了自己的回答。他指出，并非任何对象化的形象都是美的，有的形象甚至很丑。美的形象应该是自由的形象。

> 美的形象，应当都是自由的形象。它除了能够给我们带来愉快感、满足感、幸福感和和谐感之外，还应当能够给我们带来自由感。比较起来，自由感是审美的最高境界，因此，美都应当是自由的形象。①

---

① 蒋孔阳：《美学新论》，人民文学出版社 1993 年版，第 188 页。

　　他从几个方面来论证美是自由的形象：首先，自古以来，美的理想就和自由的理想结合在一道。

　　　　人愈进步，愈是要改造环境，愈是不受环境的支配，愈是能够取得更多的自由。自由愈多，他就愈是能够充分地、丰富地展开他自己作为人的本质力量，使人的本质力量全面地实现出来，全面地对象化，从而成为全面发展的人，也就是真正的自由的人。同时，就在人类劳动实践的过程中，劳动对象化，自然人化，人在他自己所创造的对象中直观自身，直观到他自己本身所创造的形象，这就是美的形象。这一美的形象，在私有制社会，由于劳动的异化，受到种种的干扰，因此不美或不够美。……只有到了社会主义，人的本质力量得到"新的显现"和"新的充实"，人的活动才能真正成为自由的活动。只有这时，自由的理想与美的理想，才能够变成一致，人的本质力量才能够尽可能地对象化，转化成为生动活泼而又自由的美的形象。①

　　其次，自由不是盲目和任性，自由的规律就在于对客观必然的规律进行认识和掌握。他引述黑格尔关于"自由首先就在于主体对和它自己对立的东西不是外来的，不觉得它是一种界限和局限，而是就在那对立的东西里发现自己"。"人必须在周围世界里自由自在，就像在自己家里一样，他的个性必须能与自然和一切外在关系相安，才显得是自由的。""自由本质上是具体的，它永远自己决定自己，因此同时又是必然的。""内在的必然性就是自由"等言语论证自由在于对必然的认识和改造。并引申出"人要欣赏美，必须首先获得自由"。此外，除了外在的自由还要内心的自由。"美既有外在的自由，也要有内心的自由。"②

　　最后，从艺术创作和人类的审美欣赏来说，美的形象更是自由的形象。艺术创作的内容、形式和过程，都是一个从不自由到自由的过程。艺术创作的内容是物质材料，是不自由的，"但是艺术家和欣赏者凭借他们的自由和创造力，把自己的心灵灌注到对象中去，从而使对象转化成为不是原来的一般性的、大家都熟悉的内容"。形式上，在艺术创作和审美欣

---

① 蒋孔阳：《美学新论》，人民文学出版社 1993 年版，第 191 页。
② 同上书，第 193 页。

赏中，"物质的形式精神化，变成自由的形式，用来自由地表现人的本质力量"①。从整个人类来说，自由的获得是一个漫长的过程，"必须人类的各种感觉器官变得自由了，然后才能创造出自由的美的形式"②。

自由问题是美学的重要问题，甚至可以说是美学的核心问题。实际上，它也是哲学的核心。历史上，无论是唯物主义还是唯心主义，无论是主观派还是客观派，均对这一问题予以极大关注，并给予自由以最重要的地位。但是，对自由的理解却极不相同。③就实践派美学家们来说，他们都讲自由，都把自由放在一个突出位置，把美的核心看做是自由。但是，他们讲的自由却具有很不相同的含义。李泽厚讲的自由主要是实践中的自由，现实中行动的自由，这种自由来自人对对象的形式规律的掌握和自由运用；在主体方面，自由主要是一种心理功能，即他讲的认识中的"自由直观"、伦理中的"自由意志"和审美中的"自由享受"。当然，他一再强调，这种自由的心理功能来自于在实践中改造世界的同时改造人心理，使之成为一种文化—心理结构，亦即成为人化的心理结构而非单纯的动物性的感官和本能欲望。而蒋孔阳讲的自由则既有现实中的实践含义，即他讲的"人愈进步，愈是要改造环境，愈是不受环境的支配，愈是能够取得更多的自由"，也包含审美的自由，这种审美的自由从根源上说来自于人对世界的实践改造，即他所说的"就在人类劳动实践的过程中，劳动对象化，自然人化，人在他自己所创造的对象中直观自身，直观到他自己本身所创造的形象，这就是美的形象"。总的说来，这两方面的自由跟李泽厚讲的自由没有太大区别，只是表述方式上有所不同。但蒋孔阳的自由除了这层含义，还有他讲的艺术上的自由创作和欣赏中的自由联想。在艺术创作和审美欣赏中，"物质的形式精神化，变成自由的形式，用来自由地表现人的本质力量"。这样，自由在蒋孔阳那里具有多方面、多层次的含义。正如实践在他那里同样具有多侧面、多层次含义一样。应该说，这是他对李泽厚早期所忽视的实践的精神方面的一个重要补充。这一补充使得实践美学的自由概念包括了从现实的实践的自由到审美的精神自由多维度含义。问题在于，他没有在这些含义之间进行层次上的区分，混

---

① 蒋孔阳：《美学新论》，人民文学出版社 1993 年版，第 194 页。
② 同上书，第 195 页。
③ 关于"自由"概念的基本含义，可参见本书第六章"生存、实践、自由与异化"。

淆了自由的各种不同的含义之间的层次，从而导致对实践论基础的抽离，最终导致实践论的消解。

实践美学在 20 世纪 80 年代之所以成为占主导地位的美学学说，除了它本身在与认识论美学争论的过程中所显示出来的理论的深刻性与逻辑上的自洽性，以及它对历史唯物论和实践作用的强调切合了当时整个社会的思想解放运动和新的一轮的现代性启蒙需要等原因之外，一个重要原因是，一大批有影响的美学家加盟实践美学阵营。其中，蒋孔阳便是代表人物之一。

从 50 年代到 90 年代，蒋孔阳的主要观点基本上保持了内在的一致性，对美学的实践基础的注重与强调贯穿始终。他对实践美学的两个主要命题："美是人的本质力量的对象化"、"美是自然的人化"的阐释，一方面强调美是一种社会现象，不能离开人类社会实践去解释美的本质，自始至终贯彻了美学的实践论观点，另一方面，"实践"、"对象化"和"人化"概念被赋予了精神活动的内涵，扩大了"实践"的含义，使之能够包容审美和艺术活动，从而，为实践的物质基础含义和精神含义之间找到了一个联结点。特别是他从审美关系入手建立美学体系、强调美是一个多次反复的创造性的过程，已突破了单纯从审美现象入手解释美的本质的"直观观点"，把实践论的精神和方法论真正贯彻到了整个美学体系的建构过程中。

有的学者认为，在实践美学诸学者中，蒋孔阳的实践美学自成体系，具有极大的发展潜力，在中国现代美学史上占有不容忽视的地位。"这是一个以人为中心，以艺术为主要对象，以人生实践为本源，以审美关系为出发点，以创造—生成观为指导思想和基本思路的理论整体。他的'审美关系'论将人与现实的审美关系作为研究的出发点，已经在开始尝试着突破形而上学主客二分的思维方式，包含了生成论思想的可贵因素。"他的"多层累突创说"把审美的社会历史积淀与个体的心理感受及个体在审美活动中的瞬间创造结合起来，是对李泽厚的"积淀说"的一个合理补充与纠偏。"积淀说"是从人类历史实践的宏观角度对美的缘起和根源的阐释，但它的确在一定程度上存在着过于强调由社会、历史、理性单向度地向个体、感性的沉淀、累积的问题，而且积淀的具体过程尚需要审美经验的具体研究加以补充。而蒋孔阳的"多层累突创"说一方面也强调了美是一个由实践不断积累的过程，另一方面对于个体在审美活动中的审美创造和审美经验给予了极大的重视。"他提出'美在创造中',将审美活动视为'恒新恒异的创造'。他从马克思主义的实践观点出发,以主客体之间的审美关系为基础,兼采众长,从历史和逻辑的角度加以论证,提出了独树一帜的'多层累的突创'说,不仅解释了美的形成和创造的缘由,而且揭示审美意识历史变迁的基本规律。其'多层累'说,吸取了李泽厚积淀说的一些合理成分,同时更加强调了突创性。其'突创说',还受到了马克思主义的由量变到质变的质量互变规律的影响。"①

还有学者认为,"蒋先生毕生辛勤耕耘,建构起在当代中国美学中独树一帜的以实践论为哲学基础、以创造观为核心的审美关系理论。"②

但是,所谓"多层累突创"也和"积淀说"一样,同样也只是一种哲学性的假设,美如何具体地"层累",如何"突创",这都需要对人类审美活动和艺术创造的历史以及审美心理进行具体地研究。同时,正如我前面已指出过的,蒋孔阳的"对象化"和"人化"等概念中,未能区分其基础的物质层面和扩展的精神层面,容易导致逻辑上的混乱,最终导致走向蒋所一再坚持与强调的实践论美学的反面。

三　刘纲纪:"实践批判的存在论美学"

曾经有学者把20世纪80年代的中国美学说成是实践美学"一统天下"的局面。这话虽然有些夸张,却也在一定程度上反映出那个时代实践美学的影响之深广。50年代参与美学讨论的各家观点的代表人物,除了蔡仪仍然坚持认识论美学之外,大多数学者都转向实践论,都从马克思的《1844年经济学—哲学手稿》中寻找理解美的本质的门径。其他参与讨论的学者也多持实践观点,赞成把美学建立在马克思的实践哲学基础之上。其中,刘纲纪是一个突出的代表人物。他把美学与哲学紧密地结合起来、注重从哲学上论述美的实践基础以及审美与自由的关系,针对劳动与审美、审美与物质实际的需要之间的关系、美的客观性与社会性、合目的

①　朱志荣:《实践论美学的发展历程》,《安徽师范大学学报》(人文社会科学版)2005年第3期。

②　朱立元:《发展和建设实践本体论美学》,《广西师范大学学报》(哲学社会科学版)2001年第1期。

性与合规律性等问题写过多篇论文。80 年代中期，这些论文集结出版，定名为《美学与哲学》。同年出版的还有他的美学和艺术哲学专著《艺术哲学》。90 年代以后，刘纲纪更注重对美学的哲学基础理论的探讨，他曾撰写专文阐述马克思主义哲学的性质、马克思主义哲学本体论等问题，他也十分注重和强调实践作为物质生产活动的基本含义。他明确提出，马克思主义哲学本体论是"实践本体论"，马克思主义哲学是"以物质的自然界为基础的实践的人本主义"，马克思主义美学可以称为"实践批判的存在论美学"。

（一）"美是自由的感性表现"

在《美学与哲学》中，刘纲纪已经对美的本质等问题作过详尽的分析。一些后来他反复强调的观点，如劳动创造了美、美是脱离实际的物质需要的自由的感性表现、美的客观性与社会性等，在这里已有所表露。正如他自己在"自序"里讲的："谈到本书在美学上的基本观点，我翻来覆去讲的就是一个观点：劳动创造了美，美是人在改造世界的实践创造中所取得的自由的感性具体表现。"① 关于劳动与美的关系，他总结道："劳动，作为具体劳动（经济学意义上的），创造出一个产品的使用价值；作为抽象劳动（同样是经济学意义上的），创造出一个产品的交换价值；作为人类支配自然的创造性的自由的活动，创造出一个产品的审美价值。我认为这也正是马克思所说的'劳动创造了美'的真实含义。"②

关于美与自由的关系，他在这里已经提出："美是在人类改造世界的实践基础上，从必然到自由的飞跃所取得的历史成果。从人类历史发展的观点来看，对美的本质的分析，我认为就是对人类如何从必然王国跃进到自由王国的分析。"③ 他认为美学意义上的自由主要有三个方面的含义。其一，"已经越出了物质生活需要满足的范围"。其二，"是对客观必然性的一种创造性的掌握和支配"。其三，"是个人与社会的高度统一的实现"④。他强调，自由不是主观幻想或想象的自由，而是对自然界的实践

① 刘纲纪：《美学与哲学·自序》，湖北人民出版社 1986 年版，第 2 页。

② 刘纲纪：《关于美的本质问题》，《美学与哲学》，湖北人民出版社 1986 年版，第 79 页。

③ 刘纲纪：《美——从必然到自由的飞跃》，《美学与哲学》，湖北人民出版社 1986 年版，第 6 页。

④ 同上书，第 25—27 页。

改造的结果。"美是人的自由的表现（也就是人与自然、个体与社会的统一的表现），而人的自由不是精神活动的产物，不是主观幻想的产物，而是人在实践中掌握了必然，实际改造和支配了世界的产物。"①

如前所述，自由问题是实践美学的核心问题。实践美学论者们通过各种思路、各种观点所要表达的一个思想便是，美是一种自由。而实践美学之所以取得巨大影响力的原因之一便在于它着力论述与强调的便是人如何通过实践活动获得自由，要解决的问题是实践中的自由与审美中的自由是一种什么关系。在这个问题上，实践美学家们的具体表述又有所不同。李泽厚、刘纲纪以及杨恩寰等人所主张的自由是一种实践中的自由，是通过实践活动获得的行动的自由。李泽厚强调自由是一种造型力量，一种通过实践操作掌握必然规律与形式法则所获得的巨大的造型力量。对这种造型力量的掌握与运用本身便是美。因此，他特别强调美首先是一种改造世界的实践过程，其次才是改造世界所获得的静态成果与产品。从文化心理结构方面讲，自由又表现为一种由实践所获得的心理功能，即认识中的自由直观，伦理中的自由意志和审美中的自由享受。刘纲纪在把自由看做对必然规律的掌握与运用这一点上与李泽厚是相同的，但他还强调，自由是超越了物质需要满足的精神境界，并且，自由是个体与社会取得高度统一的结果，显示其自由概念中包含了心理与精神的因素，并试图把自由的实践含义与精神含义统一起来，把个体的自由与作为整体的人类的自由统一起来。而蒋孔阳的自由概念中除了对必然规律的掌握与运用之外，还强调艺术中的创作自由与欣赏自由。在这些说法中，可以看到，他们都看到自由的现实实践含义和审美精神含义，但其表述上却存在着不小的区别。比较起来，刘纲纪的自由概念哲学味更重一些，蒋孔阳则把自由的两个层面放在一起，有把自由主体化、心理化的趋势，而李泽厚讲自由是一种造型力量，把自由作为对必然规律的掌握与运用的含义进一步作了具体化的规定，并且把自由直接与审美活动联系在了一起，可能是对美学上的自由概念更为确切的表述。但无论表述如何，自由在实践美学家那里有现实实践与心理精神双重含义这一点则是肯定的。

在与《美学与哲学》同年出版的《艺术哲学》中，刘纲纪系统地阐

---

① 刘纲纪：《关于美的本质问题》，《美学与哲学》，湖北人民出版社1986年版，第77页。

明了他的美学和艺术学观点。他批判了旧唯物主义从客观事物的某种属性中寻找美的因素的观点，强调美与否只是对人类而言才有意义：

> 事物的美与不美，就像事物的有用无用一样，是只有对于人类而言才有意义的。……这就像人类还没有认识到火的用途之前，火的用途照样存在，但这用途只有对人类而言才有意义。没有人类火无所谓有用无用。同理，当我们还没有发现某处自然风景的美的时候，这美确实存在，但它之所以成为美，同样是对人而言的。没有人类，自然本身无所谓美丑。①

同时，他指出，旧唯物主义最后必然走到像柏拉图一样的客观唯心主义里去。因为它把与人无关的某种形式、规律说成是美本身，它们永恒地决定着事物美与不美：

> 美本来只对人类而言才有意义，但旧唯物主义美学家却企图去寻求超人类、与人类无关的美。于是，他的一切说法不外就是独断地把本来只对人类而言才有意义的美，说成是在人类之前就存在的美。……因此它就必然要掉入唯心主义和独断论之中。②

对于唯心主义美学，刘纲纪没有简单地否定，而是指出，唯心主义美学"在否定旧唯物主义从物质的属性中去找美的同时否定了美的客观性，但历史地看，它竭力要从人的心灵、精神中去找美，这又有力地推动了对美的本质的认识，为克服旧唯物主义美学的简单化的错误观念准备了条件。一般而言，唯心主义美学比旧唯物主义美学更懂得美的问题的复杂性。它用许多事实说明了美同人的心灵、精神的关系，美不是单纯的物理现象"③。

在 20 世纪 80 年代以前的中国，"唯心主义"对绝大多数中国人来说便意味着错误，甚至反动。一种学说如果被宣布为唯心主义便意味着被宣

---

① 刘纲纪：《艺术哲学》，湖北人民出版社 1986 年版，第 398—399 页。
② 同上书，第 400 页。
③ 同上书，第 401—402 页。

判了死刑。这是自 50 年代以来延续下来的一种思维模式，是那个年代中国的学术受政治左右的一个映证。自 80 年代开始，这种学术政治化的局面被打开了一些缺口，但"唯心主义"在这时依然是一项可怕的帽子。就在这样的背景下，刘纲纪明确地说："唯心主义美学比旧唯物主义美学更懂得美的问题的复杂性。""它竭力要从人的心灵、精神中去找美，这又有力地推动了对美的本质的认识，为克服旧唯物主义美学的简单化的错误观念准备了条件。"这是需要相当的学术勇气和学术胆识的。也正是通过像李泽厚、刘纲纪这样一批学者的努力，学术界才开始不再局限于唯物主义与唯心主义的简单二分法去评价历史上的学术人物及其观点，而是从更为客观、更为纯粹的学术立场去进行分析和评价。

在指出了旧唯物主义和唯心主义美学各自的局限性之后，刘纲纪坚定地提出：

> 马克思主义的实践观念的提出，是全部哲学史，从而也是全部美学史的一个根本性的变革。①
>
> 恰恰只有马克思主义的实践观点才能真正科学地说明美的客观性，克服和战胜唯心主义。②

那么，实践是如何产生美、如何决定美的？刘纲纪从实践活动作为一种创造性活动也是一种自由的活动，在其中产生一种自然的愉快来论证从实践活动中必然产生出美：

> 问题的全部关键在于：人类的实践活动既然是一种创造性的活动，这就使人类的实践活动及其成果在人类的面前具有了双重性质。一方面，作为达到某种实际目的的活动，实践的活动及其成果能够使人的某种实际需要得到满足；另一方面，作为人的创造性活动，它又会使人产生出一种不同于实际需要的满足的精神上的愉快。这是一种由于见到人发挥自己创造的智慧、才能和力量，战胜了种种困难，从客观世界取得了自由而产生出来的愉快。我曾借用康德的说法，把它

---

① 刘纲纪：《艺术哲学》，湖北人民出版社 1986 年版，第 403 页。
② 同上书，第 404 页。

称之为"自由的愉快"。这种愉快是以人类物质生活需要的满足为其前提和基础的，但又已经超出了物质生活需要的满足。它不同于单纯由生理需要的满足或社会功利目的的实现所引起的愉快，更不同于由个人排他的私利的满足所引起的愉快。这种愉快就是我们所说的美感，它的最本质的特征就在于它是一种"自由的愉快"。而所谓"美"，就是那通过人类生活的实践创造所取得的，感性具体表现了人的自由的各种对象。因此，分析美的本质实际上也就是分析那从人类生活的实践创造而来的人的自由的本质及其具体的表现。在这里，对人的自由的本质及其表现的具体历史的分析，是解决问题的核心所在。确定了我们在这里所说的"自由"是什么，同时也就确定了美是什么。①

这样，问题就转到自由领域。在刘纲纪看来，美是在物质生活需要获得满足的基础上才能产生出来，但又超出了这种需要的满足，进入了一个以人的个性、才能的全面自由发展为其目的的领域。前一个领域是"必然王国"，后一个领域便是"自由王国"。

> 所谓美，就是在超出了"必然王国"的"自由王国"领域中，人的个性、才能自由发展的种种感性具体的表现。凡是有这种表现存在的地方，也就是有美存在的地方。当然，由于在"必然王国"中也存在着自由的表现（人为了满足生存需要而支配自然），所以我们可以感到美，但这种美还是同物质生产结合在一起的，还不是完全纯粹意义上的美。只有在超出了物质生活需要满足的"自由王国"中，美才和物质生活需要的满足分离开来，具有它自身的独立的意义和价值。②

这里的意思似乎是说，在"必然王国"中也有美存在，但由于它与实际的功利需要结合在一起，因而，这种美还不是纯粹意义上的美；只有脱离了物质需要满足的"自由王国"里美才和物质生活需要分离开来，

---

① 刘纲纪：《艺术哲学》，湖北人民出版社 1986 年版，第 406—407 页。

② 同上书，第 408 页。

具有独立的意义和价值。那么，所谓"纯粹意义上的美"是什么？脱离物质需要满足的美就是"纯粹意义上的美"吗？对此，刘纲纪说得很明确：

> 真正纯粹意义上的美（即已经和物质生活需要的满足分离开来了的美），存在于人的个性得到自由的发展和表现的领域中，存在于人类不再以满足肉体生存需要为目的，而以个性的自由发展为目的的领域中。因此，从根本上讲，劳动创造了美，但美最后又超越了劳动，亦即超越了人类为满足物质需要而进行的活动。这是一个不断创造又不断超越的永无止境的过程。①

刘纲纪从人类历史上分析了人如何从生存需要的满足到超出生存需要满足的纯粹自由地表现其才能、智慧的领域。

> 在历史的过程中，物质生产的向前发展使得原先和人的物质生活需要的满足结合在一起的自由保留下来，并获得了独立的美的意义，而和这种自由结合在一起的物质生活需要满足则变成了无足轻重的东西，逐渐失去了它原先具有的那种和人类生存攸关的重大意义，直至完全消失而不为人所知了。这是美的发展中一个非常值得注意的，可以用大量事实加以证明的普遍规律。它实际就是马克思所指出的建立在"必然王国"基础上的"自由王国"随着人在物质生产中对自然的支配的扩大和发展而日益繁荣起来的表现。②

在这里，刘纲纪强调的是从必然王国向自由王国发展的过程中，由于实践的作用，原先的实用产品脱离实用需要之后，留存的审美价值。但他特别强调，进入自由王国之后，原先存在于实用价值之中的审美价值就独立出来了，具有独立的意义和价值。但这里有一个问题：艺术活动作为人类掌握世界的一种方式，早已和实践—精神的掌握方式并列，成为一种独立的掌握世界的方式之一；作为一种精神价值生产体系，艺术（严格意

---

① 刘纲纪：《艺术哲学》，湖北人民出版社 1986 年版，第 418—419 页。
② 同上书，第 411 页。

义上的、狭义的艺术，即 fine art）早已于 18 世纪便从物质生产领域中独立出来，因此，并非要等到进入"自由王国"之后，艺术才脱离实用需要而具有独立意义和价值。

比起《美学与哲学》中的自由观来，这里特别强调的是要从必然王国进入自由王国，从物质需要的满足到超越这种实际功利需要而达到个性、才能的自由发挥的精神境界，并且把这种个性、才能的自由发展看成是美的必要条件。这样，刘纲纪对自由的论述从一般性的以类作为自由主体的层面进入个体主体的层面，为个体成为自由的主体提供了前提。在这个意义上，刘纲纪的自由概念是对李泽厚的自由概念的另一个维度的补充，使得实践美学的自由进入了个体生存的层面。

问题在于，按照刘纲纪在这里的说法，只有在脱离必然王国进入自由王国以后，才能有纯粹意义的美存在。在这之前，美总是与物质需要的满足缠绕在一起的，是非纯粹意义上的美。但所谓"纯粹意义上的美"真的存在吗？所谓"自由王国"能够脱离"必然王国"而独立存在吗？实际上，"自由王国"与"必然王国"的区分只能是一种理论上的区分，不存在完全脱离"必然王国"而独立存在的"自由王国"。因而，所谓"纯粹意义上的美"，也只能是一种理论上的假设。另一个问题是，刘纲纪从"自由的愉快"亦即"见到人发挥自己创造的智慧、才能和力量，战胜了种种困难，从客观世界取得了自由而产生出来的愉快"的角度来论证美是从对世界的实践改造中产生，这实际上把自由心理化了，实践中的自由变成心理上"自由的愉快"，是从美感来论证美的产生，沿着这一思路追究下去，美就会变成美感的产物，而这，恐怕是违背他的初衷的。这是许多标举美是自由的学者们都容易犯的错误：把现实中的自由与心理精神上的自由等同起来。

在分析美的实践基础以及自由本性的同时，刘纲纪还对美的客观性与社会性、合规律性与合目的性等问题进行了分析。这些分析，可以看做是对李泽厚早年提出的这些观点的重要补充。他认为，美作为个性的自由发展，是在社会中实现的；美作为人的个性自由发展的表现，只有当个人与社会、与他人之间完全实现协调一致的时候才能产生。

> 从个人与社会的关系来看，这种自由具有这样一个非常重要的特征：那就是个人的个性的自由发展和他人的社会关系处处都是个人的

个性的自然流露和自由表现，不带有任何外在的、出于排他的个人私利的考虑。个人为他人、为社会创造合理的、幸福的生活，对于个人来说不是一种不得不尽的义务、职责，而被看做是个人的最大的幸福、享受。这也就是马克思曾经指出的人不同于动物的真正的社会本质的完满实现。①

以此观点来看待形式美与自然美，则它们的社会性便是十分明确的了。

> ……形式美、自然美作为人的个性的自由表现，来源于人对自然的改造，决定于人类物质生产的发展，而人对自然的改造从来是结成一定社会关系的人所进行的活动。因此，形式美、自然美作为人的个性的自由的表现，同样和人的社会本质分不开，同样具有社会性的内容。拿形式美来说，它既不能脱离自然物质所具有的某些形式规律和属性而存在，同时这些形式规律对我们成为美的，又只是由于它体现了和人类自由个性的表现相关的某种社会的精神的、情感的内容。②

总之，在关于美的本质的问题上，刘纲纪所表现出来的是一种较为纯粹的实践论观点。对此问题，他自己有一个总结：

> 总括以上我们对美的本质的所有分析，包含这样三个方面。首先，我们基于人类物质生产实践所具有的创造性，分析了从实践中如何产生出美，这美又如何随着生产力的发展，先在"必然王国"（满足人类生存需要的物质生产的领域）中表现出来，然后又和人类的生存需要的满足相分离，进入"自由王国"（以人类才能的全面发展本身为目的的领域），成为纯粹意义上的美。由此我们指出，美属于"自由王国"的领域，它是以实践为基础的，超出了生存需要满足

---

① 刘纲纪：《艺术哲学》，湖北人民出版社 1986 年版，第 421 页。
② 同上书，第 424 页。

的，人的个性才能的自由发展的感性表现。① 接着，我们又从人的实践的社会性出发，分析了美的本质同个人与社会的关系。最后，我们从实践的合目的性与合规律性出发，分析了美的本质同合目的性与合规律性的关系。我们指出，美同个人与社会、合目的与合规律性的统一不能分离，但只有当这种统一超出了生存需要的满足，表现为人的个性才能的自由发展的时候，它才会成为美的。②

(二)"实践本体论"与"实践的人本主义"

90 年代以后，刘纲纪的学术兴趣集中在哲学本体论问题上，对马克思主义哲学本体论问题进行了一系列探索。他明确提出，马克思主义哲学就是一种实践本体论哲学，马克思主义美学建立在实践本体论基础之上。他对自然物质本体、历史本体、实践本体的关系进行了梳理，试图把自然物质本体论与实践本体论结合起来，把辩证唯物主义与历史唯物主义统一起来。这些见解后来以《传统文化、哲学与美学》为题出版。

他将本体归结为两个方面："第一：存在的本原问题，即世界从何产生形成，或什么是始初的，第一性的东西；第二：相对无限众多的现象，存在的最一般的根据，实质问题。"③ 概而言之，就是世界的本原性和统一性。

刘纲纪强调，自然及其感性是其第一个不可动摇的出发点。一般人认为马克思主义哲学的开端只是抽象的物质，这容易把马克思主义和旧唯物主义混同起来。基于这样一种危险，刘纲纪对马克思的物质概念进行了审慎的考察，认为它包含三层含义：1. 自然界的物质；2. 人类的物质生活；3. 人类改造自然的物质活动。由此，他批判了列宁和恩格斯的物质定义，提出应该回到马克思本人的物质定义。

---

① 这个说法我觉得比我过去一般地说美是人在实践的基础上所取得的自由的感情表现要更为确切一些。因为它指出了美作为自由的表现，是超出了生存需要满足范围的，和人的个性才能的自由发展相连的，我认为对于美的本质来说，这是两个带有关键性的规定。——刘纲纪《艺术哲学》第 440 页作者原注。

② 刘纲纪：《艺术哲学》，湖北人民出版社 1986 年版，第 440—441 页。

③ 刘纲纪：《实践本体论》，《传统文化、哲学与美学》，广西师范大学出版社 1997 年版，第 72 页。

　　通过考察马克思的物质定义，刘纲纪指出，马克思主义哲学的前提是不依存于人的物质的存在，因此，自然本体论是前提。刘纲纪特别注重从哲学层面厘清人的实践本体论与自然物质本体论之间的关系，强调对于整个自然界来说，自然物质本体论具有优先性，实践本体论是以之为前提的。"我所主张的这种实践本体论则是以自然物质本体论为前提的。它包含在自然物质本体论的大的思想架构之中，是它的合乎历史和逻辑的结论。"①

　　但马克思主义哲学不仅在于自然本体论，而且在于社会本体论，因为它的基本主题就是历史唯物论。社会本体论以自然本体论为前提。因为人是自然的一部分，而且人是按照自然的规律改变自然的物质形态，使之符合人的目的。自然本体论与社会本体论既区别又相关。使人和自然达到统一的是人的物质生产实践即劳动。因此，刘纲纪将自己的哲学表达为"实践本体论"，"更准确地说应称为'社会实践本体论'，它不同于卢卡契的'社会存在本体论'，也不同于我国有的人提出的'人类学本体论'。我的目的是要对马克思在《关于费尔巴哈的提纲》中所说的'把感性理解为实践活动'这个非常重要的观点作出阐发。"②

　　在考察了物质本体论与社会实践本体论之间的关系后，刘纲纪旗帜鲜明地提出，马克思主义哲学本体论是人的本体论，而非原先在我国流行很长时间的物质本体论。

　　　　从哲学的高度看，历史唯物主义实际上就是马克思主义的历史哲学。它的基础不是别的，就是马克思主义关于人的存在的学说，即马克思主义关于人的本体论。离开了马克思主义关于人的本体的科学理论，不可能有真正科学的、深刻的历史唯物主义理论。③

　　他批评中国哲学界多年来忽视本体论的错误，并指出，"对本体论问题的忽视导致了马克思主义哲学研究的贫乏化、简单化、肤浅化。相反，

---

　　①　刘纲纪：《马克思主义哲学的本体论》，《传统文化、哲学与美学》，广西师范大学出版社 1997 年版，第 106 页。

　　②　刘纲纪：《传统文化、哲学与美学》"自序"，广西师范大学出版社 1997 年版，第 2 页。

　　③　刘纲纪：《实践本体论》，《传统文化、哲学与美学》，广西师范大学出版社 1997 年版，第 74 页。

对马克思主义哲学的本体论的深入研究，将会极大地加深我们对马克思主义哲学的理解，促进马克思主义的概念、结构、体系的精确化、完善化，并摆脱相沿已久的，对马克思主义哲学的不少简单化的、甚至是错误的理解"①。

具体说来，人的本体就是实践，是人类的物质生产实践：

> 从本体论来看，人类历史的本质、始基就是以自然为基础的物质生产实践。……从人类历史的产生（"自然界生成为人"）和存在来看，马克思主义哲学所说的实践具有本体论意义，而不只具有认识的意义。②

他强调，实践本体是在人化自然的意义上方可作为本体。

> 我所理解的实践本体论只确认"人化的自然界"或自然界的人化是人类实践的产物和结果，从而实践对"人化的自然界"具有本体论的地位。③

在这一点上，刘纲纪与李泽厚是一致的。都强调自然的人化作为人类社会的本体。不同的是，李泽厚特别强调人对工具的操作，强调实践的操作性，即使用和制造工具的活动作为人类的本体，在操作过程中产生认识、伦理和审美，而刘纲纪则比较宽泛地强调人类的物质生产实践是本体。

确立实践本体作为人类历史本体之后，进一步的问题就是实践与主体性的关系问题。主体性是实践美学的一个重要范畴。刘纲纪也十分强调人的主体性。他把主体性和实践放到一起去叙述，探索人的实践活动与主体性之间的关系。在他看来，由于人存在的双重性，即人一方面是自然的存在，另一方面具有自觉意识，因而实践也具有双重性——一方面是有意识

---

① 刘纲纪：《实践本体论》，《传统文化、哲学与美学》，广西师范大学出版社 1997 年版，第 74 页。

② 同上书，第 76—77 页。

③ 刘纲纪：《马克思主义哲学的本体论》，《传统文化、哲学与美学》，广西师范大学出版社 1997 年版，第 102 页。

有目的的活动，另一方面是客观物质活动。从而，"人的本体"便是人的主体性的确证和表现：

> 人的本体作为人类实践创造的结果、产物，既是客观的东西，同时又恰好是人的主体性的表现和确证。立足于马克思所讲的人的存在的双重性和人类实践活动来看人的主体性和人的本体，也没有与人的本体相脱离的人的主体性。脱离了人的主体性就不会有人的本体，而只有纯自然的、动物式的本体；相反，脱离了人的本体，人的主体性就是空虚的、一无所有的东西。①

按照前面讲的"人的本体"就是实践的说法，所谓"不脱离人的本体的主体性"，也就是不脱离实践的主体性。所谓主体性，当然应该在实践过程中形成、建构、发展的。因而，主体性不能脱离实践，没有离开实践的主体性，这是马克思主义哲学题中应有之义。然而，这里又有所谓"纯自然的、动物式的本体"的说法。换言之，按照刘纲纪在这里的说法，存在着一种"纯自然的、动物式的本体"。如果是这样，这种纯自然的动物式的本体与实践本体是什么关系？所谓"人的本体"到底如何去理解？这里有多重概念的重合：人的本体、实践本体、人的主体性。而根据本书前面的解释，所谓本体就是"本原"或"第一性"之意，那么人的本体就是"人的本原"或"人的第一性"？显然，这里存在着某种概念上的混乱。

在个体主体性问题上，刘纲纪强调个体的选择要符合历史的必然性。个体主体性"在形式上是主体的自我决定，在实质上仍然受着历史必然性的制约。但是，历史的必然性又只能通过无数个体的选择，通过个体的主体性的发挥才能得以实现。所以，个体的选择决非对历史的必然的否定，归根到底决定于这种选择在多大程度上符合于历史前进发展的必然性"②。

但是，这样一来，所谓个体主体性便落空了。历史的必然性是由人的

---

① 刘纲纪：《马克思主义哲学的本体论》，《传统文化、哲学与美学》，广西师范大学出版社 1997 年版，第 117 页。

② 同上书，第 126 页。

活动构成的，必然性只是在一个相对来说巨大的时空之内才能显示出来，对于个体来说，个体的生命过程、人生实践更多时候往往充满了偶然性，是在无数偶然之中进行选择的。因此，个体的选择如何"符合历史的必然性"，这是个很难回答的问题，因为它不具有可操作性。

在这个问题上，实践论美学家们的确容易采取一种历史理性主义立场，过于强调历史的必然性和人类总体性的决定作用，强调个体对历史必然性的顺从、依赖。这在马克思和恩格斯那里已经有所显露，早期李泽厚也有这一倾向。但是，从美学的实践论观点出发，对发挥个体的主体性、个体主动做出选择、通过偶然机遇使历史的必然性显现出来这些属于个体层面的角度也一定会予以相当的重视。关键在于，所强调的重点何在。所以李泽厚到后期，其重点便转到个体主体性方面，强调"不是必然、总体来主宰、控制或排斥偶然、个体，而是偶然、个体去主动寻找、建立、确定必然、总体"①。

在讨论了马克思主义哲学的本体论性质，指出它是一种实践本体论之后，刘纲纪对马克思主义哲学的定位问题进行了颇有创新意义的探索。他认为，马克思的哲学不能完全用唯物主义去概括。马克思哲学已超出了唯物主义与唯心主义的对立。他论述了恩格斯和列宁的物质定义，认为马克思的物质定义与他们的用法颇有不同。马克思一方面承认自然界的客观优先地位，另一方面是从人类历史实践中去理解自然和历史的，而不是像旧唯物主义或唯心主义那样把某种抽象的"物质"或"精神"作为世界的本原。他探讨了马克思的物质定义与恩格斯、列宁的定义的不同，指出后二者的局限性，同时还探讨了在马克思哲学中物质与意识、思维与存在等恩格斯所称的"近代哲学的基本问题"，指出马克思从来没有抽象地提到物质与意识的关系，也没有抽象地谈思维与存在的关系，而是把物质与精神的关系转变为人们的物质活动、实践活动、社会存在与人们的精神的关系；在思维和存在的关系上，马克思不仅指出它们的区别，更强调它们的统一。因此，用"唯物主义"来概括马克思的哲学是不恰当的。马克思哲学应该是一种"实践的人本主义"。他说：

---

① 李泽厚：《关于主体性的补充说明》，《实用理性与乐感文化》，生活·读书·新知三联书店 2005 年版，第 232 页。

马克思哲学可以称之为：以物质的自然界为基础的实践的人本主义。这一提法明显包含了马克思从哲学史上所继承的唯物主义思想，但又不把马克思的哲学归结为唯物主义或作为唯物主义的一种特殊形态。这一提法肯定了人类社会实践对人的存在的根本性的意义，同时又肯定了实践不能脱离物质的自然界，从而与一切唯心主义所讲的实践划清了界限。这一提法肯定了人的问题在马克思的哲学中所占的重要地位，指出马克思的哲学具有人本主义性质，同时又指出这种人本主义和以物质的自然界为基础的人类社会实践不能分离，因而不同于费尔巴哈的抽象的人本主义，也不同于一切唯心主义的人本主义。①

把马克思哲学称为"人本主义"，应该说，这是对正统哲学观念的一个挑战。几十年来，"马克思主义哲学是一种唯物主义哲学"，这种观念已深入人心。在人们心目中，"唯物主义"意味着正确、正统，代表哲学的主流和正确的方向，而"唯心主义"则虽然间或有一些有价值的思想，但其价值总是有限的，总是因为其"唯心主义"而使之大打折扣。在20世纪50—80年代前期，"唯心主义"甚至意味着反动、落后，意味着站在人民的敌对立场反人民。朱光潜不就是因为"宣扬唯心主义美学"而被批判的么？80年代以后，从政治上给唯心主义戴帽子的不多了，但在学术上基本上仍是一个否定性概念。刘纲纪在这里毫不避讳地谈论旧唯物主义的缺陷，谈论马克思如何克服唯物主义和唯心主义的片面性而创立新的哲学，这种哲学不是传统观念上的唯物主义，而是一种人本主义，当然，它是一种有限定词的人本主义，即"以物质的自然界为基础的实践的人本主义"。而人本主义也基本上是被正统哲学界否定的一个概念。因此，单就这种理论勇气而言，便是值得称道的。他显然不是随便想出来的这一概念，而是经过深入论证、分析，在从理论上比较了马克思、恩格斯和列宁的物质定义之后，在考察了马克思的著作之后，提出的观点，因而显得言之有据，持之有故。无论是否同意他的观点，其对马克思主义哲学所进行的追根溯源、正本清源的工作，都是有价值的、值得称道的。

---

① 刘纲纪：《对马克思主义哲学中唯物主义问题的重新考察》，《传统文化、哲学与美学》，广西师范大学出版社1997年版，第154—155页。着重号为原文所加。

(三) "实践批判的存在论美学"

进入新世纪以来，或许是从与西方马克思主义美学的比较和对话中受到了深深的启发，刘纲纪将他主张的实践美学观重新命名为"实践批判的存在论美学"，同时对他在各种文本中谈及的"实践"概念以及实践与美、美感（审美）、艺术的关系进行了重新界定和阐释。他认为，"实践批判"是马克思在《关于费尔巴哈的提纲》中使用的一个重要概念。马克思所讲的实践就是人类在社会生活一切领域中使人的感性的本质得以生成和实现的活动，也就是人的感性的本质的自我实现、自我创造的活动。其中具有决定意义的和最根本的活动是人类为了满足物质生活需要而进行的物质生产活动。这不仅指产品的生产，同时还指和产品的生产相关的分工、科学技术的发展与应用、产品的交换、分配和消费等物质生产过程诸方面的总和。"批判"是指从上述意义的实际出发对现实社会的批判，不仅是理论的批判，也是"武器的批判"，即对现实社会进行实际的、革命的改造。"实践批判"是马克思主义哲学所具有的根本性特征，只讲实践而不讲与实践相关的批判，不能清楚地表达马克思主义哲学不只是"解释世界"，而且要能动地"改变世界"，以及唯物辩证法在本质上是批判的和革命的这一根本特征。刘纲纪申明，他之所以将自己的美学命名为实践批判的"存在论"美学，而不再使用实践"本体论"美学这个提法，并不是因为这两者有实质上的不同，而是为了避免"本体论"一词引起的神秘感觉和无谓的争论，同时是为了更清楚地将"存在"限定在以物质的自然界为前提、作为自然界一部分的人的社会的存在，并且更明确地把审美与艺术和人的存在问题联系起来。

因此，他认为，马克思主义美学可以称为"实践批判的存在论美学"。马克思主义实践论美学在当代发生了一系列新变化，主要有：第一，物质生产越来越带有和文化相关的性质，经济和文化的联系越来越密切，因此必须把物质生产和文化联系起来研究，探讨和经济学相关的美学和文化问题。第二，"在当代条件下，美和审美的主要形式已转变为个体和人类从实现人的自由而永不停息的实践创造中所获得的一种崇高感（成就感、尊严感、自由感），并且常常是和社会政治伦理结合在一起的。传统意义上那种给人以凝神静观的感官愉快的'美'从原先那种极崇高极神圣的地位下降为生活中的一种感官的快乐和享受"。第三，以实践为基础的人的本质的对象化这种最广义上了解的美就是艺术的本质。第四，在现当代条件下，美学不再是孤立自在的科学，而是与物质生产的工艺学、文化研究紧密结合在一起的科学。它的主题是美、审美、艺术和社会生活的实践创造，人的本质的自由全面发展作丰富具体的实证科学的考证。而所有这些研究的哲学基础，就是马克思主义的实践批判的存在论。①

十分明显的是，进入 21 世纪以来，实践美学在与认识论美学及后实践美学的争论中，在对马克思主义哲学和现当代西方美学及中国传统美学进行深入探讨的过程中，其自身的理论也在进行深化与调整。无论是李泽厚后期确立"情本体"的努力，还是蒋孔阳对美的创造性的强调，抑或是刘纲纪对马克思主义美学的重新定位与整体探索，都反映出实践美学走向深化与分化的趋势。就理论建设本身的深度与系统性而言，进入 21 世纪以来，实践美学表现出更自觉的学科意识和个性化特征，表现出学者们更加自觉地在马克思主义哲学基础上借鉴现当代西方哲学和美学成果，并融合中国传统哲学与美学的开放的学术视野。同时，在"实践美学"这一总的立场下，各人所关注的重点、所运用的理论视点与研究方法显现出越来越大的差异，而这，也正是实践美学的活力与生命力所在。

在某种意义上可以说，正是像蒋孔阳、刘纲纪这些学者的积极参与，撰写文章，才使得 20 世纪最后 20 年中国的实践美学成为最具影响力与活力的美学学说。特别是 90 年代以后，作为实践美学创始人和主要代表的李泽厚淡出学术界，虽然他本身的学术思想仍有重要发展，时有新见，但他一直遭受着来自各方面的批评。② 在这种局面下，正是由于蒋孔阳和刘纲纪等老一辈学者对实践美学观点的坚持和新一代实践美学学者的努力，实践美学才仍是中国当代美学界最有影响力的学说。

20 世纪 50 年代到 80 年代，实践美学在批判唯心主义美学和与认识论美学的争论中逐渐产生、发展，赢得了中国美学界大多数学者的赞同，

---

① 刘纲纪：《马克思主义美学研究与阐释的三种基本形态》，《文艺研究》2001 年第 1 期。

② 也许，探讨李泽厚的学说自 20 世纪 80 年代以来的遭遇会是中国当代学术史和思想史的一个有趣的话题。从这个问题中可以窥见中国当代学术和思想的社会境遇，更可折射出当代中国人文主义思潮的兴衰过程。

成为 80 年代占主导地位的美学学说。尽管学者们在具体的提法上有所区别，进入 90 年代以后，一些学者更是有意识地和李泽厚的实践美学拉开了距离，但是，总的说来，以马克思的历史唯物论和实践论为哲学基础，从实践中去理解美的本质，把美与自由联系起来，成为学者们的共同选择。这种选择一方面是由于因缘际会，"实践"、"自由"、"主体性"、"文化心理结构"、"人性"、"共同美感"等概念不仅仅作为学术范畴，而且体现了一个时代的呼声：走出愚昧，走向科学；走出专制，走向民主；走出封闭，走向世界；走出前现代，走向现代。30 年后，今天回过头来看 20 世纪 80 年代，更可以见出，那是一个热情、浪漫、纯真、充满了理想主义和乐观主义的年代，一个接续了 80 年前 "五四" 新文化启蒙运动传统的年代。在这个充满激荡、热情、理想的年代里，实践美学以一种学术话语表达了一个时代的心声。这也是它迅速得到众多支持者、成为领导一个时代的思想文化潮流的学说的原因之一。另一方面，学者们的这种自觉选择也有其学理本身内在的原因。由于马克思主义被确立为新中国的指导思想，在新中国成立的前 30 年时间里，它也是唯一具有合法性的思想，所有学科都只能在这个范围里被阐述，被建构。这种时代的局限性，一方面限制了学术的多元发展，另一方面却也因此而使得中国的学者们对马克思主义美学进行了集中而深入的研究探讨。从而，70 年代末 80 年代初，当思想的禁锢被打破，在思想界和学术界里最活跃的，必然是对马克思主义的多方面、多侧面的探讨。又由于思想禁锢已被打破，过去对马克思主义设置的种种禁区也都被突破。这样，马克思主义美学在 20 世纪 80 年代的中国得到深入的、多方面、多角度、多侧面的探讨，而实践美学便是这种探讨中所取得的最重要的学术成果。这里，学术与现实得到了相当程度上的契合。

20 世纪 90 年代以来，随改革开放的深入，思想文化界达到新中国建立以来空前活跃的程度。学术上，除马克思主义经典著作之外，大量西方哲学、美学和文化学资料特别是现当代西方哲学和美学资料被翻译、介绍到中国。这种翻译介绍实际上从 80 年代已经开始。90 年代，这些被翻译过来的学术资源开始积极发挥作用，中国学术界开始不满足于马克思主义一家之言，而是更自觉地借鉴和运用现当代西方学术资源。同时，由于社会主义市场经济体制的确立和大众文化的兴起，启蒙热情衰落，整个社会的兴趣转向经济生活。80 年代知识分子的精英意识开始分化，那种 "代圣贤立言"的精英立场遭到来自各方面的冲击，迅速分化、瓦解。社会公共话语中的"大我"诉求被个性化、个人化甚至私人化的"小我"、"私我"代替，而大众文化对感性形式的高扬，对启蒙意识的疏离，使得"躲避崇高"成为时尚。这一切反映到美学上，是实践美学的主导地位遭到来自各方面的批评与挑战。一些学者打出"后实践美学"的旗号，对实践美学提出批评。一个社会中，批评总是比建设容易，批评者总是更能引起关注。一时之间，"实践美学"迅速从 80 年代的启蒙性、先锋性话语在一些人心目中变成了"保守"、"落后"的代名词；一些学者更是依靠批判李泽厚成名。

　　即使如此，整个美学界也并非像有的文章所言，后实践美学"一路高歌猛进"，可以凭借现代存在论思想"打倒实践美学"，实践美学在后实践美学的"凌厉攻势"下，"节节败退"，"只有招架之功，毫无还手之力"。① 事实上，虽然从整个社会思潮和社会风尚来说，喜新、求变的社会心理使得 90 年代以来，以批评者姿态出现的"后实践美学"更受关注，但就学理层面而言，90 年代，正是实践美学本身走向成熟、深化与分化的时期。不但实践美学的创始人李泽厚和其他主要代表如蒋孔阳、刘纲纪等人在不断修正、完善、补充自己的学说，更多吸收、融合西方现当代哲学和美学学说，使之朝着体系化、系统化方向发展，并与当代世界文化思潮进行对话，一些 80 年代的实践美学观点持有者也都在不断发展自己的学说，而且，更年轻一代的学者中，也不乏实践美学的坚定的支持者。由于他们的学术背景更为多元化，也由于时代的挑战，他们的学术资源更加丰富。他们力图吸收、融合马克思主义哲学和西方现代哲学和美学以及中国传统哲学和美学资源，使他们的学说更贴近时代，具有时代气息，因而他们在学术界和社会上仍然有着巨大的影响。本书第五章将对 90 年代以来的中国实践美学发展状况以及后实践美学对其的批评作出一个大致的扫描，这里不再赘述。

　　总而言之，无论从学理上看，还是从时代的要求来说，实践美学在

---

　　① 这类非学术性的话语明显地带有"文化大革命"的遗风。它往往利用一些情绪性的修辞手法，把学术问题变为一种文学性描述与情绪的宣泄。但它的煽动性效果，使它往往能在争论中赢得更多读者，于是它屡屡成为一些人在争论性文章中所运用的话语，对学风是一种非常有害的败坏。

20 世纪 80 年代的中国，应运而生。作为一门人文学科，它表达的是中国走向现代化、走向世界、走向民主、走向科学的诉求，它张扬人的尊严、人的价值、人的生命，它把人作为主体存在的价值从过去的虚无中提升出来，张扬开来。同时，在 20 世纪中国，作为学科体系的美学很不完善的时候，它以马克思的实践哲学为基础，融合德国古典哲学、西方近现代美学和中国传统美学，创立了一门现代学科意义上的美学学科。当然，就学理而言，它还有很多值得推敲、商榷的地方；作为一个学派，它的持有者之间本身也有偌大的分歧。但是，它一直是一个开放的、充满活力的学说，本身也在不断地发展，与时俱进。正如我前面已经讲过的，只要中国的现代化进程没有完结，只要人生的价值、意义这类"形而上学"的问题还存在，只要人还会追问自己活着的目标与意义，那么，实践美学就不会完结，因为，作为"实践"中的美学，它本身所追问、探寻的，正是这些问题。

第 五 章

20世纪90年代以来关于实践美学的争论

实践美学在中国经历了一个萌芽、初创、展开、发展和深化的过程。在这个过程中，实践美学作为一种美学学说所赖以存在的社会条件和它自身都在不断发生着变化。从实践美学自身来说，一方面它的代表人物李泽厚本人的思想在不断地发展和调整，另一方面，赞同实践美学观点的学者与李泽厚之间也有一些具体的区别。从外部社会环境来说，实践美学之所以能在20世纪80年代产生巨大的影响，是由于因缘际会，它所倡导的主体性思想切合了当时思想解放运动的社会需要，为80年代的新一轮现代性启蒙提供了理论上的支持。进入90年代以来，由于大众文化的冲击，80年代的现代性启蒙和人文理想在社会层面被中断，与之相应的是，整个社会对哲学和美学基础理论的热情也一落千丈。市场经济的兴起，个人主义价值观的泛滥，使得主张非理性主义、奉个体价值和个性价值为硅臬的某些非理性主义思潮成为时代的新宠。"美学热"衰落，美学从社会文化层面回归学术。社会上个体主义的泛滥在美学上的反映便是各种"后学"兴起。

从学术层面来说，90年代的美学基本理论的探讨仍然是围绕着实践美学而展开的。学者们或是试图"超越"，或是对之进行批判，或是为之辩护，或是试图加以发展。围绕着实践美学展开的争论，成为90年代中国美学基础理论的主要风景线。

一 "实践美学"与"后实践美学"之争

90年代初，杨春时发表了《超越实践美学，建立超越美学》（《社会科学战线》1994年第1期）、《走向后实践美学》（《学术月刊》1994年第 5 期）等论文，在充分肯定实践美学的巨大历史成就的基础上，对之进行了全面批判。他认为，实践美学思想上源于马克思早期的不成熟的著作《1844 年经济学—哲学手稿》，受到前苏联影响。它的基本范畴都打上理性主义印记，其古典美学的理性主义的历史局限性是明显的。这些基本范畴是："实践"、"人的本质"、"自由"。并一一分析这几个范畴的理性主义性质，同时说明，审美不是理性活动，而是超理性的；自由只存在于精神领域，而不在现实领域。

他列举了实践美学的"十大缺陷"：（一）把审美划入理性活动领域，忽视了审美的超理性特征。（二）具有现实化倾向，忽视审美的超现实特性。（三）直接用物质实践去解释审美，忽略了审美的纯精神性。（四）强调实践的社会性，忽略了审美的个性化特征。（五）没有彻底克服主客体二分的二元结构。（六）采取决定论模式，认为审美是由社会实践决定的。（七）以实践为本体范畴，不能彻底克服片面的客体和实体观念。（八）片面肯定审美的生产性、创造性，忽视审美的消费性、接受性。（九）以实践本体论为哲学基础，缺乏解释学基础。（十）存在着以一般性取代特殊性的倾向，因而不能揭示审美的特殊本质。

他强调，"现实是必然的领域，而超现实的领域才是自由的领域"。审美属于后者，是超现实的精神创造。他说：

> 在物质生产领域内，只有使用价值，不会有审美价值。只有进入精神领域，通过审美理想的自由创造，对象才变成了美。
>
> 如果说，古典时代个体未获充分发展、审美的个性特征还不够突出的话，那么，现代社会，个性充分发展，审美的个性特征充分地突出来。在这种情况下，实践美学对个性的忽视就显得难以容忍了。

他认为，实践美学已失去了 80 年代的先进性，已经成为应该被超越的学说，"但是，实践美学仍是中国美学进一步发展的基础。我们必须承认它的合理成果，加以创造、发展、超越，最终形成中国的现代美学体系。这个美学体系应该区别于传统的美学，确立审美的超越性，因而可以称为超越的美学。审美的超越性应该建立在实践观的基础之上，并以此与西方某些唯心主义美学主张的超越性相区别"。

这种"超越的美学"的基础并不是实践，而是"生存"：

　　生存是我们能够肯定的唯一的实在，这是哲学思考最可靠的出发点，而主体与客体都是从生存中分析出来的，它们都不是独立自在的实体。生存的基础是物质实践，但其本质是精神性的。生存是一种社会存在，但其本质是个体性的。生存要立足于现实，但其本质是超越性的。它指向未来，指向自由。审美是最高的生存方式，它最充分地体现了生存的个体性、精神性和超越性。

因而，"生存"也是美学的"逻辑起点"：

　　应该确认社会存在即人的存在作为逻辑起点。为了把它的古典主义和形而下因素剔除掉，我把它改造为生存。人的社会存在即生存，万事万物都包括于生存之中，它是第一性存在，是哲学反思唯一能够肯定的东西。因而也是美学的逻辑起点。

他认为，人类迄今为止有三种生存方式："自然生存方式、现实生存方式和自由生存方式，它们以不同的生产方式为基础，并且与不同的解释方式相对应。"

　　自然生存方式是原始人类的生存方式，它还未挣脱自然襁褓，因而是动物式的生存方式。自然生存方式以人类自身的生产为基础，调整两性关系和确立家族制度成为基本的社会问题。

　　现实生存方式是文明人类的生存方式。在文明时代，人类从自然中分离，并且征服自然、发展自身。现实生存方式以物质生产为基础，生产关系成为基础的社会关系，而人类自身生产已经基本上获得解决，并作为前提而被扬弃掉。精神生产发展起来，但尚依附于物质生产，如科学和意识形态受物质实践制约并服务于物质实践，因此未成为独立自由的精神生产。现实生存方式中，人还未获得自由，还受到物质需求和物质实践能力的限制。

　　自由生存方式在时间顺序上与现实生存方式并列，它们都发生于自然生存方式瓦解后；但是在逻辑顺序上，自由生存方式又在现实生存方式之后，只有在现实生存方式基础上进行超越性创造，才会产生自由生存方式。自由的生存方式以独立自由的精神生产为基础，因为"真正自由的领域只存在于物质生产领域的彼岸"。审美及其反思形式哲学是不依附于物质生产的"自由的精神生产"，因而属于自由的生存方式，它超越现实生存方式。

在对人类的生存方式作这样的分类之后，他对审美下的定义是：

> 审美是超越现实的自由生存方式和超越理性的解释方式。审美的本质就是超越，肯定了这一点，就在现代水平上肯定了审美的自由性。自由并非传统哲学所说的对必然的认识或对自然的改造，而是对现实的超越，超越即自由，审美是超越的途径和形式。

杨春时称自己的学说为"后实践美学"。

杨春时承认，"'后实践美学'虽然试图超越实践美学，但仍然不可避免地受实践美学的影响，有意无意地接受了其许多合理成果。因此，在这个意义上，'后实践美学'只是在实践美学基础上的新发展，是对实践美学的继承、批判、扬弃与超越。""'后实践美学的'的主要弱点是接受西方美学的思想成果时缺少必要的改造、综合功夫，有直接移植的偏向，从而造成理论自身的薄弱"①。

杨春时的文章发表以后，引起了巨大的反响。一些坚持实践观点的学者纷纷发表文章予以反驳。张玉能发表了《坚持实践观点，发展中国美学》（《社会科学战线》1994 年第 4 期）的商榷文章。文章认为，实践美学在 20 世纪 80 年代形成了几大流派：李泽厚的社会积淀美学，蒋孔阳的实践创造美学，刘纲纪的实践自由美学，蒋培坤的审美活动美学等。不能以某一个人的观点作为批判整个实践美学的论据。杨春时对实践美学存在着诸多误解。最大误解就在把美学硬性划在古典的理性主义范畴之内，而这不符合历史事实。无论从世界范围内看，还是从国内来看，实践美学绝不属于古典美学的理性主义范畴，而是坚持感性与理性、内容与形式、个体与社会、具象与抽象等等的统一。另一个误解在于对实践美学的一些范畴如实践、人的本质、自由等理解不准确，似是而非。他说：

---

① 以上均见杨春时《走向"后实践美学"》，《学术月刊》1994 年第 5 期。

　　实践美学就是以实践为逻辑起点、以实践唯物主义（包括实践本体论和实践认识论）为哲学基础、坚持实践观点而发展起来的美学体系。

　　他认为实践具有多种多样的形式，但核心是物质生产劳动，正是在这个基础上，形成了人对现实的审美关系，人的生存的非理性、超理性方面与理性方面一起，成为属人的活动，确证人的本质力量的活动。因此，它绝不仅仅是个理性主义范畴，它恰恰是感性与理性统一的客观物质活动。它是形成人对现实的审美关系、从而形成美、美感和艺术的根基、动力。美学上自由的含义有四个方面：合规律与合目的性的统一、以感性形象显现、超越或扬弃了直接的物质功利、个体性与社会性的统一。因此，杨春时所批评的实践美学抹杀审美的超越性、精神性、个体性是不成立的。它在社会基础上达到主体与客体、感性与理性、主观与客观、精神与物质、个体与社会、逻辑与历史、现实与理想、有限与无限等一系列矛盾对立的统一。张玉能分析了杨春时超越美学的哲学基础——生存本体论和解释学认识论，认为它们一个是唯心主义的，一个是唯我主义的。①

　　朱立元发表了《实践美学的历史地位和现实命运》，对杨春时的观点予以全面反驳。朱立元认为杨文把新中国美学史分成三个阶段——"前实践美学阶段"、"实践美学阶段"和"后实践美学阶段"，这种三分法是一种主观臆断的划分，是不符合历史事实的。随后，他提出，杨春时"对实践美学的最重要的概括是把实践说成实践美学的基本范畴和逻辑起点"，而这种概括不符合实际：

　　　　实践美学只是以马克思主义的实践论作为其哲学基础，实践范畴只是实践美学的哲学出发点，而非实践美学的真正"逻辑起点"，更不是"基本范畴"了。

　　他引述了李泽厚和蒋孔阳的著作中的论述对杨春时的十点批评——进行了反驳，指出，无论是李泽厚还是蒋孔阳恰好都非常注重审美的超感性

---

① 见张玉能《坚持实践观点，发展中国美学》，《社会科学战线》1994 年第 4 期。

和超现实性。李泽厚多次强调从实践到审美有许多中间环节,蒋孔阳还专门论述过美感的生理基础;李泽厚在《批判哲学的批判》中强调社会性,但更强调个性的自我存在。朱立元认为杨春时在方法论恰好犯有他自己所说的简单化倾向:

> 他对实践美学的批评方法是:先把实践美学抽象为直接以"实践"作为基本范畴和直接用"实践"解释一切审美问题的理论;再把由一般实践的普遍特性(理性、现实性、物质性、社会性)直接推导出审美活动的相应特性的简单化做法,想当然地说成是实践美学的观点(这是一种强加于人的虚构);最后,对他自己虚构出的所谓"实践美学"的四个观点猛烈批判。他所指责的所谓实践美学的"简单化"倾向,恰恰是他的简单化的"抽象"游戏人为制造出来的。

这种简单化的倾向在第十点批判中表现得更明显。杨春时说实践美学"存在着以一般取代特殊性的倾向,因而不能揭示审美的特殊本质",原因仍在于"实践范畴的局限性",并集中批判了"美是人的本质力量的对象化",认为它"过于宽泛",过于一般化。但实际上,这一命题李泽厚已放弃,蒋孔阳的用法是具体的,与之相联系的还有三个相关而非孤立的命题:"美在创造中"、"人是世界的美"、"美是人的本质力量的对象化"、"美是自由的形象"。按杨春时的说法,他自己的"审美的本质就是超越",也同样是个一般化的命题,因为不独审美,哲学、宗教的本质也是超越性的。

关于实践美学的基础,朱立元认为是实践本体论和实践认识论的统一。杨春时对实践美学这一哲学基础上的误解导致了他所批评的五、六、七、八、九条同样不公正。最后,他说:

> 总之,春时同志对实践美学的十点批评很难成立。我以为,实践美学主要代表人物的基本思路、理论框架、范畴推演和体系建构,至今并未过时。他们在发展实践美学的过程中借鉴、吸收了西方许多较新的观念与方法,因此并不缺乏现代性,完全可以与世界美学直接对话;这些理论体系本身也都呈现出开放性,具有进一步丰富、完善的

潜力和生命力。①

随即，杨春时发表了针对朱文的反驳文章《再论超越实践美学——答朱立元同志》，针对朱文否认"实践"是实践美学逻辑起点和基本范畴的说法，杨春时认为：

> 哲学基本范畴与逻辑起点直接就是美学基本范畴与逻辑起点，并不是在哲学基础上另起炉灶，重新确定一个基本范畴和逻辑起点。柏拉图的理式、黑格尔的理念、萨特的存在，都既是哲学起点，也是美学的基本范畴和逻辑起点。马克思主义实践哲学以实践为基本范畴与逻辑起点，因而实践美学也必然以实践为基本范畴与逻辑起点。

他重申了以前的观点，认为实践美学具有理性化、现实化、物质化和非个性化倾向。他说，李泽厚强调美的超理性、超现实性、精神性和个体性的论述都是体系之外的赘生物。不是他的体系中本身有，是离开体系借助决定论或离开逻辑系统另立命题，是同他的体系相矛盾的。杨春时强调，"在哲学意义上，真正的自由和解释只有超越现实才能获至。马克思说自由'只存在于物质生产领域的彼岸。'"②

朱立元又发表了《实践美学的哲学基础新论》，提出，"所谓实践美学乃是以实践论为哲学基础的美学理论或学说。"他说，李泽厚很少称自己的学说为实践美学，只是称为实践哲学的美学观或美学表达。蒋孔阳亦如此。蒋的学说是"以实践论为基础、以创造论为核心的审美关系说"。但这两人都是实践美学，无论批评还是辩护者都把二人的学说归到实践美学的名下。他论述了马克思主义哲学作为实践唯物论的基本内涵和实践本体论与实践认识论的统一。③ 朱立元此文志在从哲学上说明实践美学的哲学基础，并一再强调美学的哲学基础不等于其逻辑起点，而对实践哲学怎样成为实践美学的哲学基础、怎样从这个哲学基础上建立美学体系没有作进一步说明。

---

① 以上引文均见朱立元《实践美学的历史地位和现实命运》，《学术月刊》1995 年第 5 期。
② 杨春时：《再论超越实践美学——答朱立元同志》，《学术月刊》1996 年第 2 期。
③ 朱立元：《实践美学的哲学基础新论》，《人文杂志》1996 年第 2 期。

撒开"后实践美学"产生的社会文化背景不论，单就美学学科本身来说，这场争论提出了一些哲学和美学的基本理论问题：美学学科的哲学基础与其学科本身的关系是什么？一种哲学理论的核心范畴是否就是以这种哲学为基础建立的美学的核心范畴？美学的逻辑起点是否就是哲学的逻辑起点？实践与超越的关系应该如何理解？是否现实之中不可能存在超越、而只有离开现实才能存在超越？这些问题，既是哲学问题，亦跟美学有莫大关系。应该进行很好的研究、讨论和清理。可以看到，以后"新实践美学"与"后实践美学"之间的争论依然涉及这些问题，并主要围绕着这些问题而展开。然而本章志在梳理20世纪90年代以来围绕实践美学所展开的争论，这些问题将在第六章中专述，这里不予展开。

二　"新实践美学"与"后实践美学"的争论

自杨春时对实践美学提出批评之后，"后实践美学"的提法迅速被美学界认可。对实践美学进行批评、质疑的文章也多了起来。就笔者所知，仅就《学术月刊》这一家刊物，就先后发表了曹俊蜂《"积淀说"质疑》（1994年第7期）、潘知常《实践美学的本体论之误》（1994年第12期）、张弘《存在论美学：走向后实践美学的新视界》（1995年第8期）、张立斌《实践论、后实践论与美学的重建》（1996年第3期）、陈炎《"实践美学"与"实践本体"》（1997年第6期）、尤西林《朱光潜实践观中的心体》（1997年第7期）、陈望衡《实践美学体系的三重矛盾》（1999年第8期）、笔谈《生命美学：世纪之交美学的新方向》（2000年第11期）、杨春时《新实践美学不能走出实践美学的困境——答易中天先生》（2002年第1期）、彭锋《从实践美学到美学实践》（2002年第4期）、陈望衡《审美本体、哲学本体及艺术本体》（2003年第2期）、杨春时《实践乌托邦批判——兼与邓晓芒先生商榷》（2004年第3期）等批评和质疑文章。在20世纪90年代美学理论研究处于低谷、并被边缘化的总体趋势下，《学术月刊》一直关注围绕实践美学的争论，并发表了大量的有关美学基本理论的探讨和争论文章，对于90年代中国美学基本理论的研究实是功莫大焉。

90年代，实践美学的主要代表人物相继淡出学术舞台，以实践美学作为理论支持的人文启蒙运动也被大众文化所冲击、淡化，而持"后实践美学"观点的学者正是当时活跃的中青年学者，同时，后实践美学迎合了整个社会求新、求变、突出个体感性生命、张扬个性存在的社会心理。实践美学的代表人物李泽厚被一些人看做是仅仅跟 20 世纪 80 年代启蒙运动有关的过时人物，其学说自然也被看成了过时的学说。因此，看起来，围绕"实践美学"的这些争论中，"后实践美学"对实践美学"攻势凌厉，频频得手"（易中天语）。90 年代，实践美学基本上处于守势。进入新世纪，一些学者打出了"新实践美学"的旗号，一面与李泽厚的"旧实践美学"划清界限，一面批判杨春时所代表的"后实践美学"。由此，"新实践美学"又同杨春时为代表的"后实践美学"展开了新一轮争论。

2002 年，易中天在《学术月刊》第 1 期发表了《走向"后实践美学"，还是"新实践美学"——与杨春时先生商榷》，打出了"新实践美学"的旗号，对杨春时的"后实践美学"和他所认为的李泽厚的"旧实践美学"均给予了批评，从而引起了另一场关于实践美学与后实践美学的争论。杨春时则在同一刊物同一期发表了针对易中天的反驳文章：《新实践美学不能走出实践美学的困境——答易中天先生》。随后，邓晓芒发表《什么是新实践美学——兼与杨春时先生商讨》（《学术月刊》2002 年第 10 期），对杨的《新实践美学不能走出实践美学的困境》一文予以反驳，杨春时发表了《实践乌托邦批判——兼与邓晓芒先生商榷》（《学术月刊》2004 年第 3 期）一文，作为对邓晓芒文章的回应。邓晓芒则以《评美学上的"厌食症"——答杨春时先生》（《学术月刊》2005 年第 5 期）予以作答。

易中天在《走向"后实践美学"，还是"新实践美学"》中，把李泽厚代表的实践美学学说称为"旧实践美学"，并认为"旧实践美学终将作为一个被扬弃的环节退出历史舞台"，但这并不意味着实践范畴的使用失当，经过他的"新实践美学"的改造，实践仍是美学的逻辑起点。新世纪美学不是要走向"后实践美学"，而是应该走向"新实践美学"。

他首先批判了杨春时的"超越论"，认为杨春时最为看重的"自由生存方式"只能来源于实践并指向实践。他提出了关于美学的逻辑起点的三个原则：第一，从逻辑起点到艺术和审美的本质，是一个相当长的过程并有不少中间环节。第二，艺术和审美活动的本质及其他艺术规律从美学的"第一原理"直接推演而来，不能从另外的原则外加进来。第三，这个逻辑起点必须是不可再还原的。

易中天说，如果承认"美的本质就是人的本质"，那么，美学体系的逻辑起点只能是劳动。劳动是人类最原始、最基本、也最一般的实践。以劳动为逻辑起点，也就是以实践为逻辑起点。劳动不是艺术，也不是审美。然而，即便是在最原始、最简单、最粗糙、水平最低的原始劳动中，也已经蕴涵着（而且必然地蕴涵着）艺术和审美的因素，这就是劳动的情感性以及这种情感的可传达性和必须传达性。

> 劳动的意义在于，它不仅是人类谋生的手段，也是使人从猿变成人的根本原因。能够使人成为人的，也能够证明人是人；而原本不是人的，也必须证明自己是人。因此劳动与人的关系就是一种确证关系：劳动以其过程和产品证明人是人，人则以某种形式证明劳动是人的劳动。

这里似乎把人与劳动的实践关系置换成为一种逻辑证明关系：人之所以劳动是为了证明自己是人，因为只有通过劳动人才成其为人。他接下去的话又把这种证明转换成为一种心理学问题，认为所谓"确证"人之为人的那个"确证"实际上是由一种心里感觉即"确证感"来实现的：

> 证明劳动是"人的劳动"的形式是一种心理形式，它就是确证感。这种证明之所以要通过一种心理形式来实现，是因为"人的确证"归根结底是人的自我确证。因此，它必须能为每个人所意识到，也就只能诉诸人的内心体验。……也就是说，人的确证是要由确证感来证明的。

总之，人在劳动中获得了一种心理能力，即通过确证感的体验，在一个属人的对象上确证自己的属人本质。审美就是这样一种心理能力和心理过程。换句话说，审美，就是人在一个属人的对象上体验确证感的心理能力和心理过程。确证一个东西是不是审美对象的唯一标准是确证感。由于美是要靠美感来确证的，因此美感就是确证感；而为美感所确证的美，也就是能够确证人是人的东西。正因为"美是能够确证人是人的东西"，所以美是肯定性的（丑则是不能确证人是人的东西，所以丑是否定性的）。

又因为确证自己是人，乃是人的"第一需要"，是艺术和审美发生的"第一推动力"，因此"爱美之心，人皆有之"。这个观点，就叫做"审美本质确证说"。这也是"新实践美学"区别于"旧实践美学"和"后实践美学"的关键之一。①

这段绕口令式的话语中包含了有关人的自我确证、人的本质、美和美感的起源、美的本质等等一系列哲学和美学问题，对于这些问题我将另文分析。这里只是简单地说明，按照这样的思路，所谓"新实践美学"不但没有在李泽厚的"旧实践美学"的基础上进步，反而退步了。首先，它把审美完全看做一个心理过程，把审美过程归结为对"确证感"的体验，这与西方传统唯心主义美学从美感来看待美已经没有区别，使美学从一种具有历史视角和实践性质的人类学历史本体论学说退回为一种把美与美感看做一体、从美感来界定的心理学美学，但同时，又未能对审美活动的心理过程给出一种具体的心理学解释。其次，关于这个"确证感"的性质，是"在属人的对象上体现自己属人的本质"，但是，"属人的对象"从何而来？它们为什么会变成"属人的对象"？外在于人的自在对象是怎么变成的"属人的对象"的？这些问题是"确证感"的关键，却没有得到交代。再次，这里有一个判断，"美是能够确证人是人的东西"，并把这一判断作为一个不言自明的前提。可事实上，这个判断并不是不言自明的。为什么"美是能够确证人是人的东西"？作者没有论证。同时，能够"确证人是人的东西"岂止是美而已，善不也同样是"确证人是人的东西"吗？而且比较起来，善恐怕更能"确证人是人"。最后，这里谈到"确证自己是人乃是人的'第一需要'"，这种说法违背了马克思的实践论原则。人的第一需要是要活着，而非去"确证"自己是人。当人并不知道自己是"人"的时候，他已有吃饭穿衣的需要了。

杨春时针对本文发表了《新实践美学不能走出实践美学的困境——答易中天先生》予以反驳。他认为，所谓"新实践美学"与"旧实践美学"没有本质的区别，它们都以实践哲学为基础，以实践作为美学的基本范畴。由此在对待审美、美学的逻辑起点、劳动与审美以及美的本质等一系列重大问题上，新实践美学的观点仅仅是在实践美学体系内作修补，

---

①　易中天：《走向"后实践美学"，还是"新实践美学"——与杨春时先生商榷》，《学术月刊》2002 年第 1 期。

它注定不能走出实践美学的困境。他重申了他在《走向后实践美学》一文中的观点，强调审美无法从实践中得来，因为审美是自由的超越活动，实践是不自由的现实活动，两者在本质上不同。他说：

> 超越性植根于人的存在（生存），而非外在的规定。……超越性作为生存的基本规定，只能经由生存体验和哲学反思而不证自明，而不能被历史经验证实或证伪。同时，不能断言超越性来源于实践。……不能把超越性还原为实践。
>
> 人不仅是现实的生物，更是形上的生物。

关于美学的逻辑起点，他同意易中天提出的三条，并补充了一条：逻辑起点必须包含着推演出的结论即审美的本质。他认为，生存作为美学的逻辑起点，符合这四项规定，因为生存"是最一般、最抽象的逻辑规定，一切具体存在都包含于其中，包括主体——人和客体——世界，都是从生存中分析出来的；物质生产（实践）和精神活动也包含其中。因此，生存是不可还原的原始范畴。而且，生存也是不证自明的公理。生存也包含着审美的本质，审美不是别的，而是生存方式的一种即超越的生存方式；由于生存的解释性，审美也是超越的解释方式"。

他再次强调，从劳动概念不能合乎逻辑地推导出审美的本质，因为"劳动是不自由的现实活动，审美是自由的超越活动，两者本质上不同。"杨春时为了反驳易中天关于原始劳动中蕴涵着艺术和审美因素的观点，创造了"实践劳动"和"前实践劳动"这两个概念，认为，"实践劳动"是文明人类的社会化劳动，它是自觉的有目的的生产活动；"原始劳动"是原始巫术观念支配下的非自觉性的劳动，它只是"前实践劳动"，而不是"实践劳动"。而"前实践劳动"无法创造美。他说："新老实践美学所谓'劳动创造了美'，等于说原始劳动创造了美，而不是实践创造了美。"然后，他进一步论述说，劳动是物质活动，是为了满足人的生理需要的生产活动，尽管它对人的发展有极为重要的作用，但又不是自由的活动，从中无法产生自由的审美活动。①

---

① 杨春时：《新实践美学不能走出实践美学的困境——答易中天先生》，《学术月刊》2002年第 1 期。

对此，邓晓芒发表了《什么是新实践美学——兼与杨春时先生商讨》予以回应。他明确站在"新实践美学"的立场上，认为在有关实践、超越、生存、审美这些美学的根本问题上，"新实践美学"既与李泽厚的"旧实践美学"有别，又与杨春时的后实践美学不同。他说：

> 实践首先是一种"客观现实的物质性的活动"，不承认这一点，就会陷入康德、黑格尔式的唯心史观；但是，实践又是一种有意识、有目的、有情感的物质性活动，而不是像动物或机器那样盲目的物质性活动，它把人的主观性或主体性……作为自身不可缺少的环节包含在内。

他认为杨春时的错误在于把"现实性"和"超越性"完全对立了起来，而人类精神生活的超越性正是从现实的实践活动中升华出来的，因为实践本身就具有自我超越的因子，这就是实践作为一种"有意识的生命活动"和"自由自觉的生命活动"本身所固有的精神性要素。①

杨春时在题为《实践乌托邦批判》的答复中认为"新老实践美学"把实践作为本体论范畴，把实践当做自由的活动，以实践来说明审美的性质，实际上构造了一个"实践乌托邦"。他说，实践本来是历史科学的概念，其基本内涵是指社会物质生活资料的生产，不具有哲学本体论的地位。但是（外国的和中国的实践派）把它变成了一个哲学本体论范畴，进而在实践本体论基础上构造了实践哲学。他说：

> 一个现实的活动一旦被抬高为超现实的自由活动，一个历史科学的概念一旦被抬高为哲学基本范畴，就必然变成一个乌托邦。
>
> 片面地崇拜实践、拔高实践，只是理性主义的乐观精神的体现。这种理性主义的乐观精神是启蒙时期所特有的。……在现代社会，实践或异化劳动的负面性日益突出，对实践的乐观态度也随之消失，代之以对现代性的批判。

他坚持他一贯的观点，认为"实践具有现实性，是异化劳动，而审

---

① 邓晓芒：《什么是新实践美学——兼与杨春时先生商讨》，《学术月刊》2002 年第 10 期。

美具有超越性，是自由的活动"。他坚持实践作为"异化的"、"现实的"劳动，不具有自由和超越的性质。因此，不能以实践作为美学的基本范畴，实践不能说明审美的本质。①

对此，邓晓芒回复以《评美学上的"厌食症"》。他说，杨春时太专注于超越性的审美，以至于得了"美学上的厌食症"，对一些最基本的哲学常识不屑一顾。他批驳了杨春时"非历史主义"地看待实践和劳动的观点，分析了杨春时对马克思的异化、人化、对象化等概念以及辩证法关于"逻辑与历史相一致"、"对立面的统一"等原理的误解，并指出，由于上述方面原因，杨春时的"后实践美学"对他的"新实践美学"多有理解不当之处。

邓晓芒说，杨春时有一个固执的思想："实践具有现实性，是异化劳动"，而这种对实践的理解并非马克思的理解，而正是马克思所批判的费尔巴哈式的实践观念。他引用马克思下面一段话来说明实践（至少在起源上）包含精神生产的因素：

> 思想、观念、意识的生产最初是直接与人们的物质活动，与人们的物质交往，与现实生活的语言交织在一起的。人们的想象、思维、精神交往在这里还是人们物质行动的直接产物。表现在某一民族的政治、法律、道德、宗教、形而上学等的语言中的精神生产也是这样。②

他认为，杨春时指责他把实践"非历史化"，而这正是杨自己所犯的错误。杨春时多次引述马克思《资本论》中的一句话"自由王国只是在必需和外在目的的规定要做的劳动终止的地方才开始；因为按照事物的本性来说，它存在于物质生产领域的彼岸"来作为"超越论"的马克思主义理论依据，但杨在这里的引用完全撇开了语境，那句话的前面有关于资本为未来自由社会提供现实基础和"物质手段"的论述，而整段话的结尾部分则说："在这个必然王国的彼岸，作为目的本身的人类能力的发展，真正自由的王国，就开始了。但是，这个自由王国只有建立在必然王

---

① 杨春时：《实践乌托邦批判——兼与邓晓芒先生商榷》，《学术月刊》2004年第3期。
② 《马克思恩格斯选集》第1卷，人民出版社1995年版，第72页。

国的基础上，才能繁荣起来。工作日的缩短是根本条件。"① 在这里，"彼岸"一词所表明的"超越性"，显然并不是杨春时所说的那种非历史主义的超越性，而正是历史本身、实践本身所产生的超越性，即由实践的精神方面自由地支配其物质方面。马克思所说的"自由王国"不仅是"历史主义立场"的必然结果，而且本身也仍然是"在必然王国的基础上"繁荣的。

接着，他反驳了杨"实践从诞生之日起，就是异化劳动"的观点。杨的论据是"实践具有自觉性、社会性"，而原始人的劳动"不是自觉地征服自然的活动。原始劳动是在血缘关系中发生的，血缘关系是自然的关系，没有形成社会关系（包括没有发生社会分工、没有生产资料及其占有制等），因此不是社会性的劳动"。对此，邓晓芒说，马克思曾经把原始社会的血缘关系归结为"生命的生产"，认为"从历史的最初时期起，从第一批人出现时"，对基本生活资料的需要、在此基础上对发展的新的需要以及繁殖的需要这三方面就同时存在，因而"生命的生产，无论是通过劳动而达到的自己生命的生产，或是通过生育而达到的他人生命的生产，就立即表现为双重的关系：一方面是自然关系，另一方面是社会关系；社会关系的含义在这里是指许多人的共同活动，至于这种活动在什么条件下、用什么方式和为了什么目的而进行，则是无关紧要的"②。

杨先生既然认定原始劳动没有社会关系而只有自然关系，就得为我们指出马克思的这段肯定原始劳动有这"双重关系"的话"错"在哪里。但杨先生对马克思的这段与他自己的看法针锋相对的话只字不提，却以紧挨马克思这段话的下面一段中的话为自己作证，即引用马克思关于人最初像牲畜一样服从自然界、从而具有"一种纯粹动物式的意识（自然宗教）"③ 的说法，并想由此证明原始人的劳动既

---

① 《马克思恩格斯全集》第 25 卷，人民出版社 1974 年版，第 926—927 页。

② 《马克思恩格斯选集》第 1 卷，人民出版社 1972 年版，第 80 页。

③ 邓原文注：有意思的是，马克思在"自然宗教"旁边有一个注："这里立即可以看出，这种自然宗教或对自然界的这种特定关系，是由社会形式决定的，反过来也是一样。"杨先生却回避了这个关键性的注，以免自然宗教和"社会性"发生关系。

不是"文明人类的社会实践活动，更不是什么'自由自觉的生命活动'"。①

关于原始时代的生产劳动究竟具不具有"自由自觉"的性质问题，邓晓芒引用马克思《1844 年经济学—哲学手稿》中的论述来说明问题："生命活动的性质包含着一个物种的全部特性，它的类的特性，而自由自觉的活动恰恰就是人的类的特性。"② 他认为，在这里，"自由"是相对于动物而言的，因为"动物只是在直接的肉体需要的支配下生产，而人则甚至摆脱肉体的需要进行生产，并且只有在他摆脱了这种需要时才真正地进行生产"③。因此，邓晓芒认为，虽然原始人的意识还只是"动物式的意识"，但毕竟是意识，他们的生命活动已经和动物的本能活动不同，是"有意识的"生命活动了，他们已经能够"把自己的生命活动本身变成自己的意志和意识的对象"来加以策划了。

所以，"实际（原文为 praktische，可译为'实践性的'）创造一个对象世界，改造无机的自然界，这是人作为有意识的类的存在物……的自我确证"。杨先生否认原始人的劳动有"自由自觉的活动"的特性，否认他们的劳动具有实践性（包括实践的"自觉性"、"社会性"），莫非他以为原始人在劳动中是全凭本能、而且是无意识地活动？这种说法等于把原始人开除出了"人籍"，也等于切断了文明社会的历史根源。

邓晓芒说，马克思对国民经济学家的一切批判都集中于他们把异化现象视为天经地义，把现实的劳动从古到今全都等同于异化劳动："国民经济学家把劳动者只是看做劳动的动物，只是看做仅仅具有最必要的肉体需要的牲畜。"④ 马克思却要追溯异化劳动在分工和私有制中的历史起源，即探讨本来意义上的自由自觉的生命活动是如何一步步"被异化"的，

---

① 邓晓芒：《评美学上的"厌食症"——答杨春时先生》，《学术月刊》2005 年第 5 期。
② ［德］马克思：《1844 年经济学—哲学手稿》，人民出版社 1983 年版，第 50 页。
③ 同上。
④ 同上书，第 13 页。

又是如何必然随着异化根源的被扬弃而恢复其全面的本质含义的。他最终发现，"自我异化的扬弃跟自我异化走着同一条道路"①。"而这一切工作，在杨先生的非历史主义眼光下全部都失去了意义。"②

邓晓芒的批评有理有节，特别对一些被杨春时引用过的马克思的论述以及他所涉及的马克思的实践哲学的基本概念作了深入细致的阐发，可以看做是对杨春时的"后实践美学"的理论基础的全面批判。但他自己正面阐述的观点在这篇文章中不多。

"新实践美学"与"后实践美学"之争，其所争论的问题基本上还是90年代杨春时与朱立元等人所争论过的问题，即现实性与超越性的关系、实践与审美的关系、美学的逻辑起点等问题。杨春时仍然坚持实践作为现实性的活动不具备超越性，审美无法从实践活动中产生，因此，实践美学的整个基础就是不成立的。而易中天和邓晓芒则大量引用马克思的经典文本，证明了人的超越性只能植根于实践，来源于实践。此外，他们的争论进一步向哲学领域延伸，涉及对象化与异化、美学学科的基本方法（逻辑与历史相一致的方法）、对立统一规律等问题。与90年代的争论不同的是，朱立元基本上是站在实践美学的立场为实践美学进行辩护，因此文章中大量引用李泽厚、蒋孔阳的论著作为论据，而易中天和邓晓芒则极力与以李泽厚为代表的"旧实践美学"划清界限，强调他们的主张为"新实践美学"。还有一点不同的是，90年代的争论中还往往讨论到一些具体的美学问题，而这次的"新""后"实践美学之争更主要在美学的哲学基本问题上绕圈子。用邓晓芒的话来说是争论到一些马克思主义的A、B、C。由此可见，这些问题值得进一步深入研究、分析。对此，我将在下一章中提出一些自己的看法。

三　对实践美学和后实践美学的其他批评

（一）对实践美学的其他批评

90年代以来，对实践美学批评，除了上述两次形成交锋的争论之外，

---

① ［德］马克思：《1844年经济学—哲学手稿》，人民出版社1983年版，第70页。

② 以上均见邓晓芒《评美学上的"厌食症"——答杨春时先生》，《学术月刊》2005年第5期。

更多是针对实践美学的单方面批评。这些批评基本上没有回应，没有形成像杨朱之争或"新""后"之争那样的交锋、批评与反批评。但这些批评虽然没有形成交锋，却产生了广泛的影响。这些批评大都不是对实践美学的某一具体观点的辨析、驳难，而基本上是从总体上、从实践美学的哲学基础、学科定位、核心理念等方面进行全面批判。

1. 美学的学科定位

蒋培坤和吴琼认为，美学研究应"从人类的生命存在与活动本身出发，从整体性上去观照人、理解人"①，而不是用实践理性去进行僭越性干预。实践美学由于重社会性而轻个体性、重理性而轻感性的生命表现、重历史决定作用而轻个人自由选择，把主体或人抽象为单纯的理性存在物，把主体性活动仅仅归结为社会功利性的物质实践活动，而没有看出美学应该是区别于自然科学和社会科学的人文研究，美学应该是一种人文学科。②

2. 美学的本体论基础

潘知常批评实践美学陷入了本体论的误区，因为它把美学看成是一门询问美的抽象化本质即美的本体的学问，这样一来，审美与人类自身的生命活动的联系就被遮蔽和消解了。③ 张立斌强调，美的根源和美的本质是不同的，实践是人的本质，是美产生的根源，而不是美的本质。实践美学从实践出发来研究美，把美产生的根源和美的本质混为一谈，把美的本质和人的本质也混为一谈。"以实践的本质规定美的本质，既不能将美与其它实践结果相区分，也不能正确分析与认识美的特殊本质。"④

3. 美学的核心理念

杨春时批评道，实践美学的哲学基础是主体性思想，主体性美学不能解决审美作为自由的活动和真理的体验何以可能的问题。因此，现代美学必然转向主体间性。作为实践美学哲学基础的"实践哲学力图克服主体与客体间的对立，把二者统一于实践活动之中。但实践作为物质生产活动，本身就是建立在主体与客体分离的前提之下，而且实践活动也不可能

① 吴琼：《论美学学科的定位》，《社会科学》1994 年第 10 期。

② 蒋培坤、吴琼：《美学学科的定位及其他》，《学术论丛》1993 年第 1、2 期；吴琼：《论美学学科的定位》，《社会科学》1994 年第 10 期。

③ 潘知常：《实践美学的本体论之误》，《学术月刊》1994 年第 12 期。

④ 张立斌：《实践论、后实践论与美学的重建》，《学术月刊》1996 年第 3 期。

最终消除主客对立，因为世界作为主体征服的对象不会消失，它仍然与人对峙"。他认为，"在主客对立的前提下，主体性不可能是自由的根据"①。

4. 哲学前提

成复旺从审美与异化的关系的角度对实践美学进行了批判性反思。他认为，实践美学的一个矛盾是，一方面认为美是劳动和工业化的结果，另一方面又认为劳动和工业本身就是人的异化。不过他对异化概念和它的作用给予了新的理解。他说，异化与审美是相反相成的，正是异化丰富了审美的意蕴，深化了审美的境界。在现实生活处于异化状态的历史条件下，审美与异化的关系就是审美与现实生活的关系。② 贺天忠认为，实践美学直接将哲学上的实践自由推演到审美自由，没有说明实践自由和审美自由二者的联系和区别，在解释美的本质问题上有简单化倾向。实践自由与审美自由是两个不同层次的范畴，实践自由是产生形成审美自由的前提和基础，审美自由是实践自由上延伸和放大。实践自由内在渗透在审美自由中。③

5. 全面否定实践美学

章辉从历史背景、基本观点、发展谱系、成败得失四个方面全面批判了实践美学。他认为，从宏观整体上看，实践美学缺陷在于：理性是有限的，一种本体的选取就决定了这种理论的逻辑行程和阐释限度；体系是封闭的，一种阐释视角的选择必然是对另一种视角的遮蔽。实践作为本体是有弊病的，实践只能区分人与自然，无法区分认识、伦理与审美，无法区分群体与个体，无法关注现代性的个体存在。从微观分析，实践美学的局限在于起源本质论、美感认识论、误设了美的客观存在、忽视审美主体、错误的自由观、褊狭的艺术观和自然美观。自然人化说在解释自然美时有许多难点，它没法解释人们对纯然的形式美的欣赏。从现代性视角来看，实践美学获得的是启蒙思想的精神资源，实践美学为近代美学，并未获得审美现代性。章辉断言，实践美学"一直没有找到自己的问题域"、"后实践美学以存在论哲学和当代西方美学为思想

---

① 杨春时：《从实践美学的主体性到后实践美学的主体间性》，《厦门大学学报》（哲学社会科学版）2002 年第 5 期。

② 成复旺：《审美、异化与实践美学》，《福建论坛》（人文社科版）2001 年第 4 期。

③ 贺天忠：《实践自由、审美自由与美的本质解答》，《襄樊学院学报》2001 年第 1 期。

资源就能打倒实践美学"、"后实践美学能便利地阐释审美活动而实践美学不行"。①

　　整个 90 年代美学基本理论的大潮便是对实践美学的全方位、多角度、多侧面的批评。这些批评者的基本立场是认为实践美学从整体上已为时代所超越。他们有的直接宣称实践美学是一种"古典"美学形态,早已应该被"现代"美学所超越;有的认为实践美学把美学定位为社会科学,在学科定位上就犯了错误;有的则从本体论上阐述实践美学的本体论基础无法成立,或者说实践美学混淆了人的本质与美的本质的界限。无论是从什么角度进行的批评,他们对于实践的基本判断仍是杨春时 90 年代初期所定下的调子:"重理性轻感性,重社会性轻个体性"。关于实践美学中理性与感性、社会性与个体性之间的关系,前面在分析李泽厚的实践美学的过程时我已经作过比较全面的论述。这里不再赘述。总而言之,这是一种没有根据的论断。实践美学之所以成为影响整个新时期的学术潮流,之所以在 90 年代不断被宣称已被超越却又不断需要被超越,正是因为它对历史理性主义的批判,因为它力图在历史发展的必然性中为个体的偶然性生存寻求一种意义,一种价值,在决定社会发展的理性主义统治下为个体感性开出一片存在的空间。并且,正是实践美学最早批判黑格尔和苏联式马克思主义的历史理性主义和唯智主义倾向。

(二) 站在第三者的立场对实践美学与后实践美学的双方批评

1. 从实践美学到美学实践

　　在实践美学与后实践美学争论得热火朝天时,有的学者针对双方的根本思维方式进行了批判。彭锋认为,实践美学和后实践美学的分歧其实没有他们自己认为的那么大。它们对审美现象的描述基本一致,即都认为审美是一种自由的、超现实的精神活动,他们都把西方现代性美学关于审美经验的描述不加怀疑地全盘接受下来。问题是,西方现代性美学对审美经验现象的描述并不是毋庸置疑的。实践美学的根本失误不是在它强调什么、忽略什么的问题,而是在它同时认可的那些相互矛盾的不同层次究竟怎样统一起来的问题。他进而阐述了西方现代性美学的概念及其发展趋

---

　　① 章辉:《实践美学:一段问题史》,《人文杂志》2004 年第 4 期。另可参见章辉《实践美学:历史谱系与理论终结》,北京大学出版社 2006 年版。

向，认为，强调审美的实践特性而不是解释或认识特性，是当代西方美学中的一股潮流。他提醒那些仍然沉湎于与实践毫无关系的理论争论中的美学家，摆脱美学困境的最重要的方式，不是争论实践美学，而是进行美学实践。①

这种观点看似激进，超越了实践美学与后实践美学的视野，有一个更全面和宏阔的思路，却有一个致命的缺陷：如果美学的问题不在于从理论上解释美的本质，而只是在于进行美学实践，那么，美学学科还有存在的必要吗？它将以何种形态存在？另外，如果我们连基本的美学观念也搞不清，又如何去进行"美学实践"？虽然有这种困难，但这种观点的出现仍然不无意义。至少，它提醒我们一个长久被忽略的方向：美学的实践方向。现代学科体系一个重要特点是理论与实践的分离。一些被称为哲学家的人把哲学变成书斋里的文字游戏或智力猜谜，而忘了哲学本是活生生的人生智慧和人生体验的结晶，是对人生存在真理的直接把握和洞见。在我们对世界进行理论抽象和反思的时候，我们也不要忘了，我们同时还是以身体的方式存在着，我们的身体跟世界有着感性的直接的接触、感受和体验。世界之美，人生之美，更主要的是要通过身体与感官去体验、品味。美要去看，去听，去闻，去触。在这个意义上可以说，所谓"美学实践"还是有一定的道理的，它其实是实践美学的另一种视角，即实践美学一直强调的个体主体性维度。

2. 对实践美学和生命美学各自局限性的批判

刘成纪站在生态美学的立场上批评了实践美学和生命美学中人类的自我扩张思想和对自然美的忽视。他提出，对于美学来说，必须把平等观念作为自由观念的前提，否则就会产生自由的悖谬而走向反美学。他说，把人的问题作为美学的核心问题，将美还给人，这是 20 世纪 80 年代启蒙思潮的重要理论遗产。但这种建立在人学基础上的美学的狭隘性日益彰显，对"人"的过度重视导致了自然在美学中的长期缺席。"对于一种建立在人与自然和谐共存基础上的新型美学理想而言，这种以人对自然的实践征服和情感再造为前提的美学是缺乏公正的，它以人的存在为唯一意义宣布了万物存在的无意义（或仅具有材料意义），以人的单一的主体性剥夺了万物各有其主体性。于此，所谓人学的美学其实已异化为人类自我中心论

---

① 彭锋：《从实践美学到美学实践》，《学术月刊》2002 年第 4 期。

的美学。"①

他认为，在自然美问题上，无论是实践美学所讲的自然通过实践向美生成，还是后实践美学讲的自然通过生命向美生成，其结论都是一致的：在人之外，自然不具有独立的审美属性。其核心问题是对自然的内在属性的认识，即把自然看做西方近代哲学中的机械的冰冷死寂的存在。而这种自然观已为包括达尔文进化论和热力学第二定律在内的现代科学所否弃。因此，"万物皆有生命，万物各有其主体性"，这是生态美学应确立的观念。自然美是人与自然之间生命互动的结果。承认万物各有其主体性前提下人与物是一种平等对话关系，而不是人对物的奴役与征服。这样，传统意义上的自然美便被生态美范畴所取代。

从生态美学角度看，自然并非只为人而美，而是包含着独立的审美品性和价值，甚至具有独特的审美感知能力。自然界的生命之物以其独特方式完成着美的创造。刘成纪强调："如果说爱是人与自然之间、自然生命之间关系的本质，那它就是生态美学建构自己理论体系的逻辑起点。"②"对于美学来说，平等比自由更重要。自由的存在必须有平等这个概念作为前提，否则它就会因与公正原则的悖谬而成为在本质上反美学的东西。……探索一种万物各有其主体性的人与物平等的美学存在的可能性，就成为当代美学获得进一步发展的契机，也成了重建人与自然新型审美关系的开端。这种建立在人物平等对话——而不是主体的独白——基础上的美学，这种赋予万物自由生存权利的美学，我们称之为生态美学。"③

陶伯华认为，生命美学与主体性实践美学实际上两极相通，渊源相共，存在着同样的对马克思主义实践原则的阐释偏颇与对审美活动特殊性的理解偏差。即都把马克思主义的实践原则仅仅解释为功利原则，都把实践限定为审美的根源，把实践以外的东西作为理解审美特殊性的根据。他认为，传统实践美学即将成为中国美学界过去的风景。"如果不能在实践美学的深层理论模式的重建上有新突破，它确实只能是为审美活动的根源提供社会学解释的非本身美学，它的学术生命是应该画上一个句号了。"

① 刘成纪：《生态美学视野中的当代美学》，《郑州大学学报》（哲学社会科学版）2001年第4期。

② 同上。

③ 刘成纪：《从实践、生命走向生态——新时期中国美学的理论进程》，《陕西师范大学学报》2001年第2期。

因此，他主张实行体系结构改革的"实践超越说"，而反对后实践美学的"超越实践说"。他说，笼统地说实践活动不是审美活动，非审美的实践只能说明审美活动产生的根源，是一个原则的错误。实践作为审美的基础与首要构成环节，既能说明审美的根源，又能规定审美的特质；既是美学的基础范畴，又是美学的核心范畴。①

孙盛涛对实践美学与后实践美学之争论的历史作用和意义进行了客观分析。她认为，"实践美学"与"后实践美学"作为中国当代美学的重要成果，共同承担了中国当代美学思想重建与美学理论发展的历史使命，对于推进美学理论建设、拓展理论思维空间，贡献出了具有时代先进性的学术成就。从所取得的成就来看，实践美学在美学理论的思维方式上显然有着无可替代的优选地位：它以内涵的现实指向性，为美学提供了一个理论价值的可以辨识的依托，与"实践"相结合的理论必然具有长久生命力。而相对来说，在发现新问题、调整新思路、确定新方法的理论突破进程中，后实践美学似乎并未实现自身所张扬的"超越"实践美学。②

3. 对实践美学代表人物的研究性批评

陈望衡认为，李泽厚的实践美学有三重内在矛盾。第一，"工具本体"与"心理本体"的矛盾。李泽厚的哲学是按照马克思哲学构建的，这种哲学强调人类的物质生产实践活动，突出制造、使用工具的意义，因而其人性理论被称之为"工具本体"论。现在他要回答当代世界人们所普遍关心的精神自由问题，又不得不从近现代西方哲学中找出"心理本体"来。但是，马克思哲学与近代西方哲学存在着巨大的矛盾，不是简单地综合古典哲学和现代哲学所能解决的。第二，"群体"与"个体"的矛盾。李泽厚强调物质生产实践为本，就必然突出群体的地位和意义。与个体和群体问题相关的是"人的本质对象化"问题。李泽厚所指的人是人类或者抽象意义上大写的人，强调是"人类总体的社会历史实践"创造美，这无异于说有一种全人类总体都承认或都应该承认的美存在，但这种美并不存在。第三，"理性"与"感性"的矛盾。李泽厚所要建立的新感性，其根源反倒不在感性，而在理性，理性成为新感性的本质。陈望衡

① 陶伯华：《生命美学是世纪之交的美学新方向吗?》，《学术月刊》2001 年第 7 期。

② 孙盛涛：《有关实践美学与后实践美学思维方式的思考》，《甘肃社会科学》2005 年第 2 期。

认为，这个说法值得商榷。人首先是感性的存在，在与动物相脱离的过程中逐渐增加理性，这理性是感性的发展、升华、转化的产物。感性与理性可以互相生发、转化、积淀，但感性是基础，是本。因此，李泽厚的"积淀说"的毛病，主要是忽视了人首先是感性的存在，又忽视了在理性积淀为感性之前和同时还有感性升华为理性。它是一种单向决定论，而不是双向反馈论。①

章启群批评了朱光潜后期的实践美学。他认为，朱光潜的主客观统一说美学理论，其思维方式是实证、经验和分析的，与20世纪西方哲学思维方式有内在的相通，这与他后期试图建构以西方19世纪思辨哲学为基础的美学理论，造成一种思维和观念上的内在矛盾。这种思辨哲学的形而上特征，也是当代中国"实践美学"的致命弱点。"朱光潜美学的一个内在矛盾，就是他提出的命题与他所寻找的理论根据在思维方式上的内在矛盾。更确切地说，朱光潜提出了一些经验的、实证的命题，而试图用传统的、思辨的哲学原理来论证，这是朱光潜后期美学理论最基本、也是最深刻的矛盾。"②

对实践美学这些研究性的批评从某种意义上来说可能是更值得注意和重视的。它不像后实践美学那样为批判而批判，首先带着一种有色眼镜去看待实践美学，而是基本上以一种较为客观的姿态和更为平和的心态，从学理本身去研究、发现这种学说的长处与不足之处。也许这才是中国美学要真正得到建设性发展所必要的学术前提。

4. 对后实践美学的批评

与90年代后实践美学对实践美学"频频发动攻势"、而实践美学基本上"处于守势"的单纯局面不同，进入21世纪以来，一些学者站在实践美学的立场上对后实践美学进行了严厉的批判。除了前面已谈到的邓晓芒、易中天等人的"新实践美学"之外，还有一些学者声称他们并不是站在实践美学立场为实践美学进行辩护，但是，从他们的文本来看，他们对实践美学与后实践美学二者的评价有如云泥之别。

---

① 陈望衡：《实践美学体系的三重矛盾》，《学术月刊》1999年第8期；陈望衡：《美在境界——实践美学的反思》，《理论与创作》1999年第1期。

② 章启群：《论朱光潜后期美学思想的内在矛盾——兼评"实践美学"的形而上性质及局限性》，《江苏社会科学》2005年第3期。

彭富春批评道:"后实践美学……所使用的美学的意义是混乱的。一方面,它将现代美学等同于古典美学,如解释学说成认识论,另一方面,它又将现代美学混淆于后现代美学,如所谓的语言中心的存在论。这根本在于它对自身所谈论的领域的无知,因此它无法分辨,从而选择和决定,所以大都似是而非。""后实践美学自以为成了实践美学之后,实际上并非如此。这个所谓的'后'根本不是西方的'后现代'的'后',它和实践美学仍属现代思想的领域,而且它在思想的构造方面远远不及实践美学那样完善。这是因为实践美学基于对马克思文本的认真解读,而所谓的后实践美学对于现代的尼采和海德格尔、后现代的德里达只是一知半解,这样它在使用现代和后现代的话语时,不是张冠李戴,就是捉襟见肘。""后实践美学基本上使用了西方现代和后现代的话语,而不是自身思索出的语言,因此它只是西方思想的变形,而不是中国自身的美学。在这个意义上,后实践美学的主张者没有充分显示出自己独立思考的能力。不过最糟糕的是他们对于西方的话语根本就没有听懂,却加以个人的猜测和附会。……他们的各种附会往往自相矛盾,漏洞百出。"①

虽然彭富春自己说,他并不是站在实践美学立场为实践美学进行辩护,而是力图从一个更为客观的视角对这种在近十年来非常活跃的思想进行客观的分析。但是,也许由于文章篇幅所限,他对他所作的一些结论性的断语只是提出来,却未作任何分析。只有判断,没有分析。这跟一些后实践美学者的做法如出一辙,这样的争论便很难说谁是谁非了。

(三) 对实践美学的客观研究

1. 李泽厚美学研究

与 20 世纪 90 年代对李泽厚实践学说的一边倒的批评局面不同,进入 21 世纪之后,对李泽厚的实践美学出现了从更为客观的学术立场出发进行的研究。这些研究中,有的对李泽厚实践美学的结构和内在矛盾进行客观分析,并从整体上客观评价李泽厚实践美学在中国现代美学中的地位,有的从李泽厚实践美学的主要概念入手,对于这种学说在 20 世纪 80 年代的现代性启蒙运动中所起到的作用作出评价。

薛富兴评价了李泽厚的实践美学在 20 世纪中国美学发展中的地位,

---

① 彭富春:《"后实践美学"质疑》,《哲学动态》2000 年第 7 期。

并分析了李泽厚后期美学的内在矛盾。他认为，李泽厚的实践美学是 20 世纪后期中国美学的最高成就之一，同时也典型体现了其固有的学术局限。"哲学美学"、"马克思主义美学"和"人类学本体论美学"是李泽厚对自己美学理论学术特征的准确概括，也是他在美学上取得的成就。

薛富兴具体分析了李泽厚后期实践美学的基本理路，认为《批判哲学的批判》是李泽厚后期实践美学的理论起点，《美学四讲》则是其集中体现。"自然的人化"这一人类学主题分别展开为"美是自由的形式"、"新感性"和艺术积淀；审美本体论是主体性实践哲学的总结形态。作为哲学美学，李泽厚为中国当代美学贡献出一个极具学术个性又有内在逻辑联系的美学理论体系，是哲学美学的重要理论收获。他提出了美学要多元化的主张，对美概念明确划分为三个层次：审美现象、审美对象与美的本质。由此，美学界普遍意识到：概念清理当为学术研究之门径。在"美感"论中，李泽厚把"美感"分成广义与狭义两种。广义的"美感"等于"审美意识"或"审美心理"；而狭义的"美感"则仅指"审美感受"。同时，他又将美感历时性地分为准备、实现、成果三个阶段，这一过程具体地有审美态度、审美知觉、审美愉快、审美能力这些环节。在"审美形态"一节，他将美感分为悦耳悦目、悦心悦意、悦志悦神三个层次。这些，均已作为美学理论中关于美感的基本常识被美学界广泛接受。李泽厚提出艺术的三分法：形式层、形象层和意味层，并以积淀三层次对应之。此三分法是对形式内容两分法的突破，触及了艺术品的个性深层结构，对艺术对象之解析更为细致，同时也摆脱了两分法的逻辑困境。[①]

在给予李泽厚的实践美学以极高的评价的同时，薛富兴也认为，李泽厚后期的实践美学存在着群体理性与个体感性、工具本体与心理本体、哲学与美学、论与史四对矛盾。他说，在李泽厚后期的实践美学中，人类学视野是其群体理性立场与工具本体论之根源，它根本上制约了心理本体论这一主体性实践哲学本旨。后期实践美学是主体性实践哲学之附庸，而非独立深入的美学理论。李泽厚意欲在美学的史论结合中会通中西，然实际是以西释中。诸种矛盾结合在一起，极大地制约了实践美学的学术

---

① 薛富兴：《李泽厚后期实践美学的基本理路》，《广西师范大学学报》（哲学社会科学版）2004 年 1 月第 1 期。

成就。①

　　乔东义认为,李泽厚的局限在于有意无意间将美的本质与人的本质间的联系扩大了,这一局限也是整个当代中国美学之局限。就人们批评最多的工具本体与情感本体的矛盾这一点而言,乔东义认为,本体可以划分为一般本体论和区域本体论。李泽厚的人类学历史本体论如同海德格尔的基本本体论一样是区域本体论。从工具本体到情感本体的转换并非是"本体"的变化,而是人类学历史本体论的"基础"到文化心理结构的"主导"的位移。李泽厚之所以既建构工具本体,又建构情感本体,是因为他发现工具不能解决人生矛盾,而情感作为人生的要义却没有自身的根据,从而要求以工具作为基础,以情感作为主导。由是观之,李泽厚的工具本体与心理本体之间并没有不可化解的矛盾。

　　乔东义认为,对工具的含义应该重新解释。"工具"是个历史性范畴。随着人类分工的发展,不仅直接运用于生产劳动的工具出现了日趋复杂的分化,而且出现了间接地计划、调配、管理生产劳动的各种设施和器械,还出现了看起来远离生产劳动但实际上制约着生产劳动的政治制度、经济模式、文化理念以及意识形态等。因此,工具还应是一个系统范畴,是构成人与自然间物质交换的各个环节的总和。它以其复杂多样性全面揭示了人类生存的基本样态,正是在这个意义上,工具可以成为"本体"。②

　　徐碧辉和王丽英把李泽厚的实践美学置放在其产生和发展的历史环境中,从知识社会学角度回顾考察了实践美学的发展历程及其社会意义。她们认为李泽厚的实践美学大体上可以分为三个时期:20 世纪 50 到 60 年代前期为萌芽和初步形成时期;70 年代末到 80 年代前期为发展时期;80 年代以后为深入时期。她们梳理了李泽厚实践美学的主要概念和命题,如"主体性"、"积淀"、"自然的人化"、"内在自然的人化"、"新感性"、"人的自然化"等,而且对这些概念和命题所产生的社会历史条件和在当时所起的社会历史文化作用进行了分析:"主体性、积淀、自然的人化,应该说这是李泽厚的实践美学中最基础的几个概念。这几个概念的提出和运用,为 80 年代风起云涌的思想解放思潮提供了理论和思想的支

---

　　① 薛富兴:《李泽厚后期实践美学的内在矛盾》,《求是学刊》2003 年 3 月。

　　② 乔东义:《李泽厚实践论美学的问题与反思》,《安徽师范大学学报》(人文社会科学版)2005 年 5 月第 3 期。

持。……'主体性'概念为人道主义和异化讨论提供了强有力的哲学支持。人是主体，而不再只是历史和社会机器的巨大齿轮上的一个无足轻重的螺丝钉；个性、个体不再只是资产阶级的专利，而是社会主义发展本身的目标。这种观念成为时代的最强音。同时，经由文学理论界的运用，主体性概念在文艺理论上引发一场革命，'文学的主体性'成为文艺理论上机械反映论观点的最强有力的理论挑战者和批判者。主体性观念也由此而向大众文化层面渗透，从而影响到整个社会文化观念。'积淀'和'文化心理结构'概念则为稍后一些出现的'文化热'和对传统文化的反思提供了理论基础。"①

徐碧辉提出，李泽厚的美学有一个从类到个体、从人类学历史本体到个体心理本体的迁移过程。早期，他的理论重点在于确立美学的历史唯物论基础，强调从人类学角度考察美和美感的根源，从而在起源过程中考察美和美感的本质，这样，他发现了"自然的人化"作为美的本质，美是在自然人化基础上的"自由的形式"；后期，他的重点转向在历史唯物论基础上的心理本体，具体说来也就是情本体。情本体是在自然人化基础上的人的自然化。"人的自然化"将成为实践美学深入发展推进的新的增长点。徐碧辉认为，从方法论上说，李泽厚美学熟练地运用了辩证法的矛盾对立统一规律，它的美学和哲学中充满了"二律背反"，这一方面使他的学说看起来充满了矛盾，另一方面正是这种矛盾对立使得他的学说超越时代，达到了相当的理论深度。②

2. 朱光潜美学研究

薛富兴对朱光潜后期的实践美学进行了分析。他认为，20 世纪 60 年代后的朱光潜美学已是实践美学，从以物的形象为审美对象到强调美的意识形态性，再到提出文艺是生产劳动，是朱光潜实践美学形成的基本轨迹。以文艺的主观性说明实践的能动性，以审美的创造精神沟通物质与精神生产，寄托人类全面发展的文化理想，是朱光潜实践美学的主要特征。③

---

① 徐碧辉、王丽英：《论李泽厚的实践美学》，《吉林大学社会科学学报》2006 年第 1 期。

② 徐碧辉：《从人类学本体论到个体生存论——再论李泽厚的实践美学》，《美学》2008 年第 2 卷，南京大学出版社 2008 年版。

③ 薛富兴：《作为实践美学的后期朱光潜美学》，《贵阳师范高等专科学校学报》（社会科学版）2002 年第 3 期。

　　章辉对朱光潜后期的美学贡献进行了评析，认为朱光潜通过把"物"和"物的形象"、艺术反映方式和科学反映方式区分开、批评反映论美学忽视主体、强调艺术生产和劳动实践的一致性等途径，维护了审美和艺术活动的主体性。在那个无视主体，恐惧主观的机械决定论掌握人们思维的时代，朱光潜艰苦卓绝的努力难能可贵。朱光潜对审美主体的呼唤与分析哲学、解释学、接受美学等当代西方思潮具有同构性。[①]

　　朱志荣回顾了实践美学的发展历程，具体阐述了李泽厚、朱光潜、蒋孔阳以及朱立元、张玉能等人的学说的主要内容和各自的优缺点。他认为李泽厚早期突破了原初的认识论，从实践角度审视人类审美活动，初步破除了那种把心——物看成是对立的思想，将审美活动从简单的反映论的被动的静观变为能动的创造与表现，特别是从社会历史发展的高度谈美的本源和本质，是当时的一般论者所不及的。朱光潜 1949 年后的实践观点把物质实践和精神实践在审美中贯通起来，这是对李泽厚主体性实践美学只承认物质实践的观点的重要修正和补充。蒋孔阳的"审美关系"论将人与现实的审美关系作为研究的出发点，已经在开始尝试着突破形而上学主客二分的思维方式，包含了生成论思想的可贵因素。总而言之，从李泽厚到朱光潜到蒋孔阳以及朱立元、张玉能等人的新实践美学，"以马克思主义实践论思想为基础的中国实践论美学学派，在广泛吸纳现代西方美学资源和印证中国传统文化资源的基础上，将物质生产和精神生产贯通起来，突出审美关系中主体的能动创造作用，进而又引入存在论与实践论思想结合，使得实践论美学在不断丰富、发展和进步中成为一个开放的体系，具有一定的生命活力"[②]。

　　3. 实践美学的思想渊源

　　李社教考察了实践美学与中国传统文化的思想渊源关系。他认为，实践美学是一个典型的中国学派，是中国传统文化心理结构的产物。它在中国的崛起，有现实原因。其代表人物身上，承接着中国传统文化的余脉，其文化心理结构中，中国现实和传统基因的因素影响着甚至决定

---

　　① 章辉：《呼唤主体——朱光潜与实践美学》，《华中师范大学学报》（人文社会科学版）2003 年 11 月第 6 期。

　　② 朱志荣：《实践论美学的发展历程》，《安徽师范大学学报》（人文社会科学）2005 年 5 月第 3 期。

着他们的理论选择和建构。"积淀说"中除了有人们所知道的康德、容格、皮亚杰等西方学说的影响之外，还有中国传统文化思想渊源，它与中国传统文化在祖先崇拜观念影响下对历史的重视是一脉相承的。传统的入世思想和在入世思想指导下，习惯地从社会历史、价值伦理的角度去把握艺术、强调艺术对社会现实的作用这种研究方法和倾向与实践美学诸家在美学研究中采取的方法具有内在一致性。实践美学诸家从社会关系来界定人的本质，从群体的角度要求人、规范人，与孔子的仁学亦有内在的共同性。[①]

与此相反，章辉则认为实践美学的产生受苏联20世纪50年代美学讨论的影响很深。他说，从1956年开始，苏联学界围绕着美的本质、美学研究的对象、艺术的一般原理等问题展开了长达十年之久的讨论。这些讨论通过《学习译丛》、《外国文艺理论译丛》、各种专著的翻译以及直接的俄文原著传播到中国来，对我国同时期的美学大讨论产生了重大影响。围绕着对《巴黎手稿》的解释，苏联美学界提出了关于美的本质问题的"自然说"和"社会说"。"自然说"认为，现实的审美特性与物质对象的机械的、物理的性质一样不依赖人类社会而存在，美的本质存在于物质世界的规律之中。他们提出了"多样性统一"、"整体内部各部分的对应"、"对称性"、"生命发展中的最高阶段"等概念。主张"自然说"的学者有德米特里耶娃、波斯彼罗夫、卡兰塔尔等人。持"社会说"的学者认为马克思的《巴黎手稿》中的"自然人化"的重要思想奠定了马克思主义美学的基础，是解决美学问题的关键。他们认为，美根源于人类的客观社会实践。在实践活动中，一方面，人的本质力量对象化了，另一方面，对象的尺度规律为人所掌握，成为对人的本质力量的肯定，这种对象化的过程才是美的根源。人在对象化的产品中直观到人的本质力量，因此引起人的审美感受。"社会说"的代表是斯托罗维奇。60年代初期，在社会派和自然派论战不休的时候，有人主张从价值论的角度研究美学。他们认为，美是主客观的统一，审美价值是主观因素和客观因素的统一。卡冈是价值论的主要代表。

章辉说，苏联美学讨论中产生的几派理论在我国都有拥护者及与其相

---

① 李社教：《中国文化视野中的实践美学》，《汕头大学学报》（人文社会科学版）2003年第5期。

似的理论观点，两国的美学讨论在时间维度、理论向度上有着惊人的相似和同构。他分析了造成这种文化现象的原因，认为可以归纳为这么几点：（1）相同的理论来源——马克思列宁主义哲学及其文艺理论传统；（2）相似的意识形态背景——两党对文艺有基本一致的认识并制定了大致相似的文艺政策，都对西方文化采取批判的立场和虚无主义态度，并确立了苏联化的马克思主义思想的指导地位；（3）相关的文艺思潮——以社会主义现实主义为唯一的合法的艺术创作方法。[①]

四 90 年代以后的实践美学状况扫描

20 世纪 90 年代以来，中国社会状况发生了天翻地覆的变化。启蒙意识的消减和大众文化的兴起，使得整个学术界的视点发生了巨大转变。李泽厚曾概括为"思想淡出、学术凸显"。作为 80 年代启蒙主义代表思潮之一的中国实践美学在社会层面遭受冷落。但是，从美学学理本身来说，实践美学在 90 年代不但没有停止，应该说，是在一种更为平实和学术化的基调上静静地发展着。不但李泽厚本人的思想和学术视野进一步扩展着，而且还有一些学者从各方面对实践美学进行了不同角度、不同立场的阐释。

本书第三章和第四章已经对李泽厚、朱光潜、蒋孔阳和刘纲纪等人的实践美学观点作过介绍与分析，故而本章只对除这几位之外的其他实践美学家作一些概略的介绍。

（一）杨恩寰："美的规律是自由的造形规律"

80 年代具有影响力的实践美学学者杨恩寰和梅宝树等人，在 90 年代出版了《美学引论》，该书从 1992 年到 2005 年，已再版三次。本书所延续的主要是李泽厚实践美学的基本思路。

在第二版"序言"中，作者明确地说：

> 《美学引论》是以历史唯物主义实践论作为立论基础，就是说，美学研究的对象，即审美现象，无论是审美活动还是审美关系，从审

---

① 章辉：《苏联影响与实践美学的缘起》，《俄罗斯文艺》2003 年第 6 期。

美发生学和审美创造论去理解、追寻，都必定涉及深层基础和根源，即物质生产实践——劳动。物质生产实践（劳动），是审美实践、活动、经验的根。①

在美学研究方法上，本书强调历史唯物论是基本方法："实践论美学决不讳言以历史唯物主义实践论作为美学的哲学方法论，同时又一再声言鉴于美学对象即审美现象的复杂性、多层次性，在坚持哲学方法论的一元性的同时，必须结合科学方法的多元性。"②

关于实践概念，本书的看法与李泽厚的一贯看法基本一致，强调实践的基本含义是使用和制造工具的物质生产劳动：

> 实践在其最原始最基本的意义上是指人类使用、制造工具以适应和改造自然界的客体物质活动。……人的实践活动，归结起来，有如下特点：首先是它的对象性。……其次，是它的目的性。……第三，是它的工具性。工具的使用和制造是实践活动的根本标志。③
>
> 美最初发生于原始人类使用和制造工具的劳动，美是在劳动中以动态形式和以工具的静态形式表现出来的。原始人类使用天然工具的活动为美的发生准备了前提，而制造工具的活动则标志着美的最初发生和存在。因为制造工具的活动，是真正意义的人类劳动。它表现为合规律性的形式力量，与种族繁衍即人类自身的生产共同构成人类生存和发展的基础。美就根源于原始人类物质生产劳动之中，首先表现在劳动过程，然后表现在劳动产品之中，劳动过程和劳动产品的合规律性与其实用内容紧紧结合在一起，混而未分，从合规律性的形式方面可以说是美，而从它的功利内容看，就是满足（符合）人类物质生产生活需要。④

这里对美的起源、美的本质的分析，对实践内涵的定义，对使用和制

---

① 杨恩寰主编：《美学引论》，人民出版社2005年版，第二版序言。
② 同上。
③ 同上书，第138—139页。
④ 同上书，第146页。

造工具的强调，都跟李泽厚所使用的实践含义没有差别。从这个意义上看，李泽厚在 80 年代所提出并强调的一些概念与命题在新世纪被继承、延续了下来。本书还特别指出，实践的力量是一种造形力量，"实践造形也就是马克思所讲的按'美的规律'来塑造，也是美之诞生的一种标志"①。美首先表现为实践对造形力量的运用，美的规律包含着造形规律、自由的造形规律。"'美的规律'就是人类物质生产的造形规律。"② 因此，美首先表现为动态的实践活动本身，其次才表现为静态的实践活动成果。这些观念也都跟李泽厚在《美学四讲》中所表述的观点一样。当然，就造形问题而言，他们都只是抽象地提出了实践的造形力量。具体如何造形，造形力量如何由实践中生成美，还需要跟形式美规则的具体研究结合在一起，对这一问题的具体展开，正是美学的一个重要课题。本书在这方面从哲学上提出了一些思路：

> 在物质生产过程中，主体通过以工具为物质手段（中介）的实践，把智力尺度（图式、结构）运用到客体自然形式（联系、结构）上去，表现为两种形式：主体尺度适应客体形式而发生改变，表现为'顺应'；客体形式适应主体尺度而发生改变，表现为"同化"。"顺应"和"同化"这种两种活动机能由对立而取得平衡、和谐、统一，结果便构成人化的形式，合于尺度的形式。这就是人类物质生产过程的造形规律，也就是"美的规律"。"美的规律"就是生产中的造形规律、表现为尺度和形式的统一。合于尺度的形式，就是美。就这点说，美就在形式。③

但是，美在形式又不仅仅在形式，因为"美就是自由的形式"④。

> 正如美在形式而又不是形式本身一样，美在自由而又不是自由本身，美是自由与形式的融合统一，二者是不可分的，自由在形式中，形式是

---

① 杨恩寰主编：《美学引论》，人民出版社 2005 年版，第 144 页。
② 同上书，第 152 页。
③ 同上书，第 154 页。
④ 同上。

自由的，因而形式不是自由的象征。象征意味着某种意识观念的符号或
标记。而自由形式，却首先是实践的形式力量，掌握或符合客观规律的
物质现实性的活动力量。自然的必然规律，总存在于个别的具体的自然
形式之中，并通过它们表现出来，人类在长期适应和改造自然的社会实
践中，由于无数次地反复地接触众多的具体事物，逐渐把它们的规律形
式抽取、概括、组合起来，成为普遍性的形式、规律，这时主体实践活
动就成为合规律性与合目的性的统一的活动，成为一种能改造一切对象、
普遍适用的形式力量，即成为一种自由形式力量。主体实践活动的真正
自由，不是随心所欲，而在于它符合或掌握客观规律。当实践自由消融
在它的形式上，积淀在它的形式中，这种实践形式作为自由形式，就是
美。自由形式，首先是主体实践的造形力量，其次才表现在对象外观的
形式。所以，美作为自由形式，首先存在于主体实践合规律性与合目的
性的统一活动中，其次才存在于主体实践的产品中。美的起点（本原）
和本质在合规律的实践活动本身。①

　　这段论述应该看做是对实践美学的关于美的本质的观点的一个重要阐
述，是20世纪实践美学关于"美是自由的形式"的具体化和深化。
　　本书对于实践论美学过去的缺点也有所评价。它认为：

　　实践论美学的理论基础并没有什么错，只是对劳动——一种实践
的理解有偏颇。这偏颇不在什么重视理性、人类、社会，忽视感性、
个体、自然，而是过分强调劳动目的性、创造（征服）性，而忽视
劳动的规律性、适应（遵循）性一面，从而在人与自然的关系上，
强调自然人化，而忘却了人的自然化。②

　　对90年代以来围绕实践美学的争论也作出自己的判断与评价：

　　这次围绕实践论美学进行的论争，焦点依然是美学的哲学基础和
方法论原则问题，论争各方的观点并没有形成两军对峙而是互有交

---

① 杨恩寰主编：《美学引论》，人民出版社2005年版，第157页。
② 同上。

叉；论争的气氛平和自由，体现一种真正的学术思想的自由谈论。这
次论争的积极意义在于，为当代中国美学建设的多元走向，提供了一
种助力，做了一种启动性的工作。当然也显得不足。论争只涉及美学
理论和方法论原则而没有涉及或较少涉及美学的整体内容方方面面。
一种美学只有理论基础和方法论原则，而没有构成理论模式和理论框
架，只有基础而没有上层内容，还构不成完整的美学。对实践美学提
出质疑责难的某些观点，还不足以说服人，有的观点只是求新求异，
只是在进行思辨，而一旦结合审美事实就远不如实践观点坚实、可
靠、可信。①

（二）朱立元："走向实践存在论美学"

进入 21 世纪以来，作为蒋孔阳弟子的朱立元和张玉能，也都从各自
的角度对实践美学的发展与系统化、体系化提出了自己的见解。作为实践
美学的第二代学者的代表人物，朱立元在 20 世纪 90 年代，就实践美学的
一些基本问题曾与后实践美学的代表人物之一杨春时展开争论。进入 21
世纪以后，他更自觉地以蒋孔阳的创造论基础，结合现代西方的存在论哲
学和美学，提出建立"实践存在论美学"。

朱立元提出，实践美学应当在本体论层面有所突破，由此，对美学学
科本身的根本性质和基本问题的认识才可能有所拓展和深化。实践本体论
美学应以马克思主义的唯物史观作为哲学基础，从"人生实践"这个角
度切入，由是而确立：审美活动是一种人生实践，广义的"美"是一种
人生境界。这一思路明确提出了从实践本体论来建构美学，而把实践明确
为"人生实践"。

> 实践本体论的基本主张就是：人通过实践生存于世，实践是人生
> 存于世的基本方式，是人生在世的存在根据。
> 从本体论角度审视美学与美学史，我们会发现："审美"与"美"
> 等等，实质上是人类对自己的生存方式与生存于其中的世界的某种关
> 系性的认同和分类；而美学作为一门独立的人文学科之所以能成立，
> 其根本指归是，它总是与人类的某种理想性生存紧紧联系在一起，与

---

① 杨恩寰主编：《美学引论》，人民出版社 2005 年版，第三版序言。

人类对和谐、健康、自由、充实的生存状态的追求联系在一起。①

朱立元认为，当代实践美学的主要缺点并非后实践美学所说的物质性、理性、现实性等，而主要是主客二分的认识论模式。蒋孔阳以实践论为基础、以创造论为核心的审美关系说，实际上已经开始尝试超越主客二元对立的思维方式。沿着这一思路前进，树立起"美"是当下生成的"人生在世"的一种状态，而不是现成的认识对象的观念，将实践论与存在论结合起来作为哲学基础，以此走向实践存在论的生成性美学，或许能作为当今美学突破的一条尝试之途。

他提出实践存在论美学的三条原则：

（1）"美是生成的而不是现成的"

朱立元认为，传统主客二分的认识论美学的一个基本立足点就是把"美"作为一个早已客观存在的对象来认识，预设了一个固定不变的"美"的先验存在，从而总是追问"美是什么?"的问题。要取得根本性的突破，就必须首先跳出一上来就直接追问"美是什么?"的认识论框架，而是重点关心"美存在吗? 它是怎样存在的?"这样一种存在论问题。因为只有"美"存在了，然后才能言说"美"是什么等其他问题。

对于这个问题的回答是，没有一个客观固定的美先在于世界某个地方。美是在人的审美活动中现时、当下生成的。美只存在于正在进行的审美活动之中，只有形成了人与世界的审美关系，美才存在。也就是说，从逻辑上说，审美关系、审美活动先于美而存在。没有审美活动，就没有美。美永远是一种"现在进行时"。"审美主体"和"审美客体"（包括"美"）都是在审美关系确立后，在审美活动中当下、同时生成的，没有一个早已存在的固定不变的"美的主体"或"美的客体"（广义的"美"）存在。因此，必须确立审美关系逻辑先在的原则。

这看起来的确是一种令人耳目一新的思路。它避开了首先追问"美是什么?"、"美的本质"这类传统形而上学问题，而是从人实践活动中、从美的生成中去寻找审美的实质。问题在于，如果说美学从审美关系开始，审美关系是起点，从审美关系中去规定审美主体与审美客体，那么，

---

① 朱立元：《发展和建设实践本体论美学》，《广西师范大学学报》（哲学社会科学版）2001年3月第3期。

审美关系又是如何确定、如何形成的？按照朱立元的说法，"当人以一种情感的非功利观照态度即以审美的方式来观照这个'东西'的形象时，可能有一种特殊的状态或感受出现在这个活动过程中，这时美就产生了"。这里，"情感的非功利的观照态度"被认为是"审美的方式"，然则它为什么就是审美的方式？这是必须说明的。这样一来，问题似乎又绕回到原来的地方了：如何确定美与非美的界限？此外，按照朱立元的说法，离开审美关系与审美活动，不存在审美客体，《莎士比亚全集》放在书包里，也只是具有物性的物而已；只有当人去欣赏、去倾听它才成为审美对象。这样一来，美岂不完全成为一种主观性的东西？只存在于人的心里？

（2）"审美活动是一种基本的人生实践"

朱立元对实践的概念进行了重新界定。首先，他把实践确立为人的基本的生存方式。他说：

> 人生实践是人的基本存在方式。人是通过实践而成为人的，人也应当通过实践而得到越来越全面的发展，越来越成为真正意义上的人。这应该构成我们美学理论的哲学基础。一切美学问题都应该在这个基础上加以思考和研究。

那么，所谓"实践"是什么意思呢？朱立元认为，过去对实践概念的理解过于狭隘。根据西方哲学史上先哲们的看法，实践不仅仅是使用和制造工具的活动，也不仅仅是生产斗争、阶级斗争和科学实验，实践的范围远远比这些广泛：

> 以前我们对"实践"的界定主要着重其制造、使用工具这样一种的物质生产活动，或者把实践狭窄化为阶级斗争、生产斗争和科学实验，而把其他的林林总总的人生活动都排除在"实践"范围之外了。在亚里士多德那里，实践已不限于制作工艺的技术性活动，而是偏重于伦理道德活动；到了康德，他把人的认识活动分成三大块，即所谓的纯粹理性、实践理性与判断力，实践在他那里主要是指意志领域的道德活动，当然也包括人的一些其他活动，但是，审美的直观判断属于情感活动，因而不是意志领域的"实践"。这比我们今天许多学者仅仅把人制造和使用工具的物质生产活动以及生产斗争、阶级斗

争、科学实验等社会性的"大活动"看成实践显然要广泛得多。这些"大活动"固然都是实践，但人的实践决不只限于这样的范围。首先，道德伦理的活动是人生的重要实践；还有包括艺术和审美活动在内的人的精神生产活动也不能排除在人生实践之外。其次，除了这种社会性、历史性的、有集体性特征的实践以外，还有许多个人性的实践活动，比如个人成长中青春烦恼的应对、友谊的诉求、孤独的体验等日常生活的"杂事"也都是人生实践的题中应有之义。人生实践的范围是非常宽广的。正是在这个意义上我们说人的基本存在方式就是人生实践。

这里的实践概念被扩展成为一个具有无限外延的概念，成为一种"生活实践"，成为"生活"的代名词。一切生存与生活活动都成为一种"实践"。这种思路的确是将孔阳实践观的一种延续，但它比将孔阳走得更远。这样理解实践的确可以在某种意义上为审美与日常生活之间的连通性架起桥梁，但是，同时，实践的社会历史含义似乎也被遮蔽了，其对人类具有基础性含义的使用和制造工具的意义被取消了。在这种扩展中，甚至"个人成长中青春烦恼的应对、友谊的诉求、孤独的体验等日常生活的'杂事'"也被看成一种实践。这种被无限扩展后的实践概念相当于"存在"概念。这样一来，人生何处不"实践"？实践在无限扩大它的范围的同时，实际上也失去了它的确定性含义。

朱立元认为，从被扩展后的实践来说，进行审美活动就是人生实践的一个基本内容。

当人超越了生存的基本功利需要之后，就会产生进行审美活动需要，就会进行形形色色的审美活动。它是个人的感觉、情感、直观、想象、联想、无意识等纯粹个体性的冲动和社会性的理想、追求、探索、创造等理性规范之间在瞬间的直接爆发；是个体与集体的综合，既是个人的创造性实践活动，也是社会性的历史活动。审美活动是众多的人生实践活动中的一种，是人的一种高级的精神需要，而且是见证人之所以为人的最基本的方式之一。它是人与世界的关系由物质层次向精神层次的深度拓展；它与制造工具、生产、科学研究等一样，是人类不可缺少的一种基本的人生实践。一句话，审美活动是人超越于动物、最能体现人的本质特征和生存方式的一种基本的人生实践活动。

（3）"广义的美是一种人生境界"

朱立元说，人生实践活动是极其丰富的，但这些丰富的实践活动并不是一个层面上的活动，它们是有着不同的层次的。有的是高层次的，有的是低层次的。人总是追求更高层次的境界。在现实生活中，人往往是有限性的生存，受制于生物性的感官功利的制约或者社会性的道德规范等强制而不自由，而审美活动则是在超脱于主体功利与外界规律基础上的一种精神的自由活动。审美活动是在人满足了基本的生物性生存需要的基础之上的一种活动，是人的一种高层次实践活动的产物。因此，美是一种人生境界的展开，追求美就是追求更高的人生境界。广义的美就是一种人生境界。①

朱立元主编的"高校面向 21 世纪教材"《美学》，便是基于这样一种认识，试图建设一个审美活动中当下生成的美学。在这本教材中，他借鉴吸收了西方现象学的某些合理思路，自觉地发展蒋孔阳以实践论为哲学基础、以创造论为核心的审美关系理论，努力超越主客二分的思维模式和认识论的理论框架，把美与人生实践紧密联系起来，将"审美是一种人生实践"、"广义的美是一种特殊的人生境界"的主旨贯穿全书，以审美活动论为教材编写的中心和逻辑起点，然后从"审美形态论"、"审美经验论"、"艺术审美论"、"审美教育论"等方面展开论述，力图从基本思路、逻辑框架到概念范畴等都有所创新。

审美活动论是全书的逻辑起点和核心部分。它提出审美主、客体都是在审美活动中现时地、动态地生成的，审美活动是人类对自己生存方式的一种认同和确证，是人的一种存在方式，是人的一种高级的人生实践活动。在此基础上的人生实践活动在不同层次上的展开，实际上就是各种不同的审美形态，从而把审美形态定义为"不同层次的人生境界的感性的、具体的表现"。审美经验论则强调，必须当主体处在与对象的审美关系或活动中，审美经验才会形成。它是审美活动中主体对审美对象的反应、感

---

① 以上所引内容皆见朱立元《走向实践存在论美学——实践美学突破之途初探》，《湖南师范大学社会科学学报》2004 年第 4 期。

受和体验的过程和结果；审美经验的根本性质是实践，是与人生实践、审美实践活动不可分割地联系在一起的。"艺术审美"论从存在论的新视角出发追问艺术是怎样存在的，从艺术活动的整体存在来界定艺术，开辟了艺术存在于从艺术创造到艺术作品到艺术接受的动态流程中这一新的解释路径。在审美教育论上，以提升人生境界，促进人生全面发展为出发点，指出要使审美活动与人生实践活动有机地统一起来，真正达到人生的最高境界，还要借助于审美教育。①

朱立元提出的实践存在论美学试图把马克思的实践学说和现代西方存在哲学结合起来，探索一条超越西方传统认识论的主客二分、静态追问美本质的学说，建构美学理论的新路。为此，对实践概念的含义进行重新阐释，把它理解为一种人的生存状态。它对实践的解释更接近于马克思早期的用法，即把实践理解为一种人的感性存在；而美学的理论框架也走出了传统的美论、美感论、艺术论三分法，把审美关系作为建构美学理论构架的逻辑起点，认为审美主体和审美客体都只有在这种活动中才能生成；没有审美活动，也无所谓审美主体和审美客体。

这种观点作为对实践美学的一种个体存在论维度的展开，作为一种探索，一种创新的尝试，无论它是否成功，其努力都是值得充分肯定的。至少，它表明，从实践论的基础出发，可以通过不同的途径、不同方法走向个体的生存维度，在个体的生存实践层面展开美学研究，并把这种研究与人的生存意义、人生价值、人生境界等直接与每个体的生存相关联的问题联系起来，从而，架起美学的理论与生活实践之间的一座桥梁。

（三）张玉能："重树实践美学的话语威信"

比较起来，在实践美学的第二代学者中，张玉能的立场更加坚定，态度更为鲜明，他明确提出要"重树实践美学的话语威信"，坚信"实践美学将放射出新的光辉"。20世纪90年代，他曾跟作为后实践美学代表的杨春时开展过一场争论；21世纪初，他与其他一些实践美学的批评者也时有交锋。他撰写了一系列论文，对实践概念的内涵，实践的过程、结

----

① 以上所引内容皆见朱立元《走向实践存在论美学——实践美学突破之途初探》，《湖南师范大学社会科学学报》2004年第4期。

构、类型，实践与自由，实践的超越性，实践唯物主义的现代性，如何在后现代语境下拓展实践美学，实践美学与生态美学的关系等问题进行了系统化的思考，并于 2001 年申请了国家社科基金项目"马克思主义实践美学范畴体系"，这一项目成果以"新实践美学论"为题，由人民出版社出版。据笔者所知，明确地以"实践美学"为旗帜，宣称自己的学说就是"新实践美学"的专著，在此前似乎尚未见到。①

该书提出了一个系统化的实践美学框架。关于实践概念，张玉能认为，"实践是人类的有目的、有意识的对象化的感性活动，是一个自然的人化与人的自然化（人的人化）相统一的过程。实践在某种宽泛的意义上可以说就是人的现实活动，一般与人的意识过程、理论活动相对而言。"实践包括物质生产、精神生产以及话语实践三大类型。从结构上说，实践具有"多层累性"，包括物质交换层、意识作用层和价值评估层。实践的本质特征之一就是它的超越性，这种超越并不是要单纯地超出和越过现实的方面或向度，而是要全面地超出和越过一切对立的方面或向度，达到一种对立的统一。主要就是要超出和越过物质和精神、现实和理想、个体和社会、功利和非功利的对立而达到物质和精神、个体和社会、功利和非功利、现实和理想的对立统一。

关于人的本质，张玉能提出，马克思关于人的本质有三个十分明确的表述：一是"他们的需要即他们的本性"；二是"人的类特性恰恰就是自由自觉的活动"，也就是劳动；三是"人的本质并不是单个人所固有的抽象物。在其现实性上，它是一切社会关系的总和"。马克思的这三个论断恰好构成了一个完整的马克思主义实践唯物主义人的本质观。

张玉能把自由看做美的核心，以自由的不同程度、状态来界定美学的各类范畴，从而形成了一个以自由为核心的美学范畴体系：

> 人类社会实践是一个不断从必然王国向自由王国飞跃的历史进程，自由本身也必定随着实践—创造的具体条件而形成不同的情状、属性，从而形成一个以自由为轴心的，包含着反自由、准自由、不自由等情状、属性的结构。当这种自由的多层累结构通过审美关系体现

① 易中天曾发表一篇论文《走向"后实践美学"，还是"新实践美学"》，打出了"新实践美学"的旗号。但那只是一篇论文而非专著。

在对象之上时，就生成了美的各种形态和各种美的范畴：

美是显现人类自由的形象的肯定价值；丑则是显现人类反自由的形象的否定价值；崇高（刚美）是显现人类准自由的形象的肯定价值，悲剧性则是崇高的否定之否定；幽默和滑稽是显现人类不自由的形象的矛盾性价值，幽默是内美外丑的不自由形象，滑稽则是内丑外美的不自由形象，喜剧性则是幽默或滑稽的否定之否定。在这些美的范畴之内或之间还有一些具体的亚范畴：美可分为柔美（优美）和刚美（崇高），柔美又可分为优美、优雅、秀美，刚美又可分为壮美、崇高、大美；丑可分为阳丑和阴丑，阳丑又可分为畸形、鄙陋、卑劣，阴丑又可分为怪异、怪诞、荒诞；幽默又可分为机智、谐谑、戏仿，滑稽又可分为讽刺、讥诮、反讽。这样大体就构成了一个以实践—创造的自由为轴心，通过审美关系体现在对象世界中的美的范畴体系，可以称为：马克思主义实践美学范畴体系，或曰新实践美学范畴体系。①

张玉能全方位、多角度地为实践美学进行了辩护。他认为实践美学就是以马克思主义实践唯物主义为哲学基础的美学流派。就世界范围而言，它诞生于 19 世纪中期的欧洲，其标志是马克思的《1844 年经济学—哲学手稿》。实践美学在世界范围而言就是与西方资本主义社会的现代性展开过程相同步，并且是在批判和超越西方现代性的过程中发展壮大的。

他描述了实践概念作为现代性的美学话语的生成过程。通过这种描述和分析他发现，"实践，作为哲学话语，现代唯物主义的根本范畴，全面地揭示了世界现代哲学的现代性，并包含着后现代主义的提问及其历史的解答。""实践美学的话语生成于美学的现代转向中。""实践美学的话语就已经具有了美学的现代性，并且也同时具有了后现代意蕴。"因为，"实践美学，从它的话语正式从席勒那里开始生成起，就一直把美学、美和艺术，作为克服资本主义社会异化的重要的或主导的途径"。因此，实践美学是世界现代美学的开创者和奠基者，而且是一个具有强大生命力的自我超越的开放体系；它具有美学的现代性，并且包含了后现代性的提问及其历史的解答。

面对后现代主义美学的"重写现代性"所倡导的消解理性、主体性

---

① 张玉能等著：《新实践美学论》，人民出版社 2007 年版，第 80 页。

及其意义异延论（解构美学），社会差异论（生存美学），语言游戏论
（解释学美学），非主体可能论（崇高美学），实践美学从以物质生产为中
心的社会实践出发，力图建构起人文理性、多维主体性、自由个体性，回
应西方后现代美学的不确定性、多元化、非人化、语言学转向等问题和趋
向，开辟新世纪美学发展的道路。

张玉能认为，从启蒙主义到现代主义再到后现代主义的美学演化，在
社会文化背景上与马克思主义的实践美学是同步的，涉及许多相同的问
题，而实践美学却给予这些问题更符合现实发展方向和学科内在规律的科
学解答。从实践美学的立场出发，可以对当今世界上一些前沿性问题作出
自己的解释，比如生态问题。以马克思主义的实践观点为基础的实践美
学，是以艺术为中心研究人对现实的审美关系的科学，从人对现实的三个
维度（人与自然，人与社会即他人，人与自我）来看，实践美学必然要
把生态美学作为自己的研究的一个重要维度，研究人对自然所构成的生存
环境的审美关系。从马克思主义创始人的构想来看，生态问题、生态美学
都是实践唯物主义的重要的不可或缺的方面或维度。实践美学的最终目
标——全面自由发展的个体，就蕴涵着生态美学的对象、方法和目的。

他说，后实践美学所批判的实践美学的代表人物只是早期的、顶多是
80年代初期的李泽厚，而对实践美学在90年代的发展视而不见，因而这
种批判是一种无的放矢。实践美学的生命力还远远没有发挥出来。现在要
做的不是匆匆地超越，而是在梳理、澄清实践美学的发展轨迹的基础之
上，真正发挥其生命力，重建实践美学的话语威信。①

在《新实践美学论》中，张玉能对"实践"与审美的关系进行了全
方位考察。他把实践展开为"实践的结构"、"实践的类型"、"实践的过
程"、"实践的功能"、"实践的双向对象化"等方面，分析了实践的这些
方面与审美的关系、在审美中的作用。在对实践概念进行这种全方位立体
性分析解剖之后，他以"实践的、创造的自由"为核心建构了一个完整

---

① 张玉能：《实践美学与现代性》，《华中师范大学学报》（人文社会科学版）2005年第1
期；《从实践美学的话语生成看其生命力》，《益阳师专学报》2002年1月第1期；《后现代主义
与实践美学的回答》，《华中师范大学学报》（人文社会科学版）2002年1月第1期；《后现代主
义与实践美学的同步》，《江汉大学学报》（人文社会科学版）2002年第4期；《实践美学与生态
美学》，《江汉大学学报》（人文社会科学版）2004年第3期；《重树实践美学的话语威信》，《民
族艺术》2001年第1期。

的美学范畴体系，把从"美"到"崇高"（"刚美"）到"丑"的过程看成是从"自由"到"准自由"到"不自由"的过程。

张玉能把实践美学放到整个世界近代文化史上去考察，断言实践美学产生于19世纪40年代，与世界的现代化潮流同步，在对实践与自由的各种关系中构建完整的美学范畴体系。这一切都显示了张玉能作为实践美学第二代学者的自觉的学科意识和构建完整的实践美学体系的努力。正如我前面已经说过的，无论这种努力的成功程度如何，它本身就是实践美学具有多种发展可能性的一种证明。当然，一些具体观点尚待商榷、讨论。比如，为了给实践美学以历史理论的根基和渊源，宣称马克思的《1844年经济学—哲学手稿》是实践美学诞生的标志。这样固然给了实践美学以经典和权威的理论外衣，但这件衣服穿得上吗？马克思的这部手稿中确实包含了丰富的美学思想，包含着实践美学赖以建立的哲学基础，但是它本身能作为一部美学论著吗？但无论如何，这种自觉的学科意识和追求完整理论体系的尝试却是难能可贵的。

（四）其他学者对实践美学的辩护

20世纪80年代最早把李泽厚等人所代表的美学观概括为"实践美学"的李丕显，90年代出版了专著《美学初鸣集》。在21世纪，他对实践美学仍有着自己的思考。他从美学学科的哲学依据、对马克思《1844年经济学—哲学手稿》的评价、"自然的人化"、两个"尺度"的统一、"积淀"说、关于社会科学的研究对象的客观属性、关于"历史规律"和"自由的创造"、"自由的形式"等八个方面论述了马克思主义的实践唯物主义原理。他认为，把马克思主义哲学机械分割为辩证唯物主义和历史唯物主义，并说后者是前者的推广应用；把实践观点和唯物史观割裂开来从而使两者产生蜕变，把历史规律客观主义地讲成凌驾于人类历史活动之上的预成公式，把《1844年经济学—哲学手稿》指为唯心主义，这些都属于误读和误解。

他争辩道："原来那些质疑和诘责多是来自对于'实践唯物主义'的不解和误解——类同旧唯物主义那样的不解和误解。比如说，连自然的人化也要予以否认，否认不了就指之为唯心主义，号称'正统的马克思主义'的这种认识不是有些过于僵化了么？其实，否认自然的人化，也就否认了实践对于自然的作用，否认了实践的、人类感性的活动自身，于是只能求诸感性的直观，诉诸感性的直观，这不正是回到了旧唯物主义那儿去了么？由此可见，关于实践唯物主义的理解、探究和宣传艰巨而繁难，任重而道远。"①

李丕显针对后实践美学关于实践美学重视实践的社会性、群体性、物质性而忽视审美的个体性、精神性、实践美学只是古典美学而缺乏现代性等批评，叙述了实践美学的哲学基础、产生的历史过程和主要代表人物的基本观点，指出，这些批评是建立在对实践美学的简单化的抽象概括的基础之上的。"把两种美学观对照读来，后实践美学对实践美学确乎是有一些误读和误解，然后又根据这些误读和误解提出批评，因而，其中的好多批评都可以还原为、转换为针对后实践美学之于实践美学的'误读'和'误解'自身的批评。"②

谈到实践美学的局限性，他强调那是一种时代的局限性，把美的客观性和社会性的观点放置到 20 世纪五六十年代的"时代背景"之下来看，实践美学的主导方面更是不应忽视的，那就是它相对于主观美论和客观美论的积极意义和正面价值。实践美学虽然也有时代的局限，也有理论上的薄弱环节，但是从它的哲学基础、产生发展、基本观点以及对当代最新研究成果的吸收容纳等多方面来考察，实践美学仍在发展中，它的生命力远远没有完结。假若能够认定实践美学的实践唯物论论证中含有绝对真理的因子，那么它也就应该有着某种超越时代的意义。实践美学体系作为一种具体的美学观，终究会被超越，被取代，仅只作为历史上的真理性认识的一个环节而存在；不过截至目前，尚未见到有哪一种美学观以自己的理论实绩已经超越实践美学，以自己的体系建构可以取代实践美学。③

曾永成认为，必须分清"实践美学"和"实践本体论美学"，正确把握实践和美学之间的中介与切入点，不能离开实践唯物主义去认识"生命"和"生存"，审美功能论上的非实践观点只能使美学陷于自我幽闭。中国当代美学应十分珍惜 20 世纪中叶选择的"实践"这个理论基点，现在需要的是回到实践唯物主义的生命观和美学，才能真正超越"实践本

① 李丕显、李英梅：《实践美学和实践唯物主义》，《安徽师范大学学报》（人文社会科学版）1999 年第 1 期。

② 李丕显：《实践美学的时代意义》，《徐州师范大学学报》（哲学社会科学版）2002 年 9 月第 3 期。

③ 同上。

体论美学"，把美学实实在在地推向前进。①

李社教认为，实践美学从历史唯物主义出发，指出了美感和美是社会历史实践的产物。它是一种凸显了人、人的活动、人的自由活动的美学。在理论上，实践美学顺应历史的潮流，宣告了形而上学的终结，走出了古典主义的二元对立思维模式；在现实上，实践美学针对时代的虚无，高扬人的旗帜，为美学研究开辟了一片新的天地。②

王卫庆认为，从实践美学自身来说，由于过去对实践概念的狭隘理解，给实践美学的理论带来诸多隐患，造成了重认识论轻本体论、重社会轻个体、重理性轻非理性等等偏颇；另一方面对实践美学的片面的理解，使得它受到了很多建立在误读上的批评。重新阐释实践概念，修正上述偏颇，澄清人们以往对它的误读，使实践美学重树话语威信，并成为新时期美学理论多元共存格局中的有机组成部分。③

（五）"实践"概念的辨析

如果说 20 世纪 90 年代的基本趋势是否定实践美学、从西方现代哲学和美学理论中寻找新的理论支点而建立新的美学学说，那么，进入 21 世纪以来，美学家们开始重新审视、清理、反思实践美学学说本身，试图从基本概念的清理入手，赋予这种现代美学的新传统以新的理论活力，对"实践"概念的重新解释就成为理论上新的突破口。20 世纪 80 年代，以李泽厚为代表的实践美学所理解的实践概念内涵是比较确定的，即使用和制造工具。李泽厚认为，正是使用和制造工具的实践活动成为人类生存和发展的基础性活动，哲学、美学和艺术都必须在这个基础上得到阐释。美的本质源于建立在这种实践基础之上的自然的人化，美感则源于自然人化的内化，即内在自然的人化。"后李泽厚"时期的学者们不满意这种解释，他们普遍强调实践的本体性，更多地试图从人生论和人的存在论角度去阐释实践，认为实践就是人的生存活动，因此，它不仅包括使用和制造

① 曾永成：《"后实践美学"：前进还是倒退？——对世纪之交中国美学理论走向的思考》，《四川师范大学学报》（社会科学版）1998 年第 1 期。

② 李社教：《人的自由活动与实践美学的意义》，《武汉理工大学学报》（社会科学版）2002 年第 4 期。

③ 王庆卫：《对实践美学的再认识》，《武汉理工大学学报》（社会科学版）2002 年 4 月第 2 期。

工具的物质性活动，它还应该包括人的精神活动在内。通过这样的解释，实践概念被赋予了新的含义，其内涵和外延都得到扩展，从而为美学的精神性和超越性寻找哲学上的依据。

朱立元和刘泽民认为，马克思的实践概念的本体内涵是人的社会性、历史性的存在方式，其表现形态不仅包括物质生产，也包括变革社会政治道德制度的革命实践，还包括感性个体的生存活动，即广大的人生实践。马克思的实践观与以往的重要区别在于，它凸显实践的生成性与构成性。马克思所说的实践乃是否定现存事物，改造世界的活动，是创造的、开放的、未完成的和具有无限可能性的人类存在方式和发展方式。在实践活动中不但世界不断生成、开显和变动，而且人不断改造自身而向人生成，同时，人与世界双向建构。①

张玉能提出，实践是一个多层累、开放的概念，它包含三个层累：第一是物质交换层，它决定了美的外观形象性。实践的物质交换层面有工具操作系统、社会关系系统和语言符号系统三个系统，工具操作系统决定了美的外观形式性，语言符号系统决定了美的感性可感性，社会关系系统决定的美的理性象征性；第二是意识作用层，它决定了美的情感超越性。这一层也包含三个系统：需要动力系统，它决定了美的精神内涵性，目的建构系统决定了美的超功利性，情感中介系统决定了美的情感中介性。第三是价值评估层，它决定了美的自由显现性。它也含三个系统：合规律系统，决定了美的合规律性，合目的系统，决定了美的合目的性，合规律与合目的相统一的评估系统决定了美的自由性。由此，他给美下了一个定义：美是显现人类自由的形象的肯定价值。

他把实践分为三大类型：物质生产、精神生产、话语实践。这三大类实践，从本质上看应该都具有审美性质，即当它们成为自由的实践时，都可能转换为审美或包含着审美活动。但是，审美活动，从纯粹的意义上来看毕竟主要是精神生产的一种，因此，它最集中、最明显地表现着精神生产的特征，并以自己的形象性、情感性、超功利性区别于其他精神生产，如科学、道德、宗教等，它主要集中地表现为艺术活动。从实践的过程来看，人类的实践过程所包含受动与主动的统一，实际上也就是实践的合规律性与合目的性逐步统一，而这个过程也正是审美活

① 朱立元、刘泽民：《实践范畴的再解读》，《人文杂志》2005 年第 3 期。

动从人类现实生存实践过程之中的生成过程。审美活动从人类现实生存的实践过程之中的生成，经过了从受动到主动、从合规律性到合目的性、从审美需要到审美目的的转换或跃进。同时，实践也展开为一个从物质到精神，再由精神到物质的不断往复的活动序列。这个活动序列同时也表现为感性与理性、功利与非功利性（超功利性）的统一。张玉能还论述了实践的超越性和现代性，并反驳了实践美学终结论。他说，实践的本质特征之一就是它的超越性，因为实践，无论是物质生产，还是精神生产，或者是话语实践，都是要超过和越出当下的方面或向度的界限或限度，走向新的方面或向度，也就是走向和达到某种自由的程度，但是，这种超越并不是要单纯地超出和越过现实的方面或向度，而是要全面地超出和越过一切对立的方面或向度，达到一种对立的统一。①

郭玉生强调，马克思的实践本体论属于感性的、非实体性的人类本体论。现代哲学特别是海德格尔的哲学也属感性的、非实体性的哲学本体论，但海德格尔的此在的也即个体式的生存论本体论属于缺乏开放性维度的生存论结构，而马克思的"实践"范畴比以往一切哲学更深刻、更辩证地阐明了人与世界关系的动态性、历史性与社会性，确认了人、实践与社会三者的同一性。由于马克思主义哲学是立足于整个自然发展史、社会发展史和精神发展史，把整个人类活动都看成是实践，所以"实践"的内涵和外延要宽广得多，既包含物质生产与劳动，也包括精神生产与劳动；既包括物质性的工具实践，又包括行为性的伦理实践，还包括精神性的审美实践等。②

乔东义认为，实践可以分为本源的实践（物质生产）和依附性的实践（精神生产、社会交往等）。并且，实践活动中的物质生产实践作为其他类型的实践活动的必要条件，作为审美活动的前提，由于遵循着合

---

① 见张玉能等著《新实践美学论》上篇。另外可参见张玉能《实践的结构与美的特征》，《华中师范大学学报》（人文社会科学版）2001年第1期；《实践的类型与审美活动》，《吉首大学学报》（社会科学版）2001年第4期；《实践的过程与审美活动》，《马克思主义美学研究》第6辑，广西师范大学出版社2003年4月；《实践的超越性与审美》，《西北师大学报》（社会科学版）2005年第1期。

② 郭玉生：《对实践范畴和实践美学的再思考》，《武汉理工大学学报》（社会科学版）2005年第5期。

目的性与合规律性相统一的原则，是人的自由自觉的活动，无疑又可以同时成为审美活动。在实践活动中，人可以与外在世界自由地建立不同类型的关系，对同一对象，既可以建立物质生产关系，又可以建立审美关系，这些不同的关系都是在实践中达成的，其活动构成了实践活动的不同方面。①

邹其昌提出应从"人生"（实践）的维度建构当代美学，即"人生美学"或"新实践美学"。他把实践解释为人生实践，认为"实践"是一个开放性的实域，是自然本能性与超自然本能性的统一体、物质生产与精神意识思维活动的统一体、道德性与超道德性的统一体、静态的客观事实与动态的发展态势的统一体。具体说来，"实践"具有如下最基本的相互联系的性质或规定：批判性或否定性、创造性、价值性、自由性。对"实践"规定和阐释表明，"实践"既是人的物质性的活动，也是人的精神性活动，还是人的一种存在方式或过程。

他说，新实践美学或人生美学建构的原则是：首先，"实践"和"人生"是中心或核心范畴。实践与人生可以互释。其次，"完整的人的生命存在"是"新实践美学"或"人生美学"研究的目的和对象。再次，"新实践美学"或"人生美学"要大力吸收中国传统美学精神和当代中西方美学研究成果。最后，"新实践美学"或"人生美学"永远面向人生现实、面向未来，时刻关注人的生存状况，时刻以批判的眼光去审视着世界的发展。②

徐碧辉认为，实践美学之所以陷入困境，并不在于在它的哲学之中仍然保留了群体与理性的位置，也不在于它把美学建基于实践基础之上。事实上，从整个哲学和人文学科发展的历史来看，实践观点的提出，正是马克思主义对哲学的一个贡献。实践美学的困境在于，它把美学的哲学基础和美学本身混为一谈了，而且它对实践概念的理解过于狭隘。从人对世界的关系来说，人与世界的关系可以有很多种，有物质的、精神的；有现实的、虚拟（想象、幻想等等）的。人对世界的改造也有很多种，物质关

---

① 乔东义：《李泽厚实践论美学的问题与反思》，《安徽师范大学学报》（人文社会科学版）2005 年第 3 期。

② 邹其昌：《论"实践"与中国当代美学建构》，《湘潭工学院学报》（社会科学版）2001 年第 1 期。

系的、制度关系的，精神、文化关系的。从现实的活动性质来说，有政治活动，经济活动，文化活动；文化活动中又可分为艺术、宗教、审美活动等等。因此，实践也同样可以分为现实性实践活动和虚拟性实践活动。现实实践又可分为物质实践、交往实践和精神实践三大类型。审美活动正是一种精神性实践活动。可以把实践概念的含义界定为：实践是人或人类与对象世界之间所进行的一种物质的或精神的交流活动。这种交流可以体现为物质性或制度性的对对象世界的改造、变革，也可体现为人与人之间的物质的、信息的或精神的交流，还可以呈现为精神性的对对象的体验、感受。实践活动可以是现实性的，也可能是想象性、虚拟性的。①

（六）从实践美学观点出发对具体美学问题的研究

在实践美学与后实践美学进行激烈争论的同时，一些学者不是局限于对基本理论层面的争论，而是从更为务实的态度，从实践美学的基本理论出发，对一些具体的美学问题进行了深入仔细的探讨和研究。

生态美与自然美。徐碧辉从实践美学的立场出发分析了近年来学界讨论得比较热烈的一个话题——生态美和“生态美学”问题，对生态美的概念进行了独到的分析。她认为，生态美以自然美和社会美为基础，是在自然人化基础上人的自然化和自然的本真化，是在自然和社会呈现人的“善”目的的基础上对自然的“真”的回归和强调。就表现形式而言，生态美跟自然美十分接近。它和自然美一为自然的人化，一为人的自然化，恰好反映了人与自然之间关系的历史变迁以及人与自然关系的两个相互关联的方面。从哲学含义上说，生态美与自然美恰好是一对对应的范畴，是对自然美和社会美在更高基础上的超越。生态美是历史的产物，是在人类社会生产力发展到较高阶段、人具备了较高的认识和改造自然的能力、自然的人化达到一定程度的时候才产生的历史概念。人的自然化的核心问题是建立情本体。“情”的具体内涵很丰富，但从人与自然的关系来说，它主要是对自然的欣赏与敬畏之情，这是保持自然审美特性、维持人与自然之间和谐关系的重要前提。“生态美”的存在不等于生态美学作为一门学

---

① 徐碧辉：《实践中的美学——中国现代性启蒙与新世纪美学建构》，学苑出版社 2005 年版。另见《21 世纪马克思主义美学的构想》，《哲学动态》2002 年第 1 期；《新世纪马克思主义美学的构想》，《马克思主义美学研究》2004 年第 7 辑。

科能够成立。"生态美学"要成其为"学"至少面临三种困难：如何确定其研究对象、研究方法和确立其独特的、与他种美学学说不同的核心命题。尽管如此，"生态美学"的提出仍是有意义的，它把生态美从一般的美的形态的地位提升出来，强化起来，使得人们开始从美学角度关注生态问题和人类自身的生存状态及生存环境，为美学的发展开辟了一个广阔的领域。① 徐碧辉还对实践美学的基本概念"自然的人化"特别是"广义自然的人化"的概念的哲学内涵进行了分析和说明，指出人征服和改造自然的历史尺度和人与自然关系的改变是美产生的根源与基础。同时，也阐明了作为自然人化的更高阶段和扬弃的"人的自然化"才是未来美学的主要研究对象，作为人的自然化的审美表现形态的生态美是未来美学的主要形态。②

美学范畴。王庆卫站在实践美学的立场，讨论了作为美学范畴的"丑"。他认为，美从实践中产生，是实践自由的形象。但是，实践并不必然产生美与自由。如果说"美"的本质是合目的性与合规律性的统一，包含着实践—自由的本质因素，那么"丑"就是合目的性与合规律性的不统一，是为实践—破坏的本质因素所决定的。它是反规律性与反目的性的耦合。实践作为人的活动，在情感判断上应该是中性的，既有体现着人的目的性与规律性相统一特点的实践，也有不体现上述统一的实践；既有体现着积极意义并产生出"美"的实践，也有体现消极意义、遮蔽美和产生"丑"的实践。实践仅具有"善"的意向性和可能性，不具有"善"的确定意义。因此也不必然与"美"的价值认定相联系，不必然指向肯定性价值。充分认识实践的本质，认识丑之所以产生的实践根源，是把实践美学重新置于一个科学的坚实的基础之上，即基于实践哲学之上的对审美关系的阐发，这有利于对实践、创造和自由三者关系的深刻认识和重新定位，从而真正揭示美学的实践根源，以及"美"的生成机制。③ 王天保讨论了"幽默"，认为"幽默"所表现的是一种合规律性和合目的性，是人的实践活动的自由。而滑稽表现的则是一种不合规律性和夸大的

---

① 徐碧辉：《从实践美学看"生态美学"》，《哲学研究》2005 年第 9 期。

② 徐碧辉：《也说"自然的人化"》，《广播电视大学学报》2005 年第 3 期。

③ 王卫庆：《丑与实践的关系浅析》，《华中师范大学学报》（人文社会科学版）2002 年第 4 期。

目的性，是人的实践活动的不自由。①

　　郭玉生从实践唯物主义哲学视点讨论了悲剧，认为，中国传统美学在伦理型文化的制约之下，从先秦时代以来就造就了"向内求善"的审美品格，从人的本性和特质出发来研究人对现实的审美关系，使中国传统美学具有了人生论美学的特征，同时相应形成了具有民族特色的悲剧意识。由于西方哲学美学对中国近代美学的影响，中国美学逐渐靠拢了哲学的、形而上的探寻，王国维、鲁迅、朱光潜、蔡仪等在移植西方哲学美学的基础上建构中国的美学体系包括悲剧观，虽然他们仍然关注艺术、审美与人生的关系问题，但人生论美学这个中国传统美学的优长之处仍然在当代中国美学发展过程中曾经长期被中断或淡漠。以马克思主义的实践唯物主义为哲学基础的实践美学以人类的生存与发展、以人类的自然实现为根本目标，能够把审美人类学和人生论美学统一起来，真正阐明悲剧的内在根源和美学特征。②

（七）从实践美学观点出发建构新的美学理论

　　除了前面介绍过的杨恩寰、朱立元、张玉能等学者之外，还有一批学者，他们从实践美学的基本立场出发，对实践美学进行了不同侧面与角度的研究，从而提出他们自己对于未来美学的某种设想。这些学说在学术界已产生了一定的影响，也说明了实践美学的多种发展的可能性。至于这些学说最终是否能成一家之言，为学术界所认可，对社会产生影响，也许还有待于时间去检验。

　　情本体论。在实践美学的研究者中，一部分学者特别注重对前辈的批判继承与创新。如前面介绍过的朱立元对蒋孔阳学说的阐发。徐碧辉对李泽厚后期提出的人的自然化和情本体学说予以特别关注。她认为，情本体学说的提出实际上标志着李泽厚的实践美学从人类学本体论向个体生存论的转向，是在历史唯物论基础上建立的真正的关于人生在世的审美化生存的学说。如果说哲学的主流在古希腊时期是"本体论"，在

---

　　① 王天保：《实践美学视野中的"滑稽"与"幽默"》，《华中师范大学学报》（人文社会科学版）2002 年第 4 期。

　　② 郭玉生：《从人生论美学到实践美学——中国悲剧观演变论》，《东方论坛》2004 年第 1 期。

近代是"认识论",在 20 世纪是"元哲学",则自马克思开始,哲学已从认识论转向了"实践论",马克思以后,又转向了"生存论"。哲学的作用不在于探讨世界的本质,而在探讨人生和命运问题。马克思主义哲学在今日所要探讨的就是人类的生存状况,人类的命运。是从"人活着"这一基本事实出发,向"人为什么活","活得怎样"延伸。"人活着"是哲学的出发点。"为什么活"涉及人生的意义和价值问题,是伦理学问题。而"活得怎样",则是美学问题。从人类发展来说,工具本体走到今天,其唯一的本体地位已经发生了动摇,精神问题、心理问题从历史的背后走到了前台。这里,历史与逻辑走到了一起。哲学的追问最后走向了美学,而历史的发展也同样走向了美学。发掘工具本体的诗情画意、实现自由而诗意地生存成为历史向今天的人们提出的现实任务。在工具本体所造成的物质力量之外,建设一种价值论、意义论的人生本体,已成为当务之急。这种人生本体,在信仰崩塌、道德形而上学同样归于失败的当今之世,只能是对人的普泛之爱和对自然的感恩、敬畏、尊敬与欣赏。①

认知美学。李志宏提出,中国当代主流美学的最大进步,在于看到了审美是人类与动物的本质区别之一;它的最大不足,在于没有看到审美还是现代人类与早期人类的本质区别之一。审美活动不是像实践活动那样与人类一同诞生的,而是在人类发展到一定阶段,具有相当智力水平时才开始发生的。因此,审美与非审美的临界点不应表现在将人类与动物区别开的实践活动上,而应表现在将现代人类与早期人类区别开的智力活动上。现代人类智力活动的特点是具备了完全的抽象思维能力,能够形成非功利的认知方式。这种认知方式所引起的快感不同于功利性认知方式下的快感,由此形成"审美"这一现代人类特有的精神活动领域。所以,在审美活动的生成过程中具有决定性作用的,不是实践而是人类主体的非功利认知方式。② 李志宏还认为,实践美学以自由为核心概念的社会价值学说及社会构成学说不可能说明审美活动特有的性质;生命美学从人的自然属性方面阐释审美活动本质也同样行不通。他说,审美活动具有属于不同层次的双重

---

① 徐碧辉:《情本体——实践美学的个体生存论维度》,《学术月刊》2007 年第 2 期。

② 李志宏:《论人类主体认知在审美中的决定作用——从实践美学到认知美学》,《吉林大学社会科学学报》2000 年第 2 期。

性质，受制于生理心理机制影响的自然层次主要由非功利性的认识方式构成，它决定了审美活动不同于其他活动的特殊性质，是"常数"，具有全人类性；以生存功利特别是以社会功利为基础的形式知觉模式的建立，构成了审美活动中受制于社会文化发展状态的观念层次，这一层决定了审美的发展性和社会性，是"变数"。审美活动就是由这两大层次交织而成的整体，是以非功利认识方面为智能基础的社会精神性活动。①

境界美学。陈望衡对实践美学的基本命题如"自然的人化"、"美是自由的形式"等作了分析，他首先肯定了实践美学的贡献。认为"实践美学最大的贡献，是将美学移用到人学，将美看做人的专利和最高享受……实践美学运用'自然人化'来论证人的生成和美的生成有其独到的深刻之处。在当今中国的美学体系中，它无疑还是比较先进且较具有实力的体系"。但是，实践美学把美放到物质性的生产实践中，有过重的理性主义色彩、物质主义色彩以及功利主义色彩，这使它难以很彻底地解释审美现象。从体系上来说，它已到了解体的时候了。美的本质不在物质生产实践，而在人的精神创造。美从本质来说应是人的情感自由的对象化。他提出"情象"的概念来概括审美活动中精神产品，"情象"的最高形态是境界。情感是我们考察审美活动时应该认定的审美本体。审美就是使"情"成"体"，"情象"就是美的对象，亦可说是美，而美的最高层次应是"境界"。因此，他把自己提倡的美学称为"境界美学"或者"情感美学"。②

审美人类学。王杰等人把人类学和美学结合起来，以实践美学的理性构建起审美人类学。审美人类学着重借鉴文化人类学学科理念和田野作业方法，针对区域族群的审美实践开展实地调查，探寻现实中特定族群审美文化的真实传承形态与审美旨趣的形成及其提升路径，在美学与人类学的科技整合中，寻求中国美学研究的新的学理依据和学术范式，同时致力于充溢审美价值的现代区域文化的理论阐释，努力实现理论阐释与文化建设事业的深层契合。审美人类学以实践美学的理性，介入当下中国学术现状与特定区域、特定民族的社会现实生活之中。他们认为，从某种意义上

---

① 李志宏：《人类审美活动的层次构成与整体性质》，《吉林大学社会科学学报》2001年第2期。

② 陈望衡：《美在境界——实践美学的反思》，《理论与创作》1999年第1期。

说，以二元对立为哲学基础、以抽象思辨为思维方式、以想象性活动为内容、以建构形而上的美学思想体系为目标的西方美学再也不能代表美学发展的方向，也不应该被视为最能表达人类审美经验的内容和特点的唯一思想体式。与此相反，曾被视为幼稚、不成熟的东方美学以其注重人与自然和谐关系的哲学基础、感性体悟的思维方式、将审美指向艺术和人生实践活动为内容、把保持对多变的艺术和现实生活的敏锐观察和解释批判能力作为目的的特点，更符合人类学和美学发展的方向。在传统的人类学理论中，美与艺术往往被视为某种经济和社会组织形态的衍生物或文化的花边而存在，这是传统人类学理论中一种虽未明言但却挥之不去的倾向，恰恰在这一点上，审美人类学为我们提供了不同的视角。①

人学美学。肖建华认为可以融合实践美学与生命美学建构中国的人学美学。他说，实践美学和生命美学在主要内容和价值取向上有着惊人的相似，那就是对人的主体性和自由性的张扬并企图在审美中使人的自由自觉的生命本性得到充分的凸显。它们是中国人学美学的两种当代形态。但二者的差异无疑也是存在的。主体性实践美学的主体是带有社会性的实践的人，生命美学的主体是完全的个体感性生命；主体性实践美学多谈人的自由实践，而生命美学喜论人的自由超越；主体性实践美学强调感性的社会化，而生命美学强调审美的个体性、自由性与超越性。正是因了这种差异，主体性实践美学与生命美学才有对话和互补的必要性；而也正是因了这种共通，二者才有了对话和互补的可能性。作为当代中国人学美学"一体两翼"的主体性实践美学与生命美学恰好能够在交流与对话中实现人的生命的完整性，并在强调对人的尊重和发现中实现历史性的汇流——走向人学美学。人学美学是一种高度整合了中西人学美学的各种资源，融汇它们的所有优点的学说，它既拥有中国古典美学的直观洞悟的特点，又具有西方美学的分析性、体系性的特点，而最为重要的就是它对人的生命意义的尊重和自由本性的张扬。②

就实践美学而言，它的基础的工作已由李泽厚、朱光潜、赵宋光、蒋

① 王杰、覃德清、海力波：《审美人类学的学理基础与实践精神》，《文学评论》2002年第4期。

② 肖建华：《从实践美学与生命美学的论争和汇流看当代美学的建构》，《河北科技师范学院学报》（社会科学版）2004年第2期。

孔阳、刘纲纪等人奠定。实践美学的哲学基础是马克思的实践学说，它的核心概念是"实践"、"自由"与"自然的人化"、"积淀"、"主体性"等。它的基本思路是从人类社会实践活动中去解释和理解审美活动的本质。它认为在人类长期的改造自然的实践活动中，自然与人的关系发生了实质性的改变，自然由最初的恐惧对象变成了亲近、依赖对象；同时，在改造自然的实践过程中，个体本身的身心结构都脱离原始的动物状态而被"人化"，原本只具有动物性机能的感性存在中内化、凝聚、积淀了理性的、社会性的内涵，具有了认识、意志和审美结构，从而能够进行认识、道德和审美活动。这就是美和美感的起源，也是它的实质。即美的本质在于自然的人化，美感的本质在于人的心理结构即内在自然的人化。当然，这些都是从哲学上经过推论、分析和综合而得出来的一些思想，进一步论证需要细致的工作。

在美的本质问题上，从哲学方法论上说，实践美学的确提出了既不同于英国经验主义美学的纯粹经验性的思路，也不同于德国古典美学那种思辨唯心主义思路，而是一方面把审美放到人类的社会实践活动中去理解，另一方面在这种理解中对经验主义和理性主义美学进行创造性转换，从而吸收和融汇它们各自的优势，为理解美的本质提供一个切实可行的思路。在持实践美学观点的前辈学者中，有的观点当时看起来水火不容，而当我们站在一个更高的历史维度去回顾反思它们时，可以发现，它们之间其实应该是可以互相补充的。比如李泽厚和朱光潜，正如朱志荣所注意到的，朱光潜把物质实践和精神实践在审美中贯通起来，恰好可以构成对李泽厚早期过分强调实践的物质性的一个修正。

因此，现在的问题不在于争论实践美学存在的合法性，它是否还有生命力，而是切切实实地继承前辈的事业，在他们的基础上使美学研究深入到更加具体、更加具有"美学性"的一些问题中去。比如，李泽厚后期所提出的"人的自然化"问题，建立"情本体"问题，如何发掘大工业生产中工具本体的诗性内涵，美学如何在没有信仰的时代承担起赋予人生以意义的问题，如何把内在自然人化中的"理性的凝聚"和"理性的积淀"相互贯通起来，即把伦理学和美学贯通起来，如何"以美启真"、"以美储善"，等等，这些问题都是实践美学所提出来的需要研究和解决的，也是我们的时代所面临并且无法回避的。中国美学如果要真正能够在李泽厚等前辈所取得的成就的基础上得到发展，这些问题恐怕是绕不过去的。对这种影响了一个时代的学说，不是绕开它或忽视它，更不是故意去曲解、歪曲它，然后以这种被曲解的学说作为批判的靶子去进行无的放矢的批判。它需要的是建设性的批评，是发展。

就实践美学的创始人和主要代表——李泽厚先生而言，80年代，其学说主要立足于人类学哲学本体论，其理论的基点在于从人类历史总体发展进程角度来讨论美与美感的本质、艺术的本质、审美活动和艺术在人类历史发展中的地位和作用等宏观性的问题。它的主要概念"实践"、"积淀"、"主体性"等的主体都是"人类"或大写的"人"。它的理论的重点在于探讨和解决人类的理性、历史如何向个体的感性心理结构中生成，外在的实践—历史活动成果如何影响、积淀为内在的文化—心理结构。因此，80年代实践美学的主体是类主体，其主体性是类主体性，其倡导、呼吁、确立的"人"是大写的人。这个立足点的确立，一方面是为了确定实践美学的哲学基础，另一方面是为了与各种非历史主义、非实践论哲学区别开来。因此，70年代末和80年代，李泽厚强调的是美的人类学起源意义，是要把美学建基于坚实的历史实践活动之中去，以与各种心理主义、唯心主义学说区别开来。确立这样一个基础之后，20世纪90年代以来，李泽厚研究的重点从人类总体向个体延伸，从外在的历史向内在的心理迁延，提出在实践—历史运动所造成的工具本体之外建设心理本体的问题，又把心理本体具体落实为"情本体"。对美的本质的理解上，提出了与"自然的人化"说相对应的"人的自然化"学说。李泽厚强调，在未来社会里，塑造人性、提高素质的教育将是21世纪的重点学科，而关注个体幸福的美学将是未来的第一哲学。

一个有意思的现象是，虽然，"人的自然化"、"情本体"等命题与概念是实践美学的重大发展，从某种意义上说，它是实践美学真正建立起来的标志，但是，其影响远远不及20世纪80年代的"主体性"、"实践"、"积淀"等学说。一些注意到这些概念的学者对它的基本态度是否定大于肯定。比如，有学者认为，"如果说，在'主体性实践哲学'中所谓'工具本体'吞并了作为主体自由本性之标志的价值性关切而事实上膨胀成了'本体'的话，那么所谓'情感本体'由于割断了其同构成人之存在前提的物质性实践的内在关联，而重新陷入了曾经被李泽厚自己批评过的'主观性'之中，根本不可能形成对'工具本体'的批判性超越，也无法发挥规范、引导后者的实践功能。"① 实践美学在80年代和90年代的不同遭遇及其原因，我以为毋宁是一个社会历史性的问题。探讨这一问题，也许会是一个有意思的话题。

同时，实践美学是否有效，还需要在实践本身中去检验——它能否对当代世界的各种思想文化现象作出自己独到的有说服力、有启迪性的分析。从这个意义上说，朱立元从人生实践出发建构美学理论；张玉能对实践美学范畴体系的建构；徐碧辉从实践美学的立场对生态这一当代社会文化中既具有理论的前沿性又具有实践性的问题进行分析，以及对情本体论的分析阐发，王杰对审美人类学的具体深入的理论阐发与田野调查，乔东义区别本源性实践和依附性实践、一般本体论和区域本体论，以解决实践美学中实践概念的层次与内涵、工具本体与情感本体的矛盾，肖建华试图融合实践美学和生命美学两家之长以创立人学美学的努力，等等，这些都是非常有价值和有意义的。但这些仍只是非常初步的工作。实践美学的一些概念和问题，也是当代中国审美文化和美学学科建设所必须直面的问题，如上面提到的情本体、人的自然化、以美启真、以美储善等等，远没有得到认真的分析与整理。因此，进一步分析这些概念和问题，并且以实践美学的立场对当代审美文化作出具有说服力的分析，这恐怕还应是当代中国学人的一个重要任务。

---

① 韩德民：《从"实践"到"主体性"的迁移》，《美学的历史——20世纪中国美学学术进程》，第688页。

第 六 章

生存、实践、自由与异化
——对"后实践美学"所混淆的几个
基本概念的分析

20 世纪 90 年代以来,随着大众文化在中国大陆全面兴起和文化市场的建立,曾经充当人文精神启蒙者的实践美学遭到来自各方面的批评。一些年轻的学者不满足于实践美学从人类主体性的角度探讨美的本质思路,以 90 年代被介绍到国内的后现代主义学说为依据,向实践美学发起了一轮又一轮批判。80 年代实践美学最有学术影响和社会影响的一些概念都受到了批判和质疑,如主体性、积淀、实践等等。后实践美学认为,"主体性"是一种西方近代哲学概念,它建立在主体与客体的二元对立基础上,而这种二元对立的思维方式早就被现代西方哲学和美学所超越,主体性概念为主体间性概念所代替。"积淀"概念注重于社会向心理、群体向个体、理性向感性的单向度迁移,而忽略了个体心理和感性本身的价值和意义。"实践"作为哲学概念是现实性的、物质性、群体性的,它推导不出美的精神性、个体性和超越性,等等。强调个性、呼吁感性,批判实践美学的群体性、理性,成为 90 年代美学的主调。

后实践美学对实践美学的批判与超越是自 20 世纪 90 年代以来美学基础理论研究中最为引人注目的倾向。这种争论,从提出和展开问题的角度说无疑有着积极的意义,它使得人们对一些在 80 年代共同的理论倾向之下被掩盖的问题进行重新思考,在美学学科化、同时也被边缘化的情况下重新引起人们对美学基本理论问题的关注,为美学基础理论的进一步推进创造了良好的学术氛围。

然而,这场讨论也暴露出一些问题,主要是讨论者对于一些哲学和美学的基本概念混淆不清。许多时候,讨论双方缺乏讨论的平台。看起来争论得很热闹、激烈，但实际上，很多时候，参与讨论者在概念的使用上、在对哲学史和哲学基本理论的理解上常常是自说自话。看起来是使用同样的概念，但实际上，对这些概念的理解却完全不同。一些看起来很新、很炫目的学说，听起来很前卫、很新潮，却往往经不起推敲。究其原因在于，讨论者对一些哲学和美学的基本概念和哲学史的基本常识缺乏应有的了解和尊重，在概念的使用上显得太过于随意。这种状况在后实践美学中显得尤为突出。前面第五章中我曾简单地概述了后实践美学对实践的批判、论争，这里，我想就他们的论争所涉及的一些基本概念和问题作出一些分析，提出一点自己的看法，供广大同仁们批评。

因为"后实践美学"以杨春时为主要代表，因而本章也主要围绕杨春时对实践美学的批评中所使用的一些概念作一些分析。

一　人类的"生存方式"

"生存"概念是杨春时的"后实践美学"的基本概念，是其学说的"逻辑起点"。他非常重视这一概念。在《走向后实践美学》中他对人类的生存方式有一种宏观式的鸟瞰性把握，把人类的生存方式划分为三种：自然生存方式、现实生存方式和自由生存方式。

> 自然生存方式是原始人类的生存方式，它还未挣脱自然襁褓，因而是动物式的生存方式。自然生存方式以人类自身的生产为基础，调整两性关系和确立家族制度成为基本的社会问题。原始社会物质生产还未发展起来，采集植物种子和狩猎还不算真正意义上的物质生产，简陋的木制、石制工具也算不上真正意义的生产资料。因此，原始社会不是公有制而是"无所有制"。真正意义上的精神生产更谈不上，巫术文化与原始实践结合在一起，精神尚未觉醒和独立。在人类自身生产基础上，血缘关系成为基本的社会关系。在自然生存方式下，人还没有作为自然的对立面而独立。
>
> 现实生存方式是文明人类的生存方式。在文明时代，人类从自然中分离，并且征服自然、发展自身。现实生存方式以物质生产为基础，生产关系成为基础的社会关系，而人类自身生产已经基本上获得解决，并作为前提而被扬弃掉。精神生产发展起来，但尚依附于物质

生产，如科学和意识形态受物质实践制约并服务于物质实践，因此未成为独立自由的精神生产。现实生存方式中，人还未获得自由，还受到物质需求和物质实践能力的限制。

自由生存方式在时间顺序上与现实生存方式并列，它们都发生于自然生存方式瓦解后；但是在逻辑顺序上，自由生存方式又在现实生存方式之后，只有在现实生存方式基础上进行超越性创造，才会产生自由生存方式。自由的生存方式以独立自由的精神生产为基础，因为"真正自由的领域只存在于物质生产领域的彼岸"。审美及其反思形式哲学是不依附于物质生产的"自由的精神生产"，因而属于自由的生存方式，它超越现实生存方式。①

应该说这种对人类生存方式的把握是很有创意的。但是我以为这种划分的随意性相当大，而且存在着许多无法自圆其说的漏洞。首先，把自然的生存方式排除在现实生存方式之外，难道原始的人的生存就不是现实的生存吗？还是说原始人因为"尚未挣脱自然襁褓"，所以他们根本就不是人？

其次，既然原始的生存还不是人的生存，其生存方式还是动物的生存方式，那么，作为人的生存方式的"现实生存方式"是从何而来的？从天上掉下来的吗？

第三，现实生存方式与自由生存方式既然在时间上是一致的，又怎么能在逻辑上在现实生存方式之后？马克思主义哲学一个基本方法是逻辑与历史相一致的方法，历史的起点也必然是逻辑的起点。自由的生存方式如果在时间上与现实生存方式一致，在逻辑上也必然与现实生存方式一同产生。如果现实的生存都不是自由的生存，那么，所谓的自由的生存方式又何处去寻觅？它又怎么能够从现实的生存方式中产生出来？

第四，前面刚刚说"自由生存方式在时间顺序上与现实生存方式并列"，而在"现实生存方式"中，"精神生产发展起来，但尚依附于物质生产"（着重号为引者所加），后面马上又说"自由的生存方式以独立自由的精神生产为基础"。既然现实生存方式中精神尚依附于物质生产，未独立出来，而"自由的生存方式以独立自由的精神生产为基础"，那么，

---

① 杨春时：《走向"后实践美学"》，《学术月刊》1994 年第 5 期。

自由的生存方式怎么可能和现实的生存方式在同一时间出现？而又在逻辑上在后者之后？这里还特别强调"真正自由的领域只存在于物质生产领域的彼岸"，① 又说"审美及其反思形式哲学是不依附于物质生产的'自由的精神生产'，因而属于自由的生存方式"，那么，它又怎么可能"逻辑地"从现实生存方式中产生呢？

第五，顺便说说，这里对原始人的生存方式的解释也是大有问题的。他说："自然生存方式以人类自身的生产为基础，调整两性关系和确立家族制度成为基本的社会问题。"那么，在这种"原始生存方式"下，人们需不需要为"活着"而挣扎、辛苦、奋斗？在杨春时看来，这种为了生存而进行的奋斗并不是原始生存方式的基础，反而是当人类进化到了"现实生存方式"以后，才会"以物质生产为基础"。这不是很奇怪吗？还有，"采集植物种子和狩猎还不算真正意义上的物质生产"，那么，它们是什么生产？什么是真正意义上的物质生产？"简陋的木制、石制工具也算不上真正意义的生产资料。"所谓生产资料，其主要内容之一是生产工具，那么木制、石制工具是不是生产工具？"原始社会不是公有制而是'无所有制'。"原始人打了胜仗，掳获的财产和俘虏归全氏族所有，这算不算公有制？

可见，杨春时对人类生存方式的宏观把握虽有创意，但实际上，其具体论述中漏洞百出，前后矛盾，无法自圆其说。因而，他建立在对生存方式这种区分基础之上的"审美超越说"实际上也是无法成立的。杨春时之所以不遗余力地要把现实的生存方式和自由的生存方式区别开来，是为了论证审美属于自由的生存方式，它不能在现实的实践中存在，它必须是超越于现实的。这种人为地割裂现实与自由的思维方式看起来是对自由的极大崇仰，是把自由的地位提到了无比的高度。但实际上，把自由从现实中排除出去、把它架空于某种现实中不存在的"超越性"的境界中，实际上等于取消了自由。

从思维方式上，他的思维方式中有一种形而上学机械论的方式，一定要在现实与自由、物质与精神之间人为地制造出某种鸿沟，把二者绝对地分割、对立起来，然后采取贬抑一种、抬高另一种的手段去论证所谓超越、自由的精神作为审美的实质。看起来是抬高了自由与精神的地位，实

---

① 这句话是对马克思《资本论》中一段论述的断章取义，后面将要分析。

则，把自由与精神从现实中清除出去，让它们变成一种飘在空中、没有根基的东西，这才是对自由与精神的真正伤害，是对自由与精神的取消。

就杨春时对人类生存方式的宏观把握来说，他所区分的这三种生存方式实际上根本无法作为三种并列的生存方式。无论是自然的生存方式，还是自由的生存方式，它们本身都应该是一种现实的生存方式。现实生存方式不应该是与其他生存方式并列的一种，而应该是每一种生存方式存在的形态。也就是说，对人类的生存方式的分类，应该建立在人类真实地、现实地生存的基础之上。又如杨春时曾强调的所谓超越的生存方式，它也同样不可能是离开现实的空中飘浮物。超越性追求自古皆然，并不是经过了自然的、现实的生存方式之后才出现的、与现实无关的另一种"生存方式"。杨春时的问题在于把几种不在同一个逻辑平面上的关系放到了同一层面。

所谓生存方式，是一个极其复杂的问题。既是生存方式，就应该从影响一个社会或时代的最根本的因素去考虑、归纳、总结。从历史唯物主义观点来看，影响人类生存、决定一个社会的终极的、根本的因素是人类的生产力。生产力的根本标志是一个时代所使用的工具。从生产工具来说，人类经历了石器时代、铁器时代、机械化时代和电子化时代。此外，社会经济政治制度、婚姻制度、生产的组织方式等也是影响一个社会中人们的生存的重要因素。综合起来，我以为可以把人类的生存方式区分为原始状态生存、游牧式生存与农业式生存、工业化生存和信息化（数字化）生存几种方式。

原始状态生存指人类的原始时期，包括从猿到人的漫长的过渡期和整个石器时代。这是人类的史前时期。对于这一时期人类的生存状态，至今还只能靠一些考古学的发现进行推测。在这一时期，人类已学会打制和磨制工具，并利用这些工具进行狩猎活动。人们以族群的方式生存。人与自然之间还处于一种尚未分离的状态，人们还完全属于自然，是自然的一部分，还谈不上真正意义上的改造自然。人们采集植物种子、利用石块投掷动物以打猎。在这种生存条件下，生存的艰难是可以想象的。人的寿命很短，死亡率非常高，包括战争致死和疾病致死。

游牧社会中，人们以放牧牛羊等动物为主，放牧主要依靠大自然所生长的草原。人们逐水草而居，靠草原而生存。农业社会中，人们依靠铁铸工具，开垦荒地，播种种子，收获庄稼。亦即主要从土地中获得粮食而生存，即所谓"靠天吃饭"。工业化生存方式中，人们以大型机械化的流水线作业方式生产，同时这种生产呈现规模化、集约化、垄断化，生产高度集中。因此，人们的生存也从分散的乡村集中到城市，人们离开土地，生产不再受自然界的风雨晴雪的制约。信息化社会，生产由机械化向电子化转变，人们的交往和消费方式亦出现前所未有的变革——虚拟的网络空间成为另一个"生存空间"，网络化的生产、消费、贸易和交往成为真实世界之外的另一种生存的方式，一种虽然在虚拟空间进行却同样真实有效的生存方式。因而，人们的生存方式也随之出现极大改变。

游牧式生存与农业式生存都是在自然中生存，人们的起居、劳作、休息方式与自然规律相应和、相一致。所谓游牧民族的"逐水草而居"、农业社会里的"日出而作，日入而息"反映的就是这样一种生存方式。因此，这两种方式又可以归并到一种（只是从非常粗线条意义上说，即从人与自然的关系上说。实际上，游牧生存与农业生存在许多具体方面都有极大的不同，在社会风俗、社会心理和文化及观念上，都有众多差别。但这里只取其哲学意义上、人与自然的关系方面而言），可称为"自然化生存方式"。但这个"自然化"非杨春时所谓动物式的生存，而只是指人们的生存与大自然息息相关，密切相连；还指这种生存方式之下，人们的生存是顺应自然规律、不强作妄为，不把人凌驾于自然界其他一切生物之上，而是采取众生平等、尊重生命的观点。在自然生存方式中，人们主要从土地中获得生存资源（包括农业社会的粮食和游牧方式所需之草原）。因此，生存对于人来说是非常艰辛不易的。在游牧社会和农业社会，人常常直接与自然进行交道，直接面对自然。不但人们所需之食粮，而且人们日常用具，大都得自己动手制作。因此那时候，人的力量和技巧往往与智慧同等重要，有时甚至超过智慧的重要性。那时的文学和艺术作品，往往吟咏的就是生存的不易与艰辛。

工业化与信息化的生存方式中，人离开了自然，向大都市、大城市集中。大自然的风风雨雨、气候节令不再被人关注，也不再从根本上影响人的生活。人们利用高度发达的科学技术制造了"第二自然"，人们不但改造山河，填平山头，改造河道，改变大地的面貌（大量城镇的崛起，改变了地平线的面貌，也改变了地貌），甚至干预气象变化，改变空气结构和组成成分。人们离开了大自然，而生活在人工制造的"第二自然"之中。因此，游牧社会和农业社会里那种人与自然息息相通、紧密相连的血肉关联被割断，人仿佛不再需要自然，甚至宣称要"改天换地"、"战天斗地"。"人定胜天"是工业化时代的基本信念。由于工业化、集约化的生产方式，许多过去必须自己亲自动手制作的生产工具和生活必需品都由专门化的生产工厂和公司代劳了，因此，随着人类整体生产能力的大幅度提高，个体动手操作的能力反而下降了。工业社会里的工人在手艺的高精度和全面性上绝对无法与中世纪的手工艺人相比。工人在很大程度上被变成了流水作业线上的一个机器、一个零件。因此，随着整体生产力水平的提高和生存方式的改变，个体的生存变得比在自然方式生存中更容易了，但个体的动手操作能力也下降了。智慧超过了技巧和体力，成为决定人们生存质量的决定性因素。在某种意义上说，个体被异化的程度也加强了。因此，工业化和信息化社会的生存方式可称为"社会化（都市化）生存方式"。这里的"社会化"的主要含义是人离开自然，完全在人所构造的社会中生存，而不是说在自然的生存方式中就没有社会化性质。

换言之，在自然生存方式中，人类所面临的主要对象是自然，是如何在艰苦的自然条件下生存下去，因而，与自然的关系成为第一位的关系。而在社会化的生存方式中，人类所面临的主要问题是社会本身的组织结构和方式，包括社会生产的组织方式（经济制度）、人们赖以联系起来的组织方式（政治制度）、人际关系等等，所以马克思说：人在其现实意义上是社会关系的总和。

从生产方式来讲，后工业时代与工业时代从根本上来说没有本质的区别，都是依靠人工机器来进行生产。但具体而言仍有很大的区别。一是生产的集约化、垄断化程度大为提高，国际性的跨国公司往往垄断一些行业，如微软之于电脑芯片；二是出现了电子化趋势。工业时代主要生产方式还是机械的，而后工业时代的主要生产方式及管理方式已经是信息化、电子化的，技术含量千万倍地增长；三是出现了互联网。互联网的出现，可以说是产生了一个新的生存空间和生存方式。互联网的空间是虚拟的，但其情感与感受却是真实的。因此，与之相联系的生存方式可以称之为"虚拟化生存方式"。

必须强调的是，后工业社会以工业社会为基础。它不像由农业向工业社会的转变，那是一种根本性的转变，是人从自然的生存向社会化的生存方式的转变。虚拟空间的出现，提高了生产效率，改变了人们的交往方式，但从根本上讲，都市化、城市化、集中化的生存方式并没有改变。因此，所谓虚拟化生存也只是相对而言的。

任何分类都是有缺陷的。我这里的分类也不例外。但至少，它们所赖以进行分类的理论标准在逻辑上是一致的。如果上述对人类生存方式的概括成立，那么可以看到，脱离现实的所谓超越性的生存方式或自由的生存方式至少到目前为止还只是人们的一种理想与奢望。生存总是现实的。脱离现实人们连基本的生命也无法维持，更无法进行高蹈的审美活动了。

就生存方式的自由度而言，人类总体是在朝着更加自由的方向行进。现代人生存的自由度比起农业时代的人来说肯定是大了不知多少。古代人要穷年累月地行走的路，现代人几个小时便可以到达；古代人们只能依靠想象飞上月球，而今，航天科技早已实现了人们这一梦想。人们的精神生活也更趋于复杂、精致。随着生产力的发展，政治和经济制度朝着更加合理的方向变革，民主与自由也成为一种普世性的观念受到普遍尊重。因而，实际上，所谓自由的生存方式总是相对的；生存的自由度是随着生产力的发展、历史和社会的进步而逐步扩大的。但是，完全离开现实而与现实相并列的所谓自由的生存方式恐怕只能是一种想象了。

二　美学的"逻辑起点"

杨春时与朱立元的争辩和与易中天等人的争论都涉及美学的"逻辑起点"问题。杨春时认为，"哲学基本范畴与逻辑起点直接就是美学基本范畴与逻辑起点，并不是哲学基础上另起炉灶，重新确定一个基本范畴和逻辑起点。柏拉图的理式、黑格尔的理念、萨特的存在，都既是哲学起点，也是美学的基本范畴和逻辑起点。马克思主义实践哲学以实践为基本范畴与逻辑起点，因而实践美学也必然以实践为基本范畴与逻辑起点"①。而朱立元则强调美学的哲学基础不等于其逻辑起点。易中天提出美学的逻辑起点的三个原则：第一，从逻辑起点进行推演，一直推演到艺术和审美的本质特征和一般规律，是一个相当长的过程并有不少中间环节，不可能要求一步到位。第二，重要的是推演出美学的"第一原理"，即关于美和艺术的本质的定义，然后再逻辑地顺次推演出一切艺术和审美活动的本质规律。其中，不能有任何一个规律是从另外的原则引入或外加进来的。第

---

①　杨春时：《再论超越实践美学——答朱立元同志》，《学术月刊》1996 年第 2 期。

三，这个逻辑起点必须是在人文学科范围内不可再还原的。① 杨春时对此表示赞同，并补充了一条："此逻辑起点必须包含着推演出的结论即审美的本质。"

可见，无论是"后实践美学"，还是"新实践美学"，都把美学的逻辑起点看做一个重要问题来讨论。确立美学的"逻辑起点"的原则双方基本上是一致的，即都认为美学应该由某个逻辑起点推演或推导出一个美学体系，并且整个体系的基本结论就蕴涵在这个逻辑起点之中。双方的争论在于，这个逻辑起点究竟应该是什么？杨春时的"后实践美学"说是"生存"，易中天和邓晓芒的"新实践美学"说是"劳动"。

杨春时以生存作为美学的"逻辑起点"，其理由是：

> 生存是不可还原的原始范畴。而且，生存也是不证自明的公理。我存在着，这是无可怀疑的事实，由此出发才能合理地推演出哲学和美学的体系。生存也包含着审美的本质，审美不是别的，而是生存方式的一种即超越的生存方式。②

我存在着，这的确是无可怀疑的事实。但任何动植物也都存在着，这也是无可怀疑的事实。为什么"我"（人）的存在就是超越性的存在，而别的东西存在比如动物就没有超越性呢？还有，"生存"是一个范畴，怎么能说是一个"公理"呢？众所周知，公理必须是某种判断，而不能只是一个概念。比如，"三角形内角和等于180°"，这在欧几里得几何学范围内便是公理，这个公理作出一个判断，说出一个道理：三角形，无论是什么三角形，等边也好，直角也好、任意的也好，总之，只要是三角形，它的内角之和一定等于180°。然而，"生存"却只是一个范畴，它没有作任何判断，比如"生存是……"或者"生存不是……"，它如何能成为"公理"？"生存不是已然的现实，而是一种超越的可能性"，不是现实而只是可能的"生存"是生存吗？它顶多不过是一种主观的幻想而已。"生存的

---

① 易中天：《走向"后实践美学"，还是"新实践美学"——与杨春时先生商榷》，《学术月刊》2002 年第 1 期。

② 杨春时：《新实践美学不能走出实践美学的困境》，《学术月刊》2002 年第 1 期。

超越本质并不直接体现于现实活动中，它只是发生于现实生存的缺陷中"①，一个东西的本质只能不存在于它本身，而是存在于它的缺陷？比如，人的本质不在于人的现实关系，倒在于人的缺陷了？

可见，以"生存"作为美学的"逻辑起点"，是大有可疑的。退一步讲，即便杨春时的理由成立，可以作为一家之言，生存既可以作为哲学的"逻辑起点"，也可以作为美学的"逻辑起点"，但是，根据杨春时讲的几点理由，生存亦更可以作为任何一门人文学科的逻辑起点，比如伦理学或宗教。那么，美学的独特性何在？如何从生存"逻辑地"走向审美而不是道德伦理或宗教？

易中天等人的新实践美学以劳动作为美学的逻辑起点，根据在于："既然是劳动使人成为人，是劳动使人获得了'人的本质'，而我们又都同意'美的本质就是人的本质'，那么，我们就该都同意，是劳动使美获得了'美的本质'（其实同时也使艺术获得了'艺术的本质'）。因此，美学体系的逻辑起点就不能也不该是别的，只能是劳动。劳动是人类最原始、最基本、也最一般的实践。以劳动为逻辑起点，也就是以实践为逻辑起点。"

易中天这段话也同样存在问题。美的本质就是人的本质吗？人的本质就是劳动吗？如果美的本质就是人的本质，又何必多此一举讨论什么美的本质？直接用"人的本质"岂不是更简便干脆？事实上，把人的本质等同于劳动，又把美的本质等同于人的本质，这正是易中天的新实践美学的简单化之处。在这一点上，所谓新实践美学不但不是对实践美学的推进，反而是在李泽厚和朱光潜等人的基础上的倒退。无论是李还是朱，都从来没有简单地把美的本质等同于人的本质，又把人的本质简单地等同于劳动。

更深刻的问题还在于这种试图寻找到一个逻辑起点并从中"推演"或"推导"出一个"美学体系"的思维方式。无论是杨春时的"后实践美学"，还是易中天和邓晓芒的"新实践美学"，都把美学的逻辑起点作为一个重要问题来争论。但这个问题真的存在吗？真的那么重要吗？

这里有几个问题必须提出来：1. 是否任何一种哲学和美学学说都必须有一个"逻辑起点"？都必须从这个逻辑起点推导出一个体系来？2. 如

---

① 杨春时：《新实践美学不能走出实践美学的困境》，《学术月刊》2002 年第 1 期。

果哲学和美学都有逻辑起点，那么，哲学的逻辑起点是否就是美学的逻辑起点？3. 哲学的基本范畴和逻辑起点是否是同一回事？

事实上，不是任何一种哲学都必须从一个"逻辑起点""推导"出"整个体系"的。中国古代不用说，是有哲学思想的，甚至你可以用现代哲学的方法把它们组织成一个个"体系"，如"儒家哲学"、"道家哲学"，甚至可以具体到"老子哲学"、"孔子哲学"、"荀子哲学"、"韩非子哲学"等。但是，它们都不是从一个"逻辑起点""推导"出一个"哲学体系"的，至少，在他们的创立者那里，从来没有过从某个"逻辑起点"出发，"推导"出一个"哲学体系"的举动。可谁又能说它们不是"哲学"呢？中国古代也有丰富的美学思想，人们也根据这些思想用现代哲学美学的方法把它们追溯出一个个美学体系："儒家美学"、"道家美学"、"禅宗美学"等等，具体到人，也有"孔子美学思想"、"老子美学思想"、"庄子美学思想"；也有断代美学："先秦美学"、"两汉美学"、"六朝美学"、"唐代美学"、"宋元美学"、"明清美学"等等。但同样显而易见的是，这些被称为"美学"的各种学说，也都不是孔子或庄子自己从某一个"逻辑起点""推导"出来的"美学体系"。

如果说中国的情况比较特殊，因为中国古人完全是用不同于西方人的另一种思维方式去思考问题的，那么看看西方哲学的情形。西方哲学肇始于古希腊。可是古希腊哲学家也没有一个人根据一个"逻辑起点""推导"出一个"哲学体系"。被称为西方哲学第一人的泰勒斯讲"水是万物的始基"，但他并没有根据这个"始基"去"推导"一个"哲学体系"。在前苏格拉底哲学中，米利都学派讲物的始基是"水"、是"气"，赫拉克利特讲是"火"，毕达哥拉斯学派讲是"数"。但他们都没有以这些概念为"逻辑起点"去建构"哲学体系"。苏格拉底甚至根本连著作都不写。他跟人的谈话也都不是从一个"逻辑起点"去推导出一个"哲学体系"。至于柏拉图，他把"理式"（采用朱光潜译法）作为他的哲学的核心概念，他的著作涉及本体论、认识论、政治学、诗学等学科，照理说是一个包容广泛、全面的"体系"了。但他也从来没有以"理式"作为"逻辑起点"去"推导"、建构他的哲学体系。他的著作都是从具体问题出发，逐层分析，最后达到他的结论。以与"美的本质"问题关系最为密切的《大希匹阿斯》篇来说，苏格拉底和希匹阿斯对美的讨论从"美的东西之所以美是由于美"这一判断开始，然后才提出问题："美是什

么"？对"美是什么"的讨论，实际上是从"美不是什么"开始的，因为
希匹阿斯提出的所有命题：美是一位漂亮的小姐，是一匹漂亮的母马，是
一只漂亮的陶罐，是黄金，是有钱，是视觉和听觉的快感……都被否定
了，最后，他只好承认"美是难的"。也就是说，如果说柏拉图对美的本
质的讨论有所谓逻辑起点，那也是以"美不是什么"为起点的；而且，
他也没有由此而"推导"出一个"美学体系"。

在西方哲学史上，只有黑格尔真正是从一个"逻辑起点"来"推导"
出他的哲学体系的。但这个"逻辑起点"也并非像杨春时说的是"理
念"。

黑格尔哲学的代表作是《小逻辑》。《小逻辑》讨论的正是理念或绝
对精神的自我运动和发展的历程。黑格尔的方法是从抽象到具体，从逻辑
抽象到实存的具体。其具体的方法主要遵循从肯定到否定再到否定之否定
的三段论原则。

《小逻辑》由三大部分组成：存在论、本质论和概念论。理念在开始只是
一个抽象的"存在"。对存在的分析的具体展开为"质"、"量"、"度"。质展
开为"存在"、"定在"和"自为存在"，量则分为"纯量"、"定量"和"程
度"。质量经过否定之否定便达到"尺度"。"尺度"是蕴涵了质与量的辩证
统一，它不再是理念的纯粹的抽象形式，而是包含着对理念的具体存在形态
的恰到好处的把握。这样，就从"存在论"过渡到"本质论"。

本质论也分为三大部分："本质"、"现象"和"现实"等范畴。其中，
"本质"从纯反思的规定（包括"同一"、"差别"、"根据"），展开为"实
存"到"物"；"现象"又展开为"现象界"、"内容与形式"、"关系"；
"现实"有"实体关系"、"因果关系"和"相互作用"几个方面。

理念在经过现实的具体形态之后，再次回到它的纯粹形态——概念，
但这是理念外化为物的各种形态之后向自身的回归，它不同于一开始时只
是一个抽象的存在，它超越了物的各种具体形态，因而才能最后到达它的
纯然状态——绝对精神。概念论也分为三大部分："主观概念"、"客体"
和"理念"。"主观概念"包括"概念本身"、"判断"和"推论"三个阶
段。其中"判断"和"推论"都有"质的""反思的"和"必然的"三
种形式。判断还加上一个"概念判断"。"客体"则主要包含"机械性"、
"化学性"和"目的性"。最后绝对理念的运动回归它本身，呈现为理念
自身的形式。理念自身又包含"生命"、"认识"和"绝对理念"三个阶

段。(黑格尔绝对理念的自我运动图式可见图1)

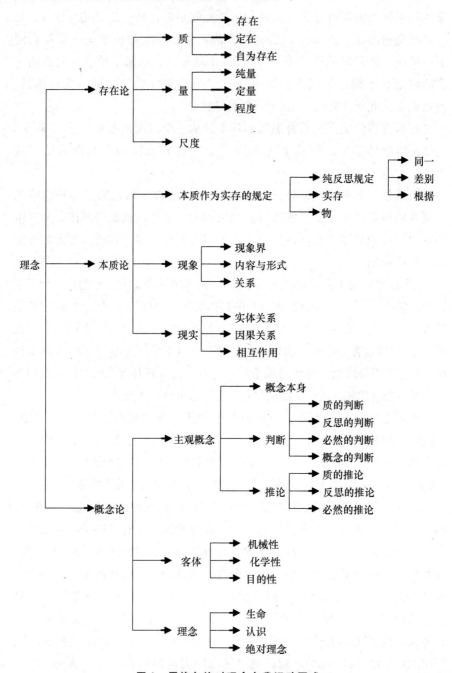

图1　黑格尔绝对理念自我运动图式

由此可见，在黑格尔哲学中，"理念"是其核心概念，但并非它的"逻辑起点"。其"逻辑起点"是理念的"存在"这一纯粹的抽象。理念是经过从抽象到具体、再回到抽象这样一个自我运动的过程才最后达到的阶段。当然，在黑格尔看来，这个绝对理念的体现便是他黑格尔自己的哲学，而现实上普鲁士王国便是绝对精神的自我体现。这正是黑格尔哲学的保守性所在。但《小逻辑》中讨论的"逻辑起点"并非"理念"，而是"存在（Sein）"，这一点却是无疑的。

可见，哲学并非都是从某一"逻辑起点""推导"出来的，只有像黑格尔哲学这种严密的、庞大的哲学体系是从一个逻辑起点推导出来，但其逻辑起点并非就是其基本范畴。至于美学的"逻辑起点"，更不必要就是哲学的"逻辑起点"。美学是哲学的一部分，它以其哲学为基础讨论美学问题，但并非哲学的基本范畴就是美学的"逻辑起点"。柏拉图哲学的基本范畴是理式，但对美的本质的讨论是从"美不是什么"开始的；康德哲学的基本范畴是纯粹理性、实践理性和判断力，其哲学是从对现象界的先验范畴时间和空间的讨论开始的，其美学是对美的讨论从纯粹美的分析开始，对美的分析从质开始，才得出美是"无功利的快感"的著名结论。

可见，杨春时对哲学和美学的关系并未作深入仔细的考察，而是想当然地认为，哲学都是以其基本范畴为"逻辑起点"推导出一个"体系"，而哲学的"逻辑起点"必定也是美学的逻辑起点。然后，凭着这一未经论证与分析的结论，认定"实践美学"就是以"实践"作为其"美学体系"的"逻辑起点"。

从一个所谓"逻辑起点"推导出一个学科体系，这本是黑格尔式的、企图建立起包罗整个宇宙自然、人世社会和个体精神活动在内的宏大哲学体系的方法，这种方法早已遭到现代哲学的淘汰。美学在今日社会所要做的，不是从一个所谓的逻辑起点出发，去建立起一个庞大的逻辑体系，而是要解决人生在世的一些根本问题，要回答审美和艺术的价值与意义、人生的意义这类"形而上"的问题。因此，所谓美学的逻辑起点问题，在我看来并非真问题。但是，这里之所以花费时间、精力与笔墨去讨论这个问题，是因为无论"后实践美学"还是"新实践美学"，都把它作为一个重要问题来讨论、争辩。而他们在这个问题上，其思维方式实际上有着相当的一致性。这种不顾哲学史上的事实、凭想当然总结历史，并以此作为美学研究的必由之路的方法，实是对人的一种误导，不得不予以澄清。

三 "实践"与"异化"

作为"超越美学"的提倡者，杨春时认为，超越性只存在于"自由的审美领域"，而在现实的实践领域是不可能存在的。其理由主要有三：

（1）"超越性作为生存的基本规定，只能经由生存体验和哲学反思而不证自明，而不能被历史经验证实或证伪。"①

生存体验中如何产生超越性，他没作更具体的说明。但实际上，"生存体验"是复杂的，绝非仅仅"超越"所能容纳。人们生活于世，所"体验"到的更多是"生存"的艰辛，劳苦；现代社会中，所"体验"到的也常常是"生存"的荒谬与荒诞，而非仅仅是杨春时那种不食人间烟火、悬浮于半空中的"超越"。也许"不证自明"的倒是"生存"的艰辛与劳苦，而非其"超越性"。至于哲学如何从"生存"中"反思"出"超越"来，杨春时同样没有给读者指出道路。这倒有点像古希腊戏剧中的机械降神，凡在现实中人类自身无法解决的问题，便有神灵从天而降，依靠这种外在力量的作用而解决问题。

（2）实践具有现实性，是异化劳动。"实践从诞生之日起，就是异化劳动"，"实践活动对世界的'人化'也是一种异化"。②

（3）"劳动是物质活动，是为了满足人的生理需要的生产活动，……不是自由的活动。劳动表明人仍然受到自然力（内在的自然和外在的自然）的压迫，在现实中体现为片面的体力和脑力的消耗，并且是一种异化劳动。"③

后两点可以归纳为"人化就是异化"、"劳动就是异化劳动"。异化劳动不能体现人的本质，它所产生的情感不是审美情感。

这些论断，斩钉截铁，不容置疑。然而，却经不起推敲，在概念的使用上极其随意。其中所涉及的基本概念主要有"实践"、"异化"、"劳动"等。下面我将简单地分析一下这些概念。

第一，什么是实践？实践活动对世界的人化就是异化吗？

---

① 杨春时：《新实践美学不能走出实践美学的困境》，《学术月刊》2002 年第 1 期。

② 杨春时：《实践乌托邦批判》，《学术月刊》2004 年第 3 期。

③ 杨春时：《新实践美学不能走出实践美学的困境》，《学术月刊》2002 年第 1 期。

　　"实践"作为一个哲学范畴，其含义在哲学史上有所变化。最早运用实践概念的大概是亚里士多德。在《尼各马可伦理学》中，亚里士多德的实践（πραξιζ）概念始终是和善的概念联系在一起的。"人的每种实践与选择，都以某种善为目的。"① 在第一卷第七章里，亚氏讨论属人的善的概念，提出最高的善就是幸福，幸福是因自身而不是因它物而值得欲求的对象。但是，当进一步追究什么是幸福时，便涉及了人的活动。善是在人的活动中显现出来的，对于一个实践着的人来说，他的善就在于活动的完善。

　　　　对一个吹笛手、一个木匠或任何一个匠师，总而言之，对任何一个有某种活动或实践的人来说，他们的善或出色就在于这种活动的完善。同样，如果人有一种活动，他的善也就在于这种活动的完善。②

　　在这里，"实践"有"活动"之意。那么，对于人来说，这种"活动"是什么呢？人的活动应该不同于木匠、鞋匠的活动，也不同于人的眼、手、足和身体各部分的活动。这种活动也不是人与植物所共同拥有的生命活动，也不是人与动物共同拥有的感觉的生命活动。在排除了这些活动之后，"剩下的是那个有逻各斯的部分的实践的生命。……实践的生命又有两种意义，但我们把它理解为实现活动意义上的生命。这似乎是这一个词的较为恰当的意义"③。

　　在亚里士多德看来，如果一个人的活动同这种活动的最完善的品质相符合，便能体现这种活动的最完善的品质，比如一个好的竖琴手的功能就是出色地演奏竖琴。在这个意义上说，人的善就是灵魂的合德性的实现活动。那么反过来说，灵魂的合德性的实现活动就是善。在这里，灵魂的实现活动就是实践，实践就是灵魂的实现活动，是灵魂遵循逻各斯的实现活动，它是一种道德行为，一种创造善的价值的行为。那么，可否说，在亚里士多德那里，实践的含义仅仅是道德行为？还是也包括道德以外的人的其他活动？关键在于，如何理解"实现活动"？下面一段话是紧接着上面

---

① ［古希腊］亚里士多德：《尼各马可伦理学》，商务印书馆2004年版，第3页。
② 同上书，第19页。
③ 同上书，第19—20页。

的引文的：

> 　　如果人的活动是灵魂的遵循或包含着逻各斯的实现活动；如果一
> 个什么什么人的活动同一个好的什么什么人的活动在根源上同类
> （例如一个竖琴手和一个好竖琴手，所有其例子类推），且后者的德
> 性上的优越总是被加在他那种活动前面的（一个竖琴手的活动是演
> 奏竖琴，一个好竖琴手的功能是出色地演奏竖琴）；如果是这样，并
> 且我们说人的活动是灵魂的一种合乎逻各斯的实现活动与实践，且一
> 个好人的活动就是良好地、高尚地完善这种活动；如果一种活动在以
> 合乎它特有的德性的方式完成时就是完成得良好的；那么，人的善就
> 是灵魂的合德性的实现活动，如果有不止一种的德性，就是合乎那种
> 最好、最完善的德性的实现活动。①

　　善是一种合德性的实现活动，换言之，善是德性的实现，因而就是一
种实践。因此，所谓实践在这里主要是指一种伦理活动，一种以善为目的
的伦理活动。

　　同时，实践都是具体的："政治学和明智是同样的品质，虽然它们内
容不一样。城邦事务方面的是明智，一种主导性的明智是立法学，另一种
处理具体事务的，则独占了这两者共有的名称，被称作政治学。处理具体
事务同实践和考虑相关（因为法规最终要付诸实践）。所以人们只是把那
处理具体事务的人说成是'参与政治'，因为只有他们才像工匠那样地
活动。"②

　　在这里，实践是同政治相关的，政治活动也是一种实践活动，并且是
像工匠一类处理具体事务的活动。在这类具体事务中，需要的是明智而不
是智慧。"明智显然不是科学。因为，如已说明的，明智是同具体的东西
相关的，因为实践都是具体的。"③

　　总而言之，在亚里士多德那里，实践是：第一，与善相联系在一起
的，是追求道德完善的活动。第二，与追求幸福的活动相关。第三，灵魂

---

①　［古希腊］亚里士多德：《尼各马可伦理学》，商务印书馆2004年版，第20页。
②　同上书，第177页。
③　同上书，第179页。

遵循逻各斯的活动。可见，实践是一种道德行为，一种创造善的价值的行为，并与人的幸福相关。第四，实践还是一种政治活动，是一种依靠具体的明智而进行的活动。也就是说，实践是道德的或政治的活动，它与具体的制作行为相区别。

> 实践或行为，是基于某种善的目的对于可因我们（作为人）的努力而改变的事物所进行的活动。实践区别于制作，是道德的或政治的。道德的实践与行为表达着逻各斯（理性），表达着人作为一个整体的性质（品质）。①

亚氏这一关于实践的用法在西方哲学传统中基本上一直沿袭下来，直到康德，仍然把实践主要看做道德活动，是人的自由意志的有选择的行为。康德的《实践理性批判》就是专门讨论自由意志和伦理理性的，而自由意志在康德的学说中是一个极其重要的概念。康德区分了"按照自然概念的实践"和"按照自由概念的实践"。前者属于现象界，后者属于物自体领域；前者属于认识论，表现为人改造自然的活动，后者属于本体论，表现为人依据自由意志处理人与人及人与社会的关系；前者属于生产技术领域，后者属于道德领域；前者遵从自然因果性，属于必然领域，后者则是理性自己为自己立法，遵从自己的自由意志，它才真正属于自由领域。

马克思和恩格斯则对实践概念进行了改造。应该说，他们并没有对实践概念明确地下过定义。但是，从他们在文本中的用法来看，实践概念在马克思和恩格斯那里包含多方面多层次含义。在《1844年经济学—哲学手稿》中，马克思讲，"通过实践创造对象世界，即改造无机界，证明了人是有意识的类存在物，也就是这样一种存在物，它把类看做自己的本质，或者说把自身看做类存在物。"②"正是在改造对象世界中，人才真正地证明自己是类存在物。"③"理论的对立本身的解决，只有通过实践的方

---

① ［古希腊］亚里士多德：《尼各马可伦理学》，商务印书馆2004年版，第3页注3。

② 《马克思恩格斯全集》第42卷，人民出版社1979年版，第96页。

③ 同上书，第97页。

式，只有借助于人的实践的力量，才是可能的。"① 这里，实践是与理论相对立的，是指人通过能动创造活动对对象世界的改造，而且，马克思认为这种对世界的能动改造活动是人作为一个生物族类的独特性之所在，是人的类存在的证明。在《德意志意识形态》中，马克思和恩格斯说，"任何人类历史的第一个前提无疑是有生命的个人的存在。……一当人们自己开始生产他们所必需的生活资料的时候，他们就开始把自己和动物区别开来。人们生产他们所必需的生活资料，同时也就间接地生产着他们的物质生活本身。"② 这里，用的是"生产"，而生产，是一种实际的物质性地改造世界的活动。在《关于费尔巴哈的提纲》中，马克思说："哲学家们只是用不同方式解释世界，而问题在于改变世界。"③ 这里，实践也主要是指对世界的实际改造。在同一个文本中，他批评道："从前的一切唯物主义——包括费尔巴哈的唯物主义——的主要缺点是，对事物、现实，感性，只是从客体的或者直观的形式去理解，而不是把它们当做人的感性活动，当做实践去理解，不是从主观方面去理解。"④ 这里，实践被当做"人的感性活动"，这又不同于单纯的生产劳动实践，也不完全是改造世界的能动活动，它包含着人的一切感性活动在内。人的感性活动是人通过一切感官，包括视、听、味、触等所进行的全面的活动，它同样是体现人的"本质力量"的活动。马克思说："只是由于人的本质客观地展开的丰富性，主体的、人的感性的丰富性，如有音乐感的耳朵、能感受形式美的眼睛，总之，那些能成为人的享受的感觉，即确证自己是人的本质力量的感觉，才一部分发展起来，一部分产生出来。因为，不仅五官感觉，而且所谓精神感觉、实践感觉（意志、爱等等），一句话，人的感觉、感觉的人性——都只是由于它的对象的存在，由于人化的自然界，才产生出来的。五官感觉的形成是迄今为止全部世界历史的产物。"⑤ 在这里，"实践感觉"被注明就是"意志、爱等等"，因此，实践又包含着西方传统哲学的伦理和道德含义。

---

① 《马克思恩格斯全集》第 42 卷，人民出版社 1979 年版，第 127 页。

② 《马克思恩格斯全集》第 3 卷，人民出版社 1960 年版，第 23—24 页。

③ 同上书，第 6 页。

④ 同上书，第 3 页。

⑤ ［德］马克思：《1844 年经济学—哲学手稿》，《马克思恩格斯全集》第 3 卷，人民出版社 2002 年版，第 305 页。

　　综上所述，实践概念在马克思主义哲学创始人那里有这样几个方面：首先，其基本含义是对世界的能动改造，是改造世界的生产劳动活动；其次，是人的感性活动，这种感性活动包含精神的、道德的、自由意志的活动在内；最后，对世界的实践改造是人之为人的本质之所在，人正因为有了对世界这种实践改造才真正成为人。因此，实际上，在马克思主义创始人那里，实践概念发生了一定的转义，由传统的道德伦理活动扩展到包括道德伦理活动在内的社会生产劳动和人的感性活动在内，其核心则是改造世界的生产劳动。

　　这种转义带来两方面的后果：一方面，实践概念内涵和外延都大为扩充，由从前的单纯的精神上追求完善的道德活动扩展到对世界的实际的物质改造，并把这种对世界的实际改造作为实践活动的核心，从而使他们的哲学成为一种实践哲学，这种实践哲学又建立在历史基础之上，成为一种历史—实践哲学，即历史唯物主义。因此，历史唯物论也是实践唯物论。实践基础和历史视野使得马克思主义哲学具有异常的坚实性和生命力。另一方面，把人的感性活动看做实践，并同时把自由意志活动包含在实践概念之内，就使得实践在个体生存维度上成为一个个体生存论的基本概念，使得马克思主义哲学可以在这个基础上由社会性的历史唯物论向个体生存论扩展。并且，由于把对世界的改造作为实践活动的核心，因而，个体的道德实践和其他感性实践才能建立在坚实的物质生产活动基础之上，从而使得马克思主义哲学区别于其他一切空洞的道德哲学。

　　在实践美学创始人李泽厚那里，实践概念就是使用和制造工具的物质活动。从这个意义上说，李泽厚忠实地继承了马克思的实践观。他强调的是，要从这种物质生产活动中去理解美和艺术的起源，从对美和艺术的起源中去理解和解释美和艺术的本质。他说：要论证美如何会必然地从现实生活中产生和发展，为什么社会生活中会有美的客观存在，"就只有遵循'人类社会生活的本质是实践的'这一马克思主义根本观点，从实践对现实的能动作用的探究中，来深刻地论证美的客观性和社会性。从主体实践对客观现实的能动关系中，实即从'真'与'善'的相互作用和统一中，来看'美'诞生"①。

　　也就是说，在李泽厚那里，实践并不是美学的所谓逻辑起点，而只是

---

① 李泽厚：《美学三题议》，《美学论集》，上海文艺出版社 1980 年版，第 161 页。

理解美学的一个哲学基础。实际上，在这里，他从人类学本体论哲学角度来考察美的本质的思路已经显现——从美的起源中，而不是从某一种预先设定的抽象原则来考察美的本质，而这较之从某种预先设定的抽象原则考察有着更多的合理性。因为，如果从某种抽象原则出发考察美的本质，那么这种抽象的原则本身也同样是一个需要论证的命题。而就美的起源来说，美作为一种并非大自然中本身存在的客观性质，它只能从人类的实践活动中去寻找。这也正是美学的实践论观点得到众多认同者和追随者的原因所在。从马克思主义的历史唯物主义观点来看，一个社会最重要、最基础的实践当然是物质资料的生产活动，因为这种活动决定了人们的生存状况：

> 人们在自己生活的社会生产中发生一定的、必然的、不以他们的意志为转移的关系，即同他们的物质生产力的一定发展阶段相适合的生产关系。这些生产关系的总和构成社会的经济结构，即有法律和政治的上层建筑竖立其上、并有一定的社会意识形式与之相适应的现实基础。物质生活的生产方式制约着整个社会生活、政治生活和精神生活的过程。不是人们的意识决定人们的存在，相反，是人们的社会存在决定人们的意识。①

马克思说得非常清楚：物质生活的生产方式制约着整个社会生活、政治生活和精神生活的过程。审美和艺术活动作为一种精神生活当然也受到物质生活的生产方式制约。但是，这里，马克思讲的是"物质生活的生产方式"，是"社会存在"，而没有用"社会实践"这一概念。在李泽厚那里，"实践"被明确地确定为使用和制造工具的物质活动。他强调，使用和制造工具的活动是一种操作活动，在操作活动中，产生了人作为主体对对象的形式规律的感知、掌握与使用，而这正是美和美感的起源所在，当然也是人认识世界的缘起；同时，在操作活动中，也产生了主体与主体之间的关系，这种关系便有一定的规则、法律和制度的因素，因此它也是政治法律和伦理学的起源所在。这样，从使用和制造工具的实践活动中，

---

① ［德］马克思：《〈政治经济学批判〉序言》，《马克思恩格斯选集》第2卷，人民出版社1972年版，第82页。

便产生了认识、伦理和审美。强调实践就是使用和制造工具的物质的活动，使得认识论、伦理学和美学都有了共同的人类学实践本体论基础。因此，实际上，实践概念在李泽厚那里一开始就是一个人类学实践哲学概念，他要论述的是人类的一些精神性的活动，科学、伦理和审美是如何从历史实践过程产生的，而对实践的这一界定，使得他把认识论、伦理学和美学在实践论基础上统一了起来。同时，从当时的具体条件来说，强调实践的物质性质，亦有其时代和学术环境的条件限制：他的观点一开始就是在批判朱光潜的主观唯心主义和蔡仪的机械唯物主义中形成的，因而，不可避免地带有论辩文章所特有的强调一极而忽略另一极的局限性。恩格斯在其晚年著作《路德维希·费尔巴哈和德国古典哲学的终结》中亦曾谈到马克思主义的唯物主义哲学的这一特点。当初为了与各种唯心主义观点划清界限，不得不对历史的物质方面作了特别强调，而对于意识的能动作用、对于上层建筑本身的特性注意不够，[①] 以至于有的人误解唯物主义便是不讲精神。

因此，当我们今天继承马克思主义时，不是要机械地照搬，而是要完整、准确地理解马克思主义的精神实质，对于一些因时代和历史原因而产生的局限加以克服，并切实在新的历史和时代条件下坚持和发展马克思主义。

自进入 21 世纪以来，中国哲学界和美学界对实践进行了多方面、多角度的探讨。一个重要趋势是把实践理解为人的生存本身，也就是说，人是以实践方式存在的，这种实践以使用和制造工具为基础，但不仅仅包括这种含义，它亦包括人的社会交往活动（政治活动、经济活动、外交、军事等等），还包括某些精神性活动，如伦理、宗教和审美。[②] 但是，在实践的这种含义中，应该区分其层级：使用和制造工具的物质活动为其基础层；交往为其社会层，是第二层；伦理、宗教和审美为其精神层，是第三层。层级越高，其受物质活动制约就越小，精神性就越强，但从根本上说，高层的实践活动仍是受基础层级实践活动的制约的。

----

　　①　参见恩格斯《路德维希·费尔巴哈和德国古典哲学的终结》，《马克思恩格斯全集》第21 卷，人民出版社 1972 年版。

　　②　参见徐碧辉《实践中的美学——中国现代性启蒙与新世纪美学建构》第六章，学苑出版社 2005 年版；张玉能等《新实践美学论》，人民出版社 2008 年版；朱立元《走向实践存在论美学》，苏州大学出版社 1998 年版，等等。

我曾对实践概念的内涵作这样的论述：

首先，实践是一种对象性活动。所谓对象性活动是指人通过一定的活动在客体对象之中实现自己的目的、意欲和计划的活动。在活动之中，人作为活动主体有明确的自我意识，有一定的目的或计划。区分对象性和非对象性活动的标志在于活动主体的意识性。只有活动主体具备自我意识、能够成为意识主体的前提下才可能产生对象性活动。……

其次，实践活动的主体和客体只有在实践中才有意义。主体和客体关系是在实践之中形成的，或者说，只有在实践之中，主体和客体才存在。脱离某种具体的实践关系，主体和客体概念就没有独立意义。正是在实践活动中，产生了实践的主体和客体，并且其性质发生了改变。客体被人化，不再是与人无关的自在客体，而是打上了人的主体目的和意志的印记，成为主体的对象，成为自为客体，其性质、精神甚至存在形态发生了改变；主体也在活动中进一步完善他的组织结构、他的大脑、他的整个生命存在，使之吸取客体的精神，从而生成为他自己。……

第三，实践是一个历史性范畴，其内涵和外延随着历史条件的变化而改变。在前现代社会，生产力水平低下的时候，最重要的实践活动是使用和制造工具的活动，这也是使人脱离动物界而成为人的最关键的活动，所以它是最基本的实践方式。随着历史的发展，社会的进步，实践的外延拓展了，其内涵则缩小了。不仅仅是使用和制造工具，而且一些精神性的劳动、一些脑力劳动，也成为实践的样式，而且是越来越具有重要意义的实践样式。如人际交往、企业管理、商业贸易、外交活动等等，都应该纳入实践的范围之中。因为，它们都是人与对象进行的交流或交往活动，在这些活动中，主体和客体之间有一种物质或精神上的交流，相互适应，相互妥协，相互依赖，也可能还相互敌对。但不管是妥协也好，还是敌对也好，在这些活动之中，活动双方之间存在一种相互依存的关系。这也是全球经济文化一体化时代的特点。同时，对于个体来说，在现代和后现代社会，一些精神性的活动成为个体生存的更重要的实践形态，如交往、艺术创造、审美欣赏、生存体验活动、宗教活动、道德实践等等。

第四，实践有层次之分。实践层次的划分取决于它在历史过程中对人类的关系。辩证法的基本原理——逻辑与历史相统———可以用在这里。历史上最早产生的实践类型也是基础性的实践类型，也是最终对人类社会发展起制导和决定作用的实践方式。从这个观点来看，使用和制造工具的生产劳动仍是基础性的实践活动。当然，在现代工业化和后工业化社会，"工具"的含义大大地扩展了，不再限于手工工具。工农业生产的机器、出于科研目的所生产的仪器、设备，都应该看做是一种工具。因此，不仅工农业生产是一种基本的实践活动，科学研究也应该看成一种基本的实践活动。正是在这个意义上，才可以说"科学技术是第一生产力"。在使用和制造工具的实践活动之上是交往实践，如商业、贸易、经济管理、外交、个体之间的人际交往等等。最高的层次是精神性实践，如审美活动、道德活动、宗教活动等等。这些活动精神性质很强，但仍是一种对象性的活动，是人与对象之间进行的某种交流，在这种活动中，主体和客体都经历着、发生着改变。

第五，实践主体的类型。实践活动的层次从历史过程来说跟人类的生存状态有关，从逻辑上说跟实践主体的构成有关。在历史发展的较低阶段，生产力水平低下，人类必须以某种群体的方式——如家族、氏族或部落——生存，这时，群体主体就是实践主体的主要形态。……随着现代社会形态的诞生，宗法社会解体，人也从各种人际关系网中还原成单纯的个体，成为独立的公民。公民之间在政治和人的基本权利方面一律平等。因此，个体主体上升为基本的实践主体。当然，历史是复杂的。在传统社会中同样存在以个体主体为单位进行的实践活动，如艺术创作、审美欣赏，这些活动在更多时候其主体是个体的。而这些活动在传统社会中相对来说比起现代社会还更为纯粹，更具有个体性。从社会分工方式来说，现代社会严密的分工一方面使每个人成为独立的、不再有人身依附关系的公民，另一方面过于细致的分工使得现代社会中人与人之间的相互依赖比任何传统社会都更为紧密。一些对于前现代社会来说是新的艺术形态的活动主体严格说来必须是群体的，如电影、电视等。但无论如何，某些艺术创作可能会需要群体协作，审美活动的主体却永远是个体的。

综上所述，我认为，可以把实践概念的含义界定为：实践是人或人类与对象世界之间进行的一种物质的或精神的交流活动。这种交流可以体现为物质性或制度性的对对象世界的改造、变革，也可体现为人与人之间的物质的、信息的或精神的交流，还可以呈现为精神性的对对象的体验、感受。实践活动可以是现实性的，也可能是想象性、虚拟性的。当然，对目前的人或人类社会来说，最重要的实践活动仍是现实的实践。①

这样界定实践，应该说，一方面，坚持了马克思主义哲学实践观的基本含义，另一方面，对于西方传统哲学把实践看做是从善的目的出发进行的伦理和政治活动、是体现着一个人的整体素质这一思想传统的某种继承，从而应该说是对整个西方传统哲学思想的一个整合，以及在此基础上的创新之举。

这样理解的实践活动，当然是人类一切价值之基础，而美作为一种人类价值，当然必须从实践中去理解、阐释。

我以为，实践作为人的生存方式，作为人类区别于动物的根本特点，是理解所有人文学科的基石。无论美学也好，伦理学也好，皆是如此。因此，讨论实践概念的含义，弄清它的特点和本质，有助于对美学的学科性质有更深刻的洞察，有助于对美本身的性质、审美的意义等问题有更明确的把握，马克思主义哲学作为哲学，其实正是建基于人作为类存在的基础之上。作为类存在的人，其区别于其他动物的基础正是人的实践活动。因此，人的一切活动必须建基于此。这也正是马克思主义哲学区别于其他哲学之所在，是马克思主义哲学在百年多年来始终具有生命活力的真正原因。

第二，什么是"异化"？"人化"就是"异化"吗？所有劳动都是异化劳动吗？

我们知道，异化（entfremdung）概念是一个德国哲学概念。其词根"fremd"意思是"异己的"，前缀"ent"意即"从……中跑出来，发展出来"，加上后缀"ung"便构成了 entfremdung。与异化概念相关的还有一个词"entausserung"，其词根"ausser"意即"外在的"、"疏远的"。

---

① 徐碧辉：《实践中的美学——中国现代性启蒙与新世纪美学建构》第六章，学苑出版社2005年版。

因此"entausserung"中文译为"外化"。"异化"与"外化"都有"从某一主体外化、分离出去"之意，但 entausserung 仅仅是从某种主体产生出另一个东西，亦即外化，而 entfremdung 还含有异己之意，意即从某一主体产生出来的东西反过来变成了压迫、奴役主体的力量。从思想史上追溯，异化观念可以追溯到卢梭的社会契约论。在社会契约论中，原本处于自然状态下、具有各种自然权利的个人自愿放弃一部分自然权利以获得公民权利。对自然权利的放弃就是一种"外化"（aleolation）。在德国哲学中，黑格尔用"外化"（entausserung）来表示绝对理念在其发展中，由纯粹的观念进入自然界这样一个过程。费尔巴哈以"异化"（entfremdung）理论来批判基督教，认为上帝其实是人类的自我异化的形象。马克思的"异化"（entfremdung）主要是指劳动异化。在马克思看来，自由自觉的劳动是人区别于动物的本质，但在资本主义条件下，由于劳动产品同劳动者的分离，劳动被异化了，不但不是人的本质的表现，反而成为对人的压迫；人在劳动中不但不感到愉快，反而感到痛苦；只要有机会，人们就像逃避瘟疫一样逃避劳动。马克思论述了在资本主义社会里劳动产品、劳动本质、人的类本质及人与人之间的关系等四个方面的异化。在马克思看来，异化要真正得到克服必须在共产主义社会里，扬弃了私有制后。20世纪30年代，马克思的《1844年经济学—哲学手稿》公开出版，异化概念得到了广泛流传。第二次世界大战以后，西方马克思主义者用异化理论对资本主义社会进行全面批判，"异化"概念远远超出了马克思的劳动异化范围，向政治、科技、经济、思想等领域延伸，出现了"政治异化"、"经济异化"、"科技异化"、"思想异化"等概念。南斯拉夫实践哲学派和前苏联的一些哲学家则进一步以异化概念批评社会主义社会里的各种异化现象。中国改革开放初期和20世纪80年代，一些哲学家也用这一概念批判文革时期的思想异化、政治异化。

可见，虽然异化概念的外延不断丰富和扩展，但是，它的基本内核始终是明确的：它是一事物的自我分裂和自我反对。即从主体分离出去的对象反过来反对、压迫、奴役、统治主体自身。它包含着外化，但不仅仅是外化。杨春时说所有劳动都是一种异化劳动，其实是混淆了外化与异化两个概念。劳动是一种外化，或者说是人的本质力量的一种外化活动。人通过劳动改造对象，把自己的思想、观念、智慧、才能在对象中体现出来，因此，可以说劳动是一种人的本质的外化活动。但是并不是所有的劳动都是异化劳动。当人不是为他人劳动时，当人的劳动是一种自由自觉的活动时，劳动就不能说是异化劳动。

　　谈到劳动与异化的关系，这里还需要补充一点。根据马克思的理论，自由自觉的劳动是人的本性。但在私有关系的社会中，当劳动与产品相分离时，劳动在一定程度上具有异化性质。也就是说，在私有关系中，劳动本身一方面部分地实现着、表现着人的自由本性，另一方面它也部分地被异化了。但是劳动即使被异化，它仍然是劳动，是人类生存发展的基础，没有这个基础，人类将不复存在。从历史上看，随着历史进程的展开，随着生产力的提高，劳动的自由程度在增加，异化性质在减少，并最终聚积起消灭异化的根源的力量，从而消灭劳动的异化性质，使其完全成为人的自由本性的体现和表达。因此，"劳动创造了美"之"劳动"，本身就包含了两种相反相成的性质，一方面是人的自由创造本性的体现，另一方面是对人的自由本性的反对和压迫。当作为自由创造本性的劳动被异化成为谋生的手段时，它凝聚着的是劳动者的血汗，见证着劳动者所遭受的残酷剥削和压迫，凝聚了被压迫者被异化的历史。这些被异化的劳动本身又聚积着消灭异化的力量。也就是说，要消灭异化劳动，最终仍然需要靠劳动本身，靠劳动本身发展和创造新的生产力，推动社会进步，从而最终消灭私有制，消除异化劳动的根源。

　　"人化"（humanization）是马克思哲学的概念，是指人对世界的实践改造，这种改造使得对象对人来说不再是异己的、对立的、外在于人的，而变成为人的世界的一个部分，变成"属人"的对象，成为人作为主体的一种自我观照。因此，"人化"恰好是外化与异化的对立面，在某种意义上，"异化"只能通过"人化"去克服。杨春时不分青红皂白，想当然地以为人化就是异化，又以为所有劳动都是异化劳动。才会说出"实践从诞生之日起，就是异化劳动"、"实践活动对世界的'人化'也是一种异化"这类有违常识的言语。

四　"自由"与"超越"

　　自由是精神领域的问题，它只有超越现实领域才有可能。[①]

① 杨春时：《新实践美学不能走出实践美学的困境》，《学术月刊》2002 年第 1 期。

自由只存在于超越现实的领域，或者如马克思所说的"存在于物质生产领域的彼岸"。因此，超越即自由，自由即超越。审美的自由性质正在于其超越性；不是实践决定了审美的自由性，而是对现实也包括对实践的超越保证了审美的自由性。①

这是杨春时审美"自由说"或"超越说"最重要的论点。这一段话包含着如下意思：1. 自由只存在于非现实的领域，即"超越现实的领域"；2. 审美是自由的，其自由性便是超越性；3. 实践不能决定自由，而是对现实和实践的超越才保证了自由。这几层意思同义反复，循环论证：前面说审美的自由就是对实践的超越，后面又说对实践的超越保证了审美的自由。这且不说。关键在于，杨春时一再强调的自由到底是什么？世界上真的有"超越现实的"、"只存在于物质生产领域的彼岸"的自由吗？自由真的"只是精神领域的问题"吗？实际上，在自由问题上，正如前面分析过的关于实践、异化、人化等概念一样，杨春时在这里对自由、超越的概念也是凭着自己想当然的理解随意使用。

自由（freedom；liberty）概念是一个复杂的概念，具有多种层面的含义。在西方哲学和政治学语境中，自由主要是一个政治哲学概念，它有两个方面，一是消极自由，指我们的行动在多大程度上受到限制，即我们能在多大限度内自由地选择和行动？即"在什么样的限度以内，某一个主体（一个人或一群人），可以或应当被容许，做他所能做的事，或成为他所能成为的角色，而不受到别人的干涉？"② 消极自由强调的是不受任何外力干涉的个人行动的自由，不管这种干涉是以什么名义进行的。但是，人的能力和天赋是不同的，如果完全放任人们自由行动，则将导致一个社会中弱者被强者欺凌，一部分人的自由被另一部分人剥夺的情况。除了自由，对于一个社会来说还有一些同样重要的价值，如平等、正义、幸福、社会安全等。这样，就需要对人的自由加以限制，以保障这些价值的实现。这就是自由的另一种方面的含义——积极自由，它指"什么东西、或什么人，有权控制或干涉，从而决定某人应该去做这件事、成为这种

①　杨春时：《实践乌托邦批判》，《学术月刊》2004 年第 3 期。

②　［英］以赛亚·伯林：《两种自由观》，第一章"两组不同的问题"见"百度文库"：ht-tp：//wenku. baidu. com。

人，而不应该去做另一件事、成为另一种人"。① 历史上，洛克、亚当·斯密、约翰·穆勒等人，基本上抱持的是消极自由观；而霍布斯及和他看法相同的人，则主张为了避免人类的互相残杀，必须加强中央控制，减少个人自由的范围。但是，以上这二派，都一致认为：人类生活的某些部分必须独立，不受社会控制。若是侵犯到了那个保留区，则不管该保留区多么褊狭，都将构成专制。无论是消极自由观还是积极自由观，都把自由看成是人的基本权利之一。

自由与权利是结合在一起的。从消极自由观念来看，有一些自由权利是属于人的基本权利，是在任何情况下都不能被剥夺的公民的基本人权，如言论自由、思想自由、集会自由、结社自由、出版自由和各种经济活动的自由。西方政治哲学通常讨论得最多的也是这个层面的自由。主张这个层面的自由的观念构成了政治上的自由主义观点，它的哲学基础是自然权利论/自然人性论。

政治自由是在社会层面上从人与他人、个人与社会的关系角度对个人的基本自由权利的规定。这是自由的社会政治的层面。自由的另一个层面是人对自然的关系，即人作为一个类存在，如何在与自然的关系中取得更大的主动性和行动的自由度。在这个层面上，"自由不在于幻想中摆脱自然规律而独立，而在于认识这些规律，从而能够有计划地使自然规律为一定目的服务。……意志自由只是借助于对事物的认识来作出决定的那种能力"②。这仍是对自由的经典表述。在这个层面上，自由就是"自由地去做某事"的能力。之所以能够自由地去做某事，其根据在于对必然规律的认识与掌握。只有充分地认识、了解和掌握了必然性，人才能获得最大程度上的自由。这个意义上，"人对一定问题的判断愈是自由，这个判断的内容所具有的必然性就愈大；而犹豫不绝不是以不知为基础的，它看来好像是在许多不同的和相互矛盾的可能的决定中任意进行选择，但恰好由此证明它的不自由，证明它被正好应该由它支配的对象所支配。因此，自由是在于根据对自然界的必然性的认识来支配我们自己和外部自然界；因

---

① ［英］以赛亚·伯林：《两种自由观》，第一章"两组不同的问题"见"百度文库"：ht-tp：//wenku. baidu. com。

② ［德］恩格斯：《反杜林论·第一篇 哲学》，《马克思恩格斯全集》第20卷，人民出版社1972年版，第125页。

此它必然是历史发展的产物。最初的、从动物界分离出来的人，在一切本质方面是和动物本身一样不自由的；但是文化上的每一个进步，都是迈向自由的一步"①。

从人与自然的关系来说，人类与自然的关系大体上经历了三个阶段，现在正跨入第四阶段：

第一个阶段是从人类诞生到新石器时代结束，这时人完全臣属于、依赖于自然界，在使用、掌握工具方面主要表现为打、磨制石器用以狩猎，人对自然基本上谈不上实践改造。

第二个阶段是以铁器的出现为标志，整个农耕文明和一部分游牧社会都属于这一阶段。冶金技术的发明使人类进入铁器时代，比起原始的石器时代，此一时期人类改造自然的能力已有了质的飞跃。完全依靠自然的赐予生存的时代结束了。人们已可以在一定程度上掌握和运用自然规律，四季变化，节令更替，天文历法，土壤水性等自然界的运行规律在一定程度上为人所掌握，并且依照自然规律创立了一整套哲学学说，如中国古代的阴阳五行说，古代印度的"四大"元素说，人们依自然规律而开垦土地，春播秋收，治理河道，开凿运河。但从生存方式上说，农业社会的生存方式依然是属于自然的，人们生活在自然中，与自然有着血肉相连的关系。对自然的改造也主要是因势利导，顺应自然；从观念上来说，农业化时代人们主要强调的是人与自然的和谐相处，是顺应自然之性，不强作妄为。因此，这一阶段可以看做是人与自然的原始和谐时期。一方面，人们已经能够在一定程度上掌握和运用自然规律从而改造自然；另一方面，十分强调对自然的改造不超越自然本身的界限，强调依自然之性，因势利导，而不是胡作非为。中国古代大禹治水的传说和李冰父子治理岷江、修筑都江堰的历史事实充分说明了这一点。

第三个阶段即工业化时代。以蒸汽机的发明为标志，以机械化、集约化、流水线作业为主要生产方式，人类进入了工业化时代。工业化生产上百倍地提高了生产效率和生产力，改善了人们的生存条件。许多过去难以置信的事实现了；过去只能靠神话和想象实现的梦想，现在已变成了现实。机械化生产制造出了飞机、轮船、火箭，人们可以上天入地，遨游太

---

① ［德］恩格斯：《反杜林论·第一篇 哲学》，《马克思恩格斯全集》第20卷，人民出版社1972年版，第125—126页。

空。过去必须靠自己动手制作的生存必需品现在可以由专业化的工厂或公司来完成。工业化的到来，使得人与自然的关系发生了根本性的变革。从生存方式上说，人们从分散的乡村集中到都市；过去人主要跟自然打交道，现在主要跟人打交道；过去人们靠天吃饭，风调雨顺，一年中庄稼获得丰收，是人们最大的心愿；而现在，许多生活在大都市的人们关注天气只是为了出行的方便而已，但气候已不再跟他们生存的根本问题相关了。从观念上说，这一时期人们信奉的观念是"人是宇宙的中心"，"人是万物的灵长"，因此万物的存在都是为了人服务的。人们相信人的力量可以战胜自然，把自然当做人类生存的资源库、能源库，以为自然资源是取之不尽、用之不竭的，因此，大规模的开发和利用自然成为此一时期的主导。在这种主导思想之下，自然被掠夺性开发，出现了生态危机、能源危机、环境破坏等严重后果。

第四个阶段是后工业化时代。由于工业化时代对自然的无限制开发和利用产生了深刻的生态危机，危及人类的生存和进一步发展，因而，人们开始反思工业化时代的人类中心主义思想，开始以一个更为宏观、同时也更为客观的态度来看待人与自然的关系。生态主义思潮迅速在全球范围内产生影响，"绿色"、"环保"成为这一时期的流行语。对工业化时代人与自然关系的反思与批判成为此一时期的主导。一些古老的哲学，如中国古代的"天人合一"思想，开始以一种新的面貌和价值进入人们的视野。人必须顺天应人、安时处顺、不强作妄为，不盲目地改造自然，这些在工业化时代被视为过时的古董的观念重新为人们所接受。这一时期大约可以从 20 世纪 60 年代开始，以电子化、信息化的生产方式为标志，观念上则以生态主义思潮的滥觞为标志。

可以看到，人对自然的关系上走了一个否定之否定的过程。从原始时代人对自然的恐惧、敬畏到农业社会中人与自然的亲近、和谐再到工业化时代自然的祛魅、自然仅仅被人当做生产的资料库、能源库，这是一个否定；工业化社会之后，人们重新认识了自然，认识到人类过度的自信已变成一种狂妄自大，从而重新界定人与自然的关系，恢复对自然应有的尊敬与敬畏，并恢复自然作为审美对象所特有的美，这是在新的基础之上对工业文明的否定。这个过程中，人类的自由度越来越增大。但对人与自然关系的定位错位使得这种自由付出了昂贵的代价，"自由"成为工业化时代人们向后人透支的奢侈品。而还自然以魅力，自然的复魅，正是人类反思自己的行为、重新思考人与自然的关系的必由之路。被滥用的自由正在兑付它的利息，人类必须为自己的所作所为负起责任来。但有一点是可以肯定的：被人的行动所破坏的生态平衡只能由人的智慧和行动去恢复；被人自己斩断的人与自然之间的血脉关系也只能由人自己去接续上。

政治社会层面的自由和哲学层面的自由都是从人与某种外在关系来讲的。自由还有一个层面，那就是个体的心理和精神层面。正如柏拉图所说，人只有受理性支配而不是受欲望和情欲支配时才是自由的。如果只是想随心所欲，想干什么就干什么，那不是自由，那是受了自己本能的动物性支配，是作了本能的奴隶。自由恰恰在于对于动物本能欲望的克服。精神和心理自由的范围也是非常广泛的，它与各种心理和精神因素结合起来，就可构成自由意志、自由想象、自由联想、自由享受等。审美的自由正是一种情感和心理的自由，是在人对对象的欣赏与情感交流中获得的巨大的情感满足与享受。在这种关系中，人与对象之间不是物欲关系，不是占有关系，而只是主体对对象的形式本身所蕴涵的"韵味"的体验、感受、同情与欣赏，它首先是以形式感的方式表现出来的。由于主体脱离了对对象的占有欲望，因此，主体与对象是一种自由的关系。同时，主体本身，由于不受到物质欲望的控制，其精神与心灵也是自由的。

杨春时一再强调，自由是在"物质生产领域的彼岸"，如果在这个意义上，是说得过去的。问题在于，他混淆了两个层次的问题。

这里的自由，是在主体的心理和精神层面而言。从个体审美活动的角度来看，人越能摆脱物质欲望的牵累，越能获得精神和心灵的自由。但是，它并非从人作为一个类存在的总体角度来讲。从人类学实践本体论角度来说，审美活动与人类的实践密切相关。它最初便起源于劳动。许多被后世看做是艺术作品的东西，在其被制作之初，其实是作为实用物品而制造的。只是，当时间流逝，它的实用目的渐渐被人遗忘了，留下来的只是它的各种形式、图样以及时间在它上面冲刷所留存下来的一种痕迹，一种"意味"，一种"味道"，一种说不清道不明的岁月沧桑之感。这种时间的印记也是这些出土文物成为审美对象的一个不可缺少的因素。没有时间的冲刷，没有岁月的流逝，那些印满了铜锈、锈迹斑斑的青铜器是不会被当艺术品的。同时，一件作品要成为艺术品，还需要有文化的作用。曾有多次报道，一些价值连城的碑刻被一些没有文化的农民当做垒砌牛栏猪圈的石头。所以，说审美自由是在于"物质生产领域的彼岸"，只能是从个体的具体的审美活动而言，而非指人类的审美活动本身。杨春时的错误在于混淆了两个层面的自由。

把自由从现实中割裂出来，把它从地上升到天上，看起来是对自由的格外重视，实际上是抽去自由的现实基础，把它变成了没有人间意义的空中楼阁。变成一种在空中飘来飘去的、跟人类生存与发展都毫不相干的天边彩虹。美则美矣，却与人无干。它不属于人。实际上，这不是提高了自由的地位，相反，是取消了人类获得自由的权利。

杨春时把现实世界与精神世界、实践活动与自由审美二者分割开来，是为了证明"自由的生存方式以独立自由的精神生产为基础，因为'真正自由的领域只存在于物质生产领域的彼岸'。审美及其反思形式哲学是不依附于物质生产的'自由的精神生产'，因而属于自由的生存方式，它超越现实生存方式"。前面我已分析过，脱离现实的所谓"自由的生存方式"压根就是不存在的。自由总是相对于不自由而言。对现实中各种必然规律的掌握与自由运用、对各种异化的克服才是自由。所谓自由的生存方式，如果有，那恐怕也只能在天堂里存在了。这种"超越"于现实生存方式的"自由的精神生产"是与现实毫无瓜葛的，是在"物质生产领域的彼岸"。因而"自由生存方式"成为完全没有根基的飘浮物。而这一分割是以"实践就是异化劳动"、"人化就是异化"、现实是不自由的、自由存在于"物质生产领域的彼岸"这种对世界的哲学认识为基础的。对于这种认识，前面已进行了详细的分析，此处不再赘述。

杨春时的一个基本思想，便是割裂现实与自由，认为现实的就不自由，自由就不是现实，自由只存在于审美之中。并引用马克思的话：真正自由的领域"只存在于物质生产领域的彼岸"作为论据。如果要引用马克思或任何别的作者的话语作为论据，至少应该完整地引用并对所引用的话语进行完整的理解，这是学术的基本前提和起码的学术规范。那么，马克思这里真的是说在现实世界不存在自由，只有在独立于物质生产的超越领域才有自由吗？

马克思这段话是在《资本论》第3卷第48章《三位一体的公式》里出现的。为了准确理解马克思这段话的意思，兹全文引录如下：

> 资本主义生产过程像它以前的所有生产过程一样，也是在一定的物质条件下进行的，但是，这些物质条件同时也是各个个人在他们的

生活的再生产过程中所处的一定的社会关系的承担者。这些物质条件，和这些社会关系一样，一方面是资本主义生产过程的前提，另一方面又是资本主义生产过程的结果和创造物；它们是由资本主义生产过程生产和再生产的。我们还看到，资本——而资本家只是人格化的资本，他在生产过程中只是作为资本的承担者执行职能——会在与它相适应的社会生产过程中，从直接生产者即工人身上榨取一定量的剩余劳动，这种剩余劳动是资本未付等价物而得到的，并且按它的本质来说，总是强制劳动，尽管它看起来非常像是自由协商议定的结果。这种剩余劳动体现为剩余价值，而这个剩余价值存在于剩余产品中。剩余劳动一般作为超过一定的需要量的劳动，应当始终存在。只不过它在资本主义制度下，像在奴隶制度下一样，具有对抗的形式，并且是以社会上的一部分人完全游手好闲作为补充。为了对偶然事故提供保险，为了保证再生产过程的必要的、同需要的发展和人口的增长相适应的累进的扩大再生产过程（从资本主义观点来说叫作积累），一定量的剩余劳动是必要的。资本的文明面之一是，它榨取这种剩余劳动的方式和条件，同以前的奴隶制、农奴制等形式相比，都更有利于生产力的发展，有利于社会关系的发展，有利于更高级的新形态的各种要素的创造。因此，资本一方面会导致这样一个阶段，在这个阶段上，社会上的一部分人靠牺牲另一部分人来强制和垄断社会发展（包括这种发展的物质方面和精神方面的利益）的现象将会消失；另一方面，这个阶段又会为这样一些关系创造出物质手段和萌芽，这些关系在一个更高级的社会形式中，使这种剩余劳动能够同物质劳动一般所占用的时间的更大的节制结合在一起。因为，依照劳动生产力发展的不同情况，剩余劳动可以在一个小的总工作日中成为大的，也可以在一个大的总工作日中成为相对小的。如果必要劳动时间 = 3，剩余劳动 = 3，总工作日就 = 6，剩余劳动率就 = 100%。如果必要劳动 = 9，剩余劳动 = 3，总工作日就 = 12，剩余劳动率就只 = 33 1/3%。不过，在一定时间内，从而在一定的剩余劳动时间内，究竟能生产多少使用价值，取决于劳动生产率。也就是说，社会的现实财富和社会再生产过程不断扩大的可能性，并不是取决于剩余劳动时间的长短，而是取决于剩余劳动的生产率和这种剩余劳动的生产条件借以完成的优劣程度。事实上，自由王国只是在必要性和外在目的规定要做的劳动终止的地方才开始；因而按照事物的本性来说，它存在于真正物质生产领域的彼岸。像野蛮人为了满足自己的需要，为了维持和再生产自己的生命，必须与自然搏斗一样，文明人也必须这样做；而且在一切社会形态中，在一切可能的生产方式中，他都必须这样做。这个自然必然性的王国会随着人的发展而扩大，因为需要会扩大；但是，满足这种需要的生产力同时也会扩大。这个领域内的自由只能是：社会化的人，联合起来的生产者，将合理地调节他们和自然之间的物质变换，把它置于他们的共同控制之下，而不让它作为盲目的力量来统治自己；靠消耗最小的力量，在最无愧于和最适合于他们的人类本性的条件下来进行这种物质变换。但是，这个领域始终是一个必然王国。在这个必然王国的彼岸，作为目的本身的人类能力的发展，真正的自由王国，就开始了。但是，这个自由王国只有建立在必然王国的基础上，才能繁荣起来。工作日的缩短是根本条件。①

完整地理解这段话，它表达了这样几个意思：1. 资本主义生产过程是在一定的物质条件下进行的。这种物质条件一方面是资本主义生产的前提和条件，另一方面又是它生产的结果和创造物。2. 资本积累的前提是一定的剩余价值的存在。3. 资本获取剩余价值的形式较之奴隶制和农奴制都有利于生产力的发展，有利于社会关系和创造更高的新的社会形态。4. 这种新型的社会形态中，劳动效率大大提高，创造剩余价值所需要的社会必要劳动时间将大大缩短，因此，创造同样的财富所需要的工作日亦必将大为缩短。他并举例说明了剩余劳动、必要劳动和总的工作日之间的比例关系。5. 由于生产效率的提高，必要劳动时间的缩短，人们将逐渐进入一个"自由王国"，在那里，人们不必要再把全部的精力都放在维持生存所必须进行的劳动上，也就是说，带有强制性的劳动之上，而是将有更多时间从事其他工作。6. 物质生产领域是一个必然王国，在这个领域中人们的自由显现为控制人与自然之间的物质交换，而不让自然力量作为盲目的力量来控制人本身。7. 当物质生产发展到一定程度之后，人们用以改造自然、创造剩余价值所需要的必要劳动时间大为减少，必要的工作

---

① ［德］马克思：《资本论》第 3 卷，见《马克思恩格斯全集》第 25 卷（下），人民出版社 2004 年版，第 927—929 页。

时间大大缩短，"作为目的的人类能力本身的发展"，真正的自由王国，就出现了。这个自由王国建立在必然王国基础之上。

实际上，所谓"自由王国"，指的是马克思理想中一种社会境界。在这个社会里，由于生产力的提高，人们将最大限度地摆脱物质生产条件的束缚，发展和实现人类多方面的创造能力，让人得到自由而全面的发展。这其实也就是马克思多次讲过的共产主义社会。这里有两个概念必须分清："自由"和"自由王国"。马克思在这里几次提到"自由王国"，显然，它指的是马克思理想中的社会状态，在这个社会状态中，"由必需和外在目的规定要做的劳动终止"了，"作为目的本身的人类能力"发展了。换言之，劳动的强迫性和外在性消失了。按照马克思的基本思想，劳动作为一种自由自觉的活动，应该是人的本质的体现。但是，在私有制条件下，它褪变成了维持生存的手段，成为一种强制性的苦役。人的本质在这种情况下被异化。而当社会发展到资本主义社会阶段，生产力的高度发展，为解除劳动强制性和外在性提供了物质前提，使劳动有可能成为真正自由自觉的活动，成为人的本质的体现。这表明人摆脱了必然王国，进入了自由王国。这里的自由王国，讲的不就是共产主义社会吗？而"自由"却是人们自己做主、控制自己行为的能力。马克思讲，在必然王国人们的自由是"社会化的人，联合起来的生产者，将合理地调节他们和自然之间的物质变换，把它置于他们的共同控制之下，而不让它作为盲目的力量来统治自己；靠消耗最小的力量，在最无愧于和最适合于他们的人类本性的条件下来进行这种物质变换"。也就是对必然规律的掌握、运用。

可见，马克思哪有丝毫说自由只存在于"超越性的精神领域"、现实中人们不可能有自由的意思？从马克思这段话得出结论说，马克思认为在物质生产领域人们没有任何自由，这恐怕难以服人。恰好相反，马克思强调，这个自由王国必须建立在必然王国的基础之上。

如果自由真的只存在于审美之中，现实中永远得不到自由，那么，古今中外也用不着有那么多人为了争取自由和解放去奋斗、去流血牺牲了，只需要他们在幻想中已经进入了审美境界，已经"超越"了现实，就已经"自由"了。

从思维方式上说，杨春时的后实践美学的基本思维方式是割裂现实世界与审美世界、必然与自由、物质与精神、社会性与个体性，把后者变成一个没有现实根基的空中楼阁，一个悬浮的飘浮物。这种思维方式倒退回了康德以前。康德在理想与现实、物自体与现实世界之间划了界限，但是，他并不是用这种界限去论述审美的非现实性，相反，他是要找出审美的现实依据，找出在作为单称判断的审美判断后面所隐含的普遍性，在不涉及概念的判断中的必然性。而杨春时的思维方式恰好是把前者与后者完全置于对立和分裂的境地，以后者来否定前者。

此外，杨春时的后实践美学还有许多论断，这些论断往往斩钉截铁，果断坚决，不容置疑，但实际上却常常经不起推敲与分析。比如关于哲学本体论，他说：

> 哲学历来以存在作为本体论的基本范畴，但对存在的理解却非常有歧异。古典哲学、美学认为存在是实体性的，而现代哲学、美学认为存在是人的存在。①

这种对哲学的判断恐怕就经不起推敲。首先，什么叫“本体论的基本范畴”？如果是指一种哲学的基础和核心范畴，这个判断有误。如果指哲学的逻辑起点，这一判断同样有误。众所周知，古希腊哲学中，米利都学派以水、火、气等物质元素作为万物的“始基”（他们没有本体论这一概念。“始基”范畴勉强可以看做杨春时先生所说的“本体论的基本范畴”），毕达哥拉斯派以“数”作为万物的始基（“本体论的基本范畴”）。只有爱奥尼亚学派的巴门尼德和芝诺以“存在”为本体。中世纪奥古斯丁等人以上帝为本体。近代哲学中，英国唯物主义经验论以物质为本体，但他们的重点不在于物质本体论的证明，而在于认识世界的方法论。法国唯物主义者同样以为世界是物质的，以至于他们认为“人是机器”。德国唯心主义哲学家中，康德以“物自体”作为本体，虽然这物自体不可用理性去把握；费希特以自我为“唯一者”；黑格尔哲学从“存在论”开始，从“有”出发，但以“理念”为本体……只有存在主义哲学把“存在”作为“本体论的基本范畴”，对存在本身进行分析。但这个存在，亦非物的“存在”，而是人的“存在”。可见杨春时先生的判断——“哲学历来以存在作为本体论基本范畴”——恐怕是欠缺认真研究和思考的想

---

① 杨春时：《实践乌托邦批判》，《学术月刊》2004 年第 3 期。

当然之言。

再如，

> 作为哲学本体论范畴，必须是最一般的规定，有最广泛的内涵。从这个哲学范畴中能够推演出其他哲学规定。①

什么叫本体？本体（ontology），是关于存在的学问，即研究存在是什么。这里的"存在"即现象背后的本质，万有背后的"一"，亚里士多德所谓形而上学，即"物理学之后"（metaphysics）。所以"本体论"又称"存在论"。因而本体的另一个词是 noumenon，即与现象（phenoumenon）相对的本质。因此，本体是万物的本质、根本，它是最一般的规定，但并不具有"广泛的内涵"，更不可能从中"推演出其他哲学规定"。

> 实践是否具有本体论的地位，应当先考察本体论范畴的条件。哲学把存在作为本体论的基本范畴，是用来说明人类生存的本质，而不是用来说明人类生存的现状。因此，作为哲学本体论范畴，必须是超越性的存在，而不是现实存在；应当是人的存在，而不是实体性的存在；应当是个体的、自我的存在，而不是群体的、他者的存在；应当是精神性的存在，而不是物质性的存在；应当是主客同一的存在，而不是主客对立的存在；应当是自由的存在，而不是异化的存在。这种存在就是生存。②

存在作为本体论范畴是说明人的本质的，而人的本质必须是"超越性的存在"，那么，这个"人的本质"就不是从对人的现实存在中分析出来的。它是从天上掉下来，还是上帝预设给人的？人的存在是否实体的存在？为什么哲学本体论范畴必须是个体性的、自我的存在？既是本体，则便是世界的本质、根本。除去群体与他者，自我靠什么立足？怎么去规定？去掉他者，则只剩下孤零零的"唯一者"了；去掉社会关系和群体，便只剩下作为生物存在的人了。这样一个孤零零的生物性的而且不得不是

---

① 杨春时：《实践乌托邦批判》，《学术月刊》2004 年第 3 期。

② 同上。

实体的"存在"又怎么能成为"超越性的存在"呢？至于说到本体应该是"精神性的存在"，也许，杨春时先生并不在乎成为唯心主义者。问题在于，如像黑格尔这样的唯心主义是成体系的、有逻辑的，通过论证展开的，而杨先生的结论恐怕欠缺分析，仅告诉我们哲学本体应该是精神的，而不是物质的。而说到主客同一问题，如果没有主客的分离，何来同一？既有主体与客体之说，必然有对立与统一（而非同一）。关于哲学本体的自由性，按照杨先生前面的说法，"实践就是异化劳动"。既然实践就是异化，而人又不得不通过实践而生存，那么，人的生存凭什么是自由的？最后，杨先生总结说，"这种存在就是生存"。我们知道，存在主义哲学以人的生存为中心，通过对人的生存状况的分析，寻找超越生存困境的途径。因此，所谓存在主义之"存在"，是 existence，而存在主义则为 existencialism。这里"存在"本身即指人之"生存"，人之生存即是一种"存在"。但此存在却非"being"。不知杨春时的"存在"是"being"还是"existence"？如果是"being"，则它不可能只是"人的存在"，更不可能是"个体的、自我的存在"，也不一定是"精神性的存在"。至于说到"being"是主客同一的存在，而不是主客对立的存在，这也是自现象学以后的事，但现象学并不讲"being"，它只讲"先验自我"（ego of priority）或是"existence"。至于说"being""应当是自由的存在，而不是异化的存在"，这更讲不通。"being"跟自由与否没有关系，更与异化与否无关。因为自由、异化都是与人有关的。如果杨先生的"存在"是"existence"，则它本身就是"生存"之意，前面一系列判断中的"存在"都应该换成"生存"，但最后一句却变成了"这种生存就是生存"，等于一句没有任何意义的废话。杨先生没有告诉我们作为他的哲学的"本体论的基本范畴"、有着一系列定语的"存在"究竟是哪一种存在。其实，从上面这些分析已可以看出来，杨先生的"存在"是一个相当随意、经不起推敲的概念，跟西方的存在主义哲学的存在范畴和哲学史上的存在范畴都没有关系。

还有，比如说，

> 社会存在（包括而不等同于实践）是处于现实关系中的存在，
> 而不是超越性的存在；是群体性的存在，而不是个体的、自我的存
> 在；是主客对立的存在，而不是主客同一的存在；是异化的存在而

不是自由的存在。因此，社会存在作为现实的存在只能是历史科学的概念，而不是哲学的范畴。实践即物质生活资料的生产是社会存在的基础部分，但并不是社会存在的全部，也不是主导的部分。社会存在的主导部分是精神活动。因此，实践也只能是历史科学的概念而不能成为本体论的范畴。事实上，马克思的社会存在概念和实践概念也基本上是作为历史唯物主义即历史科学的概念出现的，它是用来说明社会历史发展的规律而不是用来说明人类存在的自由、超越本质的。①

这里还是前面讲过的老问题："现实关系中的存在"就一定不是超越性的吗？怎见社会存在就一定是主客对立的？说"社会存在是异化的存在而不是自由的存在"，那是否说，人的存在只能是一种异化的方式？因为，除了社会存在，人哪还有什么其他的存在方式？"社会存在作为现实的存在只能是历史科学的概念，而不是哲学的范畴。"照这么说来，马克思的历史唯物论作为哲学的生存权就被否定了。因为，众所周知，历史唯物论的基本范畴之一就是社会存在。后面一段涉及三个问题：一、马克思是否说过实践就是物质生活资料的生产？二、马克思是否说过物质生活资料的生产就是社会存在的基本部分？三、社会存在的主导部分是物质性的实践活动还是精神活动？

关于第一个问题，马克思曾说："从前的一切唯物主义——包括费尔巴哈的唯物主义——的主要缺点是，对事物，现实，感性，只是从客体的或者直观的形式去理解，而不是把它们当做人的感性活动，当做实践去理解，不是从主观方面去理解。""哲学家们只是用不同方式解释世界，而问题在于改变世界。"② "理论的对立本身的解决，只有通过实践的方式，只有借助于人的实践力量，才是可能的。因此，这种对立的解决绝对不只是认识的任务，而是现实生活的任务，而哲学未能解决这个任务，正是因为哲学把这仅仅看做理论的任务。"③ 马克思没有直接

① 杨春时：《实践乌托邦批判》，《学术月刊》2004 年第 3 期。
② ［德］马克思：《关于费尔巴哈的提纲》，见《马克思恩格斯选集》第 1 卷，人民出版社 1972 年版，第 6 页。
③ 《马克思恩格斯全集》第 3 卷，人民出版社 2002 年版，第 306 页。

对实践概念下过定义。但是，从这些论述中，实在得不出实践就是物质生活资料的生产的结论。关于实践概念，前面已经分析过，这里不再重复。

第二个问题，马克思是否说过物质生活资料的生产就是社会存在？众所周知，马克思明确使用"存在"和"社会存在"是在《政治经济学批判序言》中。那里是这样说的："人们在自己生活的社会生产中发生一定的、必然的、不以他们的意志为转移的关系，即同他们的物质生产力的一定发展阶段相适合的生产关系。这些生产关系的总和构成社会的经济结构，即有法律和政治的上层建筑竖立其上、并有一定的社会意识形态与之相适应的现实基础。物质生活的生产方式制约着整个社会生活、政治生活和精神生活的过程。不是人们的意识决定人们的存在，相反，是人们的社会存在决定人们的意识。"① 这里，"社会存在"没有被明确定义。但联系上下文不难看出，"社会存在"指的是前面所谈到的"物质生活的生产方式"，而"物质生活的生产方式"则包括"物质生产力"和与物质生产力的一定的发展阶段相适合的"生产关系"。也就是说，"社会存在"并非仅仅是指物质资料的生产，而是包括整个生产力和生产关系。把社会存在仅仅说成是物质资料的生产，这并不是马克思的意思。

第三个问题，社会存在的主导部分是什么？是生产人们生活必需品的物质生产还是精神？众所周知，历史唯物论的基本观点就是把一个社会的物质生产方式，具体说来也就是物质生产力的发展状况和水平，看做一个社会最终的决定力量。就某一具体的历史阶段而言，也许精神的因素会成为主导性因素，但就社会历史发展的总体来说，最后的决定性的因素只能是物质生产力的发展。这是马克思历史唯物论学说的基本观点。就社会存在与意识的关系而言，马克思说得很清楚："不是人们的意识决定人们的存在，相反，是人们的社会存在决定人们的意识。"如果连这一基本事实也不承认，那么讨论也就无法再进行，因为没有基本的共识。但是，杨春时先生并没有否定马克思学说的基本原理，他还常常引用马克思的话作为论据。那么，如果在这个基本前提上能够达成一

---

① ［德］马克思：《〈政治经济学批判〉序言》，《马克思恩格斯选集》第2卷，人民出版社1972年版，第82页。

致，则杨先生关于社会存在的主导是精神这一判断就无法成立了。"马克思的社会存在概念和实践概念也基本上是作为历史唯物主义即历史科学的概念出现的。"那么，历史唯物主义是不是哲学？照杨先生的规定，历史唯物主义不是哲学。只有研究存在的才是哲学。则除了杨先生一家的哲学，世界上哪还有哲学？

关于哲学的立场，

> 对于历史性的实践活动，有两种评价的立场。历史主义的立场肯定其推动社会进步的正面性，哲学的立场则批判其异化的负面性。哲学是超越性的批判之学，它应当从生存的自由本质即超历史主义的高度批判实践，而不是仅仅站在历史主义的高度肯定实践。①

这几句话也涉及一系列复杂的问题。首先是对人类社会实践活动的评价与态度问题。杨春时认为哲学对于实践活动只能"批判其负面性"，而不能是肯定它"推动社会进步的正面性"。换言之，杨春时至少还肯定实践对于社会进步有推动作用，而且这是一种值得肯定的"正面性"。只是他认为哲学不能作这种肯定，因为"哲学的立场"只能是批判的立场。这就涉及第二个问题：哲学对待现实的"立场"或哲学的定位问题。哲学真的只能是批判的吗？的确，对于现实的批判与反思，是哲学最重要的功能之一。哲学家存在的意义之一，便在于批判现实。② 但是，哲学只能有一种批判的立场吗？只能是批判的哲学吗？没有一种"正面性"的理想，没有对现实性的"正面性"的期待，哲学又如何去作这种批判？所以，哲学不仅仅应该是批判性的，它还应该是建设性的。也就是说，不应该仅仅只有批判的哲学，更应该有建设性的哲学。马克思主义哲学是批判的哲学，更是建设的哲学。第三个问题，哲学的立场和历史的立场真的只能是非此即彼的、不相容的吗？如果离开历史的眼光、历史的视角、历史的"高度"，哲学又站在什么立场去批判现实、批判实践？排除历史立场，完全只是从某种"超历史主义"的立场去批判，则这种批判除了空喊一些口号还能干什么？哲学有不同

---

① 杨春时：《实践乌托邦批判》，《学术月刊》2004 年第 3 期。
② 这一点我在拙著《实践中的美学》中还特别强调过。

的哲学，有历史哲学、道德哲学、政治哲学、形而上学等等。历史哲学是从历史本身出发去研究历史发展的规律。正是由于有了历史的眼光，才能使哲学更深刻，更富于洞见。从某种意义上说，马克思主义哲学便是一种历史哲学。

关于逻辑与历史相一致的研究方法，杨春时说：

> "逻辑与历史的一致"不是逻辑与历史的起点的一致，而是逻辑在历史行程中逐步展开，最后在历史的"终点"得到实现。……按照这个原则，实践只是历史的起点，只是在它的发展并最终被扬弃时才与逻辑的东西一致。这就是说，实践作为物质生产活动，并不具有自由的本质，只是在它发展过程中，精神的因素脱离它而独立。并最终超越它，这超越实践的东西才符合"逻辑的东西"，才成为审美。①

如果逻辑不是与历史的起点一致，逻辑又怎么能在历史的进程中逐步展开，它什么时候"进入"历史？它又如何在历史的终点得到实现？"实践只是历史的起点，只是在它的发展并最终被扬弃时才与逻辑的东西一致。"这意思是否是说，人类有一天不会再需要实践，可以离开实践而"生存"？但是，离开实践，恐怕连"生存"都会成问题，因为正是"实践"创造、生产了人类每天所吃的饭、所穿的衣服、所乘坐的车、所睡觉的床等等"生存"所需要的东西。如果实践将最终被扬弃，那么，它如何被扬弃？将被谁扬弃？怎么扬弃？被自由扬弃吗？在"自由"的社会里，人不需要吃饭了吗？人可以变成神仙在空中飘来飘去，吸风饮露，不食五谷了？关于实践的与自由的关系，前面已经讲，这里不再啰唆。

本章中，我对后实践美学在批评实践美学的过程中所涉及的几个马克思主义哲学的基本概念的内涵进行了一些梳理与分析，这些概念是"实践"、"异化"、"生存"与"自由"。这些概念主要属于哲学领域，但也是美学的基础性范畴，而往往正是由于对这些概念的基本含义和历史缺乏应有的尊重，使得许多争论变得无的放矢，缺乏讨论的平台，从而使得这些年美学争论看起来很热闹，却难以真正取得突破性进展。

---

① 杨春时：《实践乌托邦批判》，《学术月刊》2004 年第 3 期。

　　下面两章我将以实践美学理论为基础，对美学在 21 世纪的走向、作用、它如何在建设和谐社会中发挥作用等这些问题进行一些探索。这些探索当然不是凭空而论的，而是借重了诸多前辈的学说与智慧，希望能在他们所做过的研究的基础上继续往前走。

第 七 章

和谐社会的美学解读

建立和谐社会目标的提出，无疑是一个极大的进步，是基于中国目前的现实状况所提出来的具有现实可行性和一定可操作性的理论。它上承中国传统的大同社会理想，下接百年来中国共产党人为共产主义理想而奋斗的宏伟目标，是在社会主义初级阶段中国共产党从中国社会的现实和历史的实际状况出发所提出的现实性的规划和目标，体现了共产党人求实奋斗、切实为老百姓谋福祉的宗旨。

从宏观上来说，和谐社会需要一个合理的政治和经济体制，能够保障社会经济稳定发展，保障老百姓获得基本的生存资料并具有谋求发展的基本条件。但是，一个同样不可忽视、从长远来看也许是更为重要的方面，就是这个社会里每个个体身心健康，精神愉悦。

个体的身心健康与和谐，这正是美学研究的对象。和谐社会的建设离不开美学的参与；没有美学的参与，无法真正实现和谐。

一 和谐离不开美

按照康德的说法，人的心理结构分为知、情、意三个方面。知者，对知识的追求。求知欲、爱智，这是人与生俱来的本性。如何求知、人的认识结构是什么样的？这些问题是哲学认识论和科学研究的对象。意即意志、欲念，这是伦理学研究的对象。伦理学所研究的正是理性的道德如何克服与生俱来的自然欲望，使人成为符合社会规范和要求的人。情则是情感，它正是美学所研究的对象。从广义上说，Aesthetics 作为"感性学"所研究、探讨的正是人的感性存在，是社会的、理性的内容如何积淀在个体的心理和感性结构中去，如何把社会的、理性的实践结果（其中也包括认识成果和道德命令）积淀、转化为个体自觉的内在心理要求。因而，从这个意义上说，广义的美学包含了认识论和伦理学的内容。

趋利避害是人的天性。任何社会道德都是对人的天性的克服和矫正，是用合乎整个社会总体存在和发展利益的规范、信念去改造、建构、塑造人的心理，使之克服天性中对快乐和欲念的渴望，从而使之符合社会的要求。因而，任何道德规范都带有一定的强迫性，在某种意义上可以说，它与人的天性有相当的冲突。如何把人天性中追求享乐的欲望节制在一定范围之内，既使人能得到感性的幸福又使每个人的幸福之间不相互冲突，这一直是所有社会的一个难题。道德本体论是用绝对的道德命令去要求人，压抑人天性中对快乐和美的追求以实现道德的目的。但这已被历史证明是与谋求人的幸福的宗旨相违背的。

现代社会的基础建立在对个体作为主体的尊重上，建立在对基本人性的尊重上。就人的天性来说，人不但是趋利避害的，还是求乐避苦的。人对那些赏心悦目的东西有种天然的喜好。也就是说，道德的要求是从外面灌输、渗透于人的，它诉诸人的理性；而审美的要求则是从人的生物本能中生长出来的，它并不需要理性的灌输，而直接就是人的感性的本能。孔子一生追求克己复礼，希望人们都能做一个有德的君子。但他也知道"色"之于"德"是更能打动人、控制人的，正如他所说，"吾未见好德如好色者也"[1]。

因此，要建设和谐社会，必须正视这一事实，对社会的审美化、艺术化发展趋势进行积极的引导而不是压抑。在市场经济初步建立、人们的生活初步达到温饱的条件下，人的生存的审美化、日常生活的艺术化已不再是遥不可及的梦想，而已是社会的现实。"美"已经不仅仅是单纯的个人爱好问题，而是已经渗透、进入到了社会生活的方方面面中。在现代社会的生产结构中，休闲品、消费品的比重日益增加，化妆品以及与之相关的系列产业如美容、美发、美体、健身、娱乐等正在成规模地增长；在生产设计中，起作用的已不仅是功能的因素，而且还有审美的因素，在很多情况下，审美因素被考虑得更多。在商品流通领域，那些有着高附加值的、符合人们的审美心理和审美期待的产品更能热销并获取更大的利润。不仅

---

[1]　《论语·子罕》。

如此，甚至我们的认识和道德中也不无渗透了审美的因素。① 生活审美化趋势正是人类社会发展的一个方向。当温饱问题解决以后，精神的充实、心理的愉悦、情感的放松就成为最重要的问题了。

因此，和谐社会的建设，离不开美学。如果说美学曾在 20 世纪 80 年代中国的现代性启蒙中扮演过先锋的角色，那么，在 21 世纪建设和谐社会的目标下，它应该能发挥更重要的作用。它将提示，在没有宗教传统的中国，要建设现代性的精神文明，要实现真正的社会和谐，必须有对人的心理和精神存在的审美的设计，必须把美学纳入整个社会主义文化建设的总体设计之中去。否则，和谐目标最终只能成为一句空话。

从词源学上看，所谓"和谐"，可以拆分为"和"与"谐"。"和"与"同"相对。"同"是没有差别，而"和"则是矛盾对立诸因素相互作用下实现真正的和谐与统一。所以"和"并不是一团和气，没有差别，没有矛盾，而是使矛盾各方面的关系处在最佳的协调、和谐状态。《论语》讲"君子和而不同，小人同而不和"②。何晏注曰："君子心和，然而所见各异，故曰不同。"君子不是不讲差别，不讲对立，而是在差别之中，在对立之中寻求共同之处，在协调各方关系的同时不失自己的独特性和个性。只有这样才能真正实现"和谐"。君子人格的塑造是这样，世间万物亦复如此。只有"和"才能创造万物生长、欣欣向荣的景象。如果只有单一的"同"，则将生命萎缩，大地枯寂："和实生物，同则不继。以他平他谓之和，故能丰长而归之。若以同裨同，尽乃弃矣。"③《左传》中有一段话，可以帮助我们很好地理解"和"与"同"的区别：

> 和如羹焉，水火醯醢盐梅以烹鱼肉，燀之以薪，宰夫和之，齐之以味，济其不及，以洩其过。君臣亦然。君所谓可而有否焉，臣献其否以成其可；君所谓否而有可焉，臣献其可以去其否。④

"和"就像厨师做菜一样，把各种不同的调味料放到一起烹制，各种味道

---

① 参见［德］沃尔夫冈·韦尔施《重构美学》，陆扬、张岩冰译，上海译文出版社 2002 年版。

② 《论语·子路》。

③ 《国语·郑语》。

④ 《左传·昭公二十年》。

相互调剂、补充，才能做出美味的菜肴。政治也是一样。君臣之间也应该是一种相互补充、相互监督、相互纠错的关系，君有错，臣提醒；臣有错，君否定，这样才能产生清明的政治。正因为"和"是各种相互矛盾、对立的因素之间的协调、一致，所以"和"有和谐、适中、恰到好处、喜悦、平和、融洽等意思。"谐"亦为协调、和谐之意。《虞书·舜典》里有"八音克谐，无相夺伦，神人以和"的记载。《周礼》讲"大宰之职，掌建邦之六典，以佐王治邦国。……三曰礼典，以知邦国，以统百官，以谐万民"①。同时，谐还有风趣、诙谐、戏谑之意。

　　因此，"和谐"一方面是世间万物本身的构成状态和本质——"以他平他谓之和，故能丰长而归之"——另一方面还包含着主体的情感取向和倾向，有着浓烈的情感色彩。汉语的概念"和"多与一些表示美好、幸福、快乐的词相连在一起，如和睦、和美、和好、和谐、和乐、和暖、和风、和善、和气、和解等等。而"谐"更直接有一种音乐的节奏感在里面。《尚书·舜典》讲舜帝命夔为贵胄子弟们作曲，所做音乐要求"直而温，宽而栗，刚而无虐，简而无傲。诗言志，歌永言，声依永，律和声。八音克谐，无相夺伦，神人以和"。夔曰："于予击石拊石，百兽率舞。"这里的"谐"表示音乐的声律之间相互作用从而产生美妙的韵律，这种韵律包含了节奏与旋律在其中。在这种美妙的韵律的作用下，天地神人、万物百兽都遵循同一节奏翩翩起舞，一派和谐美妙、欢乐祥和之景象。在这里，"谐"实际上包含着一种生命运行的根本节律。中国古代的艺术理论认为音乐本就是与天地同根同源而生的，是由人的心灵感应于物之气韵节律而创作出来的，因而在音乐里本身便包含了天地万物运行的节律与节奏。《乐记》云"大乐与天地同和，大礼与天地同节"，又云"凡音之起，生人心也；人心之动，物使之然也"。"八音"本就是由天地之间八种基本物质材料构成，它代表、体现了天地万物的基本构成元素。②"八音克谐"，即八音之间既对立又统一，既冲突又和谐，由此才构成天地神人、百兽万物所共同遵循的同一韵律。因此，可以说，"和谐"这一

---

　　①　《周礼·天官·大宰》。

　　②　八音者，匏、土、革、木、石、金、丝、竹。其中，土、木、金，都属于"五行"元素之一。八音的其余几种材料分别属于物质的一种自然形态，大约也是古人能够发现的主要自然物质材料了。

概念本身就包含了审美的意味。

事实上，"和谐"（harmony）正是西方美学史上一个重要概念。近代美学的主要审美理想便建立在和谐观念上。美就是一种和谐。要建立和谐社会如果没有美学的参与是不可能的；没有美的和谐社会是不可想象的。和谐社会的建设，离不开美学。

"和谐"既是某种对立的东西之间的协调、合和，它必然带有一定的关系，是某种关系之间的和谐，这种关系里肯定不能离开人，因为社会本身是由人组成的。因而，一个和谐社会大致可以从这样几个方面去分析：人与自然关系的和谐；人与社会关系的和谐；人与人的和谐；人自身身心的和谐。前面三项是人与某种具体存在的东西之间的关系，后面一项则是人自身内在的心理和生理结构问题。因此，又可以把这四个方面归结为两大类：外在关系的和谐和内在关系的和谐。

二 人与自然的和谐：建设生态美

（一）"生态美"的概念

人与自然关系的和谐涉及近年来颇受关注的环境问题。

环境问题是当代人们普遍关切却普遍在相当程度上被忽视的问题。这是一种矛盾。一方面，电视、报纸、网络等媒体广泛宣传，关于环境问题的各种报道、文学作品、电视专题片等不断产生，另一方面，在各级政府的决策中，环境问题总是一再被其他"更为重要"的问题挤压掉。这种看似重视实则忽视的政策，使得环境问题虽然不断被提起、谈论，却越来越严重，我们生存的环境越来越恶化。在网上随手查询"污染"二字，便会出现数百篇文章谈论我国的环境污染的情况，其严重程度已令人触目惊心。

以长江为例。国家环保总局提供的数据显示，长江污水排放量快速增长。1998 年全流域废水排放量为 113.9 亿吨，2005 年为 184.2 亿吨。长江流域水环境监测网对长江干流及主要支流和湖泊的水质评价结果显示，水质劣于Ⅲ类的河长：2002 年占 23.2%；2004 年占 27.5%。自四川省攀枝花市至上海市，长江干流 21 个主要城市江段总长为 790 公里。20 世纪 80 年代，长江污染带长度为 460 公里；1992 年污染带增加到 565 公里；2008 年为 650 公里。

长江支流污染也十分严重。沿江湖泊半数以上已处于富营养化状态。黄浦江、汉江、湘江、嘉陵江、沱江，这五条支流进入干流的污染物约占所有支流总量的 50%。长江水文局对流域内的淀山湖、太湖、西湖、巢湖、甘棠湖、鄱阳湖、邛海、滇池、泸沽湖、程海等 10 个湖泊进行的监测评价发现，已有 6 个湖泊处于富营养化状态。

三峡工程进行 156 米蓄水时，在三峡库区及上游的长江干支流，一场大规模漂浮物清理"战役"也在紧张进行。重庆市、湖北省三峡库区相关县市动用船只 150 多艘、专业人员 600 多人开展清漂工作。长期以来，许多沿江城镇的生活垃圾和工业固体废弃物沿岸堆放，每到汛期，大量垃圾和固体废物随暴雨、洪水沿江而下，形成"白色污染"。

长江流域水资源保护局翁立达教授说，长江流域经济发展水平高于全国平均水平，但流域生活污水处理率只有 15%，低于全国平均水平。[①]

全国政协委员、中国发展研究院院长艾丰曾对长江水环境进行深入考察。他发现，长江的污染程度已远远超出人们想象，而且正面临六大危机：森林覆盖率下降，植被遭破坏，泥沙含量增加，生态环境急剧恶化；枯水期不断提前；水质严重恶化，危及城市饮用水；物种受到威胁，中华鲟等珍稀水生物面临灭绝；固体废物污染严重，威胁水闸与电厂安全；湿地面积日益缩减，水的天然自洁功能日益丧失。他忧心忡忡地说，如果不及时加以保护，10 年内长江就可能变成第二条黄河。[②]

要从根本上改变这种状况，不能把环境保护作为单纯而孤立的问题去思考，更为重要的是，必须把环境保护与人的生存联系起来。环境问题关系到我们和我们的子孙后代的生存质量和生存方式。当马克思说人"在其现实性上是一切社会关系的总和"时，他主要考虑的是在社会制度中人的社会角色和定位。然而，在 21 世纪环境问题已关系到人类的生死存亡的背景下，"人的本质"已不仅仅是社会关系的总和，还应包括人与环境的关系。人是在各种关系中生存、绵延、发展的，这些关系中，人与环境的关系在今天已经上升到人生存的本体层面。如果仅仅把环境问题看做

---

① 资料来源：新华网 2006 年 12 月 3 日。

② 资料来源：网易商业报道，http://biz.163.com，2004 年 11 月 15 日。这些资料和数据采集得很早，今天它们已发生了很大变化。但不是变得更好了，而是更糟了。但本书志不在于对中国环境污染的现状进行描述，引述些资料只是为本章论点提供一个佐证，故而不再增加新的资料。

一个和其他问题一样在日程表上排队的问题，那么，它就很可能在大量日常事务和各种需要解决的难题中被淹没、淡化、弱化，就会形成那种虽然人人都在谈论、许多人在呼吁，却不能真正受到重视、得到解决的局面。

建设和谐社会，人与环境的和谐是一个基本的前提，是考察和谐社会的一个基本指标。没有优良的生态环境，没有人与环境的良性互动循环，和谐社会便失去了存在的基本前提和保障。

如果把人与自然环境的关系看做一个人类生存的本体层面的问题，则其解决也需要从本体层面出发去解决。从自然环境作为人的生存之根、人类精神的家园这个意义上说，人与环境的和谐，其实质上是自然美的保持和生态美的建设问题。只有作为美的形象体现和代表的自然才可能成为人类的生存之根，才可能作为人类的精神家园。这里，自然美和社会美都是传统美学中本来有的概念，而生态美则是近年来美学界从美学角度去审视、观照和反思人与自然和环境的关系问题而提出的新型的美学概念。

生态问题在这几年比较热闹却很少有实质性成果的一个重要原因之一就是缺乏必要的哲学理论基础的支持。我认为，生态美问题的哲学基础仍然是马克思主义的实践论。自从诞生了马克思主义哲学，人类对世界的视角便有了巨大的变化。在这种哲学看来，世界是物质的还是精神的，是主观的还是客观的，这类问题已经不再是哲学的问题。马克思主义看重的是，从人的活动角度去看，世界是什么样子的？换言之，世界在人的实践活动中跟人形成了什么样的关系？马克思批评旧唯物主义对事物、现实、感性只从客观方面去理解，而没有从主体方面去理解。相反，从他们所创立的实践观点来看，事物、现实、感性都是人的实践活动的结果。没有纯粹的客观的事物，任何事物、现实、世界都是在与人的某种关系中存在的。因此，只有从实践的角度去理解，才能把握它们的本质。

从实践观点出发，美的本质只能放在人的社会历史实践活动中去理解和把握。具体说来，美的本质就在于自然的人化。在人征服和改造自然的过程中，自然的感性形式——韵律、节奏、比例、对称、大小、光滑等等成为人所掌握的形式力量，成为美的根源。因此，形式美的产生，既是自然的人化已到达相当程度的标志，也是人类的审美意识产生、美脱离具体实用性而开始具有独立价值的证明。在以后的实践过程中，随着人类主体能力的提高和加强，人类改造自然的范围不断扩大，人类的审美对象、审美类型也不断扩大，从最初那些可以直接带来愉快的形式扩展到那些不能直接带来愉快、且具有痛感的对象上，这就是崇高的产生。以后，实践的进一步深化和发展，外在自然和内在自然的人化不断加深，在美学上出现悲剧、喜剧、怪诞、荒诞、荒谬这样一些审美形式，这个过程也是人的感性能力不断接受各种挑战、审美对象不断扩展、审美能力不断提高的过程。而这个过程中，人化自然的力量产生了巨大的工具本体，在改造自然和征服自然、形成巨大的物质文明成果的同时，也产生了权力—知识—语言的异化，因此，"人的自然化"作为"自然的人化"的对应范畴、作为对权力—知识—语言异化的克服，历史性地产生了。

自然人化的成果是自然美和社会美；在自然人化基础上的人的自然化和自然的本真化的审美形态就是生态美。

在我看来，从哲学层面上说，生态美是在自然美和社会美基础之上对自然美和社会美的超越，也是自然美和社会美的综合，是一种更高级的审美形态和审美境界。自然美强调的是人对自然的人化和改造，是人以主体的身份对自然之美的发现；社会美是人对自己在社会活动中所体现和确立的各种社会价值的形式化，是以美的形式对社会善的价值的确认，生态美则是在自然人化的基础上人的自然化和自然的本真化。自然美和社会美强调的是人作为实践主体对自然的改造和对社会的变革，即强调美源于人的社会实践活动，生态美则强调的是人作为自然之子对自然的回归与依赖，是在确立起人的主体地位之后以一种更高的视野重新审视人与自然之间的关系，即把人放到更高、更深、更广阔的宇宙空间和时间中去审视、定位，从而在自然的人化价值已充分展开的前提下重新树立起人对自然的敬畏和尊敬之情，从而达到在新的基础之上的"天人合一"，实现人与自然的真正和谐交响的"天人新义"。

从价值观上说，自然美是在自然之"真"中发现社会"善"的内涵，社会美是使社会之"善"赋予自然之"真"的形式，生态美则是在更高的基础上把自然之"真"的形式和社会之"善"的内涵统一、融会、贯通起来，使之成为蕴涵人类理想的自然本真之美与社会实践之善的自由形式。

如果说，实践美学过去强调的是在自然之"真"的形式下所包含的社会之"善"，那么，今天，从美学角度对生态问题的观照使得自然之"真"本身成为引人注目的焦点——这里的"真"不仅仅是"真实"，更重要的还有"本真"之意。如果说，过去对人化自然的强调立足于美的历史回溯和起源学考辨，那么，现在对人的自然化和自然的本真化的重视则是立足于现实的哲学分析和面向未来的理想展望。人的自然化不是把人"化"到自然中去，不是说人在自然面前无所作为，而是人自觉地保持对自然的谦卑和谦逊态度，把自然当做自己情感和精神的归宿和家园。在当今人类科技高度发达、人类征服和改造自然的能力已经达到可以对其生存的环境进行干预的前提下，确立生态美作为人与环境之间关系的审美理想已经是势在必行。把生态美作为环境美的理想形态，正是要重新设计人与环境的关系、使人与环境的关系在新的历史条件下达到新的优化平衡。

（二）人的自然化与自然的本真化

人的自然化是实践美学中一个尚未为人所注意、却极其重要的命题。

人的自然化的具体内容，李泽厚先生讲了三个方面：1. 人与自然界的共生、共在。2. 人对自然的审美欣赏。3. 人通过学习达到与自然节律的同一，也就是通常所说的天人合一境界。① 我认为，人的自然化从一个更为细致的角度可以分为以下几个方面，这种划分，也可以看做是对第三个方面"天人合一"说的具体展开。

（1）身体的自然化。身体本是自然赋予我们每一个人的，它本身就应该是"自然"的。但是，从出生开始，我们就试图对我们的身体进行控制、改造。原始人的文面、文身和对身体的各种装饰行为，除了宗教的原因之外，可以看做是人类试图控制自己的身体、改变身体形象的最早尝试。文明的发展，使得人们重塑自身身体的欲望和能力大为增强，美体、美发、美容、化妆等在现代社会已成为普遍性的行业。美学对身体的关注，正是要把这种重塑身体的热情引向合乎自然化的审美要求，使得身体既符合人们对它的期待，也符合自然审美的要求。

人类文明从总体来说是在进步，但就个体来说，其体力、体质和体魄却在退化。现代人虽然寿命在延长，生活条件在改善，但其身体素质却每况愈下。各种现代性疾病频频爆发、流行、蔓延。都市白领奔波穿行于都市的钢筋水泥之丛林，与自然的阳光、空气、山川、河流距离越来越远；蓝领则生

---

① 关于人的自然化的三个方面内容可参见李泽厚《美学四讲》。（见《美学三书》，安徽文艺出版社 1999 年版，第 498—499 页。）亦可见《己卯五说·说天人新义》中"人自然化"一节，《历史本体论·己卯五说》，生活·读书·新知三联书店 2008 年版，第 260—269 页。

活在烟尘、垃圾和各种废气所造成的污染之中。身体的自然化就是要克服在文明发展过程中这种由于社会分工带来的体质和体魄的退化，通过体育锻炼、到自然中去旅行游历等活动，重建强健人的体魄，增加人的审美感受能力。这也就是李泽厚先生所说的人的自然化的"硬件"方面。现代社会中人们越来越关注自身身体，关注身体的健康，健身乐生成为一种文化取向，甚至成为时尚潮流。身体美学正是这样一种文化潮流在美学上的表现。

身体美学是近年来一个新兴的美学方向。身体美学之所以产生，是与人类主体性力量的巨大发展分不开的。人类的科技已经发展到这样的程度，以至于人类已经可以去干预原本由自然造化主宰的生命的诞生与死亡，可以去设计、改变原本由造化自然设计的人的身体。身体美学的产生，恰好可以作为美与人类的实践、与人类科学技术水平状况密切相关的一个旁证。南茜·埃特考夫（Nancy Etcoff）引用大量经验材料，对美容、美体、化妆的历史和现实进行了考察，证明了在爱情、社交、升学、求职、就业等等方面，也就是说，在一个人一生中最为关键的一些时刻，形象的美与丑起着关键性的作用。那些天生美的人总是受到优待；那些长相平凡的人需要付出更多的努力；而那些不幸的天生丑陋的人，则处处受到歧视和忽视。她认为，对肉体美的追求是人类基因进化的动力，也是人性欲望和幻想的混合体。它无所谓好，也不等于坏。

> 美的存在，是人类适应生存选择的生物规律的证明。这个证明很简单，即美是人类经验中最具普遍性的一部分，它在人的体内激起快感，吸引人的注意力，驱使人的行动，以此来保证人类各族得以延续。我们对美的极度敏感是根深蒂固的，是自然选择形成于我们头脑中的那一固有本性所支配、决定的。我们喜欢看光滑的皮肤、厚密闪亮的头发、线条优美的腰肢和对称的形体，因为在进化的过程中，人们注意到了这些标志，预料到这些标志的拥有者具备比他人更强的生育能力——我们正是他们的后代。[1]

如何在对身体的审美追求和身体的自然化之间找到一种平衡与和谐，

---

[1]　［美］南茜·埃特考夫：《漂亮者生存》（*Survival of the Prettiest*），中国友谊出版公司2000年版，第32页。

使我们既能控制、改造和重塑我们的身体，克服某些先天的局限性，使之符合现代社会的审美要求，又能保持强健自然的体魄，这正是身体美学所要研究的问题。

（2）环境的自然化。包括城市布局、园林设计、居民社区建设、直到日常生活中的器具用品、居室装修装饰等方面的自然化。这方面的自然化包含内容更为丰富，对整个社会的影响也更为显著。现代人的生存方式中，都市化已是一个不可逆转的潮流。都市化意味着人群密集，意味着远离自然，意味着切断人的自然生存之根。而这都是与人作为自然之子的天性要求相违背的。因而，如何在城市建设中营造一个接近自然的环境，使人们能够享有"都市里的村庄"的生存和生活条件，既有都市生活的便利，也有乡村生活的质朴与宁静，这是城市建设中一个重要课题。在这个意义上，接近"自然"，应该是城市建设的最高目标。而在都市中体现自然之美和自然之境界，体现出一种人与自然之间和谐交会的审美效果，这就是生态美。它不是单纯的自然美，也不是单纯的社会美，它不是像社会美那样规律性服从于目的性，也不是像自然美那样目的性服从于规律性，而是在目的性和规则性之间达成一种平衡与协调。同样的，在园林设计、居民社区的建设、日常家居装修、生活用具等等领域，"自然"都应该是最高的审美要求。环境的自然化应该是美学研究的一个重要方向。由实践美学的"人的自然化"观点出发，应当可以对当代城市建设的许多问题进行研究、分析、讨论，从而使得实践美学真正深入人的生存方式与生活方式，真正成为生活实践中的美学。

（3）心灵的自然化。在人与自然的广泛联系中，以自然性的情感和对感性审美的自由享受去克服工具本体的膨胀所带来的人的心理和生存状态的异化。

> "人自然化"要求人回到自然所赋予人的多样性中去，使人从为生存而制造出来的无所不在的权力——机器世界（科技机器、社会机器和作为二者现代结合的语言信息机器）中挣脱和解放出来，以取得诗意生存，取得非概念所能规范的对生存的自由享受，在广泛的情感联系和交流中，创造性地实现人各不同的潜在的才智、能力，性格。……只有"人自然化"才能走出权力—知识—语言。人才能从二十世纪的语言—权力统治中（科技语言、政治语言、"语言是家

园"的哲学语言）解放出来。①

心灵的自然化是人自然化的核心，它的关键在于李泽厚先生讲的"情本体"的确立。如果说自然的人化的过程是工具本体的确立过程，那么，人的自然化就是已经"人化"的自然和人的心理重新回归自然状态，在人和自然的广泛情感联系中实现自由而诗意的生存，即建立情本体。

在自然人化的过程中，无论是外在的自然还是内在的自然，即人的文化心理结构，都得到了"人化"——外在自然由与人无关的自在存在变成人所改造、征服、欣赏的对象，由初民时代人所恐惧、敬畏、崇拜、歌颂的对象变成敬畏、歌颂却不再恐惧的对象。内在的自然，则由动物心理变为人的心理，人的感性结构由单纯动物性的感性变成人的感性结构，因而人的一切感性行为也成为"人化"的行为。如李泽厚所言，"吃饭不只是充饥，而成为美食；两性不只是交配，而成为爱情；从旅行游历的需要到各种艺术的需要；感性之中渗透了知性，个性之中具有了历史，自然之中充满了社会；在感性而不只是感性，在形式（自然）而不只是形式。"②而这种由自然向人、由生物向超生物超越的过程中，美感心理也渐次形成。关于自然的人化，李泽厚先生已讲了很多。但关于人的自然化，还需要进一步展开分析。

人的自然化是自然人化的另一面，是已经"人化"的自然和人的心理重新回归自然状态，当然这种"回归"并非指回到动物状态，而是指在人对自然的依赖和情感联系之中，自然和人都达到一个更高的境界，实现由工具本体向情感本体转向。它的实质是情感本体的确立，是以个体性的自由享受的情感对群体性的工具本体的反抗，也是自由而诗意生存境界的实现。

迄今为止，人类一直处在社会化的进程中，在这个过程中，人类先后经历了农业化、工业化、信息化的过程，这也是一个"人化"的过程。在这个过程中，人类不但改造了自然，而且本身的生活和生存方式一再发生改变，而这个改变的方向总的来说是与自然渐行渐远，无论是人的生活

---

① 李泽厚：《己卯五说·说天人新义》，《历史本体论·己卯五说》，生活·读书·新知三联书店 2008 年版，第 263 页。

② 李泽厚：《美学四讲》，《美学三书》，安徽文艺出版社 1999 年版，第 516 页。

环境还是生活方式，还是社会组织方式，都是朝着更加社会化、人化的方向发展。这个过程，充分证明了人类作为主体性存在的主体性，证明了人类征服和改造自然、改造社会，甚至改造人自身的能力。然而，与此同时，人类也越来越陷入自己本身制造的权力—知识—语言的巨大社会体系的控制之中。权力—知识—语言在带来科技和社会巨大进步的同时也带来了人的异化。因此，走出权力—知识—语言的工具本体，建立情感本体，让人重新回到自然，重新发现自然——这个自然，不仅是外在的大自然，而且包括内在的自然，即人的文化心理结构中根源于人的自然存在的部分——就成为对于工具本体对人的异化的纠正。

建设和谐社会，建立人与自然的和谐关系，在当今环境问题已经十分严重的状况下，特别要强调自然环境的本真化。"本真"（英：authentic；德：Eigentlichkeit）原为海德格尔的用语。《西方哲学英汉对照辞典》译为"真正切己状态"，对它的解释是："按照海德格尔的看法，我们中的每一个人都有一种自己的有待实现的，并不得不面对自己的死亡。作为海德格尔讲的'缘在'（Dasein），如果它（他或她）在面对这么一个孤独局面时采取决断的态度，并且敢于承担自己的唯一性和个体性，那么此人就可说是进入了真正切己的生存状态，并意识到这个局面的含义。真正切己状态连通着未来和过去，使自我具有连续性，它还要求缘在接受它自己的死亡。为此，海德格尔认为，当人与自己的死亡遭遇时，真实的切己自我才显露出来。"① 作为人来说，死亡与孤独是他/她所要面对的真实处境，而如果一个人敢于直面这种处境，并承担自己的唯一性和个体性，他/她便是进入了本真的生存状态。相反，如果一个人被畏惧压倒，只能通过把自己混同于大众之中来保护自己，他/她就处在非本真的状态存在之中。

在这里，我借用"本真"一词，对它进行转义，提出"自然的本真化"概念，是指自然界本然的、未经人为地改造和破坏的存在状态，"本真的自然"亦即"本来意义上的自然"。与它相对的是人化的或被人过度干预和开发的自然。

应该说，自人类诞生之日起，人类就进入了征服和改造自然的行程，但是，在人类进入工业化之前，人类对自然的征服和改造程度是有限的，

① ［英］尼古拉斯·布宁、余纪元编著：《西方哲学英汉对照辞典》，人民出版社 2001 年版，第 92 页。

总的来说尚未使自然从根本上改变原生态的状况，更未使人的生存方式脱离自然。随着工业化的来临和工业化进程的加快，人类生产力大幅度提高，控制和改造自然的能力已经达到一个临界点——人对自然的索取和改造是有限度的。生态危机的出现，正是人类突破这个限度，无限制地开发和利用自然的结果。自然正在报复我们。大气、水源、河流被污染，温室效应产生，森林大面积缩减，耕地面积缩小，城市化过快扩张，城市里交通拥堵，住房紧张等等，这些都是工业化以后的产物。自然界的许多景观已经在人类的干预下永久地消失了；许多动物和植物品种也永久地消失了。从前认为是无限的自然资源事实上早已出现危机。2005 年夏天，中国第一次出现了"油荒"，而缺水的危机更是时时威胁着大多数地区。自然的人化已经达到了一个临界点。超过这个临界点，自然将不堪重负而崩溃。

正是鉴于这种情况，我提出了"自然的本真化"这一概念，并且，我认为，自然的本真化问题已经刻不容缓地摆在了我们面前。所谓自然的本真化，是相对于自然的人化而言。自然的人化是以人的目的去改造自然，使之更符合人类生存的要求。而自然的本真化就是让自然成为它自己，让自然是自然，而不是人类的能源库、资源库。并且，从哲学和美学上看，只有本真化的自然才能真正给人类的生存提供一个"根"，才能成为人类精神的栖息地和家园。自然的本真化，就是要重新确立起自然作为人类生存之根的地位，重新确立人类是自然之子的观念。[①]

自然的本真化包含两方面的内容：自然的自然化和自然的原生态化。所谓"自然的自然化"是指对那些被从短期的功利目标出发、过度开采

[①] 在当今生态中心主义潮流中，有浅生态学和深生态学之分。按照奈斯（Arne Naess）的说法，浅生态学是人类中心主义的，只关心人类的利益；深生态学是非人类中心主义的，关心的是整个自然界；浅生态学要求改良现有的价值观念和社会制度，深生态学则主张重建人类文明秩序，使之成为自然整体中的有机部分。一些极端的生态中心主义者对人在世界上的一切活动均持否定态度，甚至认为"人类是生命世界的癌症"（David Foreman）。当然，这种说法已遭到来自各方面的批判（参见陈剑澜《深生态学运动的政治空间》，《二十一世纪》2005 年 2 月号）。从生态哲学意义上说，我认为"人的自然化"和"自然的本真化"概念所蕴涵的意义可对应于浅生态学概念。它一方面充分考虑到自然已经被人化这一历史事实，另一方面试图在这个事实的基础上寻求一种积极的人与自然和谐共处的方式。但也只是相对的对应。事实上，我并不赞成"××中心主义"，无论是"人类中心主义"还是"生态中心主义"。实践美学所持的是人类立场，但并不把人看做宇宙的中心，在当今工业化和电子化时代，它更强烈主张对自然应该"复魅"，强调人对自然应该怀着尊重与欣赏、感恩与敬畏的情感。（见本章最后一节）

和开发的自然环境进行还原，还其本来应有样态。如我国广大草原地区在"以粮为纲"的年代被大面积地开垦耕地以多种粮食。但草原的生态本就非常脆弱，这种不顾草原自身的特点硬性开垦耕地的结果，使得草原出现大面积沙化。自20世纪90年代以来，我国逐步开始实施"退耕还草"、"退耕还林"的政策，从哲学上看，就可以理解为是让自然"自然化"的一种措施。前些年，媒体揭露出，一些名山大川大量修建宾馆、索道，抽取地下水，导致这些名山大川的水资源枯竭，树木枯死，自然景观遭到严重的破坏。作为世界自然遗产保护区，这些地方遭到联合国教科文组织的警告。在自然保护区大量修筑宾馆、索道，抽取地下水，这样的行为即便从经济学的观点看，也是一种极其短视的行为，从景区发展的长远目标来看，这样的行为无异于慢性自杀。而从美学的角度看，这样的行为明显违反了人的自然化和自然的本真化的审美要求，是对人的情感和自然本身的双重亵渎。

"自然的原生态化"是指对那些已经为数不多的尚未大面积开发的自然景观、地貌等，采取保护性措施，不再进行商业的开发利用，维持其原生状态。事实上，在我国，未经开发利用的自然景观已经几近于绝迹，因此所剩无多的这样的自然景观就显得十分珍贵。可是这些所剩无几的纯天然的自然景观也正面临并遭到商业开发破坏的危险。古人在诗中所描绘的美妙的自然景观很多都已经一去不复返，成为一种悲怆的想象和梦幻。"气蒸云梦泽，波撼岳阳城"、"黄河之水天上来，奔流到海不复回"如今已变成一种遥远的回忆。在现代化的都市化生活方式下，"暖暖远人村，依依墟里烟"、"采菊东篱下，悠然见南山"那种闲适与写意的生活方式和环境更是只能在古人的诗里去想象、在梦里去经历了。而环境的污染使得"余霞散成绮，澄江静如练"这种优美的自然景致也成为只有凭借极其偶然的机缘才得一见的奢侈与享受。"孤村落日残霞，青烟老树寒鸦，一点飞鸿影下。青山绿水，白草红叶黄花"。这种对古人来说应该是很平凡的意境对于现代都市生活的人来说，已几乎被忘却了。就是我们耳熟能详的《我的祖国》里所描绘的"一条大河波浪宽，风吹稻花香两岸"的景象也已不复再见！自然的自然化和自然的原生态化已成为一个刻不容缓的问题。

据报道，云南虎跳峡地区打算在虎跳峡流域沿山势修建多级发电站，以缓解西南地区电力供应紧张局面。此议案提出来后，遭到一些专家的质疑。如果此方案付诸实施，那么，中国将不再有原生状态的大河流域了！
专家呼吁，保护这最后一片净土，维护自然的原生状态！提出自然的原生
态化，就是为这些尚未被开发而已经处在开发边缘状态的自然景观从哲学
上提供保持其原样的依据。从现时代的实际情况看，原生态的自然景观更
能体现生态美的理想。因为在"自然的人化"程度已相当高的当今时代，
这种尚未开发的原生态自然已不仅仅具有高度的地质学、地理学、水文学
和生态学等科学研究的价值和意义，而且，它还有保留人类最后的自然家
园、留住人类生存的"自然之根"的意义。即便从实践需要上看，从长
远来说，它也是非常必要的。开发和保护，将是未来很长一段时间中人们
对待自然景观问题上的主要矛盾。一方面是为数不多的自然景观需要保
护，另一方面是各地方经济要发展，需要开发这些自然资源以赚取外汇和
发展旅游经济。当然，实际上，有时候，开发和保护并不是完全矛盾的。
保护性开发或开发性的保护就不失为一个思路。

　　从美学上说，自然的本真化正是在自然的人化已经达到一定程度的
基础上，人与自然关系的更高层面的确立。当人类进入农业社会之后，
作为美之基础的"自然的人化"便已非狭义的含义，而是广义上的自
然人化，即并非一定要有人力化的自然才是美的；在人们已有能力对自
然进行征服和改造之后，人们更愿意欣赏的，反而是那些尚未打上人的
烙印的单纯的自然景观。而在自然已经过度"人化"的后工业社会，
自然美的哲学含义已非单纯的"人化"，而更是在自然人化基础上自然
的本真化、原生态化。人们所欣赏的自然之美从单纯的自然美上升为生
态美，而更能显现自然的本真化、自然化的那些原生态的、未经人类染
指的自然景色更能体现生态美的理想。从旅游经济的角度讲，开发利用
自然景观，也必须考虑这一现代社会的心理需求。生活于都市的人们去
旅游，所期待的是能看到、听到、体验到在都市里看不到、听不到、体
验不到的真正的大自然。

　　这里有一个问题。人的自然化和自然的本真化是否意味着取消主体
性？是否意味着生态美是一种不需要人参与，甚至排斥人参与的美的形
态呢？而这，是否意味着美的确是一种与人无关的自然的自在形态和
价值？

　　恰好相反。实践美学讲的人的自然化的前提是自然和人类的生存环境
已经被充分人化的历史语境和现实背景。人的自然化并不是取消人的主体

性，恰恰相反，在整个大自然的生态状况已如此脆弱的现实面前，人必须运用自己的智慧和头脑，去改变这种状况，恢复自然的生态平衡。需要改变的不是关于主体性的观念，而是关于主体对客体具有绝对权利、可以任意支配和控制客体的观念。人之为主体只是因为人有自觉意识，可以在一定程度和意义上超越自然的限制而自由地行动。换言之，人是主体性存在物这一点决定了人可以是自由的。但是，人的自由同样也是相对的，而非绝对的。人不能从根本上超越自然规律而任意行动。从认识论意义上说，恩格斯的那句话："自由不在于在幻想中摆脱自然规律而独立，而在于认识这些规律，从而能够有计划地使自然规律为一定的目的服务"[1]仍是对自由的最确切的概括。现代社会的基本价值观是：人的生命存在高于一切，人的生命尊严不容侵犯，人的生存权利不可剥夺。但是，当人的过度发展已危及人类自身的整个生存环境、当我们所生存于斯的大自然已经面临崩溃的危险的时候，人的生存和发展就必须与自然的保护协调起来，而如何协调人的生存和自然的保护这二者之间的关系，正需要人大力发挥其主体性、需要我们拿出切实可行的方案。因此，消解主体性，取消人的主体地位，不但只是一种不切实际的梦呓，而且对于自然的保护和优化生态平衡的恢复没有任何帮助。

自然的本真化同样也需要人的参与。如果说，对自然的破坏是人类活动的后果，那么，重新确立自然的本真地位，也同样应该是人类认识与实践活动的结果。是人去确立自然的本真地位。换言之，自然的本真地位对于人来说本来应该是先在的，但在今天人的主体能力已发展到如此程度、自然的人化程度已经如此高的前提下，它是需要由人去确认的。在今天人类强大的力量作用下，自然已经不可能自己为自己立法。"人为自然立法"在某种意义上仍是有效的。自然的本真化实际上并不是自然自己本真化，而是人"让"自然本真化。无论是自然的自然化，还是自然的原生态化，都必须是人的决策与活动的结果。尤其是对于那些已经被过度开发、其生态环境已经恶化的自然景观，人类要做的不是任其恶化下去，不是无所作为，更不是继续干那种杀鸡取卵、竭泽而渔的蠢事，而是充分发挥人类的主体性，积极主动地去寻求改变这种状况的办法，采取有效的措

---

① ［德］恩格斯：《反杜林论》，《马克思恩格斯选集》第 3 卷，人民出版社 1972 年版，第 125 页。

施扼制这种恶化的趋势。

因此,把生态美界定为人的自然化和自然的本真化,不但没有取消美与人类实践活动的关系,没有把美变成与人无关的纯客观的自在存在,相反,它进一步说明了美作为一种人类创造的价值与人类实践活动、实践能力、实践程度的密切关系,说明了美必须在实践中去理解这一马克思主义哲学的基本理论的坚实性。

总而言之,人与自然的和谐的关键在于建设生态美,在于在自然人化的基础上确立人的自然化和自然的本真化。

(三)中国古人的生态智慧

"生态美"作为哲学和美学范畴虽然是最近几年的事,但这并不表明古代没有关于生态美的思想。正像"美学"作为独立的学科产生于18世纪,但古代并不是没有美学思想一样;生态美作为哲学和美学范畴命名于当代,但古代却有丰富的生态智慧和关于生态美的思想。特别是在中国古代道禅哲学和美学思想中,有大量关于人自然化和自然本真化的思想内涵。不用说众所周知的《庄子》中理想的形象"藐姑射山的神人"、"真人"、"至人"是一些"无己"、"无待"、诸事顺其自然的人,《庄子》对"机心"的批判,① 对"无以人灭天"② 的呼吁,这些都可以看做是对人自然化思想的一种前理论形态的表述。即便是以强调人文著称的儒家在人与自然的关系上也有强调人对自然的依赖、皈依、服从的一面。《周易》讲"天行健,君子以自强不息";孔子讲"君子有三畏"中,首先要"畏"的就是"天命"。③《论语》中讲的"天"在一方面是"宇宙自然"或"自然规律"的意思,另一方面它的"自然"并非纯粹物理的自然,而是带有一定泛神论和神秘色彩,④ 因此孔子对"天"也怀着敬畏与尊

---

① 《庄子·天地》:"吾闻之吾师,有机械者必有机事,有机事者必有机心。"

② 《庄子·秋水》:"无以人灭天,无以故灭命,无以得殉名。谨守而勿失,是谓反其真。"

③ 《论语·季氏》:"君子有三畏:畏天命,畏大人,畏圣人之言。"

④ 《论语·八佾》:"获罪于天,无所祷也";《子罕》:"吾谁欺?欺天乎?"《雍也》:"予所否者,天厌之!天厌之!"《泰伯》:"唯天为大,唯尧则之。"《先进》:"天丧予!天丧予!"《阳货》:"天何言哉?四时行焉,百物生焉,天何言哉?"

敬。荀子一方面讲究"制天命而用之"①，另一方面也讲强调"天行有常，不为尧存，不为桀亡"②。孔子"钓而不纲，弋不射宿"③，不也是对自然生态的尊重么？对中国古代生态智慧和生态美思想的研究，在近几年得到了美学家们的重视，有了一个良好的起步。

与此相应的是，从理论上说，"生态美"作为美学范畴虽然出现得较晚，但是，就实际的审美形态来说，生态美几乎是与自然美同步产生的——就外在表现形态来说，自然美和生态美有时候很难区分开来。用实践美学关于生态美是人自然化和自然的本真化的思想来反观古代人与自然的关系，应该说，在工业社会以前，人与自然的关系更符合生态美的理想。在那时，人与自然不像现代社会里处于分离状态，而是水乳交融，和谐统一。人就生活在自然之中。人本身就是"自然"。然而，这种"理想"毕竟是从抽象的理论来说的。从现实来说，历史当然是在进步。没有经过充分的自然人化过程，在人完全臣服于自然的状态下的"自然化"只能看成是一种潜在的生态美，而非真正的生态美。我们现在批判自然的人化带来的异化，批判工具本体对情感的压迫。但是，没有自然的人化，没有科技的进步与发达，人类文明也不可能有进步。因此，工具本体和自然人化对于人类来说，是绝对必要的，而且，它们之中本身就蕴藉、包含、潜藏着人的主体性的发挥，不仅仅是人类主体性，而且是个体的主体性，是个性，是个人的情感感受和自由意志的选择。因此，正如李泽厚先生所言，对于工具本体，不必一味诅咒与漫骂，不必一味否定，而是要善于去寻求发现其诗意光辉：

> 所以，不必去诅咒科技世界和工具本体，而是要去恢复、采寻、发现和展开科技世界和工具本体中的诗情美意。如果说，手工艺术的世纪中曾经有过诗和美，古代直观科技中有过诗和美，大工业生产的工具本体就没有可能渗入情感（心理）本体的可能性吗？就不可能恢复工艺—社会结构中的生命力量和人生情味和意义吗？哲理和美在

---

① 《荀子·天论》："大天而思之，孰与物畜而制之！从天而颂之，孰与制天命而用之！望时而待之，孰与应时而使之！因物而多之，孰与骋能而化之！思物而物之，孰与理物而勿失之也！愿于物之所以生，孰与有物之所以成！故错人而思天，则失万物之情。"

② 《荀子·天论》。

③ 《论语·述而》。

现代科学和理论科学家中分量的加重，说明有这种可能。①

因此，必须再次强调，人的自然化和自然的本真化是以自然的人化为基础的。没有自然的人化，就谈不上人的自然化，更不会出现自然的本真化问题。人类在和自然打交道的过程中，首先面临的问题是如何从自然中获取生存资源，如何在对人来说威力强大的自然面前谋取生存。因而，自然的人化是人类得以生存和发展的前提与基础。只是随着人类生产能力的发展和进步，人对于自然的控制和改造能力已经超过了自然所能承受的限度，换言之，人类对自然的控制和掌握程度已达到了可以在一定意义上支配自然、改变自然的存在状态的程度，而这种改变是不可逆转的，自然一旦被人改变，就无法再恢复到它原始样子，它的生态平衡被打乱，生物链被破坏。人类的任何行动，稍有不慎，就足以造成灾难性，甚至毁灭性的后果，无论是对自然还是对人来说都是如此。在这种前提下，自然的自然化已经作为一个历史和现实的课题摆在我们面前。

这样，在人的自然化和自然的本真化的双重联系之中，已经达到相当程度的"人化"的人的心理结构和生存—生活方式重新向自然回归，在回归自然的广泛的自由情感享受中实现人与自然和谐交响的"天人新义"，这才是现代形态的"生态美"。

三　人与社会、人与人的和谐："人的自然化"

（一）马克思主义哲学关于和谐社会的理想

人与社会的和谐历来是众多哲人和政治家着力探讨的问题。千百年来，人们曾提出过诸多设想或社会组织方案，如柏拉图的"理想国"，托马斯·莫尔的"乌托邦"，圣西门、傅立叶、欧文等人的"空想社会主义"等等。我国的古代的"大同社会"理想，老子描述的"小国寡民"社会，都可以看做是对理想社会状态的一种设想与憧憬。应该说，从总体上看，人类是在不断进步的，无论从人们生存质量和方式上看，还是从观念上看。但是，不容否认的是，随着时代的变迁，每一种社会形态，每种文明，都产生着新的社会问题。因此，人与社会的和谐问题必将是每一个

---

① 李泽厚：《美学四讲》，《美学三书》，安徽文艺出版社 1999 年版，第 501 页。

时代都会面临的问题。如何根据自己的时代调整自己的观念，做出自己的选择，这是每个时代所必须面临的考验。

在这个问题上，马克思主义哲学为我们提供了解决问题的指导性思路。

在马克思的设想中，首先要通过发展社会生产力创造丰富的物质文明，在文明高度发达的条件下，人们的生存从总体上说才能从根本上得到保障。由于物质生产力高度发达，社会分工带来的个体发展的局限性亦必将随之消除，个人潜能可以无限开发，个人自由可以得到充分保障。这就是马克思和恩格斯在《费尔巴哈》中描述过的："在共产主义社会里，任何人都没有特定的活动范围，每个人都可以在任何部门内发展。社会调节着整个生产，因而使我有可能随我自己的心愿今天干这事，明天干那事，上午打猎，下午捕鱼，傍晚从事畜牧，晚饭后从事批判，但并不因此就使我成为一个猎人、渔夫、牧人或批判者。"①

其次，通过消灭私有制度和私有财产来消除异化，消除人与社会的分裂和对立，达到人与社会的相互和谐。每一个人所创造的成果都是整个社会的成果。社会创造着人，人亦创造着社会。"在被积极扬弃的私有财产的前提下，人如何生产人——他自己和别人：直接体现他的个性的对象如何是他自己为别人的存在，同时是这个别人的存在，而且也是这个别人为他的存在。……社会的性质是整个运动的普遍性质；正像社会本身生产着作为人的人一样，社会也是由人生产的。活动和享受，无论就其内容或就

① ［德］马克思、恩格斯《费尔巴哈》，《马克思恩格斯全集》第 3 卷，人民出版社 1960 年版，第 37 页。这里对共产主义的描述与其说是定义，毋宁说只是一种设想。这种设想是在 19 世纪中期、资本主义初期提出的。因此，它关于社会分工将被消灭的设想已被资本主义发展的事实证明是一种不切实际的幻想。事实上，当代社会的发展趋势是，分工不但没有被消灭，反而变得更加细化、精密化，行业之间的差别和隔阂也有扩大趋势。但是，另一方面，随着生产力的发展，人们的工作时间已开始缩短，休闲时间增多，人们可以自由支配的时间也随之增多。在自由支配的时间里，人们的确可以在多个方面、多个领域全面发展，不断发掘自己的潜能，发现和挑战自己体能和智力的极限，如从事各种野外休闲运动项目，徒步旅行，登山运动等等。在这个意义上，马克思的这段话从根本精神上来说仍具有相当大的现实意义。在这里，生产力的发展是关键。只有当生产力高度发展的前提下，人们不用花费全部时间和精力去从事生活必需品的生产，才能有更多休闲时间去从事社会分工所给予人们的角色之外的活动。在同一文献中，马克思还说："个人力量（关系）由于分工转化为物的力量这一现象，不能靠从头脑里抛开关于这一现象的一般观念的办法来消灭，而只能靠个人重新驾驭这些物的力量并消灭分工的办法来消灭。"（《马克思恩格斯全集》第 3 卷，人民出版社 1960 年版，第 84 页。）

其存在方式来说，都是社会的活动和社会的享受。"① 同时，通过消除私有财产和私有观念，人与劳动的分裂得到有效的克服，人作为自由自觉的存在的本质——自由自觉的劳动——得到彰显，因而，长期困扰社会的异化也必将得到克服和消除。

第三，从观念上消除人与社会的对立。"首先应当避免重新把'社会'当做抽象的东西同个人对立起来。个体是社会存在物。因此，他的生命表现，即使不采取共同的、同其他人一起完成的生命表现这种直接形式，也是社会生活的表现和确证"②。由于人本身就是以社会的方式生存的，人是社会存在物，人的本质"实际上，它是一切社会关系的总和"，③因而，从某种意义上说，社会是个体的外在性存在，是人的"本质力量"的外化。"我从自身所做出的东西，是我从自身为社会做出的，并且意识到我自己是社会存在物"④。人与社会的分离与对立其实也就是人本身的自我分裂与对立。要消除人与社会的对立，消除社会对人的异化，实现人与社会之间的和谐，也必须在人本身的存在上，实现人自身的统一。消除对立的人与社会之间是一种直接统一的关系。如黑格尔所描述过的古代英雄社会，人与社会没有经过分裂，而是实现了实体性的直接统一。⑤

马克思在《1844 年经济学—哲学手稿》中对共产主义的描述，实际上提出了一个和谐社会的哲学图景：

> 共产主义是私有财产即人的自我异化的积极扬弃，因而是通过人并且为了人而对人的本质的真正占有，因此，它是人向自身、向社会的即合乎人性的人的复归，这种复归是完全的、自觉的和在以往发展的全部财富的范围内生成的。这种共产主义，作为完成了的自然主义＝人道主义，而作为完成了人道主义＝自然主义。它是人和自然界之间、人和人之间的矛盾的真正解决，是存在和本质、对象化和自我确

① ［德］马克思：《1844 年经济学—哲学手稿》，《马克思恩格斯全集》第 3 卷，人民出版社 2002 年版，第 298—301 页。

② 同上书，第 302 页。

③ ［德］马克思：《关于费尔巴哈的提纲》，《马克思恩格斯全集》第 3 卷，人民出版社 1960 年版，第 5 页。

④ 《马克思恩格斯全集》第 3 卷，人民出版社 2002 年版，第 302 页。

⑤ 参见黑格尔《美学》卷一对英雄时代的叙述和对近代散文化社会的批判。

证、自由和必然、个体和类之间的斗争的真正解决。它是历史之谜的解答，而且知道自己就是这种解答。①

　　这段话曾多次被人提起，但我认为它尚未受到真正的重视。实际上，这段话中包含了马克思后来全部关于共产主义社会理想的思想。它主要包含三个层面：第一，对共产主义的现实层面和与之相应的哲学内涵的界定，即共产主义在其现实规定性上是私有制的扬弃，这是共产主义实现的现实依据和前提。与制度的变革和现实的哲学界定相一致的，是人的存在的哲学规定的改变，即在历史过程中向人的本性即自由自觉的创造性劳动本性的复归，使劳动成为人的真正本质。第二，共产主义是人和自然界之间、人和人之间的矛盾的真正解决。社会不再是与个体对立的、异化的力量，相反，人所有的本质力量和作为独一无二的个体的个性，都必须通过社会、并在社会中实现。人的一切活动在体现自己的自由创造的本质的同时，也造就着社会，具有社会的性质。同样的，自然界也不再是人的异己力量，而是展现了它属人的本质，自然界成为人的本质的另一种证明，一种对象化、外化的证明，自然本身作为人的"无机身体"和人的外化的存在而与人共生共存。第三，由于共产主义扬弃了私有财产，复归了人的哲学本性，解决了人和社会、人和自然之间的矛盾，因而，它也是历史上一系列哲学问题和矛盾的解决。它是"存在和本质、对象化和自我确立、自由和必然、个体和类之间的斗争的真正解决。它是历史之谜的解答，而且知道自己就是这种解答"②。

　　当然，《1844 年经济学—哲学手稿》是一个哲学文本而不是美学文本。无论是对人的本质的规定，还是对异化劳动的阐释，或是对共产主义的论述，都是在哲学上进行的。不可忽视的是，在马克思关于人的本质或劳动的本质的描述中，在他对共产主义的设想中，充溢着审美化色彩。共产主义理想在很大程度上可以看做一种审美理想。这种审美理想在今天仍然具有现实的意义。它把人的感性存在看做人的"本质力量"的一个部

---

　　① ［德］马克思：《1844 年经济学—哲学手稿》，《马克思恩格斯全集》第 3 卷，人民出版社 2002 年版，第 297 页。

　　② 参见拙文《审美理想和审美泛化》，《审美文化丛刊》2005 年第 4 期，徐州师范大学出版社 2005 年版。

分，把人的感性的全面发展作为理想的目标，把美的本质同人的本质结合起来，把审美感性和审美活动作为人的本质力量之一。人的全面发展是一种审美的发展，这种审美包含了认识、伦理和科学等因素。因此，理想的生存是一种审美化生存。同时，它把审美理想与现实经济和政治制度的变革结合起来，剔除了单纯审美主义的乌托邦因素，使审美理想成为一种可以期待、可以操作、有着强烈现实性的社会目标。

可见，人与社会的和谐，从根本上说，主要是要建设一个合理的政治和经济体制以及良好的社会道德环境，使人能在其中自由、全面和诗意地生存与发展。这是和谐社会的基本制度保障。没有这种保障，和谐就是一句空话。一个专制社会不可能是一个真正和谐的社会；一个老百姓连饭都吃不饱的社会更不可能是和谐的。不过，政治制度的建设和改革、经济体制的改革，这主要是政治学和经济学研究的对象。道德伦理建设主要涉及的是伦理学问题。但是，要实现人的自由、全面、诗意的生存和发展，不仅仅要有制度的建设，还必须有对人的精神生活本身的关注，其中，一个重要的因素便是审美。审美活动是人超越现实处境、达到精神和心理自由的重要途径。没有审美的参与，谈不上精神和心理上的自由，从而也谈不上社会的和谐。

（二）生活环境的设计与和谐：走向"自然化"

从美学上说，人与社会的和谐仍然落实到异化的消除、心理本体的建设以及人与其生存的社会环境之间的和谐上。关于心理本体的建设，下面还要讲到，这里主要谈谈人与社会环境的关系。

这里的社会环境主要指的是人所生存的生活环境，如所生活的城市环境、工作环境、休闲、娱乐环境等。这里所涉及的问题也是非常广泛的，包括城市规划、园林设计、社区建设、城市交通和公共设施的建设，甚至家庭装修、家居布置、服饰趣味等等。这里所列举的每个问题都很复杂，牵涉面广泛。这些问题中既有单纯的美学问题，如设计的风格、趣味等，又牵涉到政治、经济和文化问题。如城市规划与设计，不仅涉及城市的建筑风格、环境保护、道路交通、市政设施等问题，还牵涉到一个城市的政治地位和作用、经济发展规划以及对城市的历史文化遗产的保护等多方面的问题。它是一个非常复杂的系统工程。再如服装设计，它看似单纯，主要体现一个社会的审美趣味和流行时尚，但实际上它也涉及一个时代的审美文化建设、审美风尚和审美趣味的确立和变化，而这背后同样也牵扯到政治和经济问题。20世纪80年代初，我国刚刚改革开放的时候，穿牛仔服、喇叭裤、留长头发等都曾经被视为资产阶级的生活作风和思想作风的表现，服装的政治符号功能大大超出了单纯的审美趣味范围。就是今天，当服饰的审美功能和时尚意味异常突出时，在流行和时尚的背后不仍存在着时装公司的经济利益的驱动吗？这些问题虽然都很复杂，每一个问题都可以各自成为专门的研究领域，但他们之间仍有共同点，可以从共同的审美观念、审美经验和审美趣味方面对它们进行分析研究。而环境美学、设计美学、服饰美学等正是专门研究这些问题的部门美学。

如前所述，在人与自然的关系上，在当今时代，应该确立的是人的自然化和自然的本真化观念，同样，在人与社会环境的关系上，人的自然化亦应该成为现代社会所应遵循的基本原则。社会环境是由人的活动所造成的，是人化的产物。城市是典型的人化环境。现代化社会里，城市已经成为人们生活和生存的主要场所。城市的建设和设施在给人们带来方便舒适的生活的同时，也产生了非常多的问题。从生存层面上说，主要有：

其一，它使人类远离土地和自然，切断了人类生存的"根"。城市里，密集的楼房，四通八达的道路，各种光电设施营造了一个完全人工化的生存和生活环境。在这个环境里生活的人们，如果不是有意识地离开城市到野外去，几乎可以终生不离开城市而生活下去。自然和土地已变为一种纯粹的观念性存在，已经不再是那个鲜活的、能给人以清新明朗感受的大自然，更不再是人生活于斯、成长于斯、无法离开的"根"。如果这只是单纯的个体选择，这原本也无关大局。每个人有权选择自己喜欢的生活方式。一个人哪怕是终生足不出户，只要他喜欢，能够正常地生活，那也无伤大雅。问题是，如果它变成了一种群体性的生存方式，一种大多数人的生存方式，那就不仅仅是个人的兴趣爱好问题，而是牵涉到我们以及我们的后代的整个生存方式问题了。离开自然的生活，所带来的不仅是城市的人群密集，空气污染，是生存空间的拥挤、狭小，而且将会改变人类的生存方式，改变人的心理状态。现代社会里，拥挤的生活环境和巨大的工作压力使人们各种心理疾病增多，由此导致各种社会问题如吸毒、抢劫等犯罪行为的增加。

其二，城市中虽然人群密集，但人们却失去了农业社会里那种人与人相互之间的信任、亲切与关爱。在传统的农业社会，人与人之间空间距离很大，各村子之间离得很远，尤其是那些地广人稀的地区。但是人们相互之间大都认识或知道，碰上面之后也很亲切，一家有事，大家都去帮忙。就是对那陌生的路人，人们也往往非常友好地给予解渴的甘泉和充饥的食物，为他们指引道路，甚至留他们住宿。而在城市里，大街上、地铁中、商场里，人潮拥挤，摩肩接踵。可这些人不但相互之间互不交谈，还往往为一点小事就相互争吵甚至大打出手。城市让人们生活的空间距离缩小了，可是心理距离却加大了，使人们的心灵变得粗糙而麻木，失去了爱的心灵和爱的能力。

其三，个体操作能力和生存能力下降。由于社会分工和商业的发达，一切生活的必需品均有各种专业化的工厂生产，吃的大米和蔬菜、穿的衣服、各种日常用具、出门行走，都有专业人员代劳。人们不再需要自己动手操作，因此，城市里的人们的生活能力和实际操作能力普遍下降。人们不再把劳动看做生命的必需。按照马克思的观点，自由自觉的劳动是人的本质。在古代社会里，劳动能力是衡量一个人是否英雄的标志之一。《荷马史诗》中的英雄们大都是自己动手制作自己的生活用具和战斗武器，自己动手杀牛宰羊。荷马花了大量篇幅来描述这些英雄所制造的头盔、手杖、床等等。但是生活在现代城市里的人们已经脱离了劳动，并且不再把劳动看做他们作为人所必须具有的本质。离开了社会，他们连最简单的日常生活也无法自理；有时候，劳动甚至被当做一种惩罚性的手段。这意味着人实际上已与自己的劳动本质发生了分裂，人的本质和劳动本身都被异化。

这些问题当然不是单纯的美学问题，正如前面所说，它牵涉到现代化都市化的生存方式，而这是一种不可逆转的生存方式。解决这些问题不是让人们离开城市，重新回到乡下去生活——实际上，那也已经不可能。我们的乡村已非传统农业社会里那种诗情画意的田园了，在某种意义上，现代社会的乡村已变成了都市的一种延伸，有的地方甚至成了都市倾倒垃圾之场所。我们所应该做和能够做的是改变城市的环境，使之符合于人诗意生存的理想。

如何把现代化的大工业生产和都市化生存变得富有诗情画意，如何在新的现代化、工业化、电子化条件下实现天人合一的理想，这些正是当代设计美学、环境美学等所要研究的课题。美的形式千千万万，美的表现多种多样，每个地区、每个城市，甚至每个街区都可以有不同的审美风格，但是，在这多种多样的审美趣味与风格之中，从哲学上说，却有一个基本的共同审美取向，那就是人的自然化。在当代社会都市化、工业化、电子化的生活方式与环境之下，城市设计和建筑有责任和义务让人在城市这个充分人化的环境中感受到自然之趣，从审美上接续起被都市化生存方式所切断的人与土地之间的血脉关系，延续人类的"根"。

就美的起源而言，美的本质在于自然的人化。但是，如前所述，自然的人化发展到今天，已达到一个临界点，事实上，也许在一些地方和领域已超过这个临界点，而根据唯物辩证法，当事物超过合理限度之后，便会失去其合理性，走向其反面。因此，在当代工业化社会，美的本质已不仅仅是自然的人化，更是在自然人化基础上的"人的自然化"。"自然化"在当今时代成为最高的审美标准。因此，无论是城市环境美学还是工艺设计美学，其具体风格可以而且应该多样化，但从哲学美学上说，"自然"应是贯穿于其中的共同的审美理想。

如果说，人与社会的关系是多方面、多侧面、多角度的，则从美学上，我们对此所能做的是，确立"人的自然化"作为都市生存方式的根本观念，把"自然"当做城市环境和工艺设计的审美理想，从而在都市里营造一个接近自然的环境，使我们生存的都市尽量接近自然；倡导一种回归自然的、简朴的生活方式，在喧嚣的都市里以自然、简朴为美；在城市规划、设计和建设中把生态美作为目标；提倡动手操作的艺术和实践活动，提高人的操作能力，通过艺术活动增加人的实际操作活动，提高人对直接操作活动的感知，从而增强人对形式的感知能力和审美能力。总之，通过艺术设计、审美活动和审美教育，一方面改造外在环境，使之在最大限度上接近于自然，在高度人化的世界里营造出接近自然的情趣和感觉，另一方面改造我们内在的心理结构和心理能力，使之具有更大的敏感性。总之，从实践美学的自然的人化和人的自然化的相互之间的逻辑生成关系出发，是可以而且应该对当代社会环境、城市规划、园林建筑，以及人们的日常生活进行干预、渗透、范导的。

（三）人与人的和谐：情暖人间

人与人的关系可以有很多方面，比如政治关系（政治上志同道合的同志或持不同政见的敌人）、经济关系（生意上的合作伙伴或竞争对手）、家庭关系（包括父子（女）、母子（女）、夫妻、兄弟姐妹等）、同事关系、朋友关系等等。正是这些关系构成了人的本质的各个方面。马克思说，人的本质"实际上是社会关系的总和"。人正是在这些方方面面的关系中实现和展开他的全面本质的。

现代社会是一个契约社会。契约社会的基础是独立的个体的存在。传统农业社会中，个体被固定在某种关系中，比如家庭关系中的父/子（女），母/女（子），丈夫/妻子，社会关系中的君主/臣民，上级/下级。现代社会中，除了君主/臣民关系已被废除，其余的都还存在。但是，在现代社会，个体已不仅仅被看做这些关系网中的一个纽结，一个分子，而首先是一个独立的人。人首先是独立的人，其人格、意愿、理想，甚至性格等等都被充分地体现和强调出来。而且，建立在现代自由主义和个人主义理念基础上的现代社会，把个性的充分展开作为体现幸福的一个最基本的指标。随着个性观念的普及，传统社会那种靠亲情、信誉和人格魅力维系的人际关系正在解体，与之相伴而生的是，人与人相互之间的信任出现了危机。于是，契约精神和行为开始兴起。最初是在经济领域，但是，很快的，契约行为和精神不但体现在经济和政治关系中，而且向传统社会中最能体现人与人之间相互关爱体贴情感的家庭关系中渗透。婚姻往往伴随着财产分割契约。一些地方盛行所谓 AA 制，为了财产而父子反目、兄弟姐妹对簿公堂的也大有人在。因此，契约社会在确立个体的独立人格的同时，也使传统社会中温情脉脉的亲情关系出现了严重的危机，人与人的关系变得冷漠、疏远，甚至冷酷，而这冷漠的人际关系是不利于建设和谐社会的。

而要改变这种状况，建设一种既有个人的独立自由又有人与人之间相互关爱、既尊重个性又彼此依赖、充满阳光与温情的和谐社会，便不仅需要现代的法制精神，不仅需要确立人与人之间的法律关系，还需要进一步提倡在明确的法律关系基础之上建立人间的亲情、友情和爱情以及家园之情、乡土之情、爱国之情，也就是说，以审美化的温暖人情来纠正和弥补法制社会里人际关系的冷漠与疏远，唤醒人与人之间的基本的同情与爱心，建立一个以独立人格为基础而温暖的、相互关爱的美好社会。而要做到这一点，恰好需要美学的参与，需要把美学上的自然人化和人自然化理论贯穿、实施到人际关系之中。

在这方面，中国传统文化中一些思想经过创造性的转换可以提供一些理论和思想的启迪。

中国传统社会是一个以亲情维系的社会。人与人的和谐是中国古代哲学探讨的一个重要问题。从《论语》里的"君君、臣臣、父父、子子"①到孟子的"老吾老以及人之老，幼吾幼以及人之幼"②，再到《礼记·礼运篇》里的"大同理想"③，都是在探讨怎样建立一种和谐有序而充满人情味的人际关系，从而维系整个社会的健康和谐。其中《礼记·礼运篇》所陈述的理想最为人所熟悉和称道。在这个理想的社会里，所有人都把社会整体的利益放在首位，社会风气淳朴，讲究信誉与和睦，贤能的人可以得到充分提拔和重用，老有所安、幼有所养。那些没有完整的家庭的人，即矜、寡、孤、独、废、疾者，都能得到很好的照顾。人们都恪守社会公德，不贪财，不吝啬，路不拾遗，夜不闭户。显然，在这个社会里，不但具有崇高的道德风尚，社会风气非常健康、淳朴，而且还充满着浓厚的人情味。整个社会像一个大家庭，家庭成员彼此之间和睦友爱。如果去掉"君君、臣臣、父父、子子"式的森严的等级关系，在确立每个个体自由、独立和平等的基础上，是否可以提倡这样一种温暖的亲情，并把这种亲情推而广之，实现孟子所说的"老吾老以及人之老，幼吾幼以及人之幼"的理想？这样一种亲情是否可以成为克服契约社会里人与人之间相互冷淡、疏远而营造一种温暖、亲切、充满人情味的社会气氛的基础？"如何将这种重人间情义并以之为本体实存，来作为信仰，作为皈依，注入、渗透在以个人权利、利益基础上的社会、秩序、规范中，以超世俗的境界、精神（宗教性私德），来履行世俗性的义务和职责（社会性公德），虽父子别居而亲情正浓，虽财产独立而提携尚在，虽贫富不同而友谊平等，赋予个人利益、社会契约、启蒙理性以更温暖的人情色调、亲切感受和睦氛围。更多的协商调解，更多的人际互助，更多的自治自理，减少法庭裁决，和缓理性竞争，削弱残酷争夺，实现新一轮的'儒法互用、礼

① 《论语·颜渊》。

② 《孟子·梁惠王上》。

③ 《礼记·礼运篇》："大道之行也，天下为公。选贤与能，讲信修睦，故人不独亲其亲，不独子其子，使老有所终，壮有所用，幼有所长，矜寡孤独废疾者，皆有所养。男有分，女有归。货，恶其弃于地也，不必藏于己；力，恶其不出于身也，不必为己。是故，谋闭而不兴，盗窃乱贼而不作，故外户而不闭，是谓大同。"

法交融',这是否也值得进一步追求探索呢?"①

中国古代的礼乐文化,经过现代性改造,应该能为现代社会中建立一种和谐的人际关系提供思想资源。剔除"礼"的封建等级思想,保留其注重秩序、人伦的合理内涵,并把这种秩序改造为现代法制社会所奠定的以独立人格为基础的法制秩序,而人伦则保留其注重亲情,推己及人,老吾老以及人之老、幼吾幼以及人之幼之原始儒家基本思想。同时,接续自秦以来在皇权专制社会中被中断的礼乐文化,以艺术的美感、自由、独立与情感注入礼的秩序和人伦之中,形成现代化条件下的乐感文化。其中,核心的思想就是以人的自然化为哲学表述和基础的情感本体的建立。这样,真正建立起在现代化法制社会中、在充分尊重每个个体的独立人格和个性的前提下人与人之间相互理解、关爱、充满温暖人情和相互帮助的和谐社会。

这是否有可能呢?窃以为,这并非没有可能。

事在人为。

四 身心和谐:心理本体

(一) 作为理性积淀的认识、伦理与审美

从人自身来说,和谐社会的建立,最重要的是身心的和谐。现代社会物质文明已经是空前发达,人们的欲望被前所未有地激发起来,消费浪潮一个接一个。但是,人们的精神似乎也处于从未有过的空虚境地。由于找不到物质利益之外的生存目标,当人们的基本生存需要得到满足之后,人们便茫然失措,不知所往。没有更高的精神价值和目标的引导,人们便只能在物质利益和享受方面寻求更多刺激和更多满足。于是富人为富不仁,以种种非法手段掠夺和攫取更多财富;穷人则铤而走险,像《悲惨世界》里的冉·阿让一样,为一个果腹的面包去犯罪。各种心理问题和社会问题前所未有地增多。要解决这些问题,一方面要提高国民经济效率,改革政治和经济体制,实现更多社会公正,另一方面,这些问题,更多与人的心理相关,涉及人的身心本身的和谐,因而需要从文化—心理结构的建设入

---

① 李泽厚:《己卯五说·说儒法互用》,《历史本体论·己卯五说》,生活·读书·新知三联书店 2008 年版,第 214—215 页。

手，开展审美教育，建设心理本体。

根据李泽厚先生的说法，文化—心理结构大体上有三个方面：认识结构—理性的内化、意志结构—理性的凝聚、审美结构—理性的积淀。"理性的内化"是通过实践操作，使社会性—理性的规则、法度、要求、命令等等内化、凝结到人的心理结构中，成为一种看起来仿佛是先验的心理结构和形式，即康德所谓"先验综合判断"形式。这种先验的心理结构和形式体现在各种数学和逻辑符号体系之中，体现在各个民族的语言之中，也体现在各种哲学和认识论成果之中——这些符号、语言、认识成果、哲学思维等通过一代代的积累、传递，对于个体来说，便成为一种仿佛是先验性的认识结构和成果。这种先验性的认识结构往往引领人们正确地判断对象的本质、特征。

不仅是认识的成果，而且在实践操作过程本身之中，对象的形式结构——如节奏、比例、韵律、大小、光滑或粗糙、对称等等——与主体本身的肢体运动形成一种和谐共振，成为主体的形式感的来源。而主体一旦形成这样一种形式感，便可以通过实践操作、学习而一代接一代地传递下去，成为对于个体来说仿佛是先验的能力。艺术活动在这个传递的过程中起着特别重要的作用。因为艺术正是对个体的形式感的启发、引导和培养。

> 艺术通过形式感的自由开拓可以引导、启发科学去感受和发现新天地，去发现宇宙自然中的新秘密。逻辑—数学在某种意义上是使人心机械化，即以某些固定的秩序、规律、程序来统领支配人的思想、语言、活动，并以之规范、引导和表达非理性的本能、欲念和需要。这就是'理性的内化'。科学和技术是这种人心机械化的物态化或物化，它是人性构成的一个方面。艺术则主要通过审美和情感冲出和破坏这种'人心机械化'而进行新的感受、创造和自由直观。①

这也就是实践美学所说的"以美启真"。

"理性的凝聚"是就人的意志与道德方面而言。它是个体对群体的服从、依顺、归依，是个体在必要的时候自觉地牺牲自己的愿望、目的、利

---

① 李泽厚：《度与个体创造》《美学》第 2 期，南京大学出版社 2008 年。

益，乃至于生命以维护群体的利益和目标。这种牺牲是发自个体内在心理的要求和决定，因而它是一种自由选择。这种选择的过程体现了个体人格的崇高、伟大与尊严，同时也显示出群体利益对于个体的至高无上性。由于这种选择是个体自觉地做出的，因此它是一种自由意志进行选择和决定的结果。正因为它是个体的自由意志的选择和决定，它才格外地珍贵。它表现了个体为了保存和延续群体而自觉牺牲自我的利益、愿望、目标甚至生命的崇高精神，由于这种牺牲是人自由意志自觉选择的结果，它不同于动物式的本能地为保存群体而牺牲——有的动物如蚂蚁、蜜蜂等都具有这种牺牲个体而保存群体的本能——因而人的这种自觉自愿的牺牲才弥足珍贵。个体本身在这种牺牲中，其生命境界得到了升华，崇高的人格魅力得到了展现。

> 作为人类伦理行为的主要形式的"自由意志"，其基本特征在于：人意识到自己个体性的感性生存与群体社会性的理性要求处在尖锐的矛盾冲突之中，个体最终自觉牺牲一己的利益、权力、幸福以至生存和生命，以服从某种群体（家庭、氏族、国家、民族、阶级、集团、宗教、文化等等）的要求、义务、指令或利益。可见，第一，它是个体自觉意识的行动、作为和态度。动物也有为群体生存而牺牲个体的事例，但不可能有这种自觉的"意志"。第二，由于它常常是相悖于个体生存的利益或快乐，因而是不顾因果利害而如此行为动作的。由于它不屈服于利害因果的现象世界，所以说它是"自由"意志。动物自然也没有这种"自由"的意志。这里的关键在于，人的这种"自由意志"本身具有崇高价值，它为人类对自己和对他人（包括对后人）培育具有文化内涵的普遍性的心理形式，使人获得不同于动物界的社会性生存。……伦理话语有如神的旨令，即使无理可说也必须绝对服从。有了它，人便无所畏惧，也无所希冀，处变不惊，一往无前，"富贵不能淫，贫贱不能移，威武不能屈"。①

实践美学认为，这样一种自由意志并非如康德所说是先天的，而是由

---

① 李泽厚：《己卯五说·说天人新义》，《历史本体论·己卯五说》，生活·读书·新知三联书店 2008 年版，第 249—250 页。

理性的凝聚而来。对于人类来说，是由于人类生存、延续的需要，在长期的历史实践中形成的文化—心理结构所产生的；对于个体来说，则是由于教育的结果。

"理性的积淀"作为审美指的是人的社会性溶解、融化在生物性之中，理性溶解在感性之中，历史、群体性沉淀、溶解在个体的存在、选择和行动之中。如果说在理性的内化和凝聚之中，理性与感性之间还存在一定程度和意义上的分离与外在性意味，那么在理性的积淀之中，感性本身已经是融化、溶解了理性的感性形式。不是理性内化、凝聚为感性，不是在感性之中显现出理性，而是这感性形式本身就已经融化、积淀了理性。在理性的积淀中，理性之于感性，就如盐之于水。水之中溶解、溶化了盐，但却再也分不出何者为盐，何者为水。这是一种自由的境界，也就是孔子所说的"从心所欲不逾矩"的境界。

> 认识领域和伦理领域的超生物性质，经常表现为感性中的理性，而在审美领域，则表现为积淀的感性。在认识领域和智力结构中，超生物性表现为感性活动和社会制约内化为理性；在伦理和意志领域，超生物性表现为理性的凝聚和对感性的强制，实际都表现超生物性对感性的优势。在审美中则不然，这里超生物性已完全溶解在感性中。它的范围极为广大，在日常生活的感性经验中都可以存在，它的实质是一种愉快的自由感。所以吃饭不只是充饥，而成为美食；两性不只是交配，而成为爱情；从旅行游历的需要到各种艺术的需要；感性之中渗透了知性，个性之中具有了历史，自然之中充满了社会；在感性而不只是感性，在形式（自然）而不只是形式，这就是自然的人化作为美和美感的基础的深刻含义，即总体、社会、理性最终落实在个体、自然和感性之上。①

这里的理性的积淀是就其狭义含义而言。就广义而言，无论是认识还是伦理，它都是一种理性的积淀。在这个结构之中，审美是枢纽。理性的积淀包含了理性的内化和理性的凝聚，审美境界包含了认识和伦理境界，通过"以美启真"和"以美储善"，审美可以对认识和伦理起到积极的推

---

① 李泽厚：《批判哲学的批判》，台北风云时代出版公司 1990 年版，第 523 页。

进和辅助作用。

无论是理性的内化、理性的凝聚，还是理性的积淀，都是在人类漫长的历史进化过程中逐渐产生、形成、发展的，是自然人化的结果。自然的人化作为人改造内在和外在世界的实践过程和实践成果，其外在方面的成果是自然界面貌的改变和人与自然关系的变化。也就是说，自然从原始社会中与人对峙、让人恐惧的力量变成跟人亲近、让人依赖的对象，从一个异在对象变为人的精神家园。无论是快乐还是苦闷，无论得意还是失意，无论心情是舒畅还是忧伤，人都可以对自然倾诉，在自然中找到安慰。自然人化的内在方面的结果则产生了认识、意志和审美的文化—心理结构，这种文化心理结构的物态化成果便是科学、伦理学和美学。

（二）工具本体与心理本体

对世界的人化改造一方面是人使用工具的结果，另一方面，对工具的使用、制造、更新和改进又提高了人化自然、改造自然的效率和水平，并且，在这个过程中，工具本身成为一种巨大的外在于人的物质性力量，这种力量往往制约、调节、延缓或促进社会的发展。这种外在于人的物质性力量就是工具本体。

工具本体一方面扩大了自然人化的成果，提高了人改造世界的能力与效率，另一方面在这个过程中也产生了异化现象，即人所创造、生产出来的这些成果在一定条件下成为压迫、奴役人的力量。这种异化随着人改造世界力量的增强和现代化程度的加深而愈益加深。从劳动异化到科技异化，从经济异化到政治异化，语言异化、心理异化，它几乎无处不在。就社会的变化发展规律本身而言，一定程度的异化现象是不可避免的。社会本身便是在创造—异化—克服异化—新的创造—新的异化—新的克服……这样一个过程中不断进步的。现代社会一方面物质条件空前发达，生活环境、生存方式、生存条件前所未有的方便、舒适、适宜于人，另一方面异化现象空前突出。因此，如何在保证社会生产力高速发展、保障人们有充足维持生存的物质条件这一前提下克服异化，就成为现代社会的一个根本性问题。也就是说，文化—心理结构的建设上升到本体地位，成为本体性问题。

这就是实践美学所提出并一直强调的心理本体的建设问题。今日社会中，哲学的重要功能之一是探讨人类的命运和幸福。不是宇宙本体论，不是单纯的认识论，也不是语言问题，而是生存的意义、人生的价值、人生的幸福，成为今日的哲学首先应该关心和探寻的问题。而幸福问题，正是一个美学问题。正是在这个意义上，和谐社会的建设，在根本层面上，是个美学问题。

那么，心理本体如何建设？什么样的心理可以承当起今日世界的本体？

实践美学根据中国传统历史—文化精神，借鉴西方启蒙哲学思想，提出，今日社会中所要确立、建设的心理本体，就是情本体。

在人生本体问题上，历史上曾经有过两个极端，一为自然欲望本体论，一是道德神学论。自然欲望论主张以人的自然欲望为根本，鼓吹人的自然的欲望的合理性，追求感官刺激和官能享受。自然欲望论是伴随着近代人文主义思潮产生的，在某种意义上可以说它是近代人文主义思潮的哲学基础。它高扬人性以反对中世纪教会的神性，提倡人权以对抗神权，以现世的感官享受代替基督教鼓吹的来世救赎，以尘世的享乐代替天国的期待。它期许人一种现世的幸福，极大地释放了人的世俗物质欲望，解放了人的创造力和想象力，刺激了生产力的发展，奠定了近代资本主义社会三百多年的世俗文化的哲学基础。因此，自然人性论有其历史合理性。在任何时候，它都有一定的存在理由。但这只是一种片面的合理性，其根本缺陷在于，它把人的自然欲望看做人的根本，抹杀了人与动物之间的根本区别，把人下降为动物，从而降低人生的意义和价值。同时，自然人性论还会导致另一种倾向，即人为物役。由于放纵感官欲望，把世俗的享乐看成人生的一切，因而，不断追求物质的享乐，导致社会的物欲膨胀，实际上是以物欲的异化代替了神的异化。

道德本体论把道德看做人生的根本，以道德律令来要求、制约、规范人的行为甚至思想。道德本体最突出的表现是我国宋明理学和康德的道德神学论。宋明理学把"天理"看做世界的根本，并把"天理"与"人欲"完全对立起来，认为人的自然欲望是妨害人掌握天理的障碍，因此提出，要"存天理，灭人欲"。"存天理，灭人欲"的最终结果是压抑人的合理的自然欲望，从而导致道学的虚伪化。在高度压抑下，"人欲"不但没能被灭掉，反而在明中叶以后呈现出洪水泛滥之势，从而宣告了道德本体论的破产。从理论上说，道德本体论的错误在于无视人的自然欲望的合理性，试图建立起完全消灭人的自然欲望的纯粹道德本体，但自然欲望作为人生命的生理基础，是不可能被完全消除掉的。无视它的合理性，压制它，甚至想消灭它的结果，是人性的严重扭曲、变形，是整个社会的虚伪、伪善化，个体被非道德化、去道德化甚至反道德化。这个结果与道学家们提倡道学的初衷南辕北辙。因而，道德本体论无论从理论上还是实践上都归于失败。

康德的道德形而上学的巨大功绩在于强调了建基于人的自由意志之上的道德的伟大、庄严与崇高。康德把道德律令看成超越时代、社会、阶级的"绝对命令"，这种绝对命令要求不计利害，不计功效，不顾后果，甚至不计生死，一往无前，绝对服从，九死而无悔，从而大大张扬了人作为道德行为者的伟大与崇高，把人的地位提到了一个空前的高度。在康德看来，这种绝对命令虽然需要人无条件的绝对服从，它却又是人的自由意志进行自由选择的结果，正因为人有这种自由意志，才显示出人的伟大与崇高。但是，绝对命令从何而来？自由意志从何而来？由于康德把现象与本体绝对分割开来，缺乏对人类历史实践的反思把握，只能把绝对命令看成神的意志，把自由意志看成一种先验心理结构。对于康德来说，自由、世界、上帝这些概念都不是理性所能把握的对象，而只能是信仰的对象，因而，康德的道德形而上学最终走向了神学，导致人为神所役，成为神的奴隶。

人类学历史本体论哲学继承并创造性地改造了康德伦理学的部分内容，不是把自由意志看成先验的认识结构，把绝对命令看成神的旨意，而是从人类总体发展的历史中去寻找它的根源，认为它是由人类在发展过程中，为了保存、延续人类本身而产生的，因而仍是历史实践的产物。只是，在漫长的历史过程中，它的起源被掩盖起来了，忽略了。因而看起来，对于个体来说，道德就是绝对命令，是无条件的，不容讨论，不容犹豫的，并且，某种意义上，道德是超越时代、社会和民族的，具有人类共通性的。它几乎具有宗教教义的功能。人类学历史本体论哲学认为，这类道德属于"宗教性道德"，如不说谎，不偷盗，讲诚信等等。道德还有一部分内容，随着时代、民族的不同而有所不同，如对待老人的态度。中华民族敬老、爱老，把对老人的态度看成一个人道德品质的重要尺度；但在有的原始部落，60岁以上的老人都要被杀掉，目的是为了给部落成员节省食物。从各民族具体历史条件来说，这两种道德观都有一定的具体的历史合理性。这就是"社会性道德"。人类学历史本体论哲学认为，宗教性道德和社会性道德都是一个社会中不可或缺的。重要的在于，如何运用两种道德尺度建立和规范一个社会的道德伦理，以社会性道德约束、制约人的公共行为，建立起社会性公德，而以宗教性道德范导社会性道德，这是伦理学的一个重要任务。至于自由意志，它也并非先验的心理结构和功能，而仍是人类历史实践对人的心理结构进行改造的结果，即它是内在自然人化的结果，是在长期的历史实践过程中人类理性的内在凝聚。伦理学就是要研究理性如何凝聚、内化为作为心理结构和功能的自由意志，这也是"内在自然人化学说"的核心问题。

在西方社会，还有一种人生本体论，即神学本体论。神学本体论的好处是有一个全知全能全善的上帝，可以由它为人负起责任来，由它指引人的方向，安慰人的心灵，安顿人的灵魂。但是，存在于彼岸世界的全知全能全善的上帝是建立在非科学基础之上的。科学的发展不断打破各种神话。因而，西方近代以来，发生了深刻的信仰危机。人文主义思潮的滥觞已经彻底消除了上帝造世的神话，也打碎了基督教精神赖以依靠和支撑的信仰。既然上帝并不存在，它实际上只是人的本质的异化。因而，关于超越于人之上的全知全能全善的上帝信念也宣告破灭。正因如此，康德才试图在科学与宗教之间达成一种平衡与调和，把理性、上帝、世界看成信仰的对象而非科学认知的对象。康德的功劳无疑是巨大的，但是这种折中主义的失败也是明显的。此外，"神"需要一个在尘世的代表来传递和解释神的旨意，这个尘世的代表便被解释成是教会。教会行使沟通人间和天国的职能，传递神的旨意，听取人的忏悔，成为统治人们肉体和心灵的最高统治者，集教权和政权于一体，成为权力的绝对拥有者。然而绝对权力导致绝对腐败，这是一个颠扑不破的真理。到了中世纪晚期，教会已成为腐败与罪恶的渊薮，它以极其严酷的手段打击异端，排斥异己，扼杀求知欲，熄灭人们对科学与真理的热爱，迫害科学家和异端哲学家。因而，神学本体论无论是精神上还是事实上都已归于失败。

中国历来没有神本论传统，却有着审美文化传统；中国人的超越不是宗教超越，而是一种现实的审美超越。

在中国，本就没有上帝，没有一个离开世俗社会、脱离人世的高高在上的上帝。中国人从来不把活着的意义和味道定位在尘世之外，而是就在尘世之中、之内去寻求精神的慰藉与充实，寻找超越现实的途径。中国人把整个宇宙看成一个有情的世界，人在这个世界上活着本身就是宇宙有情的一个体现。宇宙自然与人世社会、人的精神之间是一种共生共在的关系，它们之间有一种奇妙的对应与感应。这就是中国人讲的"天人合一"、"天人感应"。因此，"天行健，君子以自强不息"。在气化流行、生生不息的世界里活下来，以自己的品行、思想和功业去体现宇宙自然生生不息的法则，这本身就是一种意义和"味道"，是宇宙有情的表现。因此，人活着的"味道"不在天国，不在彼岸，而就在此世此岸，就在具体展开的日常生活过程中。所以中国人特别讲究生活的艺术化，把每一个生活的细节都变成一种精致的享受，一种艺术的创造。中国的饮食文化特别发达，饮食起居脱离了它本有的物质功能含义而变成精致的艺术享受。再如中国的园林、丝绸、刺绣、茶文化、酒文化等，都是举世闻名的，它们把居住、服饰、喝茶、品酒等日常生活变成一种艺术行为和活动。这个讲究细节、把人生艺术化的背后依然是一种有情的宇宙观作支撑。宇宙有情，圣人有德。圣人以德配天。人生因为有情而有意义。

　　这种情，其基础就是人间代代相传的血亲之情。父母生养之德大于天。所以儒家特别讲究子女对父母的"孝"。建基于孝亲基础之上、以推己及人的方式把这种亲情弥散、扩展开来，便把人世变成一个温暖的、充满人情味的世界。人生因为有了这份温暖的人情而有了味道，有了意义，有了价值。所以中国人治理国家不是从契约思想、契约关系出发，而是从人伦孝亲关系出发，把世界看做一个大家庭，把家庭观念推而广之，把理家的方法和思想推广到治国，所谓"修身、齐家、治国、平天下"是也。要"平天下"首先要"治国"，要治国先要"齐家"，要齐家先要"修身"。人伦血亲关系成为基础与核心，成为中国传统社会的立足之本。所以一个地方的行政长官被称为"父母官"；所以大多数朝代都提倡孝道，讲究人伦，以"孝"治国；所以看起来有着至高无上权力的皇帝也受到"孝道"的约束，有些励精图治、雄心勃勃地想要改革进取的皇帝往往最后在皇太后的干预下不得不放弃改革。最典型的例子是清末的光绪皇帝，其推行的"戊戌变法"在其母慈禧太后的干扰阻挠下以失败告终，光绪本人也沦为慈禧的囚徒。而慈禧太后用以干预、制约皇帝的法宝便是"祖宗之法"。由此，"孝亲"观念的强大力量可见一斑。

　　那种否定个体的独立人格、不问是非、不问条件的单纯而抽象的"孝道"，那种"父为子隐"、"子为父隐"式的把亲情置于国法之上的"孝道"，在今天的社会里肯定是应该抛弃的。但是，排除这些具体的时

代性和社会性的局限，而就其讲究人伦、尊重父母长辈、注重亲情，努力
使社会变得像一个充满人情的、温暖的大家庭，让人与人之间互相关爱、
彼此宽容、相互尊重和相互帮助，难道不仍是值得大力提倡的吗？和谐社
会如何体现？不就体现在这种人情温暖如阳光般亲切友好的社会氛围之中
吗？实践美学认为，在今日世界没有天国，没有上帝，没有主义理想之
时，只有情，只有基于血亲关系、而又超越于这种血亲关系的人与人、人
与社会、人与自然之间的相互关爱之情，才是今日社会中心灵的最后停泊
之地，是今日社会应该建设的人生本体，即以"情本体"取代道德本体
或神本体作为今日世界所要提倡、建设的人生本体，这可能是走出信念与
信任危机、克服物欲横流与心理浮躁、建设一个宽容有序、处处充满爱与
温情的和谐社会的一个途径。"既无天国上帝，又非道德伦理，更非主义
理想，那么，就只有以这亲子情、男女爱、夫妇恩、师生谊、朋友义、故
国思、家园恋、山水花鸟的欣托、普救众生之襟怀以及认识发现的愉快、
创造发明的欢欣、战胜艰险的快乐、天人交会的归依感和神秘经验，来作
为人生真谛、生活真理了。为什么不就在日常生活中去珍视、珍惜、珍重
它们呢？为什么不去认真的感受、体验、领悟、探寻、发掘、敞开它们
呢？"① "不是'性（'理'），而是'情'；不是'性（理）本体'，而是
'情本体'；不是道德的形而上学，而是审美形而上学，才是今日改弦更
张的方向。"②

　　"情本体"学说是实践美学从中国的历史文化传统出发，借鉴西方
启蒙时代的启蒙思想，结合当前现实状况所提出来的建设和谐社会的一
种美学策略，也是为未来散文时代提供的一种诗化生存的人生本体。和
谐从何而来？首先是要建设一个有情的世界，一个温暖的社会，一个没
有相互之间的猜忌与仇恨而有着相互间的关爱与帮助，让人有回家之
感，能够时时感受到爱与被爱的生活环境。不是用主义、理想的空话、
大话去掩盖生活的贫穷，也不是用短暂的物质欲望去刺激感官，麻木神
经，更不是以专制高压去堵住人们说话的嘴巴，而是切切实实地倡导一
种人间的亲情、友情、爱情、家园情、乡土情、爱国情等等，把这些

---

　　① 李泽厚：《哲学探寻录》，《实用理性和乐感文化》，生活·读书·新知三联书店 2005 年
版，第 191 页。

　　② 同上书，第 187 页。

"人情"建设为社会的基本关系，尊重每个人的人生选择，发挥每个人的独特长处，挖掘每个人的创造潜力，总之，创造条件使每个人都能自由而全面的发展、自由而诗意地生存，从而真正使和谐社会的理念落到实处，使失去信仰的人们有了温暖而实在的人生的精神支撑。21世纪美学何为？就是要在无情的世界建立起情来，要为流浪的精神和无根的心理确立起根基。

那么，情本体具体说来有哪些内涵，它与自然本体论、道德本体论有哪些共同之点，又有哪些区别之处？这些问题将在下一章展开论述。

第 八 章

美学何为

在西方哲学史上,"美"一开始就被视为一种最高的人生境界,这种境界是经过刻苦学习,不断掌握各种知识、逐渐上升知识的层次,最后才能到达的境界,这就是柏拉图所说的"美本身"。先从人世间个别的美的事物开始,逐渐提升到最高境界的美,好像升梯,逐步上进,从一个美形体到两个美形体,从两个美形体到全体的美形体;再从美的形体到美的行为制度,从美的行为制度到美的学问知识,最后再从各种美的学问知识一直到只以美本身为对象的那种学问,彻悟美的本体。"这时他凭临美的汪洋大海,凝神观照,心中起无限欣喜,于是孕育无量数的优美崇高的道理,得到丰富的哲学收获。如此精力弥满之后,他终于一旦豁然贯通一唯一的涵盖一切的学问,以美为对象的学问。"① 亚里士多德从形式、内容、数量等方面探讨过美。从内容上看,他认为"美是由于其自身而为人所向往并且值得赞颂的事物,或是善并且因为善而令人愉快的事物"②。从形式上看,"美的最高形式是秩序、对称和确定性。数学正是最明白地揭示它们"③。从结构上看,"一个美的事物……不但它的各部分应有一定的安排,而且客观存在的体积也应有一定的大小;因为美要靠体积与安排。一个非常小的活东西不能美,因为我们的观察处于不可感知的时间内,以致模糊不清;一个非常大的活东西,例如一个一万里长的活东西,也不能

---

① 〔古希腊〕柏拉图:《柏拉图文艺对话集·会饮篇》,人民文学出版社 1963 年版,第 273 页。

② 〔古希腊〕亚里士多德:《修辞学》1366A34—35。转引自汝信主编《西方美学史》第 1 卷,中国社会科学出版社 2005 年版,第 182 页。

③ 〔古希腊〕亚里士多德:《形而上学》,转引自汝信主编《西方美学史》第 1 卷,中国社会科学出版社 2005 年版,第 182—183 页。

美，因为能一览而尽，看不出它的整一性"①。到了中世纪，"美"作为和谐的特性被特别强调出来，美是一种和谐，世界是美的，因为它是和谐的，和谐被看做上帝赋予世界的一种属性，是上帝发出的光辉在世界上的体现。因而，各种感性事物，尽管有各种缺陷，但它们依然是美的，因为它们体现了上帝的光辉。循着感性事物的美可以达到上帝之美，即最高层次之美。奥古斯丁这样描述感性事物之美："考虑到动植物和生生死死、变化不居的事物的缺陷，以为它们缺乏理智、感觉或生命，便当做该给它们定罪的理由，这是可笑的。这些缺陷确实影响到它们本性的衰退，从而造成自身的毁灭。但是，这些受造物依从造物主的意志接受了自身的生存方式，其目的是通过它们的变换和在各种季节更替中的延续，完善了宇宙低层次部分的美。这是它身躯种类的美，它可以在这个世界的构成中找到自己的位置。"② 圣托马斯论证圣子的神圣性时提出美的三个条件："第一是整一或者说完善，因为那些残缺的东西就这一方面看来便是丑的。其二是适当的比例或和谐。其三是亮丽或明晰，因为具有鲜明色彩的东西被称作是美的。"③

尽管美曾经被看做是一种最高的境界，是人生的最高本体，但是，"美学"作为学科的创立却是近代以来的事。而在被作为学科创立的"美学"中，美却被仅仅看做是一种低级的感性认识，一种模糊、混乱、非理性的感性认识。众所周知，作为独立学科的美学诞生于18世纪中叶，其命名曰 Aesthatika，即"感性学"之意。命名者鲍姆加通的本意是要对感性对象予以理性的分析研究，把感性认识纳入哲学的视野。在他看来，理性事物凭高级能力去认识，感性事物凭低级能力去认识，它属于知觉的科学，或感性学（Aesthetic）。这里，感性经验的地位没有改变，只是给予感性经验在哲学中一个正式地位。从更远的学科背景来看，美学作为学科之诞生于近代西方各门学科开始分化、细化的时代，"美学"的诞生其实只是顺应了这一历史潮流。在美学获得专门学科的合法性的同时，美的地位实际上早已悄然下降，从古希腊时代的最高人生境界下降为一种客观

---

① ［古希腊］亚里士多德：《诗学》第七章，人民文学出版社 1982 年版，第 25—26 页。

② 《上帝之城》英译本，Ⅴ.2，Ⅻ4，第 475 页。转引自汝信主编《西方美学史》第 1 卷，中国社会科学出版社 2005 年版，第 519 页。

③ 《神学大全》1　Q39　A8，见《托马斯·阿奎那基本著作选》英文版，第 378 页。转引自汝信主编《西方美学史》第 1 卷，中国社会科学出版社 2005 年版，第 625 页。

世界的尺度、法则，一种感性事物的特性，只是这些特性能引起人的愉快感觉而已。因此，鲍姆加通把美定义为感性认识的完善。在他看来，总的说来，感性认识本身就是混乱的，模糊的，所得到的认识结果往往是不可靠的。认识只有从知性出发才是明晰清楚的。作为感性学的美学，其研究对象只是不甚明晰的感性认识，美只是感性认识的完善。比起真正的知性来说，它缺乏必要的逻辑性，因而，其地位并不高。这一状况在康德那里得到部分改善。康德把审美判断力作为纯粹知性和纯粹意志的中介，通过审美判断力才能理解"自然如何向人生成"这一历史难题。因此，美学具有举足轻重的地位和作用。但是到黑格尔，美学的地位又下降，作为"理念的感性显现"的美只是绝对理念在运动过程中的一个阶段，它将被更高级的宗教和哲学代替。20世纪，随着语言哲学和分析哲学的兴起，美学上的取消主义也一度盛行起来，"真"、"美"、"善"这些价值性范畴由于其不能被准确地下定义或者说是没有共同的公认的定义，被看成是由于我们不了解语言的逻辑而造成的，因而也是一些无谓的范畴。维特根斯坦的名言，在我们生存的世界上的，有些是可说的，有些东西是不可说的。哲学的大多数命题就属于不可言说的。对于这些不可言说的东西，只能保持沉默。

这样，经过分析哲学的解构，美学在20世纪以后必须重新面对一个问题：它有何作用？21世纪，美学将何所作为？

在中国，自王国维于20世纪初引进"美学"范畴，创立现代学科形态的"美学"以来，美学曾几度辉煌，成为全社会关注的焦点。梁启超、王国维、蔡元培这些中国现代美学第一代代表人物，关注的是美学的超功利性，是审美和艺术的"无用之用"，形而上之大用，是通过超越现实功利来改造人心；20世纪30年代，朱光潜则主要是把近现代西方美学糅合成为一个审美经验系统，从审美经验出来探究美与艺术的本质及其功用；50年代美学大讨论中，美学问题被置放于哲学上唯物主义和唯心主义的分歧与对立中，学科上主要是从认识论上去探讨美和美感的本质。80年代又一次"美学热"中，美学主要被从实践本体论上去思考，而这次的美学热潮中，美学与社会政治的关联一方面被加强，另一方面，由于思想解放运动正方兴未艾，讨论本身有可能突破过去的一些禁区，深入到学科本身的诸多问题，因而，这次美学热是中国历史上对美学探讨最为集中、深入和全面的一次。在这次"美学热"中，诞生了作为中国现代美学学科形态的"实践美学"。90年代以后，启蒙热情衰落，美学也从社会层面退回到书斋里，更有许多学者以分析美学的语言分析作为利器，断言美学作为形而上学已终结，哲学美学已走向了末路。但也有更多严肃的学者踏踏实实、认认真真地继续从事着美学的各种具体问题的研究。这里，我试图根据实践美学的思路，提出一点自己对于这个问题的思考，回答在未来社会中"美学何为"的问题。

一 哲学：从"认识何以可能"到"人类何以可能"

英国哲学家休谟曾经提出一个问题：从哲学上说，我们并不知道明天太阳是否会像我们平时所看到的那样照常从东边升起。我们每天看到太阳从西边落下去，我们也看到它每天早上从东边出来。从日常生活经验和常识来说，我们应该知道，太阳每天应该从东边升起。但是，事实上，我们其实并不能做出这个判断。因为，我们每天看到太阳从东边升起，这只是一个经验事实，只是在经验层面而言，而经验的东西却并不具备普遍必然性。从我们的经验事实出发，无法达到对事物的普遍必然性的认识。因而，从哲学上说，我们其实并不知道明天的太阳是否照常从东边升起。就理论上而言，也许明天它可以从南边、从西边升起。也就是说，从哲学层面上说，我们对于我们的世界是无法真正知晓的，这样，休谟从纯粹的经验论出发，走向了不可知论。

为了解决这一难题，康德提出了先验认识结构原理。他认为，对普遍必然性的认识并不是靠经验，而是靠我们先验的认识能力。人类具有一种先验的认识能力，这种能力使人类可以对看似杂乱无章、多样变化的世界进行分析整理，使我们能清楚地认识和把握世界。他首先否定了单纯的经验论。经验论的方法是对于个别的大量的经验事实进行归纳，试图从中寻找出普遍性的原理，它是一种后天性的综合判断。但这种后天综合判断只能针对个别事物，它无法达到事物的普遍必然性，无法帮助我们认识世界的本质。正如休谟所举的例子，从经验事实出发，我们连明天太阳是否照常从东边升起也无法知晓。因此，单纯的经验论难以担当起人类认识世界的重任。

哲学史上还有另一种认识方法——演绎法，是从某种普遍性的原理出发去进行演绎、推理，从普遍到特殊，从一般到个别。演绎法由亚里士多德的逻辑三段论而来。三段论就是由一个普遍性的原理出发对某个具体的现象进行分析，把这个具体现象的普遍性找出来。比如，这样一个三段论：

人皆有死（大前提）

苏格拉底是人（小前提）

所以，苏格拉底会死（结论）

这样，通过分析，得出"苏格拉底会死"这样一个针对某个具体的个人的结论。演绎法是一种先验判断，具有普遍必然性，但它是分析性的，它无法处理经验材料。而且，归根到底，它的先验性的前提从何而来？对这个问题演绎法本身无法回答。那么，能否找到一种既是先验的又具有综合性的认识方法？也就是说，在康德看来，问题的关键在于要建立一种先验综合判断。先验综合判断是解决休谟所提出的问题、回答人类如何可以认识世界的唯一途径。因此，"认识如何可能"，成为康德提出、并试图解决的一个哲学难题。康德认为，要回答"认识如何可能"这一问题，就必须首先对人的认识能力进行考察。只有考察了人的认识能力，我们才能知道人类的认识结构到底如何，它是否可能认识和把握我们所身处的世界，是否可以透过我们所看到的纷纭复杂的现象而把握世界的本质。

康德把人的认识分为三个层面：感性、知性和理性。在感性层面，人类有两种先验能力：时间和空间。这两种先验能力保证了人可以把原本是混乱杂多、纷繁复杂的现象界的事物进行初步的处理，使它们成为有条理的存在，给人进一步认识事物的本质提供前提。知性层面，人类通过必然与偶然、本质与现象、原因与结果等十二对先验范畴，对事物的一般本质进行分析。而理性层面则是对世界本身、现象背后的"物自体"进行认识。但是，人类的理性是无法把握作为世界本体的"物自体"的。上帝、灵魂、世界、物自体，这些概念只能作为信仰的对象，而不能作为认识的对象。这样，康德从哲学走向了神学。从考察人类的认识能力出发，走向了不可知论。

康德提出的问题自有其深刻的意义。我们所面对的世界，是我们所看到、听到、认识到的世界，除此之外，是否有离开我们的感知和认识而独立存在的世界，则是不知道的。因为无论我们以何种方法认识世界、面对世界，我们所能接触到的永远只能是经过我们的意识和思维处理过的世界。因此，在考察世界是什么样子时，我们当然首先要考察我们本身的认识能力和认识结构。从人类的认识方式来说，除了经验论和归纳法之外，人类还有知性，还有某种先验的分析能力，我们才能认识到，太阳明天一定会从东边出来。太阳从东边出来，这是一个经验事实，却是运用我们的知性去认识和把握到的事实。因此，即使是处理经验材料，也必须运用我们的知性和理性，而不能仅仅凭借感性。由此可见，人类先验的认识能力是我们能够认识和把握世界的关键。

但是，人类这种先验的认识能力从何而来？康德没有给予回答，从康德哲学本身出发，也无法回答这一问题。马克思的实践哲学正好可以解答这一问题。从马克思的实践哲学出发，原先看起来是先天的、先验的认识结构和能力，却并不是天恩神眷，不是上帝给予人类的礼物，它们有其实践经验的来源，是人类在长期的社会实践活动中，由实践中所积淀、内化而来，是理性的积淀和内化。并且，不仅仅是认识结构和能力，人类的意志结构与道德伦理、审美结构和审美能力也同样是由人类的实践所产生，是在实践过程中由人的感性内化、凝聚和积淀了理性而形成。那么，理性是如何积淀和内化为感性的？看起来是先验性的直观和直觉中是如何积淀有后天的经验的？人类为什么能够实现这种理性的内化和积淀？这就从认识领域转向了历史和实践领域，从认识论转向了实践论。这样，马克思的哲学从认识论转向了人类历史实践论和人类本身的生存论，也就是说，问题从"认识何以可能"转向了"人类何以可能"。

人类何以可能？为什么同样作为生物的人类能够具有其他动物不具备的语言、思维和操作能力？为什么在诸多生物存在中唯独人类能够普遍性地使用和制造工具、建立一套完善的社会制度，能够产生和表达复杂的感情？为什么人类能够产生各种道德、信仰，并且靠这些道德和信念维系社会的健康运行？为什么人类几百年、几千年前的制品，甚至几万年前的原始人的"涂鸦"之作还可以感动今天的人类、打动现代人的心灵，还能引起现代人的巨大的审美感受和研究兴趣？为什么如此众多的生物品种中，只有人类具有改造世界的巨大能力？的确，在某些动物那里，也有社会性，有社会分工，也有某种可以交流的"语言"，甚至有某种情感和"审美"。比如蚂蚁、蜜蜂等都有严密的社会性和组织性、有明确的社会分工；各种动物都有自己独特的交流方式，有的用声音，有的靠气味，有的靠体液；有的动物如一些鸟类，属于对偶家庭，伴侣之间相互忠诚；有的动物如猿猴类，还可以使用工具等等。但是，动物中所有这些特性，从数量上和质量上看都无法比人类匹敌。人类的语言能表达非常复杂的思想和感情，人类的道德伦理一方面有复杂的时代性、社会性和历史性，随着时代和社会的改变而改变，另一方面也有一些超越时代、民族、地域而普遍有效的道德规范；人类的情感之复杂、深刻，人类的审美感受中那种超越生物性的神圣性和纯洁性，又岂是普通动物所能相比拟的！那么人是如何、靠什么脱离动物界而成其为人的？人类的认识、伦理、宗教和审美心理结构是如何形成、如何发展起来的？总而言之——人类的存在是如何可能的？

回答这一问题，首先必须在人类区别于动物的独特活动中去寻找。是人的这一独特的活动最终构成人与动物的区别，使人成其为人。这一独特活动便是人类的社会历史实践活动，具体说来，就是使用和制造工具的实践活动。因此，马克思主义哲学的出发点不再是某种抽象的形而上的命题，也不再是对脱离人类实践活动的"世界是什么"这类问题的抽象追问，而是人类具体的、历史的、社会性的实践活动。如果说，哲学的主流在古希腊时期是"本体论"，它的主要任务是追问纷纭复杂的世界现象背后的"本质"；在近代是考察人类的认识能力和认识方式的"认识论"，在20世纪是探讨语言的"元哲学"或"语言哲学"，则今天，从前属于哲学的一些问题已更为具体化，为各种具体的科学所取代，因而，今天的哲学的主要形式既不能是古希腊时代那种本体论，也不能是近代的认识论，也不是20世纪的语言哲学，它只能是有关人类的生存和命运的探讨。

比如本体论。在古希腊时期，它探讨的是世界的本源是什么，它希望追问流变的世界背后不动的真相，现象背后的本质。关于这个问题，有种种答案，如"水"、"火"、"气"、"理念"、"数"等。但是，现代科学已产生了多种学科去探讨、解析这个世界的物质构成、运动规律等问题，如天文学、气象学、大气物理学、化学、地球学、环境科学等等。因此，今日世界里，哲学的主要功能也不再是追问"世界的本源是什么"、"世界的本质是什么"这类传统形而上学问题。事实上，在当代科学高度发达、分科高度细化的时代，再把"世界是物质的还是精神的"这样一些传统形而上学问题作为哲学中最重要的问题，企图通过思辨的方式去回答它们，就不但不是智慧的表现，反而显得可笑了。

比如认识论。从哲学上说，认识论是探讨人类如何认识世界、以什么方式去认识世界的问题。西方近代哲学有两大认识论传统，一曰经验主义，一曰理性主义。经验主义主要通过归纳法从对日常经验的总结归纳中寻找普遍真理。而理性主义则主要从某种既成的概念或原理出发，通过演绎法得到真理。无论是经验主义还是理性主义都有其合理性与局限性。经验主义具有实证性，但常常缺乏普遍性，并且不具有先验性；而理性主义以之为出发点的先验原理则常常缺乏经验基础。康德正是看到它们各自的局限性，才试图调和二者，试图论证先验综合判断如何可能。所以康德哲学的主旨是探讨人类的认识何以可能。但是，随着现代科学的发展，许多认识论问题已有具体的认知科学去探讨，如心理学、脑科学、神经生理学等，这样，传统哲学的一些认识论问题不再是哲学所关注的重点。

　　但是，科学可以提供知识，却无法回答有关"人生的意义和价值"这类问题，无法给人的"命运"提供答案。科学可以让人知道宇宙是什么，世界是什么，可以告诉人们人的大脑如何反射、血液如何循环、心脏如何跳动等问题，却仍然无法告诉人们人生的意义在哪里，活着的价值何在。这类问题才是现代哲学所要关注的。所以，自马克思开始，哲学从认识论转向了实践论，马克思以后，又转向了生存论。哲学的作用主要不在于探讨世界的本源或本质，也不在于探讨人们如何去认识客体世界，而在于探讨人生和命运问题，人的价值和意义问题。不是探讨世界是什么，而是探讨"人是什么"、"人为什么活着"、"人活得怎么样"等问题。因此，自马克思以后，哲学探讨的出发点不再是"世界是什么"，也不是"我们如何去认识世界"这类问题，而是"人活着"这一基本事实。

　　人活着，首先必须生存。这个基本的事实在任何时候也无法改变。因此，人类的存在基础是生产人的生存所必需的物质生产和生活资料。在任何一个社会，为人们提供物质性生存的生产才是这个社会最基本的、起最后决定作用的因素。马克思和恩格斯说：

　　　　我们首先应当确定一切人类生存的第一个前提也就是一切历史的第一个前提，这个前提就是：人们为了能够"创造历史"必须能够生活。但是为了生活，首先就需要衣、食、住以及其他东西。因此第一个历史活动就是生产满足这些需要的资料，即生产物质生活本身。同时这也是人们仅仅为了能够生活就必须每日每时都要进行的一种历史活动，即一切历史的一种基本条件。……因此任何历史观的第一件

事情就是必须注意上述基本事实的全部意义和全部范围，并给予应有的重视。……①

任何历史存在的首要前提是人的生存。从这个基本事实出发，马克思发现了历史唯物主义原理。他发现，无论哲学家们如何吹嘘精神的作用，历史却是靠物质的力量去推动和发展的。"'精神'从一开始就很倒霉，注定要受物质的'纠缠'，……意识一开始就是社会的产物，而且只要人们还存在着，它就仍然是这种产物。"② 因此，马克思的哲学是历史唯物论，也是实践论。马克思主义哲学在今日所要探讨的就是人类的生存状况，人类的命运。

人类学实践本体论哲学继承、延续马克思主义实践哲学这一基本原理，把人的生存实践看做人类存在的基础，从人类的实践活动出发来理解人类区别于动物的独特特性，探讨人类何以可能成其为人类。人类何以可能？为什么同样是自然界进化的产物，只有人类能够大规模地使用和制造工具，而动物却不能？为什么只有人能够制造出巨大的工具本体、产生改造世界的伟大力量，而动物却不能？为什么只有人能够"夺造化之功"、能够"改天换地"，而动物却不能？为什么只有人类才产生出复杂的思想和情感并能有效地以语言表达出来？为什么人类几百年、几千年前的艺术作品，甚至几万年前的原始人的"涂鸦"之作还可以感动今天的人类、打动现代人的心灵，还能引起现代人的巨大的审美感受和研究兴趣？答案只有一个：因为人能够从事使用和制造工具的实践活动，而动物却不能。③ 正是使用和制造工具的实践活动最终把人与动物区别了开来，把人从动物界提升了上来，成为人。

具体说来，人是如何通过实践区别于动物的？人类学实践本体论认

---

① ［德］马克思、恩格斯：《德意志意识形态》，《马克思恩格斯全集》第 3 卷，人民出版社 1960 年版，第 31—32 页。

② 同上书，第 34 页。

③ 有一种观点认为，动物并非不能使用工具，如猴子会使用木棍之类的东西帮助它够拿食物；动物也可能从事"艺术"创作，如一些猿猴的绘画作品看上去与毕加索的画没有分别。但是，动物之使用工具只是偶然性的、个别的，而人类之使用工具则是普遍的、常态的。这里数量的差别就造成了质量的区别。至于说到有些猿猴的艺术作品看上去与毕加索的某些作品很相似，这也可能；但那并非它们有意识的创作的结果。动物显然画不出拉斐尔的画，谱写不出交响曲，也写不出像《红楼梦》这类小说。它们连一首简单的小诗也写不出来。

为，人在使用和制造工具的实践过程中，一方面改造了客观世界，使自然具有属人的性质，从与人对立、敌视变为与人亲近、依赖，这是"外在自然的人化"。另一方面，这种实践活动也同时改造了人自身的身心结构，使之脱离纯粹的动物性心理，而具有人的心理，使一些动物性、本能性的心理因素具有人的属性，成为人的心理，这是"内在自然的人化"。外在自然的人化产生美，内在自然的人化则产生美感。"美是自然的人化"正是在这个层面而言的。

但是"内在的自然"即人的心理、感知、情感是如何形成、如何"人化"的？这就是"积淀说"所要回答的问题。人类学实践本体论认为，人类在改造外在的物质世界和内在自我的心理世界的实践过程中，理性的、社会的因素通过实践积淀为内在的心理结构。这个心理结构主要有三个方面："理性的内化"，这是认识结构，它的活动产生了科学。"理性的凝聚"，这是意志结构，它的活动产生了道德和伦理学。"理性的积淀"，这是审美结构，它的活动产生了审美。积淀说所要解决的问题是，外在的、社会的、理性的因素如何能够转化为内在的、个体的、感性的心理。它表明，看起来是先验的认识、意志和审美心理，其实并非先验的，它有着深刻的社会实践基础。因此，"积淀说"并非像有的人所说的只强调美的群体性、社会性和物质性，而忽视美的个体性、精神性。相反，它所要解决的，恰好是：在看起来是个体的、感性的、动物性的心理结构中，如何能够具有社会的、物质的、理性的内容。它的立足点是人类，而非个体的感性的人；是大写的人，而非具体的单个、个别的人。人类学本体论哲学本身就是立足于人作为一个类的存在，它首先要探讨的正是"人类如何可能"的问题，是人类的本质、人类的命运问题。这是它作为哲学的基础。而它把哲学建基于人类使用和制造工具的物质活动基础之上，建基于人活着首先要生存这一个基本事实之上，便使它有了区别于其他哲学的坚实的现实根基。

但是，人活着，人生存，这仅仅是一个出发点，而非最后的归宿。人活着是一个事实，是人类学实践本体论哲学的基础，但是，人作为"有意识的类存在物"（马克思语），他不仅仅要像动物那样只是"生存着"，只是"活着"。他还要问自己："为什么活着？""怎样活着？"因此，人类学本体论哲学从"人活着"这一基本事实出发，把探讨的目光进一步向"为什么活"、"活得怎样"延伸，也就是从人生存的事实向生存的意义和状态问题延伸。

　　"为什么活",涉及人生的意义和价值问题,是伦理学问题;而"活得怎样",或者说,怎样活着,以什么状态活着,则是美学问题。

二　美学:从"人活着"到"活得怎样"

　　如果说,哲学的出发点是"人活着"这一基本事实,是对整个人类命运的关注和探讨,那么美学所关注的则是人"活得怎样"。

　　人活着,不仅仅是为了活着而活着。有句俗话说,"人吃饭是为了活着,但活着不是为了吃饭"。人活着只是最基本的前提,必须首先保证这一前提。但是,当"活着"的基本要求得到满足之后,人就有了更高的目标。这就出现了人"为什么活着"的问题。这是人生的意义问题。

　　人为什么活着?可以有各种不同的回答。有人为名,有人为利,有人为理想,有人为自由。中国既有"人为财死,鸟为食亡"的这一类苟活哲理,也有"人生自古谁无死,留取丹心照汗青"的壮烈诗篇;既有"人不为己,天诛地灭"自私自利诉求,也有"为天地立心,为生民立命,为往圣继绝学,为万世开太平"的崇高理想。"为什么活",这涉及伦理道德问题。关于道德,也有不同的说法。有的人,如康德,把道德看成一种"绝对命令"。当个体的某种利益、价值乃至生命与群体的需要、利益和价值相冲突相矛盾的时候,这种道德要求个人顾全大局,牺牲个体的利益乃至生命而保存群体。这种道德是无条件的,不容犹豫,不容思考,不容反驳。它不计当前利害,不计个人得失,一往无前,九死而无悔。而且,个体的这种牺牲并非外在的强迫,而是完全出自个体内在心理和意志的自由自觉的选择,是理性凝聚为感性存在。正因为不是强迫,而是个体自我意志选择的结果,因而才显出它的崇高性,才格外值得重视和珍惜。这种个体为保全全体和族类而自我牺牲的道德,被康德看做一种先验性的道德能力。这是超越于时代、民族和社会而具有某种普遍性和永恒性的道德力量。李泽厚先生把这种道德称为"宗教性道德"。我以为,称为"普遍性道德"也许更确切一些,因为,一则宗教本身是一个复杂的问题,门派众多,教义繁杂,每一种宗教都有不同有教规、教义,有其复杂的历史,用"宗教"一词容易引起歧义;二则这种道德作为"绝对命令",具有超越于时代、民族、社会的普遍有效性,称为"普遍性道德"

也许更能够表达这种超越于具体时代社会的普遍性的意义。

除普遍性道德之外，道德在历史上的主要表现形态还是具体的、时代的、民族的，即它是随着具体的历史条件、时代社会的变化而变化的。它只具有相对普遍性，却不具备绝对普遍性。不同时代、民族有其不同的道德标准。比如"三从四德"是古代中国社会对女子的道德要求，这种道德信念在当时被看成是绝对的、无条件的，每个女子都必须遵循。再比如说，中国古代的"贞洁"观念，也同样是对女子的道德要求，有时候还不仅仅是一种道德要求，还具有准法律的功能。一些地方，被认为"不贞"或犯了淫戒的女子往往被处以残酷的极刑。但这些道德从现代社会的平等和人权理念来看已是一种陈腐过时、衰败腐朽的戒条，是对女子人格的严重诋毁和男女不平等的表现，因而也被时代所抛弃。一个社会的道德中有许多是属于这一类的，它随社会、历史和民族具体的历史文化状况不同而有所不同，它们相互之间甚至可能是有矛盾冲突的。比如尊老爱幼是中华民族所崇奉的道德，但在有些国家的原始部落，却有杀老的习俗。李泽厚先生把这种具体的历史的道德称为"社会性道德"①。我以为，也许还可以称做"历史性道德"。

历史性道德是变化的，随着社会形态、历史条件、时代的不同而不同，而普遍性道德则是不变的。对于道德来说，不能以功利的眼光去衡量个体牺牲的价值，因为这种牺牲本身就是崇高的，是道德的绝对命令。对于个体来说，它是由理性凝聚和积淀而成，是在个体所受到的教育和熏陶中形成的。但是，这种"绝对命令"对于整个人类来说，它却不是什么先验的命令，而是在人类长期的实践过程中形成、积淀、凝聚、演化、发展而来的。它的最终目标是为了保存人类的生存、绵延和发展。因而，对于个体来说，它虽是理性的自觉选择，却具有一定的强迫性质。它是理性对感性的凝聚、内化，是意志对本能的胜利。

"为什么活"是伦理问题，伦理道德是社会性的理性凝聚为个体性的意志和诉求。对于每个个体的人来说，人生不仅有"为什么活着"这类意义和价值问题，还要讲究"怎样活着"或"活得怎样"。是活得平淡无奇，呆板乏味，还是活得有声有色、有滋有味？是萎萎缩缩、苟延残喘地

---

① 关于"宗教性道德"和"社会性道德"，可参见李泽厚的著作《历史本体论》和《实用理性和乐感文化》。

活着，还是轰轰烈烈、波澜壮阔地活着？是遵从自己真正内在的需求、遵循自己内在价值引导而活着，还是随波逐流、跟着时尚与流行的见解而活着？可见，从"人活着"这一基本事实，除了能够提出"为什么活"的问题之外，进一步提出的问题就是"活得怎样"或怎么活着、活着的状态问题，这就是美学的问题。人活得怎样，这不是靠抽象的哲学思辨或道德的说教能解决的。如果人的生活都变成了抽象的哲学或道德说教，如果人整天活在思辨、责任、义务、崇高之中，而完全没有美和美感，没有一些偶然的、情趣性的人生快乐，那么，人也会活得相当乏味，会觉得生活"太累"，"没有意思"。人生需要"美"，需要"趣味"，需要"有味道"，需要日常的生活变得有情有趣，有声有色，有滋有味，多姿多彩。这样的人生才值得人去活。只有把"为什么活"和"活得怎样"结合起来，才能构成完整的人生。

也就是说，在"人活着"这样一个已然的前提之下，最终还需落实到人"活得怎样"这一具体的、日常性的存在和过程。这才是跟每个人切身相关的问题。美是具体的，生动的，鲜活的，易逝的，多变的，偶然的，短促的，脆弱的。也正因如此，它才值得人去追求，去体味，去品察，美的人生才能多姿多彩，丰富生动。

"为什么活"是理性的凝聚，"活得怎样"则是理性的积淀。如果说理性的凝聚中还带有一定的外在输入和强迫的性质，那么理性的审美积淀则完全是自觉的、愉快的享受。在审美中，理性不是内化、凝聚到感性之中，而就是这个感性结构本身。审美中的感性，已经积淀、消融、溶解了理性，但由于这感性本身就是理性的积淀，因而这里无法区分出何者为理性，何者为感性。理性之于感性，如盐之入水，虽知水里有盐，却分不清何者为水，何者为盐。

理性如何能够积淀为审美感性？是怎么积淀的？从人类历史实践过程来看，它是由于人在使用和制造工具的实践过程中，主体掌握了客体对象的形式规律、形式力量和形式法则，从而使这种普遍性的形式力量内化、凝聚、积淀、溶解为人的形式感。所以，美和美感产生的前提首先是人对世界的实践改造，是在这个实践改造活动过程中人对客体世界和对象的形式法则、规律的掌握和运用。美首先存在于人的实践活动本身之中，它就是人改造、征服和人化自然的过程。对于个体来说，美感的形成是一个训练、学习、积淀和累积的过程。无论是实际生活过程中对工具的掌握使用还是艺术训练对形式法则和规律的集中训练，都是个体学习、保存、运用形式规律和法则的结果。当人对客体世界的这些形式规律和法则的掌握达到一定熟练程度和一定的数量累积时，人就可以自由地运用这些形式法则，客体世界就不再是对人的束缚和控制，从而人就可以达到相当程度的自由境界。从人生存的角度来看，这是人所追求的自由；从美学的角度来看，这种掌握、控制、运用客体世界的形式法则和规律的过程和结果就是美。孔子讲他到70岁时达到了"从心所欲不逾矩"的境界。从心所欲，就是想干什么就干什么，想怎么干就怎么干。但对于孔子来说，这种从心所欲的境界却并没超越、违反客观世界的自然法则，而是在遵从客观世界法度的前提下游刃有余，达到主体与客体的交融合一，实现了充分的自由，从而实现了生活和生存向美的境界的超越与升华。

理性的积淀最终所要达到的是一种人生境界，这就是一种自由享受的审美境界。人的感性本是一种生物性因素，它是人和动物共有的。但是，对于人来说，它已非单纯的动物性感受，而是在纯粹的生物性或动物性的功能之中积淀了超生物性的因素，这就是人类的理性。这种理性的范围很广泛，有逻辑、认知、语言，有道德伦理，有审美感知力和艺术创造力。而如何达到这种积淀了理性的感性审美境界，如何得到这种包含、凝聚、内化了理性的感性存在，把感性存在本身变成一种高度自由而具有诗意的人性化存在，则正是美学所要探讨的问题。

从人生目标来说，积淀了理性的感性不仅使人获得认识，达到道德上崇高的精神境界，体验到高度愉快的审美自由感受，而且，它本身是人生的一种境界。冯友兰先生曾把人生境界概括为四个层次：自然境界、实用的功利境界、道德境界和天地境界。这个"天地境界"包括了认识客观世界的愉快，也包括理性凝聚为意志的强烈的道德感和责任感，更包括了在这二者之上、与天地同一、超越具体的人生限制之后达到的审美境界，因此它是最高的人生境界。有句俗话说：世界上最高的是天空，比天空更宽阔的是大海，比大海更宽广的是人心。为什么人的心能比天空和大海更宽广？就是因为人可以在精神上超越他的现实处境，达到无限自由境界。因此，美学的最高境界是一种人生论，是探讨人的生存方式和生存境界的学说。中国古人讲到音乐可以使人与天地同在，即"大乐与天地同和"①，

---

① 《乐记·乐论篇》。

就是讲审美对现实的超越作用。《论语》中有一段记载，叶公问孔子的弟子子路，孔子是一个什么样的人，子路大约是感觉这个问题不好回答，便没有回答。孔子对子路说："女奚不曰，其为人也，发愤忘食，乐以忘忧，不知老之将至云尔。"[1] 发愤忘食，乐以忘忧，不知老之将至，这就是一种审美境界。中国古人从来不把活着的意义看做某种外在于人的东西，如上帝、天国，或理念，而是就在人的生活过程本身之中寻找生存的意义，把"活着"本身变成一个有意义、有趣味的过程，一个美的过程，把人生变成美的人生。

　　《论语》中关于人生境界主要有两个提法，即所谓"孔颜乐处"[2] 和"曾点气象"[3]。所谓"孔颜乐处"是以道德人格的力量克服现实生活中的困难而达到一种崇高的境界，从而获得超越世俗生活限制和人生限制的力量，实现人生的价值和意义，并且在这个超越过程中得到真实的审美快乐和道德快乐。这里，道德与审美、善与美在最高层面达到了合而为一的境界，这是道德的极致，也是审美的极致。而当道德与审美都达于极致的时候，它就有了某种宗教般的情怀和性质，有一种超越世俗人世的圣洁光辉。

　　如果说"孔颜乐处"是通过道德伦理的修养克服现实人生和具体生活处境的限制、达到超越的境界的话，那么"曾点气象"则是对日常生活的审美点化和审美升华。它典型地体现出中国文化这种寓无限于有限、在有限中实现无限超越、在现实中得到审美和艺术升华的品质。其实，所谓"曾点气象"，说起来非常简单：暮春时节，人们脱下臃肿的冬装，穿着新做的轻薄的春装，与三五个知己好友一同去郊游踏青，在温暖的沂水河里沐浴。傍晚，尽兴而归的人们一路上载歌载舞，吟咏着刚写好的诗句回到家里。从表面上看，这是一件多么简单的事情。固然，它可以带给人们很大的欢乐，但曾点何以把它当做一种人生理想，并且得到了孔子的赞

---

　　[1]《论语·述而》。

　　[2]《论语·雍也》："贤哉，回也，一箪食，一瓢饮，在陋巷，人不堪其忧，回也不改其乐。贤哉，回也！"。

　　[3]《论语·先进》："子路、曾晳、冉有、公西华侍坐。……'点！尔何如？'鼓瑟希，铿尔。舍瑟而作，对曰：'异乎三子者之撰。'子曰：'何伤乎？亦各言其志也。'曰：'莫春者，春服既成，冠者五六人，童子六七人，浴乎沂，风乎舞雩，咏而归。'夫子喟然叹曰：'吾与点也！'"。

同？它何以成为儒家学说历来非常重视的境界，一种几乎是难以企及的境界？

朱熹解释这段话是：

> 曾点之学，盖有以见夫人欲尽处，天理流行，随处充满，无稍欠缺。故其动静之际，从容如此。而其言志，则又不过即其所居之位，乐其日用之常，初无舍己为人之意。而其胸次悠然，直与天地万物、上下同流，各得其所之妙，隐然自足于言外。视三子之规规于事之末者，其气象不伟矣，此夫子叹息而深许之。

朱熹以道德伦理精神来注解这段话，显然与《论语》的精神有所背离。所谓"人欲尽处，天理流行，随处充满，无稍欠缺"，把原文中充满艺术精神与性灵的对话变成了道德的说教。但徐复观却试图把它们调和起来：

> 实际，朱元晦对此作了一番最深切地体会工夫；而由其体会所到的，乃是曾点由鼓瑟所呈现出的"大乐与天地同和"的艺术境界。此种艺术境界，与道德境界，可以相融合；所以朱元晦顺着此段文义去体认，便作最高道德境界的陈述。一个人的精神，沉浸消解于最高艺术境界之中时，也是物我同合，物我两忘，可以用人欲尽处，天理流行，随处充满，无稍欠缺这类的话去加以描述。但朱元晦的态度是客观的，体认是深切的；于是在他由体认所领会到的曾点的人生意境，是初无舍己为人之意，是不规规于事为之末，这又分明是不关心的满足的艺术精神，而不是与实践不可分的道德精神。由此也可以了解，艺术与道德，在最高境界上虽然相同，但在本质上则有其同中之异。朱元晦实际已体认到了，领会到了。但他只能作道德的陈述，而不能说出这是艺术的人生，是因为孔子及孔门所重视的艺术精神，早经湮没不彰，遂使朱元晦已体认到其同中之异，却为其语言表诠之所不及。①

---

① 徐复观：《中国艺术精神》，《徐复观文集》第四卷，湖北人民出版社2002年版，第16—17页。

　　徐复观调和孔子的审美精神和朱熹的道德本体论虽然略显牵强，但也不是完全没有道理。他把曾点的理想看做一种艺术精神，而这种艺术精神在最高境界上与道德是相同的。这正是中国古代儒家一直强调的"美善相乐"、"美善合一"的传统。这一传统的哲学基础，是"天地有情"、"天人合一"的世界观、宇宙观。事实上，在"曾点气象"的背后，它是一种对人生和生活的审美期待。而这种审美期待的依据则在于把宇宙看成一个有情的世界。宇宙本是无限的，宇宙有自己铁的法则和必然性。然而在中国古人看来，宇宙并不仅仅是一个巨大的冷冰冰的容器，而是一个有情有趣的世界，是一个气化流行、生生不息的世界。所以古人讲"天地之大德曰生"。人与天地是有着同根同源的关系的。人是天地之子。君王是"天子"。人必须顺天应人，充分发挥其主体性，在有情的宇宙中活下来，并且活得有情有义、有滋有味，活得自然潇洒。这也就是《易经》中讲的"天行健，君子以自强不息"。所以，人的生命、生存，与宇宙自然是息息相通的，人间的快乐可以超越有形的个别的肉体，而达到上下与天地同流、物我两忘、天人合一的境界。这里，宇宙自然之间生生不息之生气与人的生命体验以及德性精神达到高度协调统一，宇宙天地之"美"与人的德性之"善"成为互相通融、和谐一致的境界。由此，艺术与道德达到完美的融合统一。

　　庄子的"游世"哲学其实也是一种境界哲学，它追求的是一种至高至乐、脱离凡俗生命的境界，一种逍遥而游、任情所之、超越功名是非，甚至是肉体生命存在本身的境界。"逍遥游"其实就是一种审美之游，一种心灵摆脱物欲羁绊而自由任情、高度愉悦的审美历程，它是现实的，更是超越现实的；是审美的，也是艺术的；是感性的，也是理性的；是肉体的，更是精神的。庄子的时代，正是政治上最黑暗、混乱的时代，庄子所要探寻的是，人如何在这样一个混乱不堪、生命危如晨露的年代里生存下去，并实现精神上和心灵上的自由。外在的命运是无法控制的，但自己的精神境界却可以由自己支配。命运尽管可以坎坷，境遇尽管可以黑暗，自己的精神却须光明澄澈，超越外界的控制，实现自我对环境的突破，精神对物质的超越，心灵对现实的升华。这种"逍遥之游"并非心理自欺，而是真正超越狭隘的功利得失之后所获得的广阔的自由境界。

　　在我看来，庄子的"逍遥游"精神至少包含以下四层意思：

首先，逍遥之游必须有精神上磅礴广阔、自由翱翔的天地，像大鹏一样在广阔天地里展翅高飞，而不是斤斤计较于眼前得失，眼光像斥鴳一样短小浅薄。眼界须宽，境界要高，目光须远，翅膀必大。大鹏的存在本身就是一个巨大的事实，而一旦它飞翔起来，其震动的何止一城一池，一国一地，乃是整个天下苍穹，是整个世界。① 鲲鹏的精神所体现的境界是一种伟大、宏阔、壮美之境，也就是西方人讲的崇高。

其次，逍遥之游是个体与自然精神的一种交流契合。它强调的是人对自然精神的学习与体察，是人以其心灵去领会、悟解、把握天地自然之精神，超我自我的局限性和个体生存的有限性，实现"以天合天"、"独与天地精神往来"。在人与自然的这种交流之中，个体的精神禀承天地自然之气，达到一种超越自我和现实的"天人合一"的境界。这也就是《庄子》中多处提到的"游"之境界：

> 若夫乘天地之正，而御六气之辩，以游无穷者，彼且恶乎待哉！
> 乘云气，御飞龙，而游乎四海之外。
> 今子有大树，患其无用，何不树之于无何有之乡，广莫之野，彷徨乎无为其侧，逍遥乎寝卧其下。
> （以上均见《逍遥游》）
> 余将去女，入无穷之门，以游无极之野。吾与日月参光，吾与天地为常。（《在宥》）
> 出入六合，游乎九州，独往独来，是谓独有。独有之人，是之谓至贵。（《在宥》）
> 夫得是而穷之者，物焉得而止焉！彼将处乎不淫之度，而藏乎无端之纪，游乎万物之所终始。（《达生》）

再次，逍遥游的境界是一种"无待"之境，是一种不受任何物质欲望牵累、不存任何世俗利益考虑的境界。它远离于实用与政治，也远离于教条式的道德说教，这是一种真正自由而快乐的审美之境。

《逍遥游》里，庄子曾谈到人生四种境界。第一种，大鹏的境界：

----

① 《庄子·逍遥游》："北冥有鱼，其名为鲲。鲲之大，不知其几千里也。化而为鸟，其名为鹏。鹏之背，不知其几千里也。怒而飞，其翼若垂天之云。"

> 汤之问棘也是已：穷发之北，有冥海者，天池也。有鱼焉，其广数千里，未有知其修者，其名为鲲。有鸟焉，其名为鹏，背若泰山，翼若垂天之云，抟扶摇羊角而上者九万里，绝云气，负青天，然后图南，且适南冥也。斥鴳笑之曰："彼且奚适也？我腾跃而上，不过数仞而下，翱翔蓬蒿之间，此亦飞之至也，而彼且奚适也？"此小大之辩也。

在这种小大之辩中，大鹏之境是斥鴳永远无法达到的，斥鴳的体积、眼光、能力都限制了它，正如庄子所言，"朝菌不知晦朔，蟪蛄不知春秋"，这是由其天生的条件所局限的。但与朝菌、蟪蛄这些具有先天局限性的生物不同，人是有精神的，人的精神使他可以超越自己存在的局限性、达到大鹏那样的高远宏阔的境界。

第二种，宋荣子的境界：定乎内外之分，辩乎荣辱之境。

> 夫知效一官，行比一乡，德合一君，而徵一国者，其自视也，亦若此矣。而宋荣子犹然笑之。且举世誉之而不加劝，举世非之而不加沮，定乎内外之分，辩乎荣辱之境，斯已矣。彼其于世，未数数然也。虽然，犹有未树也。

宋荣子的思想与道家思想是非常接近的，《庄子·天下篇》说它"不累于俗，不饰于物，不苟于人，不忮于众"，"见侮不辱，救民之斗。"这里说他是"举世誉之而不加劝，举世非之而不加沮"，特立独行，不受世俗社会评价的影响，而是听从自己内在精神的引导。"誉"与"非"都是外在的评价，独立自主的精神则是内在的。外在的赞誉对内在的精神无所补益，因此，哪怕是"举世誉之"，他也并不因此更加努力地去做这件事；外在的非难对内在精神也无所损伤，因此，哪怕是"举世非之"，他也不更加沮丧。这与庄子所主张的独立无羁、不受任何束缚的自由精神是非常接近的。但是，庄子说宋荣子仍有未达到的境界，这就是下文所言之"无己"、"无名"、"无功"之境。

第三种，列子的境界："御风而行"。

> 夫列子御风而行，泠然善也，旬有五日而后反。彼于致福者，未
> 数数然也。此虽免乎行，犹有所待者也。

列子的境界已非常接近于庄子的理想境界，御风而行，轻然曼妙，逍遥无羁，无论是内在精神还是外在形象都达到了相当高的审美境界。但是庄子认为列子的御风而行还是要有所凭借，还没有达到"无待"之境。

所谓"无待"之境，这是庄子理想中的人生最高境界：

> 若夫乘天地之正，而御六气之辩，以游无穷者，彼且恶乎待哉！
> 故曰：至人无己，神人无功，圣人无名。

"天地之正"、"六气之辩"都是自然本身的性情与运动，不以人的意志、情感为转移，人类只要顺应自然万物的本性，因势而为，顺时而做，这样，人的精神与自然之精神便可以真正合而为一，如此一来，人又何所凭借？他必然是无所待于世，无所待于人，无待所于己。因此，至人、神人、圣人是无己、无名、无功的，他们的自我、名位、功业已化作自然本身的一部分，所以能够超越是非，勘破生死，同与天地万物游，上下与天地同流，独与天地精神往来而不傲睨于物。这也就是"物化"之境。物化，用现在的哲学话语来说，就是"人的自然化"。人与自然之间，不再有主体与客体之别，自我与对象之分。人以其整个身体和心灵去体会、感悟、欣赏自然之美。这时，人就是自然，反过来说，自然也就是人。因此，庄周梦蝶，不知是庄周梦见蝴蝶，还是蝴蝶梦见庄周。当然，今天讲的"人的自然化"与庄子讲的"物化"只是抽象形式上的相同，其基础和本质上还是具有差别的。今天是在高科技前提和条件下人向自然回归，而庄子的时代，自然尚未被充分人化，他只是注意了这种人化所带来的负面影响，因此，庄子对社会异化的批判虽然深刻，却是抽象的。他只能以寓言的方式表达出来，而不可能真正展开整个自然人化的丰富性，在此基础上提出人对自然的依赖和向自然的回归。

从西方基督教观点来看，人活着的意义是因为有上帝存在。我们把我们的一切奉献给上帝，我们从上帝那里寻求慰藉。孤独的时候、痛苦的时候、遇到困难的时候，我们都可以向上帝祷告，祈求他的帮助；犯错误的时候，心理不安的时候，也可以向上帝祷告，祈求他的原谅。但是，在没

有上帝的国度，人只能自己承担起自己的一切行为的后果。没有上帝可以依靠，可以承担起我们人生的责任，一切都只能自己去承当，自己做决定，自己承担决定的后果。所以，实际上，这是一种更加悲苦、更加凄怆、也更加英勇的人生。所以中国古代有许多诗歌都有一种苍凉之感。人生苦短，而这短促的人生还要历经许多忧患和困苦，经历许多磨炼。从而，乐观地活着，有意义地活着，就是一件了不起的事情，一件本身就值得庆贺的事情。

活着的意义和"味道"不在天国，不在上帝，不在彼岸世界，而就在此生此世。此生此世之所以值得去活，却又因为世界是一个有情的世界，人生是有情的人生，值得人去活着，去珍惜、体验、品味，去奋斗、追求。那么"情"从何来？什么样的情才是人生的意义所在？为什么人生可以被审美地"点化"，使其本身成为美的人生？这就涉及对人类历史过程的理解和阐释。

三 历史：从工具本体到情本体

20世纪60年代，毛泽东曾有一首当时未发表的咏史的诗词，题为《贺新郎·读史》：

> 人猿相揖别。只几个石头磨过，小儿时节。铜铁炉中翻火焰，为问何时猜得？不过几千寒热。人世难逢开口笑，上疆场彼此弯弓月。流遍了，郊原血。
> 一篇读罢头飞雪，但记得斑斑点点，几行陈迹。五帝三皇神圣事，骗了无涯过客。有多少风流人物。盗跖庄屩流誉后，更陈王奋起挥黄钺。歌未竟，东方白。

历史总是使人叹息，使人迷惑。

意大利哲学家克罗齐曾经认为，一切历史都是当代史。的确，在很多时候，人们都是从当前的需要出发去理解和解释历史。不断有一些被历史的烟尘封存的文献、史料被发掘，不断有新的考古发现，由此，历史也总是一次次被改写，被重新阐释。也不断有人批判过去的解释，提出自己的新解释。经过几万年的沉淀、累积、发展，历史已经积淀了太多疑团，其真相已面目难辨。何况，社会本身是如此复杂，身处其中的人们常常无法透过种种纷繁的现象而把握其背后的"本质"。更何况，历史的尘烟已如此厚重，我们又如何去拨开这重重迷雾，找出那个隐藏在谜团背后的"真实"？因此有人甚至断言，历史就像一个任人打扮的小姑娘，打扮成什么它就是什么。

但是，人类毕竟是有理性、有思想的生物，人类的理解力使人可以打开厚重的历史帷幕，发现历史的真相。

（一）历史的底蕴——唯物史观的发现

不管历史学家们如何解释历史，不管历史学中有多少争论，多少尚未解开的疑团，多少没有填补的空白，有一点却是可以确定的，那就是，在历史上生活着的人们首先必须活着，必须以生存为第一要务。无论多么巧妙的装潢和饰词，其背后大都隐藏着物质利益的动机。因而，历史的底蕴与真相必须到种种思想、学说、主义、制度背后那最坚实的物质力量中去找寻。这种物质力量就是人们为了谋取生存所进行的不懈的改造自然和人类社会自身的努力，是由这种改造自然和社会的努力而造成的物质生活的生产方式。人类对历史的这种理解，也是经过两千多年漫长的探索、经过无数曲折道路之后，直到 19 世纪，当科学与文明飞速发展、当人们已经积累了足够的资料可以对历史的规律作出科学的把握与判断之后才得到的。这个工作，是由一个天才的德国人卡尔·马克思完成的。马克思对人类的一个重大贡献就是发现了历史唯物主义原理：

> 人们在自己生活的社会生产中发生一定的、必然的、不以他们的意志为转移的关系，即同他们的物质生产力的一定发展阶段相适合的生产关系。这些生产关系的总和构成社会的经济结构，即有法律和政治的上层建筑竖立其上、并有一定的社会意识形式与之相适应的现实基础。物质生活的生产方式制约着整个社会生活、政治生活和精神生活的过程。不是人们的意识决定人们的存在，相反，是人们的社会存在决定人们的意识。[1]

---

[1] ［德］马克思：《〈政治经济学批判〉序言》，《马克思恩格斯选集》第 2 卷，人民出版社 1972 年版，第 82 页。

对于人们所面对的强大的自然来说，个体是如此无助与弱小，个体的力量是如此微弱，以至于人们如果不组织起来，便无法生存下去。而人类一旦通过一定的方式组织起来之后，一方面，在对自然的关系方面，人类征服和改造自然的能力大大增强，有了足够的力量可以与自然的威胁相抗衡，可以最大限度地改造和利用自然，可以生产人们的生存所必需的生活资料和进行再生产所必需的生产资料。简言之，人们就有了可以征服和改造自然的"生产力"；另一方面，这种组织本身，就成为人们生存的方式，人们再也无法逃离、无法躲避、无法摆脱这种组织。这种组织也就是每个社会的政治和经济制度，也就是一种"生产关系"。

从"人活着"这一基本事实出发，在自然和社会两种关系上都产生了个人的力量永远无法达到的结果。在自然方面，人们由于协同作战、组织起来，形成了征服和改造自然的生产力，这种能力使得人摆脱了自然的臣服者的地位，变为自然的改造者和征服者；在社会方面，产生了不以所有个体意志为转移的、存在于个体之外和之上的社会性的力量。这种力量的具体存在方式就是通常所说的生产关系。无论是改造自然的能力还是社会生产关系，都是一种社会性存在，对于个体来说都是既定的，它存在于个体之外和之上。它是个体一切活动的前提和条件，是个体生存的基础和环境。

决定历史运动的根本因素是物质生产方式，而生产方式则是由生产力与生产关系的矛盾运动构成的。因而，一个社会的生产力水平最终决定着这个社会的历史形态。在马克思看来，从古到今有四种社会形态："亚细亚的、古代的、封建的和现代资产阶级的生产方式可以看做是社会经济形态演进的几个时代。"①

当然，这只是就最终意义而言。实际上，历史是由无数个人的活动所造成的。在具体的历史发展过程中，在具体的人生过程中，充满着无数的偶然性、随意性和机遇性。身处历史漩涡中的人们谁也无法真正精确地预料到历史的走向。正如恩格斯所言，历史是由无数种力的作用所造成的，最终它的走向可能出乎每个人的意料，可能与每个人的目的都不相同，它

---

① ［德］马克思：《〈政治经济批判〉序言》，《马克思恩格斯选集》第 2 卷，人民出版社1972 年版，第 83 页。

将指向的是平行四边形的合力的方向。

（二）历史的基础——工具本体

如前所述，根据马克思的唯物史观，人们谋取生存、改造自然与社会的实践活动造就了一种庞大的客观性的力量，它存在于一切个体之外，不以任何个体的意志为转移。这种客观性的力量是由各种社会力量、利益集团、阶级、阶层的活动所造成的，它最终由社会的物质生产力发展状况和水平所决定。因此，决定一个时代的根本性质的是它的社会生产力。生产力的发展则受到人们的社会实践活动的制约，进入近代以来特别受到科学技术发展状况的制约。

造就和发展生产力的活动因而成为人类社会的基础性的活动。发展生产力活动的核心就是人们使用和制造工具的实践活动。换言之，以使用和制造工具为核心的实践活动是到目前为止的人类社会存在的基础。鲁迅说："人首先必须活着，爱才有所附丽。"对于个体是如此，对于人类来说同样如此。人"活着"成为每一个社会中人们首先要解决的问题，因而也成为哲学的出发点。在为了活着而奋斗的过程中，在使用和制造工具的过程中造就了巨大的物质性的力量，这种力量不以个体的意志为转移。相反，对于个体来说，它是既成的，先验的，是个体生存的先验语境，也是一切实践活动的前提。这种不以个体意志为转移的物质性力量就是工具本体。

工具本体是一个时代文明的集中体现，它承载着历史上的进步与辉煌，表征着历史的真相。工具本体集中体现在最能表征一个时代特点的生产和生活工具上。一个时代的根本特征，主要的不是由那些伟大的人物的活动所呈现，也不是由那些关于时代的五花八门的学说所概括，而是由这个时代的生产工具和生活工具所体现的。当历史的风沙吹走了上面的浮土，当单个的个体来来去去，生生灭灭，后世的人们只能从他们留下来的各种器具中去辨认、猜度、推想他们曾经的经历，他们的生活，他们的文化。"折戟沉沙铁未销，自将磨洗认前朝。"正因如此，每次考古上的发现都会引起学术界的震动，甚至会引起哲学和文化的革命变革。

如果说原始社会的主要生产工具是石器，其操作方式是手工操作；农业社会的主要生产工具是铁器，其操作方式同样是手工操作；那么，工业社会的主要生产工具便是机械化、流水线生产的大机器，其操作方式由手工操作改为机械操作；进入后工业社会以后，主要生产工具由机械化、流水线生产的大机器进一步改进为微电脑控制的自动化的电子器械，其生产方式和效率更是成倍增长。机械化和电子化都是以科学技术的发展为前提的，是科学技术在生产过程中的应用。因而，也可以说，当今时代的工具本体体现为科学技术和工业机器以及现代化的社会经济政治制度所构成的综合力量。

从原始时代简单粗糙的石器到今天的微电子控制技术，从单个的手工作业到今天集约化、规模化的生产，人类的生产工具经历了一次又一次革命；与之相适应，人类的生产方式和生存方式，也在不断地进步、更迭、发展着。自进入工业化以来，科学技术的飞速发展成百倍、千倍地提高了生产力。如果撇开社会制度、分配不公、官僚腐败、民族矛盾、种族差别等政治文化因素，仅仅从生产能力来看，也许我们真的可以自豪地说，过去一直困扰着人类的生存问题已基本上得到了解决。就人类现有的科技水平而言，解决地球上现存人口的温饱问题已不再是遥不可及的梦想。换言之，工具本体的进步，使得生产力不断进步与发展，人们的物质生活水平不断提高，也就是说不断地改善着人类的生存条件。

然而，工具本体在造就历史的巨大进步、改善人类的生存条件、提高人的生存质量的同时，也带来了人的心理的异化。人被物质欲望所牵引、制约、控制，成为物欲的奴隶。技术官僚统治社会，使社会成为一个巨大的冷冰冰的机器，人的个性、个体的价值在巨大的社会机器面前往往成为牺牲品。社会学研究发现，尽管现代社会的物质生活条件大大优于前人，但人们的幸福感并没有增加。相反，人们普遍感觉生存压力增大，自由时间减少，工作压力增强。此外，技术理性的统治使整个社会丧失了温暖的人情和浪漫的情怀，使人变得冷酷无情、六亲不认，使人心肠变得僵硬，使生活失去它应有的乐趣。因此，自古以来，就有一些哲学家对工具理性造成的异化予以猛烈的批判；而到了 20 世纪，批判现代科技所造成的异化更成为西方哲学和文化的主潮。

最早的批判来自于中国古代哲学家庄子及其后学。庄子们认为，正是各种器具、机械的发明，使人们失去天然纯真之心，造成了人们之间的竞争、斗争，产生了物欲横流，人的天性泯灭。所以，在庄子们看来，只有抛弃文明所造就的一切，才可以保持人的赤子之心，才可能免除人与人、人与社会之间的分裂与对立。《庄子》说：

　　绝圣弃智，大盗乃止；擿玉毁珠，小盗不起；焚符破玺，而民朴鄙；掊斗折衡，而民不争；殚残天下之圣法，而民始可与论议。擢乱六律，铄绝竽瑟，塞瞽旷之耳，而天下始人含其聪矣；灭文章，散五采，膠离朱之目，而天下始人含其明矣。毁绝钩绳，而弃规矩，攦工倕之指，而天下始人有其巧矣。故曰"大巧若拙"。①

　　他们呼吁："勿以人灭天，勿以故灭命。无以得殉名。谨守而勿失，是谓反其真。"② 批判工具理性和过度人化、社会化，强调回归自然的思想一直是中国传统思想中重要的一脉，它对于儒家学说的工具理性和过度人化、社会化是一个深刻的纠正与补充，中国因而能够在儒道互补、情礼交融的思想框架中延续两千多年的文化传统，并创造辉煌的东方文明。

　　在西方，对工具理性和现代科技的批判最早来自卢梭。卢梭认为，科学、文学和艺术是道德的最凶恶的敌人，而且由于它们让人产生种种欲望，还是奴役的根源。科学与美德势不两立，一切科学都起源于卑鄙的欲望。天文学出于占星术迷信；雄辩术出于野心；几何学出于贪婪；物理学出于无聊的好奇；连伦理学也发源于人类的自尊。教育和印刷术可悲可叹；文明人以别于未化蛮人的一切全是祸患。在艺术还没有能塑造我们的风格，没有教导我们的感情使用一种造作的语言来表述之前，我们的风尚是粗朴而自然的。这是人类原始状态中的美好图画，然而它们遭到了文明的破坏，代之以虚伪。他认为，当生活日益舒适，工艺日臻完美，奢侈开始流行的时候，真正的勇敢就会削弱，尚武的德行就会消失。古罗马人的武德是随着他们赏识图画、雕刻和金银器皿以及培植美术开始消逝的。他大声疾呼要个性解放，返璞归真，表现理想，自然率性。③ 自卢梭之后，对西方现代文明中工具理性压抑人的天性、带来个性异化的批判汇成西方思想史上的一股重要潮流。拜伦、叔本华、卡莱尔、陀思妥耶夫斯基、福楼拜、瓦格纳、马克思、尼采等人，在某种意义上都可以看成组成这一传

---

① 《庄子·胠箧》。

② 《庄子·秋水》。

③ ［法］卢梭：《论艺术和科学》，参见［英］罗素《西方哲学史》（下），商务印书馆1997年版，第228页。

统的思想家，他们对现代资本主义社会的批判成为对工具理性带来的异化的重要纠正。

但是，另一方面，我们在批判工具本体和现代科技产生异化的同时，也要看到，现代科技给人类带来了巨大的便利。现代人在食物、卫生、医疗、住房、交通、通信等方面所享受到的种种便利与舒适是19世纪以前的人们做梦都想象不到的。现代人的平均寿命大大高于古代社会，现代教育的普及程度亦是空前的。而这一切可以说都是随着科技的发展、随着科技在经济领域的应用和进入日常生活才发生的。因此，由科技发展带来的问题还需要由科技本身去解决。逃避科技，消解工具理性，这既不明智也做不到。"不必去诅咒科技世界和工具本体，而是要去恢复、采寻、发现和展开科技世界和工具本体中的诗情美意"①。

海德格尔对现代社会技术理性的批判众所周知，他说：

> 对于我们所有人，技术世界的装置、设备和机械如今是不可缺少的，一些人需要得多些，另一些人需要得少些。盲目抵制技术世界是愚蠢的。欲将技术世界诅咒为魔鬼是缺少远见的。我们不得不依赖于种种技术对象；它们甚至促使我们作出不断精益求精的改进。而不知不觉地，我们竟如此牢固地嵌入了技术对象，以至于我们为技术对象所奴役了。

但是，科技既然是我们无法避免的现实，我们对于它就不能回避，不能消极逃避，而必须采取积极的态度：

> 但我们也能另有作为。我们可以利用技术对象，却在所有切合实际的利用的同时，保留自身独立于技术对象的位置，我们时刻可以摆脱它们。我们可以在使用中这样对待技术对象，就像它们必须被如此对待那样。我们同时也可以让这些对象栖息于自身，作为某种无关乎我们的内心和本真的东西。我们可以对技术对象的必要利用说"是"；我们同时也可以说"不"，因为我们拒斥其对我们的独断的要求，以及对我们的生命本质的压迫、扰乱和荒芜。

---

① 李泽厚：《美学四讲》，《美学三书》，安徽文艺出版社1999年版，第501页。

但如果我们以这种方式对技术对象同时说"是"与"不",那么,我们与技术世界的关系不是分裂的、不可靠的吗?完全相反。我们对技术世界的关系会以一种奇妙的方式变得简单而安宁。我们让技术对象进入我们的日常世界,同时又让它出去,就是说,让它们作为物而栖息于自身之中;这种物不是什么绝对的东西,相反,它本身依赖于更高的东西。我想用一个古老的词语来命名这种对技术世界既说"是"也说"不"的态度:**对于物的泰然任之。**①

这种泰然任之的态度,这种既说"是"又说"不",既承认技术进入生活的既成事实,充分肯定和接受它,同时又对它采取一种保留的态度、不被它牵累、不被它所役使的态度,不正是传统所谓"辩证"的态度吗?也许在对待工具本体的问题上,传统的"辩证"的态度可能仍是最明智的。一方面,我们必须看到,工具本体是一种无法避免、无可挽回的趋势,它给人类带来了现代文明,促使文明不断进步,促使人类生产力成百倍、千倍地提高,从而带来了生存条件的极大改善。并且,事实上,现代科技本身也蕴藉着巨大的美。在各种产品设计中同样凝聚、蕴涵、积淀了人类的智慧、汗水和心血,同样有着赏心悦目的美感。正是在现代科技中,在大工业生产中,人类的智慧和能力得到了空前的呈现。"在技术美中有大量的想象力和可能性,有无意识,有用理性无法分析的自由度,从而由古代建筑到现代什物才有如此之多的品种、花样和形态,在这似乎是枯燥的理性的创造性中不仍然有着大量的个体感性、个体的呈现和多样吗?"② 只是,如何避免工具理性、技术理性所带来异化,如何在享受它给我们带来的好处的同时消除它对个体心灵和精神的控制和压抑,这才是我们应该致力于此的。人类本身就是在矛盾中前进的。有时候,人类不得不与恶同行。黑格尔早就说过,恶才是真正推动历史进步的动力。历史是在恶中前行的。科技并非"恶",它只是一种手段、方法、工具。为善为恶,全在于人们如何运用它。如核技术,它既可以用来制造毁灭人类的核武器,也可以用来建造核电厂,为人类造福。如何在现代科技中发现、加

---

① [德]海德格尔:《泰然任之》,见孙周兴主编《海德格尔选集》,上海三联书店1996年版,第1238—1239页。

② 李泽厚:《美学四讲》,《美学三书》,安徽文艺出版社1999年版,第499页。

入、蕴藉诗情美意，如何消除工具理性和技术理性对个性的压抑，这正是美学作为人文科学所可以而且应当致力于此的事业。

实际上，现代科技在带来巨大异化的同时，也带来消除它、改变它的契机，这就是由于现代科技的高度发展造成的高度发达的生产力。生产力的高度发达，使人类走出为了活着而苦苦挣扎的境地，从为了活着而挣扎、奋斗、抗争的处境中解放出来，进入了"为什么活"和"怎么活着"的层面。也就是说，从以工具本体为主导的层面进入了一个更高的、以心理和精神为主导的层面。历史的发展在工具本体之外提出了建立精神本体的要求。

（三）历史的未来——情本体的建立

现代科技的发展已经使我们可以提出这样的问题：现代化的生产力已如此发达，人类已能如此成功地控制和利用自然，那么是否可以设想有朝一日，人类的生存问题将不再困扰我们，生存问题将基本得到解决，自由而全面的发展对于大多数人来说不再是一个梦想，而就是一种现实的生存状态和生存方式，那时，人类又将如何？

黑格尔曾断言，人类历史上诗歌的时代已经结束。那种激动人心、波澜壮阔的诗情画意将不复再现，气吞山河的英雄史诗亦永远成为过去的记忆。社会将继续存在，历史将延续下去，人类将生存、绵延下去，但是，只是在平面化、散文化的日子中平淡地绵延、生息。各种精巧、细致、充满奇思妙想的休闲产品将充斥市场，人们的想象力将在享受人生方面发挥出奇光异彩。但就历史本身来说，它不再能提供过去那种质的飞跃与发展。

美国哲学家弗朗西斯·福山（Francis Fukuyama）也断言，历史发展到资本主义阶段将会终结，"自由民主的制度"将是人类政治制度中最好的制度，也是所有制度发展的方向。20 世纪最后 20 年的历史说明了这一点。在这最后 20 年中，无论是专制国家还是社会主义国家，都朝着"自由民主"的方向进行。现代自然科学的发展在军事和经济领域的运用，迫使我们认定，自然科学可以促进历史发展具有方向性，朝着自由和民主的方向运行。康德认为历史发展的最高阶段是自由，而"历史发展机制"是通过"反社会的社会性"实现的，这在军事中表现得特别明显。通过军备竞赛，无论什么意识形态的国家都不得不采取更加有效率、更加合理化的社会制度；人类走到一起，不是为了合作，而是为了对抗与竞争。在经济上，工业化和科学技术的运用，带来更加合理的社会分工和劳动力的自由流动，而这就摧毁了传统的宗法、氏族、家族的力量。①

黑格尔从绝对精神的发展历程来断言历史的终结，福山则从政治的角度断言历史的终结。就黑格尔的时代所能提出的问题而言，黑格尔的预见是深远的。而福山把资本主义的民主共和制作为人类最后所能采取的制度，当然是从当今世界的现实出发得出的他自己的结论。无论这些论断正确与否，都说明一个问题：他们都认定历史的发展是有一定方向性的。福山作为我们的同时代人，其著作通过大量当代的实证性事例说明科技的发展对现代社会各方面广泛深入的影响，尤其是在经济上的影响和通过经济而对政治制度所产生的影响。他的一些具体结论值得商榷，但是，显然，他也看到科技的迅速发展对人类社会带来的前所未有的影响，它正在塑造一个新的时代，这个时代里，人们的自由度大大高于以往任何社会形式。因而，无论我们对他的具体结论是否同意，他所提出来的问题都值得我们思考。

现代科技的发展已经可以使我们提出这样的问题：当生存的基本问题解决之后，就个体生存而言，也许在不久的将来，自由将不再是一个需要去争取的目标，而将成为大多数人的日常生活状态。那么，自由之后怎么办？事实上，20世纪90年代以来，大众文化的兴起，消费社会的来临，已把这一问题以一种现实的形式摆在了我们面前。最近讨论得相当热烈的日常生活审美化问题不正是这样一种社会来临的征兆吗？沃尔夫岗·韦尔施总结我们时代的消费主义和生活审美化的表现，认为，我们的时代正在经历审美化的过程，商品、工业生产、日常生活、身体和精神、人们的认识、道德等都处在审美化过程中或被审美所决定、所支配。② 但问题的另一方面是，这些进入现实、进入工业和商品生产的所谓审美化已非启蒙学者们所预期、所期待、所赞美的自由精神的体现，而只是保留了打上商品化烙印、被抽去了精神内涵的感性外壳。因此，审美化并没有带来精神的充实与自由，没有带来心灵的慰藉，反而使人沉溺于感性刺激中而不能自

---

① ［美］弗朗西斯·福山：《历史的终结及最后之人》（*The End of History and The Last Man*），黄胜强、许铭原译，中国社会科学出版社2003年版。

② ［德］沃尔夫冈·韦尔施：《重构美学》，陆扬、张岩冰译，上海译文出版社2002年版。

拔。与日常生活审美化相关的是休闲文化兴起，休闲产业作为审美走出形
而上学的精神层面、走进百姓日常生活的中介正在受到越来越多的关注。
旅游、休闲、度假，这些过去属于个体私人性的话题已经变成公共话题，
并且与社会的经济制度、商业制度和工作制度发生更密切的关联。

问题在于，旅游、休闲、度假这些都只是一种形式。如果没有一种精
神力量的支撑，这些东西承担不了人们的精神和心灵寄托的重任。事实
上，休闲文化和旅游文化在它勃兴的同时就已变成了一些庸俗低级的商业
化赚钱的手段。20 世纪 80 年代有一种说法叫做"文化搭台，经济唱戏"，
文化的外包装下其实是经济利益在驱动。在非科学、非理性的冲动驱使下
兴建的各种"度假村"、"休闲广场"泛滥成灾，一些伪民俗、假民俗借
着风景名胜遍地开花，糟蹋风景，唐突名胜。更有甚者，一些封建主义糟
粕借尸还魂，沉渣泛起。因此，没有充实的精神生活，没有真实的人生寄
托与归依，自由将不再是甘甜的美酒，而将成为一杯淡而无味的软饮料。
自由所带来的将不是生命的充实与理想的热情，而将是无所事事的游手好
闲，甚至是道德和精神的退化。因此，在工具本体之外建设人生的精神本
体，已不仅仅是一个理论问题，也已是一个现实问题。

在中国这样一个没有宗教传统、却有着深厚的审美文化传统的国
度，"自由之后"的问题必将更加突出。因为，没有信仰的支持，没有
精神的寄托，物质财富的增长并不能带来真正的幸福。许多暴发户发财之
后精神空虚，聚众赌博，惹是生非，甚至吸毒、嫖娼，不就是现实的
例子么？

在基本生存条件得到满足之后，人类将走向何处？在"活着"问题
将要或已经基本得到解决之后，"怎么活着"这一问题被提到现实层面来
了。而这，正是美学的问题。工具本体走到今天，其唯一的本体地位已经
发生了动摇，精神问题、心理问题从历史的背后走到了前台。发掘工具本
体的诗情画意、实现自由而诗意地生存成为一个现实任务。历史把美学的
位置推向了前台，把美学的作用提到了议事日程上，历史与逻辑在这里走
到了一起。哲学的追问最后走向了美学，而历史的发展也同样走向了
美学。

历史已经给我们提出了任务：在工具本体所造成的物质力量之外，建
设一种价值论、意义论的人生本体。

那么，这种价值论、意义论的人生本体是什么？众所周知，真善美一

直被视为最具有普遍意义的价值目标。求真、致善、立美，这是人类的共同追求。但是，这只是从人类整体而言。就个体而言，如何在这个纷繁复杂、瞬息万变的世界里找到一个安身立命的所在？在既没有彼岸世界的上帝和道德形而上学，此岸世界的主义、理想也遥不可及的时候，用什么去抚慰我们那易感的心灵，去填充那无聊的空虚，去慰藉那被物欲挤压的精神？换句话说，在今日世界里，我们是否还可以建立、建设一种精神的人生本体？

关于人生本体，上一章我们已从心理本体的理论建构角度涉及。我们谈到历史上的自然欲望本体论和道德本体论各自的优缺点，谈到康德的道德形而上学的巨大贡献与局限性，还谈到基督教的神本体论。中国历史上自然欲望本体论传统和神本体论传统都不突出，却曾经有过强大的道德本体论。但这种道德本体论由于违反了自然人性，因而终归失败。我们谈到，中国历史上有强大的孝亲传统，这种孝亲传统，经过创造性的改造、转换，可以成为今日建设心理本体的丰厚的思想资源。我以为，李泽厚先生的实践美学的"情本体"的提出，正是把马克思的实践哲学和中国传统孝亲思想相结合的一个创造性理论。

人世间有情乃有意义，有情乃值得活着。在人与人、人与社会、人与自然的相互交往和交流过程中，以一种温暖的关爱之心对待每一个与我们发生关联的对象，把我们的关爱之情注入每个对象之中，从而，生活才能成为一种有意义的生活，人生才增添一丝温柔和诗意。

作为人生本体，"情"一方面与心理功能密切相关，是心理本体的具体化，从其根源上说根基于内在自然的人化，其中既包含着理性的积淀，也包含着自然欲望和情绪等先天性心理功能和因素，因而，从这一方面说，它是自然欲望的升华；另一方面，作为人生本体之"情"不仅仅局限于心理功能，它还联结着人与人、人与社会、人与自然之间的关系，它已经具有社会属性，成为社会性范畴。所以，情一方面联结着生命的本能欲望，是心理功能的升华，另一方面包含着后天的道德修养，是一个人对他人、对社会、对世界的爱与责任担当。

　　"情"是"性"（道德）与"欲"（本能）多种多样不同比例的配置和组合，从而不可能建构成某种固定的框架和体系或"超越的""本体"（不管是"外在超越"或"内在超越"）。可见，这个"情本体"即无本体，它已不再是传统意义上的"本体"。这个形而上学即没有形而上学，它的"形而上"即在"形而下"之中。……"情本体"之所以仍名之为"本体"，不过是指它即人生的真谛，存在的真实，最后的意义，如此而已。①

　　情本身作为一种心理现象是多变的，易逝的，脆弱的，敏感的，不稳定的。但是，正因如此，它才是鲜活的，生动的，值得去珍惜、去体味、去把握的。情的内容是复杂的，丰富的。有亲情、友情、爱情；同情、怜悯之情；乡土情，家园情，爱国情，等等。而路见不平、拔刀相助的见义勇为和打抱不平的精神，推己及人、将心比心，"立人""达人"的忠恕之道，又何尝不是一种广义的情？但在这些具体形态和方面的"情"的背后，有一种共同的基础，那就是爱。"情"的核心是爱。爱以爱的能力为前提。一个人只有具备爱的能力，才谈得上爱。爱的能力的获得，一方面靠道德的修养，另一方面依靠学习。只有具备高尚的道德才能充满对人、对世界的同情，从而才能真正有能力有资格去爱人。一个连基本的道德修养和基本的同情心也不具备的人是没有资格谈论爱的；反之，一个没有爱心的人也一定不是一个道德高尚的人。

　　爱以血缘亲子之情为基础而又具有广泛的社会文化内涵，同时它又借鉴了西方启蒙学者所倡导的博爱学说的精神意蕴。因为立足于血缘亲情，这种情爱因而有坚实的生物学基础。它不是空穴来风，不是凭借单纯的理性观念从外面输入进来，而是植根于人作为自然之子的本性之中；因为具有广泛的社会文化内涵，所以这种情爱有别于动物式的本能，而能够超越狭义的血缘亲情，成为一种广泛的博爱之情。动物也有舐犊之情，有父母对子女的本能式的关爱与照拂。这是人与动物共之处，也是情本论的生物学基础。但人毕竟已不是动物，所以人可以具有超越于血亲之情的博爱，可以为了爱一个人而自我牺牲，而动物就不能。

　　这种爱，小而言之，是一种同情之心，也就是孟子所说的"恻隐之心"，是将心比心、设身处地为他人或对象着想所产生的对他人或对象的心理共鸣。这是一种"老吾老以及人之老，幼吾幼以及人之幼"式的由

---

① 李泽厚：《哲学探寻录》，《实用理性与乐感文化》，生活·读书·新知三联书店 2005 年版，第 188 页。

"推己及人"而来的对人的基本的同情心。具体而言，它包括李泽厚先生所列举的"亲子情、男女爱、夫妇恩、师生谊、朋友义、故国思、家园恋、山水花鸟的欣托、普救众生之襟怀以及认识发现的愉快、创造发明的欢欣、战胜艰险的快乐、天人交会的归依感和神秘经验"等等具体的人间之情，人世间因有了这各种各样的、多层次、多方面的情感而变得温暖而值得眷恋，生活变得丰富多彩而有味道。广而言之，由这种博爱之情则可以产生胸怀天下、以黎民百姓之苦为苦、以百姓之乐为乐的博大深层的普遍之爱。这就是范仲淹所说的"先天下之忧而忧，后天下之乐而乐"的崇高精神境界，是佛陀和耶稣基督担当人类苦难、为拯救人类而自我牺牲的伟大人格，是中国传统知识分子"铁肩担道义、妙手著文章"的勇敢无畏、为真理和正义而勇于自我牺牲的精神，也是中国传统人文精神中"为天地立心、为生民立命，为往圣继绝学，为万世开太平"的理想主义襟怀。

在这个意义上说，情本体的建设离不开道德的要求。在情本体学说包括了伦理学内容，并且，伦理学是其中一个重要的环节和内容。就中国传统的道德学说而言，这方面的资源非常丰富。去除把道德本体化、把世界道德化、从而使个体非道德化的本体论错误，就道德作为人格修养的一个极其重要的途径、作为培养爱的能力的一个手段而言，传统道德学说中有许多值得借鉴的因素，如对仁、义、勇、智、信等品质的高度强调。

但情本体论之不同于道德本体论在于它不是把某种道德看做人生本体，而是把植根于血缘亲情基础之上而超越于狭义的血缘亲情的广义普遍之爱作为人生本体，它避免了道德本体论把道德作为本体从而使个体非道德化的错误，把人生的意义和味道定位于一种包含了个体自由意志和自我选择的道德关怀、却又超越于这种道德关怀的广泛的情感。它所关心的不仅是个体道德人格的完成，更是人与人、人与社会、人与自然之间的相互的依存、关爱、同情与体贴，从而造就以人为中心的和谐融洽的社会关系和自然关系。道德本体论最根本的错误在于企图建立一个道德化的社会，从而致使社会中的成员非道德化。因为，在一个道德化的社会里，实际上是谈不上个体的道德的。当道德被强调到一种本体地位时，个体便被非道德化、去道德化了。因为道德本身必须基于个体的自由意志和自由选择，而在一个道德被本体化的社会中，在道德成为一种强迫性的律令、具有准法律功能的社会中，个体的自由意志被本体化的道德所覆盖、包容、遮蔽，个体已没有自由选择的余地，从而被非道德化和去道德化。正如黑格尔批判近代散文化的社会时所言："作为一个个人，不管他向哪一方转动，他都隶属于一种固定的社会秩序，显得不是这个社会本身的一种独立自主的既完整又是个别有生命的形象，而只是这个社会中的一个受局限的成员。"① 比如他行善，看不出是出自他自己的理性考虑，还是仅仅是遵从习俗；他遵守法律不为恶，也同样看不出究竟是他进行理性思考、自由选择的结果还是仅仅因为惧怕法律的惩罚。因而实际上，道德本体论最后所导致的结果是道德的解构。

如果说，作为人生本体之情体现在人与人、人与社会之间的关系上是爱，那么，在人与自然之间的关系上则是对自然的一种尊敬、欣赏、感恩与敬畏。不是把自然仅仅当做人类生存的能源库、资料库，不是无限制地向自然索取，进行掠夺性开发，而是把自然当做一个生命有机体，对自然化生万物、养育人类的奇迹怀着尊敬，对自然本身气韵流转、生动活泼的勃勃生机予以欣赏，对自然给人类提供果腹的食物与御寒的衣服等生存资源心存感恩，而对自然造化那井然有序、万物共生共存、相生相克而和谐自存的无言之大美予以敬畏。

从宇观视角来看，生命的诞生是一个偶然的奇迹，它需要诸多条件机缘的凑合，大气、地质、物理、化学、生物等等各方面因素和条件完全耦合。而人类的诞生更是经过若干万年艰辛的创造、劳动、实践、进化，要克服诸多不利于生命的因素。因而，人类，这种思维着的花朵，这种生命中的思想和情感的拥有者，实在是大自然造化的杰作。春花秋月，春种夏播，秋收冬藏。如果没有自然界春夏秋冬的四季，人类也不可能收获果腹的食物，织出御寒的衣服。大自然作为我们的母亲，给我们提供了食物，还给我们提供了春花秋月，夏荫冬雪供我们欣赏。

因而，感恩、欣赏与敬畏，是我们对待自然所应有的情感态度，也是被人类自己的自高自大挖断自然之根、从而变得无依无靠、四处漂泊流浪的人类精神重新回到自然怀抱、寻回自然之根的必由之路。

我见青山多妩媚，
料青山见我亦如是。（辛弃疾）

---

① ［德］黑格尔：《美学》第 1 卷，朱光潜译，商务印书馆 1979 年版，第 247 页。

> 相看两不厌，
> 唯有敬亭山。（李白《独坐敬亭山》）

这是人与自然的相互欣赏与同情。

> 人闲桂花落，
> 夜静春山空。
> 月出惊山鸟，
> 时鸣春涧中。（王维《鸟鸣涧》）

> 木末芙蓉花，
> 山中发红萼。
> 涧户寂无人，
> 纷纷开且落。（王维《辛夷坞》）

这是人与自然互渗互感、交互感应从而融为一体感恩与欣喜之情。

> 春秋代序，阴阳惨舒。物色之动，心亦摇焉。……岁有其物，物
> 有其容，情以物迁，辞以情发。（刘勰《文心雕龙》）

这是自然的和谐有序与勃勃生机对人的审美情感的启发。

> 位上我者灿烂星空，道德律令在我心中。（康德）

这是造化自然的伟大辽阔、庄严肃穆对人产生的道德净化，从而也使
人对自然产生的敬畏之情。

敬畏自然，这是在现代化高科技条件下重新确立人与自然的和谐生态
关系的哲学基础。简言之，对待自然，不是仅仅抱持一种经济实用的态
度，而且更主要地抱持一种审美态度；不是从短期的实用功能上去对待自
然，而是从长远的人与自然共生共在的角度去对待自然；不是仅仅把自然
当做资源对待，而且把它当做审美对象去看待。"天地有大美而不言。"

天地自然有许多是我们人类所不了解的,对此,人类必须保持应有的谦逊。让自然复魅,不是复其愚昧无知,不是复其人面对自然无所作为,不是让人重新茹毛饮血,而是让人面对自然,面对天地之大美,有一种应有的尊敬与敬畏。

没有天国,没有上帝,没有主义、理想的空话大话,而是实实在在的对人的尊重与关爱,对生命万物的同情与关切,对自然之大美的欣赏与敬畏,成为人生的意义之所在。人生短促,生命苦短,活着艰辛,但因为有这种温暖的爱之存在,人生才值得我们去活着,活着才有了心理的归依。有一首歌唱道:"只要人人都付出一点爱,世界将变成美好的人间。"也许,只有人间这最后一片真情,只有这人们心中还留存着的一点爱,将成为人类心灵的最后停泊的港湾。

欣赏自然,敬畏自然,爱人,这不是什么新鲜的思想,却被实践美学赋予了现代性的光辉,它们也许正是现代人赖以生存的精神支柱。

历史就这样从工具本体走到了心理本体。情感,成为我们心灵最后栖息的港湾。

本书主要参考资料

一、著作类

［德］沃尔夫冈·韦尔施《重构美学》，上海译文出版社 2002 年版。

［古希腊］柏拉图：《柏拉图文艺对话集》，人民文学出版社 1963 年版。

［古希腊］亚里士多德：《尼各马可伦理学》，商务印书馆 2004 年版。

［古希腊］亚里士多德：《诗学》，人民文学出版社 1962 年版。

［美］弗朗西斯·福山：《历史的终结及最后之人》，中国社会科学出版社 2003 年版。

［美］南茜·考夫特：《漂亮者生存》，中国友谊出版公司 2000 年版。

［意大利］维柯：《新科学》，人民文学出版社 1986 年版。

［英］罗素：《西方哲学史》（上、下），商务印书馆 1997 年版。

［英］尼古拉斯·布宁、余纪元编著：《西方哲学英汉对照辞典》，人民出版社 2001 版。

［英］以赛亚·伯林：《两种自由观》，第一章，"两组不同的问题"，见百度文库：http://wenku. baidu. com/view/dc8518c589eb172ded63b7b7. html。

［英］以赛亚·伯林：《自由及其背叛》，译林出版社 2005 年版。

［英］以赛亚·伯林：《自由论》译林出版社 2011 年版。

《二程全集》，中华书局 2004 年版。

《国语》，上海师范大学古籍整理组校点，上海古籍出版社 1978 年版。

《韩昌黎文集校注》，上海古籍出版社 1998 年版。

《马克思恩格斯全集》25 卷（下），人民出版社 2004 年第 2 版。

《马克思恩格斯全集》第 20 卷，人民出版社 1972 年版。

《马克思恩格斯全集》第 21 卷，人民出版社 1972 年版。

《马克思恩格斯全集》第 3 卷，人民出版社 1960 年版。

《马克思恩格斯全集》第 3 卷，人民出版社 2002 年第 2 版。

《马克思恩格斯全集》第 42 卷，人民出版社 1979 年版。

《马克思恩格斯选集》第 1、2 卷，人民出版社 1972 年版。

《马克思恩格斯选集》第 3 卷，人民出版社 1995 年第 2 版。

《孟子正义》，《诸子集成》，中华书局 1954 年版。

《周敦颐集》，岳麓书社 2002 年版。

《朱子语类》，中华书局 1986 年版。

北京大学哲学系美学教研室编：《中国美学史资料选》（上、下册），中华书局 1981 年版。

蔡　仪：《美学论著初编》（上），上海文艺出版社 1981 年版。

蔡　仪：《美学论著初编》（下），上海文艺出版社 1981 年版。

高尔泰：《美是自由的象征》，人民文学出版社 1986 年版。

［德］黑格尔：《美学》第 1 卷，商务印书馆 1979 年版。

［德］黑格尔：《美学》第 2 卷，商务印书馆 1979 年版。

［德］黑格尔：《美学》第 3 卷（上），商务印书馆 1979 年版。

［德］黑格尔：《美学》第 3 卷（下），商务印书馆 1981 年版。

蒋孔阳：《美和美的创造》，江苏人民出版社 1981 年版。

蒋孔阳：《美学新论》，人民文学出版社 1993 年版。

李泽厚：《李泽厚哲学美学文选》，湖南人民出版社 1985 年版。

李泽厚：《历史本体论·己卯五说》，生活·读书·新知三联书店 2008 年版。

李泽厚：《美学旧作集》，天津社会科学院出版社 2002 年版。

李泽厚：《美学论集》，上海文艺出版社 1980 年版。

李泽厚：《美学三书》，安徽文艺出版社 1999 年版。

李泽厚：《批判哲学的批判》，台北风云时代出版公司，1990 年版。

李泽厚：《实用理性与乐感文化》，生活·读书·新知三联书店 2005 年版。

李泽厚：《中国古代思想史论》，安徽文艺出版社 1994 年版。

李泽厚：《中国近代思想史论》，安徽文艺出版社 1994 年版。

李泽厚：《中国现代思想史论》，安徽文艺出版社 1994 年版。

刘纲纪：　《传统文化、哲学与美学》，广西师范大学出版社 1997 年版。

刘纲纪：《美学与哲学》，湖北人民出版社 1986 年版。

刘纲纪：《艺术哲学》，湖北人出版社 1986 年版。

刘晓波：《选择的批判——与李泽厚对话》，上海人民出版社 1988 年版。

聂振斌：《中国近代美学思想史》，中国社会科学出版社 1991 年版。

汝信、王德胜主编：《美学的历史——20 世纪中国美学学术进程》，安徽教育出版社 2000 年版。

汝信主编：《西方美学史》第 1 卷，中国社会科学出版社 2005 年版。

孙周兴选编：《海德格尔选集》，上海三联书店 1996 年版。

王聘珍：《大戴礼记解诂》，中华书局 1983 年版。

王世德主编：《美学辞典》，知识出版社 1986 年版。

王世舜主编：《庄子译注》，山东教育出版社 1984 年版。

王先谦：《荀子集解》，中华书局 1988 年版。

徐碧辉：《实践中的美学——中国现代性启蒙与新世纪美学建构》，学苑出版社 2005 年版。

徐复观：《中国艺术精神》，《徐复观文集》第四卷，湖北人民出版社 2002 年版。

杨伯峻：《春秋左传注》，中华书局 1995 年版。

杨伯峻：《论语译注》，中华书局 1984 年版。

杨恩寰主编：《美学引论》，人民出版社 2005 年版。

张玉能等：《新实践美学论》，人民出版社 2008 年版。

章　辉：《实践美学：历史谱系与理论终结》，北京大学出版社 2006 年版。

朱光潜：《诗论》，北京出版社 2005 年版。

朱光潜：《西方美学史》（上、下），人民文学出版社 1979 年第 2 版。

朱光潜：《朱光潜美学文集》第 3 卷，上海文艺出版社 1983 年版。

朱光潜：《朱光潜美学文集》第 5 卷，上海文艺出版社 1989 年版。

朱立元：《走向实践存在论美学》，苏州大学出版社 2008 年版。

二、论文类

曹俊蜂：《“积淀说”质疑》，《学术月刊》1994 年第 7 期。

曾永成：《“后实践美学”：前进还是倒退？——对世纪之交中国美学理论走向的思考》，《四川师范大学学报》（社会科学版）1998 年第 1 期。

陈　炎：《“实践美学”与“实践本体”》，《学术月刊》1997 年第 6 期。

陈剑澜：《深生态学运动的政治空间》，《二十一世纪》2005 年 2 月号。

陈望衡：《美在境界——实践美学的反思》，《理论与创作》1999 年第 1 期。

陈望衡：《实践美学体系的三重矛盾》，《学术月刊》1999 年第 8 期。

成复旺：《审美、异化与实践美学》，《福建论坛》（人文社会科学版）2001 年第 4 期。

邓晓芒：《评美学上的“厌食症”——答杨春时先生》，《学术月刊》2005 年第 5 期。

邓晓芒：《什么是新实践美学——兼与杨春时先生商讨》，《学术月刊》2002 年第 10 期。

郭玉生：《从人生论美学到实践美学——中国悲剧观演变论》，《东方论坛》2004 年第 1 期。

郭玉生：《对实践范畴和实践美学的再思考》，《武汉理工大学学报（社会科学版）》2005 年第 5 期。

韩德民：《从“实践”到“主体性”的迁移》，《美学的历史——20世纪中国美学学术进程》，中国社会科学出版社 2000 年版。

贺天忠：《实践自由、审美自由与美的本质解答》，《襄樊学院学报》2001 年第 1 期。

蒋培坤、吴琼：《美学学科的定位及其他》，《学术论丛》1993 年第1、2 期；

李丕显、李英梅：《实践美学和实践唯物主义》，《安徽师范大学学报》（人文社会科学版）1999 年第 1 期。

李丕显：《实践美学的时代意义》，《徐州师范大学学报》（哲学社会科学版）2002 年 9 月第 3 期。

李社教：《人的自由活动与实践美学的意义》，《武汉理工大学学报》（社会科学版）2002 年第 4 期。

李社教：《中国文化视野中的实践美学》，《汕头大学学报》（人文社会科学版）2003 年第 5 期。

李志宏：《论人类主体认知在审美中的决定作用——从实践美学到认知美学》，《吉林大学社会科学学报》2000 年第 2 期。

李志宏：《人类审美活动的层次构成与整体性质》，《吉林大学社会科学学报》2001 年第 2 期。

刘成纪：《从实践、生命走向生态——新时期中国美学的理论进程》，《陕西师范大学学报》2001 年第 2 期。

刘成纪：《生态美学视野中的当代美学》，《郑州大学学报》（哲学社会科学版）2001 年第 4 期。

吕　荧：《论美》、《论美感的绝对性》，《新建设》1957 年第 2 期、第 7 期。

聂振斌：《中国马克思主义美学的诞生》，《文艺研究》2002 年第 1 期。

潘知常：《实践美学的本体论之误》，《学术月刊》1994 年第 12 期。

彭　锋：《从实践美学到美学实践》，《学术月刊》2002 年第 4 期。

彭富春：《“后实践美学”质疑》，《哲学动态》2000 年第 7 期。

乔东义：《李泽厚实践论美学的问题与反思》，《安徽师范大学学报》（人文社会科学版）2005 年第 3 期。

孙盛涛：《有关实践美学与后实践美学思维方式的思考》《甘肃社会科学》2005 年第 2 期。

陶伯华：《生命美学是世纪之交的美学新方向吗?》，《学术月刊》2001 年第 7 期。

王杰、覃德清、海力波：《审美人类学的学理基础与实践精神》，《文学评论》2002 年第 4 期。

王庆卫：《对实践美学的再认识》，《武汉理工大学学报》（社会科学版）2002 年 4 月第 2 期。

王天保：《实践美学视野中的“滑稽”与“幽默”》，《华中师范大学学报》（人文社会科学版）2002 年第 4 期。

王卫庆：《丑与实践的关系浅析》，《华中师范大学学报》（人文社会科学版）2002 年第 4 期。

　　吴　琼：《论美学学科的定位》，《社会科学》1994 年第 10 期。

　　肖建华：《从实践美学与生命美学的论争和汇流看当代美学的建构》，《河北科技师范学院学报》（社会科学版）2004 年第 2 期。

　　徐碧辉、王丽英：《论李泽厚的实践美学》，《吉林大学社会科学学报》2006 年第 1 期。

　　徐碧辉：《21 世纪马克思主义美学的构想》，《哲学动态》2002 年第 1 期。

　　徐碧辉：《从人类学本体论到个体生存论——再论李泽厚的实践美学》，《美学》2008 年第 2 卷，南京大学出版社 2008 年 3 月出版。

　　徐碧辉：《从实践美学看“生态美学”》，《哲学研究》2005 年第 9 期。

　　徐碧辉：《情本体——实践美学的个体生存论维度》，《学术月刊》2007 年第 2 期。

　　徐碧辉：《审美理想和审美泛化》，《审美文化丛刊》2005 年第 4 期，徐州师范大学出版社 2005 年版。

　　徐碧辉：《新世纪马克思主义美学的构想》，《马克思主义美学研究》2004 年第 7 辑。

　　徐碧辉：《也说“自然的人化”》，《广播电视大学学报》2005 年第 3 期。

　　薛富兴：《李泽厚后期实践美学的基本理路》，《广西师范大学学报》（哲学社会科学版）2004 年 1 月第 1 期。

　　薛富兴：《李泽厚后期实践美学的内在矛盾》，《求是学刊》2003 年 3 月第 3 期。

　　薛富兴：《李泽厚实践美学的特征与地位》，《湖南社会科学》2003 年第 6 期。

　　薛富兴：《作为实践美学的后期朱光潜美学》，《贵阳师范高等专科学校学报》（社会科学版）2002 年第 3 期。

　　杨春时：《超越实践美学，建立超越美学》，《社会科学战线》1994 年第 1 期。

　　杨春时：《从实践美学的主体性到后实践美学的主体间性》，《厦门大学学报》（哲学社会科学版）2002 年第 5 期。

杨春时：《实践乌托邦批判——兼与邓晓芒先生商榷》，《学术月刊》2004 年第 3 期。

杨春时：《新实践美学不能走出实践美学的困境——答易中天先生》，《学术月刊》2002 年第 1 期。

杨春时：《再论超越实践美学——答朱立元同志》，《学术月刊》1996 年第 2 期。

杨春时：《走向"后实践美学"》，《学术月刊》1994 年第 5 期。

易中天：《走向"后实践美学"，还是"新实践美学"——与杨春时先生商榷》，《学术月刊》2002 年第 1 期。

尤西林：《朱光潜美学观中的心体——重建中国实践哲学—美学一个关节点》，《学术月刊》1997 年第 7 期。

张立斌：《实践论、后实践论与美学的重建》，《学术月刊》1996 年第 3 期。

张玉能：《从实践美学的话语生成看其生命力》，《益阳师专学报》2002 年 1 月第 1 期。

张玉能：《后现代主义与实践美学的回答》，《华中师范大学学报》（人文社会科学版）2002 年 1 月第 1 期。

张玉能：《后现代主义与实践美学的同步》，《江汉大学学报》（人文社会科学版）2002 年第 4 期。

张玉能：《坚持实践观点，发展中国美学》，《社会科学战线》1994 年第 4 期。

张玉能：《实践的超越性与审美》，《西北师范大学学报》（社会科学版）2005 年第 1 期。

张玉能：《实践的过程与审美活动》，《马克思主义美学研究》第 6 辑，广西师范大学出版社 2003 年 4 月出版。

张玉能：《实践的结构与美的特征》，《华中师范大学学报》（人文社会科学版）2001 年第 1 期。

张玉能：《实践的类型与审美活动》，《吉首大学学报》（社会科学版）2001 年第 4 期。

张玉能：《实践美学与生态美学》，《江汉大学学报》（人文科学版）2004 年第 3 期。

张玉能：《实践美学与现代性》，《华中师范大学学报》（人文社会科学版）2005 年第 1 期。

张玉能：《重树实践美学的话语威信》，《民族艺术》2001 年第 1 期。

章 辉：《呼唤主体——朱光潜与实践美学》，《华中师范大学学报》（人文社会科学版）2003 年 11 月第 6 期。

章 辉：《实践美学：一段问题史》，《人文杂志》2004 年第 4 期。

章 辉：《苏联影响与实践美学的缘起》，《俄罗文艺》2003 年第 6 期。

章启群：《论朱光潜后期美学思想的内在矛盾——兼评"实践美学"的形而上性质及局限性》，《江苏社会科学》2005 年第 3 期。

朱光潜：《我的文艺思想的反动性》，《文艺报》1956 年 6 月第 12 期。

朱立元、刘泽民：《实践范畴的再解读》《人文杂志》2005 年第 3 期。

朱立元：《发展和建设实践本体论美学》，《广西师范大学学报》（哲学社会科学版）2001 年 3 月第 1 期。

朱立元：《实践美学的历史地位和现实命运》，《学术月刊》1995 年第 5 期。

朱立元：《实践美学的哲学基础新论》，《人文杂志》1996 年第 2 期。

朱立元：《走向实践存在论美学——实践美学突破之途初探》，《湖南师范大学社会科学学报》2004 年 7 月第 4 期。

朱志荣：《实践论美学的发展历程》，《安徽师范大学学报》（人文社会科学版）2005 年 5 月第 3 期。

邹其昌：《论"实践"与中国当代美学建构》《湘潭工学院学报》（社会科学版）2001 年第 1 期。

后　记

　　本书是 2004 年国家社科基金课题《中国马克思主义美学研究》的最终成果。课题立项于 2004 年，结项于 2008 年，整个写作历时 4 年。结项后，又花了一年多的时间修改。而从改定到出版又经历了近 3 年时间。期间，每有增删。作者始终认为，一部作品要想经得起读者的批评，首先要经得起自己的批评。写作在当今这个时代实际上已变成了一个良心事业。不管有多少人拿它去追名求利，作者始终坚持，写作必须对得起自己的良心，对得起读者，不能以任何理由把写作变成追名逐利的手段。之所以"写"，是因为有"话"要说；这些"话"应该是基于自己的独立思考与判断，这些思考与判断只有一个维度，那就是学理。无论社会风向如何变化，经得起时间考验的仍然是那些不受风向左右的而坚持学理性的作品。

　　本书主要围绕 20 世纪中国马克思主义美学来写作，对中国马克思主义美学的产生发展过程、历史分期、不同流派等问题都提出了自己的看法。

　　中国马克思主义美学的创始人是蔡仪。对于蔡仪先生的美学思想，中国学术界早已熟悉。本书主要评述了蔡仪在美学上最有代表性的观点："美是典型"，客观地指出了蔡仪在中国马克思主义美学发展历史上的地位和历史贡献。本书认为，如果没有蔡仪在 40 年代奠定的唯物论基础，很可能就没有后来的实践论美学的诞生。那么，20 世纪中国美学的历史或许就会是另一种样子。在这个意义上，本书把蔡仪的美学看做是中国马克思主义美学的奠基之作。但是，蔡仪美学的历史局限性也是十分明显的。主要在于，他把美学完全看做一种认识论，把美看做与人完全无关的客观事物的一种客观属性，完全否定了美作为一种价值与人的关联。这样理解的美学，失去了美学最重要的特性——人文性，而使它成为一种与科学类似的学科。但事实上，美学这种涉及人的感性和价值的学说是无法像物理学或化学等自然科学那样成为一门科学的，甚至也无法象政治学或经济学等社会科学那样成为一门社会科学。美学只能是人文的，价值的，甚至在一定程度上是感性的，情感的，诗意的。

众所周知，中国马克思主义美学在 20 世纪的最有影响的成果是实践美学，这是 20 世纪中国马克思主义美学最重要的理论成果，也是 20 世纪中国美学最重要的理论成果。其中，李泽厚先生是中国实践美学无可争议的创始人和主要代表；朱光潜（后期）、蒋孔阳、刘纲纪、周来祥等人也都从不同角度对实践美学的发展作出了各自的贡献，使之成为 20 世纪中国最具影响力的美学学说。李泽厚作为中国实践美学的创始人和主要代表，以马克思主义的历史唯物主义学说为基础，批判地吸收和改造了康德的先验唯心论，同时，创造性地吸收和融合皮亚杰的发生认识论、容格的"集体无意识"学说以及克莱夫·贝尔"有意味的形式"说，把马克思主义美学建立在社会实践的和历史发展的基础之上，体现了马克思主义美学的现实性、实践性、理想性与人文性，对 20 世纪后期中国现代性思想启蒙产生了巨大的影响。李泽厚实践美学的一系列概念，如"主体性"、"积淀"、"文化心理结构"等都超越了美学范围而进入中国当代社会的公共话语层面，成为当时时代精神的学术表达。但是，在思维方式和学科建构方式上，李泽厚始终有一种二元论倾向，在他的学说中存在着诸多二元对立的概念或范畴，如感性与理性、工具本体与心理本体，必然性与偶然性、外在自然人化与内在自然人化等。本书分析了这些对立的矛盾因素对李泽厚美学的影响，一方面，他试图以辩证论方式把它们统一起来，使他的美学显示出一种思想和逻辑的深刻性，另一方面，这些矛盾对立概念的存在，又使得他的学说容易留下了人攻击的口实。朱光潜在新中国成立后真诚地接受了马克思主义哲学，在认真阅读马克思主义经典著作的基础上，对自己过去的美学观点进行认真的批判和清理，并提出了一系列重要观点，如艺术活动是一种生产劳动，美是一种意识形态，实践不仅包括物质生产，还包括像艺术创作、审美欣赏这类精神性活动。这使他虽然和李泽厚相互争论，实际上却在一定程度上和意义上构成了相互补充。蒋孔阳以马克思主义哲学为基础，博采西方古典和现代美学众家之长，特别是注意吸收现代西方哲学美学的新学说，创立了以实践论为基础、以创造论为核心的审美关系学说，把美看做是多层累的创造，开启了实践美学的另一种思路。刘纲纪对马克思主义的实践本体论问题进行了深入思考，提出了实践批判的存在论美学，同样也构成了实践美学的一个重要维度。总之，本书认为，这些学者的学说都是由于对马克思主义哲学和美学的不同角度、不同侧面以及不同的理解所造成的，正是这些学者多角度、多侧面地对马克思主义美学的阐释，才构成了中国20世纪后半叶美学的繁荣和多元发展的局面，撑起了美学基本理论方面百花齐放的五彩天空。

本书对20世纪90年代以来中国美学界围绕着实践美学所展开的争论作了一个概要地回顾，并对90年代以来实践美学的一些新的发展动向作了简要描述。其中既包括20世纪80年代即已参加过实践美学争论并有一定影响的学者，如杨恩寰、李丕显等在90年代以来的发展状况，也有一些更为年轻的学者对实践美学的继承、发展，如朱立元提出"实践存在论美学"，张玉能要"重树实践美学的话语威信"等。对于后实践美学在批判实践美学的过程中所涉及的一些基本概念如生存、实践、异化、自由等概念；基本命题如"人化就是异化"、"实践就是异化劳动"、自由只存在于非现实的"超越领域"等进行了深入而客观的分析。通过分析，本书认为后实践美学对这些概念的使用多有不当之处，这些命题从学理上难以成立。

本书的最后两章试图从马克思主义实践论的基本观点出发，回答"21世纪美学何为"的问题，提出如何从美学角度建构社会主义和谐社会。读者自然可以看出，这一部分在很大程度上继承了前辈的学说，特别是李泽厚先生的思想，但同时，也有作者自己独立的思考。作者一贯主张，人类的思想是具有连续性的，每一代人都必须在前人的基础上往前行进，而不可能完全推翻前人的学说另起炉灶。当然，这里所谓"以前人的学说为基础"，不仅仅是指继承，也可以是批判。其实后人对于前人的学说往往更多是批判地继承，即黑格尔所谓"扬弃"。作者认为，以李泽厚先生为代表的中国实践美学学说在今天依然具有强大的生命力，它所提出的问题具有超越时代的普遍性，它对这些问题的思考与解答在今天并没有过时，依然具有针对性与参考价值。本书对于"美学何为"的解答思路，基本上源自于李泽厚先生的实践美学的思路，但在许多具体问题上有作者独立的思考。

本书认为，自马克思开始，哲学的重心便已从认识论转向了实践论，马克思以后，又转向了个体生存论。哲学在今日世界的作用不在于像古代或近代哲学一样探讨世界的本源或本体——因为这些问题在很大程度上已可以由科学去回答——而在探讨人生的命运。马克思主义哲学在今日所要探讨的就是人类的生存状况，人类的命运，是从"人活着"这一基本事实出发，向"人为什么活"，"活得怎样"延伸。物质生产的工具本体解决的是"人活着"的问题，而"为什么活"、"活得怎样"则应该属于心理本体所要解决的问题。从人类发展来说，工具本体走到今天，其唯一的本体地位已经发生了动摇，精神问题、心理问题从历史的背后走到了前台。这样，历史与逻辑走到了一起。哲学的追问最后走向了美学，而历史的发展也同样走向了美学。发掘工具本体的诗情画意、实现自由而全面地发展、自由而诗意地生存成为历史向今天和未来的人类提出的任务。换言之，在工具本体所造成的物质力量之外，建设一种价值论、意义论的人生本体，已成为当务之急。

这种人生本体，在宗教神学的信仰崩塌、道德形而上学同样归于失败的当今之世，只能是体现人际之间相互关怀、理解和爱护的情感。情一方面连结着生命的本能欲望，是心理功能的升华，另一方面包含着后天的道德修养，体现着一个人对他人、对社会、对世界的爱与责任。它以中国传统文化所注重的血缘亲子之情为基础而又超越狭义的亲情，同时它借鉴了西方启蒙学者自由、平等、博爱学说的精神内涵。这种爱，小而言之，是一种同情之心，即是孟子所说的"恻隐之心"；广而言之，它是一种胸怀天下、"仁民爱物"的博大深层的普遍之爱。这种爱，在对待自然的关系上，是对自然的尊敬、欣赏、感恩与敬畏。以上便是实践美学在实践论基础之上所提出来的情本体理论。

情本体的建构也是和谐社会的内涵之一。本书对如何从审美角度建构和谐社会提出了理论上的解释，认为和谐社会从人与自然的关系来说主要应该是对生态美的建设，从人与社会、人与人的关系上说，主要应该提倡"人的自然化"、追求在工业化、现代化基础上新型的天人合一的自由审美境界；从人的心理建构说便是情本体的建构。

本书的写作得到了许多同行或友人的帮助。作者对这些师长和朋友深怀感激。汝信先生曾经审读书稿，提出了宝贵的修改意见。这次，又不顾高龄病痛，慨然应允为本书作序，其对晚辈后生的眷顾之情，爱护之意，让作者铭感于心。李泽厚先生曾多次当面或电话中与作者纵论学术和人生，作者从这些长谈中所获教益实非三言两语可以形容。他的著作不仅从学术上理论上影响作者，对作者的人生观、价值观亦有深刻的影响。聂振斌先生对本书的课题立意和论证提出过许多中肯的意见；滕守尧先生对作者的思路曾给予诸多启发；王柯平先生在本课题立项时曾予以热情推荐，在整个写作过程提出过良多有益的建议；高建平、肖鹰、王德胜、方珊等先生曾审读书稿，给予作者以充分的鼓励并提出了许多中肯的建议。作者对这些师长和朋友的感激之情难以言表。还有美学研究室的各位同事以及哲学所的其他同仁，他们都是作者的良师益友。作者自 1993 年进入中国社会科学院哲学研究所工作以来，一直有一种被命运之神眷顾的感觉。哲学所作为中国哲学的最高学术殿堂，有一种浓厚的学术气氛和优越的学习、研究条件，这里，思想是自由的，视野是开阔的，心胸是宽广的，气氛是温暖的。同事之间常有学术上的讨论与争辩，却并不妨碍他们在生活中相互的关心与帮助；反过来，作为朋友的友好相处也没有妨碍他们在学术上坚持自己的观点并相互商榷。这在当今学术已经很大程度上官方化、权力化的背景下尤为难得。

这里还特别要感谢厦门大学教授杨春时先生。作者与杨先生在学术观点上有许多分歧，也曾多次与杨先生讨论、争辩。本书中也有对杨先生的批评。但杨先生始终不以作者身为后辈而对其在学术上有所批评而介怀，反而对作者关爱有加，表现了一个真正的学者虚怀若谷的精神。

中国社会科学出版社的黄燕生女士和侯苗苗女士为本书的编辑、修改花费了大量心血。黄燕生女士的热情仁善的心怀和超尘脱俗的气质令作者印象深刻；侯苗苗女士为本书做了大量细致的编校工作，提出了许多中肯而具体的修改意见。这是作者特别要感谢的。

作者还要感谢南京出版社的吴新婷女士和北大出版社的杨书澜女士。她们曾慨然应允出版本书。只是因为种种非学术的原因而未能实现，但对她们热情、慷慨的帮助作者一直铭记在心。

作者的丈夫周信炎先生数年如一日的支持鼓励是本书得以完成的前提；女儿周郁文率性任情而善解人意，独立坚强，乐观开朗，颇像我自己的年轻版。没有他们，就没有我的今天，也没有我的明天。

本书得到了中国社会科学院创新工程的出版资助。中国社会科学出版社能接受本书，使之得以面世。作者一并表示诚挚的感谢。

　　最后，我想把本书献给我的父母徐顺连先生和李家莲女士。愿父亲在天之灵安宁幸福，原母亲健康长寿，平安喜乐。失去父亲，让我痛彻心扉，整个世界一时之间天塌地陷！刻骨铭心的痛更让我切身体会到人世间亲情之珍贵，从而以自己的亲身感受为情本体理论增添了一个悲怆的个例。呜呼！逝者已矣！唯愿生者更珍惜生命，把握当下。

徐碧辉

2012 年 10 月 12 日

于北京西三环紫竹院逍遥斋